《宁夏隆德县耕地质量等级评价》编委会

主　编

柳智星　刘振军

编写人员

柳智星	刘振军	陈晓婷	党亚平	张　旭
王晓宁	张东升	李喜红	刘展旭	刘　洁
白爱红	杨　浩	李华宪	张志立	李耿弼
李淑荣	杜晓霞	杨淑霞	刘世明	陈志盛
雍纬基	刘　岚	张秀娟	程国昌	张　勇
柳碗学	王文武	吴建科	刘小娟	马八十
褚海鹏	杨志刚	杨耀科	辛　宽	席继忠
卜常林	丁　宁	于玉芳	陈思芳	王新院
胡彦涛	唐从军			

宁夏隆德县
耕地质量等级评价

NINGXIA LONGDEXIAN GENGDI ZHILIANG DENGJI PINGJIA

柳智星　刘振军／主编

黄河出版传媒集团
阳光出版社

图书在版编目（CIP）数据

宁夏隆德县耕地质量等级评价 / 柳智星, 刘振军主编. -- 银川：阳光出版社,2022.11
ISBN 978-7-5525-6614-7

Ⅰ.①宁… Ⅱ.①柳… ②刘… Ⅲ.①耕地资源－资源评价－隆德县 Ⅳ.①F323.211

中国版本图书馆 CIP 数据核字(2022)第 236125 号

宁夏隆德县耕地质量等级评价　　　　柳智星　刘振军　主编

责任编辑　胡　鹏　赵维娟　马伟锴
封面设计　晨　皓
责任印制　岳建宁

黄河出版传媒集团　阳光出版社　出版发行

出 版 人　薛文斌
地　　址　宁夏银川市北京东路 139 号出版大厦（750001）
网　　址　http://www.ygchbs.com
网上书店　http://shop129132959.taobao.com
电子信箱　yangguangchubanshe@163.com
邮购电话　0951-5047283
经　　销　全国新华书店
印刷装订　宁夏银报智能印刷科技有限公司
印刷委托书号　（宁)0024889
地 图 审 图 号　宁 S[2022]第 018 号

开　　本　787 mm×1092 mm　1/16
印　　张　21.75
字　　数　410 千字
版　　次　2022 年 12 月第 1 版
印　　次　2022 年 12 月第 1 次印刷
书　　号　ISBN 978-7-5525-6614-7
定　　价　80.00 元

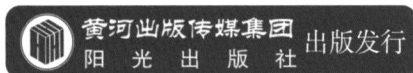

观摩现场会

领导指导工作

田间试验

田间试验

土壤采样

土壤采样

示范区鸟瞰图

示范田

试验田播种

试验田查苗

试验跟踪监测

试验收获

示范田

作物草害监测

蔬菜移植技术

生物降解液体地膜

小拱棚育苗

作物虫害监测

农作物生长情况监测

包膜控释肥释放期田间测试

良种补贴

物化补贴

示范园区

项目评审

序

耕地质量等级评价工作是农业部门履行耕地质量监测保护职责，落实"藏粮于地、藏粮于技"战略的重要举措。要保障粮食安全、农产品质量安全和农业生态安全，强化绿色发展理念，加强耕地质量监测保护，坚持科学布点、持续调查、规范评价，建立健全耕地质量等级评价及信息发布制度，及时开展耕地土壤改良、地力培肥与治理修复，促进我县耕地质量提升和资源可持续利用，筑牢粮食安全基石。耕地质量等级评价成果将为指导开展高标准农田建设、退化耕地治理工作，增进社会公众对耕地质量保护重要性的认识，营造全社会共同参与耕地质量建设与保护的良好氛围，利用耕地质量等级评价成果，为粮食安全责任制考核、耕地资源环境承载能力评价等工作提供基础支撑，夯实农业持续发展基础。

本次耕地质量等级评价工作，以隆德县 59 万余亩耕地为基数，2018 年最新土地利用现状库获取的数据与土壤类型数据叠加形成耕地评价管理单元，结合层次分析法以及《宁夏耕地质量等级评价指标体系》，确定了立地条件、理化性状、障碍因素和土壤管理 16 项评价指标及其权重。按照《宁夏耕地质量等级评价指标体系》本轮评价等级划分指数范围及耕地质量等级划分指数表，划定耕地质量等级。

全县耕地总面积 599 265 亩，纳入全国耕地等级体系为三等地、四等地、五等地、六等地、七等地、八等地、九等地、十等地。三等耕地面积为 11 693.02 亩，占全县耕地总面积的 1.95%。这部分耕地基础地力较高，基本不存在障碍因素，应按照用养结合方式开展农业生产，确保耕地质量稳中有升。四等至六等耕地面积为 258 633.83 亩，占全县耕地总面积的 43.16%。这部分耕地所处环境气候条件基本适宜，农田基础设施建设具备一定基础，障碍因素不明显，是今后粮食增产的重点区域和重要突破口。七等至十等耕地面积为 328 937.68 亩，占全县耕地总面积的 54.89%。这部分耕地基础地力相对较差，生产障碍因素突出，短时间内较难得到根本改善，应持续开展农田基础设施和耕地内在质量建设。

耕地质量既是确保粮食安全的核心，同时还是促使经济稳定发展的关键。

《宁夏隆德县耕地质量等级评价》一书，全面系统地介绍耕地质量等级评价技术、评价方法以及相关的标准，对农业行政和技术人员指导工作有科学的适用性，为新阶段耕地质量建设和农业的可持续发展发挥重要的作用。

耕地质量等级评价有利于摸清耕地质量家底，掌握耕地质量变化趋势，科学评价耕地质量保护成效，推动"藏粮于地、藏粮于技"战略实施。同时，有利于落实最严格的耕地保护制度、推进耕地质量保护与提升行动的开展，也有利于指导根据耕地质量状况，合理调整农业生产布局，缓解资源环境压力，提升农产品质量安全水平。

以史为鉴，切实保护耕地、加强农耕土地综合整治、促进集约节约用地，确保农业耕地面积，改善生态环境，提升现有耕地质量，构建生态良好、可持续的农耕土地利用格局是未来的方向。隆德县农技工作者编写《宁夏隆德县耕地质量等级评价》一书，是对以往工作的系统总结，也是对取得成果的巩固加强，即是对历史的回顾，也是对工作的检验。希望本书的出版能为全面推进隆德县耕地质量提升进程作出重要的贡献。

袁秉和

2020 年 12 月

前　言

　　隆德县位于六盘山西麓、宁南边陲，隶属宁夏回族自治区固原市。地处北纬 35 度 21 分至 35 度 47 分、东经 105 度 48 分至 106 度 15 分之间。东望关陕，西眺河洮，南走秦州，北通宁朔，襟带秦凉，拥卫西辅，有"关陇锁钥"之称。南北长 47 千米，东西宽 41 千米，全县辖区面积 985 平方千米。

　　耕地是土地资源中最宝贵的自然资源，耕地的数量和质量是粮食综合生产能力的体现。在当前复杂多变的国际形势下，保持一定数量和质量的耕地是确保粮食安全和生态安全的关键，耕地质量调查评价工作是农业部门履行耕地质量监测保护职责，落实"藏粮于地、藏粮于技"战略的重要举措，开展耕地质量调查评价工作是国家法律赋予农业农村部门的重要职责，也是农业农村部门开展耕地质量建设与管理的需要。

　　根据《农业农村部办公厅关于做好耕地质量等级调查评价工作的通知》（农办农〔2017〕18 号）的要求，在全国启动了新一轮耕地质量监测调查与评价工作，原宁夏回族自治区农业农村厅于 2017 年印发了《宁夏耕地质量等级调查评价工作方案》〔宁农（种）发〔2019〕20 号〕及《耕地质量调查监测与评价办法》（农业部令 2016 年第 2 号）和《耕地质量等级》国家标准（GB/T 33469—2016）等有关要求。自 2017 年 10 月以来，隆德县积极开展野外取样工作，在取样过程中，严格按照耕地质量等级评价样点布设的技术规范要求，落实质量控制，保证样品的代表性，数据调查规范严谨，截至 2019 年 10 月完成全县 13 个乡镇范围内耕地质量取样点 180 个，土样统一送省级认定的检测机构检测。以 2017—2019 年调查采样点数据为基础，开展本轮耕地质量等级评价，在县域耕地资源管理系统内，采用宁夏耕地质

1

量等级评价指标体系指标权重、指标隶属函数及耕地质量等级划分指数进行评价，形成了全县耕地质量等级评价成果并完成了现场复核后，组织编写了《隆德县耕地质量等级评价技术报告》《耕地质量等级公报》。

《宁夏隆德县耕地质量等级评价》在上述两个报告基础上编写而成，全书共7章，系统、全面地阐述了隆德县耕地质量调查方法，耕地质量更新评价的技术路线、评价方法、评价指标、数据获取和数据库建设，以及区域内耕地质量等级养分状况，即耕地土壤属性大量元素、中微量元素变化趋势，并针对本地区在生产中存在的问题提出针对性的改良培肥措施及配套技术，提升耕地质量水平。

宁夏隆德县耕地质量等级评价项目由农业农村局主管的农业技术推广服务中心组织实施，全县农业技术推广人员共同参与。项目实施得到了宁夏农业农村厅、宁夏农业技术推广总站等单位的大力支持。

《宁夏隆德县耕地质量等级评价》一书的编写和出版，得到了各级领导和有关单位的大力支持以及宁夏耕地质量等级评价专家的热心指导。由于时间仓促，水平有限，错误在所难免，敬请广大读者及专家批评指正。

编者

2020 年 12 月

目 录
CONTENTS

第一章　区域概况

第一节　自然条件

一、地理位置与行政区划

隆德县位于六盘山西麓、宁南边陲，隶属宁夏回族自治区固原市。地处北纬 35°21′至 35°47′、东经 105°48′至 106°15′之间。东望关陕，西眺河洮，南走秦州，北通宁朔，襟带秦凉，拥卫西辅，有"关陇锁钥"之称。南北长 47 km，东西宽 41 km，全县辖区面积 985 km²。总人口 156 023 人（2019 年），其中男性人口 80 994 人，女性人口 75 029 人，性别比（以女性为 100）为 108：100，人口密度按户籍人口 158 人/km²。县辖 10 乡 3 镇、113 个行政村 10 个社区，县政府驻城关镇。

二、地形地貌

隆德县地形东高西低，十山九沟，六盘山东峙，7 条河西流，形成谷地、丘陵插嵌众水之间。最高海拔美高山 2 942 m，大部分区域在 1 900~2 500 m。地貌类型属黄土丘陵第三副区，分为三个区，其中黄土丘陵沟壑区占 55.70%、阴湿土石山区占 33.26%、河谷川道区占 11.04%。地形按大地貌划分，可分为山地、土石丘陵、黄土丘陵和河谷冲积平原等类型。

（一）山地

山地主要是由白垩系地层构成的六盘山山脉，总面积 195 657 亩，占全县土地总面积的 13.1%。山地的特点是海拔高，坡度陡，切割深。其海拔均在 2 400 m 以上，有 82%的坡度在 25°以上。由于坡度陡，土层较薄，一般土层厚度为 50~100 cm，局部侵蚀严重处，基岩裸露地表。

（二）土石丘陵

在山地以下为土石丘陵，面积257 170亩，占全县土地总面积的17.18%。土石丘陵的坡度较山地平缓，大部分坡度小于25°，坡度在7°~25°的面积约占土石丘陵总面积的63.3%。相对高度也较低，大部分高差在50~100 m。土石丘陵的基岩，主要由红色砂砾岩、页岩和泥灰岩等构成。部分地区为第三纪红色黏土层。

（三）黄土丘陵

西部广大地区为黄土丘陵，总面积685 518亩，占全县土地总面积的45.8%。黄土丘陵地区，水土流失严重，地形破碎，冲沟密布，沟道密度达1.2~1.9 km/km^2，侵蚀模数为3 300~4 000 t/(km^2·a)。大部分坡度在7°~25°，小于7°的坡地不足12%，大于25°的坡地也在6%左右。

黄土丘陵的中小地形可分为塬、梁、峁及沟台地和沟掌地等类型。梁和峁及其附近的坡地是侵蚀特别严重的地区，土壤多为黄绵土。沟台地位于坡麓冲沟两侧，沟掌地则位于沟头，二者地面均较平缓，水肥条件好，是当地较好的农田。

（四）河谷冲积平原（川地）

主要分布在各大河流两侧，包括河床、河滩地、低阶地（川地）和高阶地（塬地）等部分。面积213 171亩，占全县土地总面积的14.2%。其中川地199 322亩，占全县土地总面积的13.3%。川地地形平坦，土壤比较肥沃，是隆德县古老的农业区，也是目前发展设施农业生产基地。高阶地的面积不大，全县约2.6万亩，主要分布在渝河等川地的上部。在沙塘、神林、陈靳等乡镇，有较大面积的高阶地分布。高阶地的地势平坦，土壤侵蚀轻微，故比较肥沃，多为基本农田。

三、成土母质

隆德县成土母质按形成条件和性质划分，主要有以下几种类型。

（一）洪积冲积物

洪积冲积物是山洪和河流搬运沉积下来的次生黄土、次生红土以及各种岩石风化的碎屑混合物。主要分布于唐家河、十字路河、好水川、渝河、甘渭河、庄浪河和水洛河沿岸的河谷平原上。其特点是沉积层明显，一般土层较厚，有机质和养分含量相对较高，质地多为沙壤、轻壤和中壤土。在洪积冲积母质上发育的土壤，主要有新积土。

（二）黄土母质

黄土母质在隆德县广泛分布，面积约占全县耕地土壤总面积的 45%，呈淡黄和灰黄色，颗粒组成以粗粉粒（粒径0.05~0.01 mm）为主，物理性粘粒（粒径小于0.01 mm）含量在 25%~30%。质地均匀，疏松多孔，无水平沉积层次，沟边常形成直立陡壁。黄土富含石灰，含量多在 10%以上，有机质、氮、磷素含量均低，钾素含量较高，pH 值多在 8.4 左右。在黄土母质上形成的土壤主要是黑垆土和黄绵土。

（三）红土母质

红土母质在隆德县一般呈条带状分布。红土呈棕红色，质地黏重，棱块状结构，紧实致密，孔隙很少；有机质和氮素含量均低，全磷含量较高；强碱性，pH 值大于8.5。在红土层下部可见到石膏结晶体（羊脑石）。红土因质地黏重，故耕性不良。

（四）残积母质

残积母质是岩石风化物未经搬运就形成的成土母质。一般都含有大小不同的岩石碎片，且土层较薄。根据母岩性质不同，残积母质可分为红色砂砾岩风化物、泥灰岩及灰岩风化物、砂质泥岩风化物、页岩风化物 4 种类型。

（五）坡积母质

在山地和丘陵的坡麓，由于重力作用，常堆积有较厚的来自上部的风化物。其特点是成分比较混杂，没有分选作用和水平层次；沿坡麓分布，面积较小，但范围较广。

第二节　自然气候概况

隆德县地处中纬度欧亚大陆腹地的东缘，是黄河流域中上游，六盘山西麓的山区县。由于远离海洋，且地势较高，所以具有大陆性气候与海洋季风边缘气候的特点，另外又深受海拔高度的影响，在气候区划上，属中温带半湿润向半干旱过渡地带。随着地形的变化，冷热差异较大，具有东凉西暖、南温北干，冬长严寒、夏短酷热、春快多风、秋早凉爽，雨雪稀少、气候干燥、日照较足、蒸发强烈，昼夜温差大、无霜期短而多变等特点。

一、光能资源

太阳辐射是地球上一切生命的唯一能量源泉，也是绿色植物进行光合作用，以增大体积和积累干物质的能量来源。据报道，植物中 90%~95% 的干物质来源于太阳能，只有 5%~10% 是根部吸收土壤中的养分。由此可见，作物生长、发育和产量形成，主要决定于太阳辐射的多少。

1. 总辐射

隆德县全年总辐射量为 122.04 千卡/cm²。春季（3—5 月）为 36.79 千卡/cm²，占全年 30.1%；夏季（6—8 月）为 39.86 千卡/cm²，占全年 32.7%；秋季（9—11 月）为 23.13 千卡/cm²，占全年 19.0%；冬季（12—2 月）为 22.26 千卡/cm²，占全年 18.2%。日平均气温稳定通过 0℃ 期间的总辐射量为 86.74 千卡/cm²，占全年的 71.1%；日平均气温稳定通过 10℃ 期间的总辐射量为 54.08 千卡/cm²，占全年的 44.3%。隆德县春季总辐射量一直稳定上升，到 5—6 月份达到最高值，7 月份开始下降，到 11 月份为全年最低，之后开始逐渐上升。

2. 生理辐射

隆德县全年生理辐射为 61.05 千卡/cm² 年，5 月份是最高值，为 7.26 千卡/cm²。5—6 月份是作物生长活跃期，生理辐射也以这两个月为最高。在作物整个生长期（气温稳定通过 0℃ 期间）内，生理辐射 43.37 千卡/cm²，占年生理辐射的 71%；植物生长活跃期（气温稳定通过 10℃ 期间），生理辐射 27.04 千卡/cm²，占年生理辐射的 44%。

3. 日照

隆德县年平均日照时数 2 228.1 h，年平均日照百分率为 50%。月日照时数最长为 5—6 月，最短为 9 月。日平均气温稳定通过 0℃ 期间的日照时数为 1 419.7 h，占年日照时数的 63.7%；稳定通过 10℃ 期间的日照时数为 742.6 h，占年日照时数的 37.8%。

二、热量资源

1. 气温

隆德县年平均气温 5.3℃。最冷月 1 月，平均气温 -8.5℃，极端低温 -25.7℃；最热月 7 月，平均气温 16.9℃，极端高温 31.4℃。从空间分布看，大致是东冷西暖，东经 106°02′ 以东年均气温小于 5℃；东经 106°07′ 以西年均气温大于 6℃；东经 106°

02′~106°07′之间年均气温 5~6℃。平均每向东推进 1 km，年平均气温下降 0.08℃；而南北差异较小，平均每向北推进 1 km，年平均气温下降 0.03℃。各月平均气温在 8.5~16.9℃；旬平均气温在 8.9~17.4℃；候平均气温在 5~17.5℃。全年没有一旬（候）平均气温超过 18℃，候平均气温从 11 月第 3 候到翌年 3 月第 3 候都在 0℃以下，长达 125 d，但没有一候平均气温在-10℃以下；候平均气温≥10℃的时期从 5 月第 2 候开始到 9 月第 5 候共 142 d。气温年变化的特征：春季升温特别快，3、4 月份，平均月升温 6.2℃，平均旬升温 2.2℃，平均候升温 1.1℃。由于春季冷空气活动频繁，气温回升极不稳定，常发生春寒和倒春寒，造成冻害。夏季气温稳定、温和，各月、旬、候之间变化不大。秋季 9 月以后，由于太阳高度角逐渐减小，加之北方冷空气不断入侵，故气温迅速下降，10—11 月降温可达 7℃/月，秋季降温率比春季升温率要大。冬季又维持稳定状态，各月、旬、候之间变化很小。

2. 积温

隆德县平均积温呈西高东低分布，≥0℃的积温在 3 000℃以上的地区很小。东经 106°02′以西 2 800℃，东经 106°02′~106°09′为 2 800~2 400℃，东经 106°09′以东<2 400℃。≥10℃积温与 0℃相似，绝大多数地方在 1 600~2 200≥0℃之间。

在农业生产中，至少取 80%的保证率来衡量一地的热量资源，才较稳定可靠。全县≥0℃积温，保证率 80%在 2 280~2 948℃之间；≥10℃积温，保证率 80%在 1 444~2 234℃之间。平均无霜期 124 d，初霜期 9 月 20 日，终霜期 5 月 18 日。

3. 降水与蒸发

隆德县年降水量 502 mm 左右。降水的地理分布：由于六盘山的抬升，降水量随海拔的升高而增加现象明显。全县海拔平均每升高 100 m 年降水量增加 19.6 mm。东经 106°以东，由于高度急剧上升，海拔平均每升高 100 m，年降水量大约增加 27.6 mm；西部则由于坡度平缓，海拔平均每升高 100 m，年降水量只增加 11.6 mm。

降水量分布除受高度的影响外，还随经纬度的不同而异。降水量以东经 106°为界线，以东>500 mm，以西<500 mm。东部平均每向东推进 1 km，年降水量增加 4.3 mm；西部平均每向西推进 1 km，年降水量减少 1.7 mm；全县平均每向西推进 1 km，年降水量大约减少 3.0 mm。降水量随纬度的不同也有差异，与经度相比较则变化不明显。平均每向北推进 1 km，年降水量减少 1.6 mm。降水时间变化：全年

降水量最多月为 8 月份，占全年降水量的 22.2%~24.4%，最少月为 12 月份，只占 0.6%~0.7%；冬季 12 月至 2 月降水量占全年的 2.7%，春季 3 月至 5 月占 17%~18.5%，夏季 6 月至 8 月占 55%~56%，秋季 9 月至 11 月占 23.9%~24.5%，作物生长期 4 月至 9 月占全年的 87.0%。年蒸发量为 1 313~1 588 mm，干燥度为 1.25~1.60。

4. 主要农业气象灾害

不利的气象条件造成作物减产歉收，称之为农业气象灾害。隆德县为多灾地区。主要气象灾害有干旱、冰雹、霜冻、低温等。

（1）干旱

干旱是指在无灌溉条件下，长期无雨或雨水很少，气温高，湿度小，蒸发大等外界环境因素造成作物体内水分失去平衡，发生水亏缺，并影响作物的生长发育，甚至使作物凋萎或枯死，进而导致减产或失收的一种农业气象灾害。据史料记载，从宋景德元年（1004 年）至 1949 年，隆德县有干旱记载的年份共 179 年。1950 年至 1990 年 40 年中，出现旱害的年份共 20 年。进入 90 年代之后，干旱连年发生。

干旱发生的时间，与作物生长、发育、产量有直接影响，而且干旱的轻重与作物各时期需水量状况在很大程度上决定农业收成情况。根据当地作物生长季节特点，春季发生干旱，主要影响冬小麦返青、春播作物出苗和分蘖。春旱在 1940 年以前发生频繁，1941—1961 年较少，1962 年开始增多， 1975 年之后几乎连年发生。夏旱发生对夏秋作物均造成减产。夏旱在 1942 年以前发生频繁，1956—1966 年较少。秋季若发生干旱，不仅对秋作物的成熟、产量有影响，对秋播的冬小麦壮苗、安全越冬也有很大的影响，而且又是翌年夏季作物歉收的因素。农谚"八月底墒雨，十月关门雨""麦长隔年墒"，说明秋雨还是很关键的。若次年春季连旱，则对作物的影响就更大了。1946—1971 年秋旱发生较少，1972 年以来几乎连年发生。

（2）冰雹

冰雹的危害仅次于干旱，对作物局部性毁坏力强，并有暴雨山洪，常造成绝产和人畜伤亡。冰雹最早始于 4 月 1 日（1964 年），最迟始于 6 月 14 日（1966 年）；最早终于 6 月 1 日（1975 年），最迟终于 10 月 24 日（1962 年）。平均初日为 5 月 2 日，平均终日为 9 月 1 日。绝大部分出现在 6、7、8 三个月。主要时段在上午 11 时以后，13 时至 17 时最为强烈，19 时以后概率很小。

（3）霜冻

霜冻一般是指温暖时段内，由于平流、辐射，使地面空气层的温度降低到足以引起农作物遭受冻害甚至死亡的短时间的低温（通常是在0℃或0℃以下，有时可略高于0℃）。由水汽直接凝华成冰晶聚在植物体表面上的霜，称为白霜；由气温降到0℃以下，使作物遭受冻害的，叫黑霜。隆德县的黑霜出现频率较高，常造成夏秋作物的严重减产，如1972年9月1—3日的霜冻，损失粮食达250万kg以上。

据气象资料统计：隆德县白霜最早出现于9月1日（1980年），最迟终日为6月17日（1969年）。平均初日为9月20日，平均终日为5月18日，最长无霜期161 d（1973年），最短为94 d（1976年），历年平均124 d。一般无霜期日数，随海拔自西向东缩短，沿六盘山一带，在90~120 d之间。

三、水资源

根据《隆德县水资源调查评价与水利区划报告》，全县多年平均水资源总量为5.24亿m³，可利用总量1.4亿m³，其中地表水资源总量为9 840万m³。现有水库库容6 710万m³，总蓄水量1 214万m³。农业可利用水资源9 260万m³。地表水资源总量按唐家河、什字河、好水河、渝河、甘渭河、庄浪河、水洛河等7条河流分配，地下水资源总量按其七大水系分配，多分布于河谷川道区，地下埋深一般为20~200 m，矿化度0.28~1.788 g/L。各河流为水资源输出区，无过境客水，降水是唯一的水资源。各主要河流水文特征见表1-1。

表1-1　隆德县境内各河流水文特征

河流名称	流域面积/ km²	总长度/ km	河沟密度/ (km·km⁻²)	年径流量/ 万m³	均值长流水/ 万m³	年平均流量/ (kg/s⁻¹)
唐家河	10.8	3.0	2.09	89.3	34.8	11.0
什字河	127.8	29.0	1.86	1 543.0	663.0	20.9
好水川	121.3	27.0	2.07	1 362.0	402.0	128.0
渝　河	481.2	47.1	1.54	6 509.0	2 217.5	830.0
甘渭河	110.3	35.1	1.46	1 491.0	660.0	210.0
庄浪河	93.6	17.5	2.01	1 749.0	788.0	250.0
水洛河	40.2	4.0	1.70	1 803.0	874.0	273.0

四、生物资源

1. 植物资源

隆德县生物资源丰富。据历史记载，从秦汉以来，直至 20 世纪初，全境到处可见青山绿水、林茂草丰的自然风光。宋代史料中曾有"葫芦河上游为黑松林所广覆，好水川一带可藏匿数万兵马而毫无踪迹"的记述。可见隆德县历史上曾经是一个林茂草丰的森林草原区。据《隆德县志》记载，六盘山区共有高等植物 788 种，隶属 113 科 382 属。其中，苔藓植物 41 种，蕨类植物 18 种，种子植物 729 种。种子植物为优势种群，分 86 科 337 属，占全国种子植物总科数的 28.5%，占总属数的 11.3%，占总种数的 2.9%。粮食作物主要有小麦、蚕豆、玉米、豌豆、莜麦等；经济、油料作物主要有马铃薯、中药材、蔬菜、胡麻等；林木品种有槐、柳等；干鲜果品主要有苹果、桃、李、梨等品种。

1920—1950 年的短短 30 年间，由于连年战乱的破坏，加之人口增加，开荒毁林毁草现象普遍盛行，致使天然植被遭到严重破坏，生态失去平衡，光山秃岭逐年东延。解放前夕，仅六盘山一带的阴湿区残存天然次生林 24.57 万亩，广大的中西部到处是光山秃岭。中华人民共和国成立后，人工造林和封山育林取得一定成效。至 1980 年，全县保存天然林 4.25 万亩，人工造林保存面积 10.01 万亩，共计有林面积 14.26 万亩，森林覆盖率 9.56%。比 50 年代初期的 16.39%，减少了 6.83%。2000 年实施退耕还林还草工程以来，全县大面积种草种树，全县植被得到有效恢复。目前，全县林地面积达到 65.03 万亩，占全县土地总面积的 43.69%。

2. 动物资源

隆德县畜禽、水生、野生动植物资源亦十分丰富。据《隆德县志》记载，六盘山区的陆栖动物按其生态类群可分为落叶阔叶林动物群、灌丛草地动物群、河谷动物群和田舍动物群 4 类，共计 207 种，亚种 2 种，隶属 24 目、60 科。

第三节　农业生产概况

据 2015—2017 年统计，粮、油、瓜菜、药材等稳定的种植面积 47.11 万亩。其中，粮食作物种植面积 31.76 万亩，占总种植面积的 67.42%；油料作物种植面积

4.76 万亩，占总种植面积的 10.10%；瓜菜种植面积 4.54 万亩，占总种植面积的
9.64%；中药材种植面积 4.57 万亩，占总种植面积的 9.70%；其他作物（饲料）
种植面积 1.48 万亩，占总种植面积的 3.14%。2015 年末，全县农用机械总动力
236 741.09 千瓦，主要农业机械设备有：大中型拖拉机 1 553 台、小型拖拉机 5 396
台、拖拉机配套农具 8 456 台。作业面积稳步增长，作业水平快速提高，截至 2015
年底全年完成机耕面积 44.745 万亩，其中机深耕 1.32 万亩，机播 32.67 万亩，机
械化收获 21.39 万亩，机械覆膜 1.1 万亩。全县主要农作物耕、种、收综合机械化
水平达到 56.36%。

按照县委、县政府 2020 年产业结构方案部署，积极调整优化种植结构。全县
粮食作物播种面积 11 万亩（冬小麦 3 万亩、马铃薯 6 万亩、小杂粮 2 万亩），经济
作物 13 万亩（冷凉蔬菜 4 万亩、中药材 3 万亩、经果林 1 万亩、油料 5 万亩），饲
草作物 20 万亩（饲料玉米 16.5 万亩、多年生牧草 2.5 万亩、一年生禾草 1 万亩）。
全县粮经饲作物种植比例由 52∶27∶21 调整为 25∶30∶45。

第四节　耕地立地条件及农田基础设施

一、耕地土壤分类及分布

（一）耕地土壤分类

中国土壤分类系统以可测定的土壤性质为分类标准，从上至下共设土纲、土
类、亚类、土属、土种和变种 6 个分类单元。前三级土纲、土类、亚类属高级分类
单元，以土类为主；后三级土属、土种和变种为基层分类单元，以土种为主，隆德
县第二次土壤分类与代码以《中国土壤分类与代码》（见表1-2）为准，本书中所
提及的耕地土壤分类及名称均按《中国土壤分类与代码》进行了归类合并（见表
1-3）。

土纲：根据主要成土特征划分。

亚纲：是在同一土纲中，根据土壤形成的水热条件和岩性及盐碱的重大差异来
划分。如淋溶土纲分成湿暖淋溶土亚纲、湿暖温淋溶土亚纲、湿温淋溶土亚纲、湿
寒温淋溶土亚纲；如初育土纲分土质初育土和石质初育土亚纲。

表 1-2　中国土壤分类与编码

土纲		亚纲		土类		亚类		土属		土种		土壤代码
编码	名称	编码	名称	编码	名称	编码	名称	编码	名称	编码	名称	
C	半淋溶土	C3	半湿温半淋溶土	C31	灰褐土	C313	淋溶灰褐土	C31312	沙泥质淋溶灰褐土	C3131213	中性山黑土	22.11五
C	半淋溶土	C3	半湿温半淋溶土	C31	灰褐土	C313	淋溶灰褐土	C31312	沙泥质淋溶灰褐土	C3131215	红土质山黑土	22.11五 h
C	半淋溶土	C3	半湿温半淋溶土	C31	灰褐土	C312	暗灰褐土	C31211	泥质暗灰褐土	C3121112	厚暗麻土	22.31五
C	半淋溶土	C3	半湿温半淋溶土	C31	灰褐土	C312	暗灰褐土	C31211	泥质暗灰褐土	C3121116	粘层暗麻土	22.33b1
C	半淋溶土	C3	半湿温半淋溶土	C31	灰褐土	C312	暗灰褐土	C31212	侵蚀暗灰褐土	C3121212	厚麻土	22.41五
C	半淋溶土	C3	半湿温半淋溶土	C31	灰褐土	C312	暗灰褐土	C31212	侵蚀暗灰褐土	C3121213	黑红土	22.42四
C	半淋溶土	C3	半湿温半淋溶土	C31	灰褐土	C312	暗灰褐土	C31212	侵蚀暗灰褐土	C3121215	粘麻土	22.41六
C	半淋溶土	C3	半湿温半淋溶土	C31	灰褐土	C312	暗灰褐土	C31212	侵蚀暗灰褐土	C3121216	粘层麻土	22.41五 b1
C	半淋溶土	C3	半湿温半淋溶土	C31	灰褐土	C312	暗灰褐土	C31211	泥质暗灰褐土	C3121113	暗红麻土	22.31五 h
C	半淋溶土	C3	半湿温半淋溶土	C31	灰褐土	C312	暗灰褐土	C31212	侵蚀暗灰褐土	C3121211	薄麻土	22.41三 j1k1
C	半淋溶土	C3	半湿温半淋溶土	C31	灰褐土	C312	暗灰褐土	C31212	侵蚀暗灰褐土	C3121220	红薄麻土	22.42五 k2
C	半淋溶土	C3	半湿温半淋溶土	C31	灰褐土	C312	暗灰褐土	C31211	泥质暗灰褐土	C3121114	暗粘麻土	22.31六
C	半淋溶土	C3	半湿温半淋溶土	C31	灰褐土	C312	暗灰褐土	C31212	侵蚀暗灰褐土	C3121214	薄黑红土	22.42四 k1
C	半淋溶土	C3	半湿温半淋溶土	C31	灰褐土	C312	暗灰褐土	C31211	泥质暗灰褐土	C3121111	灰暗麻土	22.31五 f
C	半淋溶土	C3	半湿温半淋溶土	C31	灰褐土	C312	暗灰褐土	C31211	泥质暗灰褐土	C3121115	薄层暗麻土	22.31五 j1
C	半淋溶土	C3	半湿温半淋溶土	C31	灰褐土	C312	暗灰褐土	C31212	侵蚀暗灰褐土	C3121218	红壤质麻土	22.4五
C	半淋溶土	C3	半湿温半淋溶土	C31	灰褐土	C313	淋溶灰褐土	C31312	沙泥质淋溶灰褐土	C3131216	中性粘质山黑土	21.1六
C	半淋溶土	C3	半湿温半淋溶土	C31	灰褐土	C312	暗灰褐土	C31212	侵蚀暗灰褐土	C3121221	粘层红质麻土	22.44五 b2
C	半淋溶土	C3	半湿温半淋溶土	C31	灰褐土	C312	暗灰褐土	C31212	侵蚀暗灰褐土	C3121227	薄层黑红土	22.42五 i1

续表

土纲		亚纲		土类		亚类		土属		土种		土壤代码
编码	名称	编码	名称	编码	名称	编码	名称	编码	名称	编码	名称	
C	半淋溶土	C3	半湿温半淋溶土	C31	灰褐土	C314	石灰性灰褐土	C31412	泥质石灰性灰褐土	C3141211	薄层钙质山黑土	22.22 五j1
D	钙质土	D3	半干温暖钙层土	D32	黑垆土	D321	典型黑垆土	D32100	典型黑垆土	D3210016	孟塬黑垆土	1.11 五
D	钙质土	D3	半干温暖钙层土	D32	黑垆土	D321	典型黑垆土	D32100	典型黑垆土	D3210019	沙层黑垆土	1.11 四a1
D	钙质土	D3	半干温暖钙层土	D32	黑垆土	D321	典型黑垆土	D32100	典型黑垆土	D3210022	埋藏黑垆土	1.13 五f
D	钙质土	D3	半干温暖钙层土	D32	黑垆土	D323	潮黑垆土	D32300	潮黑垆土	D3230011	底锈黑垆土	1.41 五b4
D	钙质土	D3	半干温暖钙层土	D32	黑垆土	D321	典型黑垆土	D32100	典型黑垆土	D3210017	薄层黑垆土	1.13 四i3
D	钙质土	D3	半干温暖钙层土	D32	黑垆土	D321	典型黑垆土	D32111	侵蚀黑垆土	D3211111	侵蚀黑黄土	1.2 五
G	初育土	G1	土质初育土	G11	黄绵土	G110	黄绵土	G11011	绵土	G1101123	淤绵土	1.51 五
G	初育土	G1	土质初育土	G11	黄绵土	G110	黄绵土	G11011	绵土	G1101124	老牙村淤绵土	1.51 四
G	初育土	G1	土质初育土	G11	黄绵土	G110	黄绵土	G11011	绵土	G1101129	夹胶绵土	1.32 五b2
G	初育土	G1	土质初育土	G11	黄绵土	G110	黄绵土	G11011	绵土	G1101134	淤薄绵土	1.51 五k2
G	初育土	G1	土质初育土	G11	黄绵土	G110	黄绵土	G11011	绵土	G1101126	缃黄土	1.31 五
G	初育土	G1	土质初育土	G11	黄绵土	G110	黄绵土	G11011	绵土	G1101135	淤粘层绵土	1.51 五b1
G	初育土	G1	土质初育土	G11	黄绵土	G110	黄绵土	G11012	绵沙土	G1101224	淤薄层绵沙土	1.51 三k2
G	初育土	G1	土质初育土	G11	黄绵土	G110	黄绵土	G11011	绵土	G1101130	红土层黄绵土	1.31 五h
G	初育土	G1	土质初育土	G11	黄绵土	G110	黄绵土	G11014	黄墒土	G1101419	胶黄墒土	1.31 六
G	初育土	G1	土质初育土	G11	黄绵土	G110	黄绵土	G11011	绵土	G1101136	淤红土层黄绵	1.51 五h
G	初育土	G1	土质初育土	G11	黄绵土	G110	黄绵土	G11011	绵土	G1101131	薄层黄绵土	1.32 五i1
G	初育土	G1	土质初育土	G13	新积土	G131	典型新积土	G13112	石灰性山洪土	G1311219	厚层阴黑土	22.55 五

续表

土纲		亚纲		土类		亚类		土属		土种		土壤代码
编码	名称	编码	名称	编码	名称	编码	名称	编码	名称	编码	名称	
G	初育土	G1	土质初育土	G13	新积土	G131	典型新积土	G13112	石灰性山洪土	G1311221	粘夹阴黑土	22.55五b
G	初育土	G1	土质初育土	G13	新积土	G131	典型新积土	G13112	石灰性山洪土	G1311218	薄层阴黑土	22.53四j1
G	初育土	G1	土质初育土	G13	新积土	G131	典型新积土	G13112	石灰性山洪土	G1311231	淤锈阴黑土	22.52五
G	初育土	G1	土质初育土	G13	新积土	G132	冲积土	G13215	石灰性冲积壤土	G1321532	澄土	16.21五
G	初育土	G1	土质初育土	G13	新积土	G131	典型新积土	G13112	石灰性山洪土	G1311218	厚阴黑土	22.57五
G	初育土	G1	土质初育土	G13	新积土	G131	典型新积土	G13112	石灰性山洪土	G1311233	薄层锈阴黑土	22.52五k1
G	初育土	G1	土质初育土	G13	新积土	G132	冲积土	G13215	石灰性冲积沙土	G1321532	冲积沙壤土	16.22三
G	初育土	G1	土质初育土	G13	新积土	G131	典型新积土	G13112	石灰性山洪土	G1311212	山洪沙土	16.11三
G	初育土	G1	土质初育土	G13	新积土	G131	典型新积土	G13112	石灰性山洪土	G1311221	夹粘阴黑土	22.55五b2
G	初育土	G2	石质初育土	G25	粗骨土	G253	钙质粗骨土	G25314	粗质粗骨土	G2531411	石渣土	19.3四h
H	半水成土	H2	淡半水成土	H21	潮土	H214	湿潮土	H21412	湿潮壤土	H2141213	湿潮泥	10.13五

　　土类：土壤基本分类单元，指成土条件、成土过程与属性（主要是诊断层与诊断特性）类同的一组土壤，如我国分类系统中的黑土和黄壤等，均是土类。

　　亚类：土类的续分，反映主导土壤形成过程以外，还有其他附加的成土过程。一个土类中有代表它典型特性的典型亚类，即它是在定义土类的特定成土条件和主导成土过程作用下产生的；也有表示一个土类向另一个土类过渡的亚类，它是根据主导成土过程之外的附加成土过程来划分的。如红壤土类中，红壤亚类是代表了典型红壤的一个亚类，而黄红壤则是由红壤向黄壤过渡的一个亚类。

　　土属：根据主要是使亚类发生性质分异的地方性因素，地方性因素繁多，所分土属自然也就很多。

　　土种：土壤地理发生分类的基层单元，是在土类、亚类之下续分的，土类、亚类是土壤形成发育质的变化，而土种是量的变化。

隆德县第二次土壤分类与代码（见表1-3）。

表1-3　隆德县第二次土壤分类与代码

土纲		亚纲		土类名称	亚类名称	土属名称	土种名称	土壤代码
编码	名称	编码	名称					
C	半淋溶土	C3	半湿温半淋溶土	灰褐土	淋溶灰褐土	细质淋溶灰褐土	中性山黑土	22.11 五
C	半淋溶土	C3	半湿温半淋溶土	灰褐土	淋溶灰褐土	细质淋溶灰褐土	中性山黑土	22.11 五 h
C	半淋溶土	C3	半湿温半淋溶土	灰褐土	暗灰褐土	细质暗灰褐土	暗麻土	22.31 五
C	半淋溶土	C3	半湿温半淋溶土	灰褐土	暗灰褐土	细质暗灰褐土	粘层暗麻土	22.33 五 b1
C	半淋溶土	C3	半湿温半淋溶土	灰褐土	暗灰褐土	侵蚀暗灰褐土	厚麻土	22.41 五
C	半淋溶土	C3	半湿温半淋溶土	灰褐土	暗灰褐土	侵蚀暗灰褐土	厚麻土	22.42 四
C	半淋溶土	C3	半湿温半淋溶土	灰褐土	暗灰褐土	侵蚀暗灰褐土	粘麻土	22.41 六
C	半淋溶土	C3	半湿温半淋溶土	灰褐土	暗灰褐土	侵蚀暗灰褐土	粘层麻土	22.41 五 b1
C	半淋溶土	C3	半湿温半淋溶土	灰褐土	暗灰褐土	细质暗灰褐土	暗红麻土	22.31 五 h
C	半淋溶土	C3	半湿温半淋溶土	灰褐土	暗灰褐土	侵蚀暗灰褐土	薄沙麻土	22.41 三 j1k1
C	半淋溶土	C3	半湿温半淋溶土	灰褐土	暗灰褐土	侵蚀暗灰褐土	薄麻土	22.42 五 k2
C	半淋溶土	C3	半湿温半淋溶土	灰褐土	暗灰褐土	细质暗灰褐土	暗粘麻土	22.31 六
C	半淋溶土	C3	半湿温半淋溶土	灰褐土	暗灰褐土	侵蚀暗灰褐土	薄麻土	22.42 四 k1
C	半淋溶土	C3	半湿温半淋溶土	灰褐土	暗灰褐土	细质暗灰褐土	暗麻土	22.31 五 f
C	半淋溶土	C3	半湿温半淋溶土	灰褐土	暗灰褐土	细质暗灰褐土	薄层暗麻土	22.31 五 j1
C	半淋溶土	C3	半湿温半淋溶土	灰褐土	暗灰褐土	侵蚀暗灰褐土	红壤质麻土	22.4 五
C	半淋溶土	C3	半湿温半淋溶土	灰褐土	淋溶灰褐土	细质淋溶灰褐土	中性山黑土	21.1 六

续表

土纲		亚纲		土类名称	亚类名称	土属名称	土种名称	土壤代码
编码	名称	编码	名称					
C	半淋溶土	C3	半湿温半淋溶土	灰褐土	暗灰褐土	侵蚀暗灰褐土	粘层红壤质麻土	22.44 五 b2
C	半淋溶土	C3	半湿温半淋溶土	灰褐土	暗灰褐土	侵蚀暗灰褐土	薄麻土	22.42 五 i1
C	半淋溶土	C3	半湿温半淋溶土	灰褐土	石灰性灰褐土	细质石灰性灰褐土	薄层钙质山黑土	22.22 五 j1
D	钙质土	D3	半干温暖钙层土	黑垆土	典型黑垆土	典型黑垆土	孟塬黑垆土	1.11 五
D	钙质土	D3	半干温暖钙层土	黑垆土	典型黑垆土	典型黑垆土	沙层黑垆土	1.11 四 a1
D	钙质土	D3	半干温暖钙层土	黑垆土	典型黑垆土	典型黑垆土	埋藏黑垆土	1.13 五 f
D	钙质土	D3	半干温暖钙层土	黑垆土	潮黑垆土	潮黑垆土	粘层底锈黑垆土	1.41 五 b4
D	钙质土	D3	半干温暖钙层土	黑垆土	典型黑垆土	典型黑垆土	薄层黑垆土	1.13 四 i3
D	钙质土	D3	半干温暖钙层土	黑垆土	典型黑垆土	侵蚀黑黄土	黑黄土	1.2 五
G	初育土	G1	土质初育土	黄绵土	黄绵土	新积黄绵土	淤黄土	1.51 五
G	初育土	G1	土质初育土	黄绵土	黄绵土	新积黄绵土	淤黄土	1.51 四
G	初育土	G1	土质初育土	黄绵土	黄绵土	绵土	粘层黄绵土	1.32 五 b2
G	初育土	G1	土质初育土	黄绵土	黄绵土	新积黄绵土	淤薄层黄土	1.51 五 k2
G	初育土	G1	土质初育土	黄绵土	黄绵土	绵土	绌黄土	1.31 五
G	初育土	G1	土质初育土	黄绵土	黄绵土	新积黄绵土	淤粘层黄土	1.51 五 b1
G	初育土	G1	土质初育土	黄绵土	黄绵土	新积黄绵土	淤薄层沙黄土	1.51 三 k2
G	初育土	G1	土质初育土	黄绵土	黄绵土	绵土	红土层黄绵土	1.31 五 h
G	初育土	G1	土质初育土	黄绵土	黄绵土	绵土	胶黄绵土	1.31 六
G	初育土	G1	土质初育土	黄绵土	黄绵土	新积黄绵土	淤红土层黄土	1.51 五 h
G	初育土	G1	土质初育土	黄绵土	黄绵土	绵土	薄层黄绵土	1.32 五 i1
G	初育土	G1	土质初育土	新积土	典型新积土	石灰性山洪土	淤山黑土	22.55 五
G	初育土	G1	土质初育土	新积土	典型新积土	石灰性山洪土	淤粘层山黑土	22.55 五 b

续表

土纲		亚纲		土类名称	亚类名称	土属名称	土种名称	土壤代码
编码	名称	编码	名称					
G	初育土	G1	土质初育土	新积土	典型新积土	石灰性山洪土	淤薄层锈山黑土	22.53 四 j1
G	初育土	G1	土质初育土	新积土	典型新积土	石灰性山洪土	淤锈山黑土	22.52 五
G	初育土	G1	土质初育土	新积土	冲积土	冲积壤土	冲积壤土	16.21 五
G	初育土	G1	土质初育土	新积土	典型新积土	石灰性山洪土	淤山黑土	22.57 五
G	初育土	G1	土质初育土	新积土	典型新积土	石灰性山洪土	淤薄层锈山黑土	22.52 五 k1
G	初育土	G1	土质初育土	新积土	冲积土	冲积沙土	冲积沙壤土	16.22 三
G	初育土	G1	土质初育土	新积土	典型新积土	石灰性山洪土	洪淤沙土	16.11 三
G	初育土	G1	土质初育土	新积土	典型新积土	石灰性山洪土	淤粘层山黑土	22.55 五 b2
G	初育土	G2	石质初育土	砾石滩	砾石滩	砾石滩	砾石滩	19.3 四 h
H	半水成土	H2	淡半水成土	潮土	湿潮土	湿壤土	湿壤土	10.13 五

(二) 耕地土壤类型及面积

按照中国土壤分类系统 2017—2019 年耕地质量评价数据统计，隆德县耕地土壤分为 4 个土纲、4 个亚纲、5 个土类、8 个亚类。宁夏耕地土壤分类见表 1-4。

1. 黄绵土土类面积与分布

黄绵土是隆德县分布面积最大的一种土类，总面积 340 229.7 亩，占全县耕地总面积的 56.77%，耕地黄绵土土类分为黄绵土 1 个亚类。

黄绵土常与黑垆土交错存在，在隆德县各乡镇均有分布，其中以联财、张程、杨河、沙塘、神林和好水 6 个乡镇面积最大，分别占各自乡镇耕地总面积的90.42%、83.45%、73.88%、63.93%、61.55% 和 58.09%（见表 1-5）。黄绵土分布于三等至十等地，三等地面积 9 196 亩，占全县三等地总面积的 78.65%；八等地面积92 076 亩，占全县八等地总面积的 75.48%；九等地面积 12 970 亩，占全县九等地总面积的 67.12%；七等地面积 107 743 亩，占全县七等地总面积的 58.50%；四等地面积 22 312 亩，占全县四等地总面积的 50.41%；五等地面积 45 504 亩，占全县五等地总面积的 46.17%；六等地面积 49 433 亩，占全县六等地总面积的 42.68%；十等地面积 996 亩，占全县十等地总面积的 28.89%（见表 1-6）。

2. 黑垆土土类面积与分布

黑垆土是发育于黄土母质上的具有残积粘化层（俗称黑垆土层）的黑钙土型土壤，分布在黄土丘陵沟壑区和河谷川道区，土壤侵蚀较轻，腐殖质的积累和有机质含量不高，腐殖质层的颜色上下差别比较大，上半段为黄棕灰色，下半段为灰带褐色。

黑垆土剖面发育完全，以粉土粒级为主，约占全部颗粒重量的 56.5%~74.1%，土层深厚，质地均一，多为中壤土或轻壤土。

黑垆土分布地区主要是土壤侵蚀较轻、地形较平坦的塬地、黄土丘陵和河谷高阶地。

全县耕地黑垆土面积为 178 196.33 亩，占耕地总面积的 29.74%。黑垆土分为典型黑垆土、潮黑垆土和黑麻土 3 个亚类。

(1) 典型黑垆土（亚类）：典型黑垆土面积 177 134.88 亩，占全县耕地总面积的 29.56%，在全县 13 个乡镇均有分布。其中以凤岭和奠安 2 个乡占比最大，分别占各自乡耕地总面积的 53.64% 和 44.18%（见表 1-5）。典型黑垆土分布于三等至十等地。其中，四等地、五等地、六等地 3 个等级耕地面积较大，分别占全县各等级耕地总面积的 47.28%、43.43% 和 38.93%；三等地、七等地、九等地、十等地 4 个等级耕地面积，分别占全县各等级耕地总面积的 21.36%、23.66%、21.37% 和 21.51%；八等地面积 17 373 亩，占全县八等地总面积的 14.24%（见表 1-6）。

(2) 潮黑垆土（亚类）：潮黑垆土面积 881.69 亩，占全县耕地总面积的 0.15%，主要分布在陈靳乡和凤岭乡（见表 1-5）。潮黑垆土主要分布于七等地，面积 855 亩，占全县七等地总面积的 0.46%（见表 1-6）。

(3) 黑麻土（亚类）：面积 179.76 亩，占全县耕地总面积的 0.03%，主要分布在杨河乡、观庄乡（见表 1-5）。黑麻土分布于四、五、七等地，四等地面积 70 亩，占全县四等地总面积的 0.16%；五等地、七等地 2 个等级耕地面积较小，分别占全县各等级耕地总面积的 0.08% 和 0.02%（见表 1-6）。

表 1–4　宁夏耕地土壤分类系统表

土纲	代号	亚纲	代号	土类	代号	亚类	代号	土属	代号	土种	代号	备注
半淋溶土	C	半湿温半淋溶土	C3	灰褐土	C31	暗灰褐土	C312	泥质暗灰褐土	C31211	灰暗麻土	C3121111	原侵蚀暗灰褐土
										厚暗麻土	C3121112	原暗灰褐土
										薄暗麻土	C3121114	
钙成土	D	半干暖温钙成土	D3	黑垆土	D32	典型黑垆土	D321	黑垆土	D32100	绵垆土	D3210013	
										暗黑垆土		
										孟塬黑垆土		
										其他典型黑垆土	D3210018	表土全盐>1.5g/kg
						潮黑垆土	D323	潮黑垆土	D32300	底锈黑垆土	D3230011	
						黑麻土	D324	黑麻土	D32400	旱川台麻土	D3240015	
										黄麻土	D3240016	
初育土	G	土质初育土	G1	黄绵土	G11	黄绵土	G110	绵土	G11011	淤绵土	G1101123	
										老牙村淤绵土	G1101124	原新积黄绵土
										盐绵土	G1101125	表土全盐>1.5 g/kg
										湘黄土	G1101126	原侵蚀黄绵土
								绵沙土	G11012	川台绵沙土	G1101215	
										坡绵沙土	G1101219	
								黄墡土	G11014	夹胶黄墡土	G1101416	
						新积土	G13	典型新积土	G131	石灰性山洪土	G13112	山洪沙土	G1311212	
										富平洪泥土	G1311214	
										洪淤薄沙土	G1311216	
										厚洪淤土	G1311218	
										厚阴黑土	G1311219	
										洪淤土	G1311222	
										夹黏阴黑土	G1311223	新增土种
								堆垫土	G13113	厚堆垫土	G1311311	
								冲积土	G132	石灰性冲积黏土	G13215	表泥淤沙土	G1321517	
									G13216	淀淤黄土	G1321612	
										盐化冲积壤土	G1321616	新增土种
									G13217	淤滩土	G1321711	

续表

土纲	代号	亚纲	代号	土类	代号	亚类	代号	土属	代号	土种	代号	备注
半水成土	H	淡半水成土	H2	潮土	H21	典型潮土	H211	潮沙土	H21114	砂冲淤土	H2111414	石灰性
								潮壤土	H21115	夹沙淤土	H2111522	石灰性
										潮壤黄土	H2111551	石灰性
								潮黏土	H21116	潮淤黏土	H2111626	石灰性

3. 灰褐土土类面积与分布

全县耕地灰褐土土类总面积 51 354.84 亩，占耕地总面积 8.57%。灰褐土为暗灰褐土 1 个亚类，分布在陈靳、城关、奠安、凤岭、好水、观庄、山河、温堡 8 个乡镇和六盘山林场（见表 1-5）。灰褐土分布于四、五、六、七、十等地。其中，十等地暗灰褐土面积最大，占全县十等地总面积的 39.60%；五至九等地 5 个等级耕地面积，分别占全县各等级耕地总面积的 6.69%、10.80%、10.30%、8.13% 和 9.49%；四等地暗灰褐土面积 161 亩，占全县四等地总面积的 0.36%（见表 1-6）。

4. 新积土土类面积与分布

新积土是自然力及人为作用将松散物质堆叠而成，大多分布在地势相对低平地段，如河床、河漫滩、洪积扇以及沟坝地等。

隆德县耕地新积土土类总面积 29 433.01 亩，占全县耕地总面积的 4.91%。新积土分为冲积土和典型新积土 2 个亚类（见表 1-5）。

（1）冲积土 627.29 亩，占全县耕地面积的 0.10%，分布在沙塘镇的和平村、十八里村、新民村、光联村。冲积土分布于八等地面积 627 亩，占全县八等地总面积的 0.51%（见表 1-6）。

（2）典型新积土 28 805.72 亩，占全县耕地面积的 4.81%，分布于陈靳、城关、凤岭、观庄、好水、联财、沙塘、山河、温堡、六盘山林场。典型新积土分布于四等至十等地，十等地面积 345 亩，占全县十等地总面积的 10.00%；六等地、七等地 2 个等级耕地面积，分别占全县各等级耕地总面积的 7.56% 和 7.06%；四等地、五等地、八等地、九等地 4 个等级耕地面积较小，分别占全县各等级耕地总面积的 1.79%、3.58%、1.63% 和 2.02%（见表 1-6）。

表 1-5　隆德县 2017—2019 年各乡镇耕地土壤类型面积统计（到亚类）

乡镇名称	面积	潮黑垆土	典型黑垆土	黄绵土	黑麻土	典型潮土	暗灰褐土	冲积土	典型新积土	总计
						土壤类型（亚类）				
陈靳乡	亩	641.95	2 186.47	3 222.04	0	0	7 116.61	0	9 958.07	23 125.00
	%	2.78	9.45	13.93	0	0	30.77	0	43.07	100.00
城关镇	亩	0	6 926.02	15 349.43	0	0	3 545.07	0	3 093.75	28 914.27
	%	0	23.95	53.09	0	0	12.26	0	10.70	100.00
奠安乡	亩	0	13 056.88	14 845.20	0	0	1 653.64	0	0	29 555.72
	%	0	44.18	50.23	0	0	5.59	0	0	100.00
凤岭乡	亩	239.74	25 907.63	13 920.00	0	0	7 687.54	0	547.80	48 302.71
	%	0.50	53.64	28.82	0	0	15.92	0	1.12	100.00
观庄乡	亩	0	17 674.92	33 852.13	29.48	50.61	10 348.98	0	8 118.85	70 074.97
	%	0	25.22	48.31	0.04	0.07	14.77	0	11.59	100.00
好水乡	亩	0	11 339.96	23 729.74	0	0	5 584.68	0	192.22	40 846.60
	%	0	27.76	58.09	0	0	13.67	0	0.48	100.00
联财镇	亩	0	3 045.71	33 027.30	0	0	0	0	455.32	36 528.33
	%	0	8.34	90.42	0	0	0	0	1.24	100.00
沙塘镇	亩	0	20 138.79	36 813.77	0	0	0	627.29	1.47	57 581.32
	%	0	34.97	63.93	0	0	0	1.10	0.00	100.00
山河乡	亩	0	5 783.93	402.22	0	0	9 664.63	0	5 146.05	20 996.83
	%	0	27.55	1.92	0	0	46.03	0	24.50	100.00
神林乡	亩	0	15 595.16	24 966.49	0	0	0	0	0	40 561.65
	%	0	38.45	61.55	0	0	0	0	0	100.00
温堡乡	亩	0	27 659.21	35 677.38	0	0	5 746.15	0	1 274.16	70 356.90
	%	0	39.31	50.71	0	0	8.17	0	1.81	100.00
杨河乡	亩	0	16 013.05	45 729.01	150.29	0	0	0	0	61 892.35
	%	0	25.87	73.88	0.25	0	0	0	0	100.00
张程乡	亩	0	11 634.37	58 673.19	0	0	0	0	0	70 307.56
	%	0	16.55	83.45	0	0	0	0	0	100.00

续表

乡镇名称	面积	潮黑垆土	典型黑垆土	黄绵土	黑麻土	典型潮土	暗灰褐土	冲积土	典型新积土	总计
六盘山林场	亩	0	0	0	0	0	7.56	0	17.99	25.55
	%	0	0	0	0	0	29.58	0	70.42	100.00
沙塘良种场	亩	0	172.79	21.85	0	0	0	0	0	194.64
	%	0	88.78	11.22	0	0	0	0	0	100.00
总计	亩	881.69	177 134.8	340 229.7	179.76	50.61	51 354.84	627.29	28 805.72	599 265
	%	0.15	29.56	56.77	0.03	0.01	8.57	0.10	4.81	

表1-6 隆德县不同等级耕地土壤类型面积统计

土壤类型	土类名称	单位	耕地等级								总计
			三等地	四等地	五等地	六等地	七等地	八等地	九等地	十等地	
潮土	典型潮土	亩			51						51
		%			0.05						0.01
黑垆土	潮黑垆土	亩				27	855				882
		%				0.02	0.46				0.15
	典型黑垆土	亩	2 497	20 926	42 802	45 086	43 580	17 373	4 129	742	177 135
		%	21.35	47.28	43.43	38.93	23.66	14.24	21.37	21.51	29.56
	黑麻土	亩		70	80		29				179
		%		0.16	0.08		0.02				0.03
黄绵土	黄绵土	亩	9 196	22 312	45 504	49 433	107 743	92 076	12 970	996	340 230
		%	78.65	50.41	46.17	42.68	58.50	75.48	67.12	28.89	56.77
灰褐土	暗灰褐土	亩		161	6 597	12 504	18 974	9 920	1 833	1 366	51 355
		%		0.36	6.69	10.80	10.30	8.13	9.49	39.60	8.57
新积土	冲积土	亩						627			627
		%						0.51			0.10
	典型新积土	亩		792	3 530	8 761	13 001	1 986	391	345	28 806
		%		1.79	3.58	7.56	7.06	1.63	2.02	10.00	4.81
总计		亩	11 693	44 261	98 564	115 811	184 182	121 982	19 323	3 449	599 265
		%	100.00	100.00	100.00	100.00	100.00	100.00	100.00	100.00	100.00

5. 潮土土类面积与分布

潮土是河流沉积物受地下水运动和耕作活动影响而形成的土壤。隆德县潮土为湿潮土亚类，湿潮壤土土属，湿潮泥土种。隆德县潮土为典型潮土，全县耕地潮土土类总面积 50.61 亩，占全县耕地总面积的 0.01%，分布在观庄乡林沟村（见表 1-5）。潮土分布于五等地面积 51 亩，占全县五等地总面积的 0.05%（见表 1-6）。

（三）土壤类型特征及主要生产性能

1. 黄绵土土类的特征及主要生产性能

黄绵土是黄土母质经直接耕种而形成的一种幼年土壤，因土体疏松、软绵，土色浅淡，故名黄绵土，常和黑垆土交错存在。黄绵土类与黑垆土类都在梁峁沟壑区交错分布，土层深厚而性状松脆的黄土母质，在不良的耕作和经营方式以及强烈的侵蚀作用影响下，其成土过程速度远远落后于侵蚀过程，因而土壤停留在母质状态。由于原有土壤剖面逐渐被剥蚀，熟土层无法保存，通过耕作又逐年从母质中补充生土，因而土壤肥力水平低。全剖面呈强石灰性反应。土壤主要由 0.25 mm 以下颗粒组成，细砂粒和粉粒占总重量的 60%。

黄绵土在耕种条件下，一方面进行着耕种熟化，另一方面又发生着土壤侵蚀，土壤形成处在熟化—侵蚀—熟化往复循环的过程中，特别是由于气候干旱和生物作用弱，延缓了剖面的发育，所以土壤始终处在幼年发育阶段，剖面由耕层和黄土母质层组成，无明显淋溶沉积层。在隆德的张程乡，黄绵土因侵蚀较强，耕层比较薄，一般 15 cm 左右，有的陡坡耕地不足 10 cm，颜色为淡灰棕色，碎块状结构，耕层以下为黄土母质层，但在塬地、川台地和久耕梯田，有犁底层发育。黄绵土土壤颗粒组成以细沙粒（0.25~0.05 mm）和粉粒（0.05~0.005 mm）为主，约占各级颗粒总数的 60% 左右，同一剖面各层颗粒组成变化不大，仅表层因侵蚀、坡积、耕作、施肥的影响稍有差异。有效土层深厚，质地适中，土壤的耕性与通透性较好，因而适耕期长。土色浅，比热小，土温变幅大，早春作物返青早、成熟快，易发小苗。

黄绵土是隆德县面积最大的耕地土壤类型，由于分布地形复杂，存在的主要问题：一是土壤流失严重；二是养分含量普遍较低；三是土壤干旱。改良利用措施：一是修建水平梯田，变"三跑田"为"三保田"，防止水土流失，提高土壤保水保肥能力；二是实行粮草轮作，增施有机肥，合理施用化肥，改进施肥方法，培肥土壤，提高肥料利用率；三是大力推广深耕细作，增加耕作层。黄绵土区土地垦殖率高，多为旱地，种植谷子、糜子、玉米、马铃薯等，水浇地种植玉米、小麦。农田应发展节水农业，培肥地力，保持水土。陡坡耕地应该坚持退耕林（果树）还草。

2. 黑垆土土类的特征及主要生产性能

黑垆土是在半干旱草原生物气候条件下形成的一种地带性土壤。成土母质主要为风成黄土和次生黄土，部分为坡积混杂母质及冲积物。黑垆土剖面发育完全，土层深厚，质地均一，多为中壤土或轻壤土。

黑垆土在长期耕作和施肥的影响下，形成了特有的剖面构型。其堆积最厚的剖面具有以下几层。（1）熟化层。可分为耕作层和犁底层。耕作层暗灰棕色，粉壤土，强石灰性反应，块状结构，易耕作。犁底层的下部见有鳞片状结构，紧实，容重大，有砖瓦碎块和炭屑等侵入体，向下过渡明显。（2）古耕层。暗灰带褐色，粘壤土，棱块状结构，较多假菌丝和霜粉状石灰新生体，有砖瓦碎块和炭屑，向下逐渐过渡。（3）腐殖质层。暗灰稍带褐色，粘壤土，块状结构，有小孔和动物穴。沿结构面的孔壁上有大量霜粉状和假菌丝状石灰新生体，呈舌状向下过渡。过渡层颜色不均一，有时有少量豆状和瘤状小石灰结核。（4）石灰淀积层。淡棕带黄色，粘壤土，块状或棱柱状结构，稍紧实，多豆状和瘤状小石灰结核，有少量小孔和动物穴，有大量棒状的石灰晶体和雏形结核，并有大量植物残体，向下逐渐过渡。（5）母质层。浅棕带黄色，粘壤土，极少根系和动物孔穴，并有少量豆状和瘤状小石灰结核。通常在熟化层之下紧接着为腐殖质层；但后者因耕种和侵蚀而日见浅薄。黑垆土的颗粒组成以粉砂粒为主，其含量约占一半以上；物理性粘粒在腐殖质层约占40%，在母质层和耕作层约占28%~30%。微团聚体较多，结构呈多孔状，土壤容重小。

黑垆土土壤养分含量较高，适耕性较强，是隆德县主要耕种土壤，适应种植各种作物，主要有小麦、糜谷、豆类和玉米。黑垆土虽宜种性广，但受自然环境和人为活动的影响，仍存在着土壤侵蚀和施肥不合理等问题，应采取以下措施进行利用改良。一是大搞农田基本建设，实施坡改梯，进行小流域综合治理，防止土壤侵蚀。二是合理轮作，种植绿肥和豆科作物，种养结合，培肥地力。三是合理施用化肥，改进施肥方法，提高肥料利用率。四是充分利用地表和地下水资源，扩大灌溉面积，充分发挥耕地生产潜力。

3. 灰褐土土类的特征及主要生产性能

灰褐土是在气候较温凉湿润的山地植被下发育的土壤。淋溶程度不很强，有少量碳酸钙淀积。土壤呈中性、微碱性反应，矿物质、有机质积累较多，腐殖质层较厚，肥力较高。主要分布在阴湿土石山区陈靳乡、城关镇、奠安乡、观庄乡、山河乡、凤岭乡。地形起伏，地面坡度大，切割深，上体浅薄，加之风蚀、水蚀较重，细粒物质易淋失，土体中残留粗骨碎屑物较多，还有部分母岩，在干湿条件下，物理风化作用强烈，土壤颗粒组成中细粒物质少，而砂粒含量高。

灰褐土剖面自上而下可分为腐殖质层、淀积层及母质层。腐殖质层 30~40 cm，呈棕黑色、棕灰色或带褐色，粒状或碎块状结构，疏松多孔，此层下端可见粘粒淀积现象。淀积层可分为相互交错的两个亚层，上部亚层以粘粒淀积为主，结构多呈棱块状，结构面多胶膜；下部亚层以碳酸钙淀积为主，结构面上有白色假菌丝体或斑块状石灰淀积物。

灰褐土土壤养分含量较高，所处局部小气候雨水较多，土壤墒情较好，适于种植多种作物，是土石山区作物产量较高的农田，亩产冬小麦 150~300 kg。但海拔高，地面坡度大，水土流失严重。应对坡度小于 25°的坡耕地修建水平梯田，防止水土流失；坡度大于 25°的应逐步退耕还林还草。

4. 新积土土类的特征及主要生产性能

新积土是一种幼年土壤，由于生物作用和可溶性物质的初步溶淀，剖面分为有机质表土层和雏形的淀积层。

新积土是由河流流水沉积物或山丘、河谷低处的洪积物和堆积物发育而成，由于河流源头和流经地域的地质、地貌类型多种多样，沉积物质十分复杂。典型新积土土壤有机质含量较高，平均为 15.33 g/kg、全氮为 1.00 g/kg、碱解氮为 72.35 mg/kg、有效磷为 9.87 mg/kg、速效钾为 178.56 mg/kg。冲积土土壤有机质含量为 14.13 g/kg、全氮为 0.94 g/kg、碱解氮为 54.50 mg/kg、有效磷为 11.94 mg/kg、速效钾为 157.75 mg/kg。

新积土在隆德县面积很小，有效土层薄，适宜种植胡麻等作物。改良利用措施：一是对于坡度小于 25°的坡耕地修建梯田，坡度大于 25°的坡耕地退耕还林还草，防止水土流失；二是增施有机肥，实行粮草轮作，留高茬还田，合理增施氮、磷化肥，提高土壤肥力；三是深耕细作，增加土层厚度，改善土壤结构。

5. 潮土土类特征及生产性能

潮土是直接发育在河流沉积物上的一种土类。湿潮土主要是在土体下部有长期滞水条件下形成的潜育化特征层。湿潮土土壤剖面上部呈暗棕或棕灰色；心土层呈暗棕灰色，有大量暗棕色或黄棕色锈纹斑；底土层通常呈蓝灰色、暗灰色，具大量锈纹斑，并有少量铁锰结核，含水量高，呈软块状或糊状。土体中可见淡水螺壳，根系及腐根多。湿潮土土壤有机质含量为 16.0 g/kg、全氮为 1.32 g/kg、碱解氮为 68.8 mg/kg、有效磷为 12.88 mg/kg、速效钾为 135.0 mg/kg。

土壤养分含量、耕性、水分物理性质、生产潜力等与土壤质地及剖面构型有关。以壤质潮土肥力性能最好。表土质地多为壤质土，质地适中，水分物理性质良好，水、热、气、肥平衡协调，适耕性强。土壤腐殖质含量较高，多在 10~20 g/kg。呈中性至微碱性反应，pH 7.0~8.0。湿潮土是潮土与盐土之间的过渡性亚类，具有附加的盐化过程，土壤表层具有盐积现象。主要分布在微斜平地（或缓平坡地）及洼地边缘，微地貌中的高处也常有分布。

二、农田基础设施状况

水利是农业的命脉，是农业资源可持续利用的关键，是现代农业建设不可或缺的首要条件，通过水利工程技术措施，改变不利于农业生产发展的自然条件，为现代农业高产高效优质服务对高标准农田建设、耕地质量保护和提升、永久基本农田保护、农业设施用地管理、农业用地规划、加强农田水利设施建设尤为重要。

隆德县水务局库坝自流灌区水资源 2018 年确权面积 6.537 59 万亩，确定水权 1 066.2 万 m³（见表 1-7）。

表 1-7　库坝自流灌区水资源使用权确权到村分配表

序号	灌溉区划	水资源使用权单位名称	2018 年确权面积/亩	供水定额/（m³·666.7 m⁻²）	确定水权/（万 m³）
合计	10	57	65 375.9		1 066.2
一	沙塘灌区		22 617.0		452.2
（一）	渠道灌溉		2 510.3		0
1		光联村	947.2	200	18.9

续表

序号	灌溉区划	水资源使用权单位名称	2018年确权面积/亩	供水定额/（m³·666.7 m⁻²）	确定水权/（万 m³）
2		十八里村	1 563.1	200	31.3
（二）	低压管灌设施农业		20 106.7		0
1		和平村	1 225.3	200	24.5
2		马河村	1 173.9	200	23.5
3		庞庄村	1 736.7	200	34.7
4		清泉村	444.1	200	8.9
5		沙塘村	2 697.1	200	53.9
6		神林村	2 993.4	200	59.9
7		张树村	1 111.1	200	22.2
8		新民村	2 695.8	200	53.9
9		许沟村	3 201.2	200	64.0
10		辛坪村	1 555.4	200	31.1
11		十八里村	1 272.7	200	25.5
二	渝河北塬灌区		9 714		155
1		街道村	2 250.0	160	36.0
2		清泉村	1 820.0	160	29.0
3		神林村	2 124.0	160	34.0
4		庞庄村	2 960.0	160	47.0
5		和平村	560.0	160	9.0
三	桃山灌区		1 006.0		16.1
1		新庄村	308.0	160	4.9
2		夏坡村	341.0	160	5.5
3		前进村	357.0	160	5.7
四	温堡灌区		5 824.9		93.1
1		吴沟村	877.8	160	14.0
2		杜堡村	1 446.2	160	23.1
3		温堡村	655.1	160	10.5
4		张杜沟村	809.6	160	13.0

续表

序号	灌溉区划	水资源使用权单位名称	2018年确权面积/亩	供水定额/（m³·666.7 m⁻²）	确定水权/（万 m³）
5		杨堡村	763.5	160	12.2
6		杨坡村	481.3	160	7.7
7		杜川村	482.5	160	7.7
8		老庄村	308.9	160	4.9
五	好水灌区		4 198.5		33.5
（一）	渠道灌溉		3 411.8		27.2
1		三星村	1 091.1	80	8.7
2		串河村	642.0	80	5.1
3		杨河村	632.3	80	5.1
4		红旗村	105.7	80	0.8
5		中台村	238.6	80	1.9
6		永丰村	609.9	80	4.9
7		穆沟村	92.2	80	0.7
（二）	低压管灌设施农业		786.7		6.3
1		红星村二组	447.5	80	3.6
2		三星村三组	339.2	80	2.7
六	大庄灌区		4 678.5		68.3
1		红堡村	1 957.6	175	34.3
2		田滩村	1 290.4	175	22.6
3		大庄村	541.3	80	4.3
4		前庄村	889.2	80	7.1
七	观庄灌区		1 156.9		11.6
1		阳洼村	669.6	100	6.7
2		观堡村	487.3	100	4.9
八	凤岭灌区		1 659.1		16.6
1		巩龙村	161.7	100	1.6
2		冯碑村	223.4	100	2.2
3		齐兴村	428.0	100	4.3

续表

序号	灌溉区划	水资源使用权单位名称	2018 年确权面积/亩	供水定额/（m³·666.7 m⁻²）	确定水权/（万 m³）
4		页河村	640.0	100	6.4
5		双村村	206.0	100	2.1
九	联财灌区		12 563.0		218.4
（一）	联财低压管灌区		6 863.0		0
1		联财村	1 900.0	200	38.0
2		赵楼村	683.0	200	13.7
3		恒光村	1 750.0	200	35.0
4		联合村二、三组	1 200.0	160	19.2
5		联合村一组	1 330.0	160	21.3
（二）	高坪低压管灌区		1 900.0		0
1		张楼村	1 602.0	200	32
2		神林双村	298.0	200	6
（三）	联合杨水灌区		3 800.0		0
1		联合村北塬	3 800.0	140	53.2
十	奠安灌区		1 958		13
（一）	渠道灌区		924.0	125	11.3
1			263.0	125	3.3
2			144.2	125	1.8
3			309.5	125	3.9
4			181.1	125	2.3
（二）	低压管灌设施农业		136.2	125	1.7
1			136.2	125	1.7

（一）灌溉排水现状

隆德县耕地从灌溉水源分大致有四种基本类型。

1. 库坝自流灌溉。全县现有小型水库 27 座，治沟骨干工程 14 座，塘坝 116

座。目前有 16 座水库和 1 座水土保持治沟骨干工程为境内各灌区提供灌溉水源，总兴利库容 1 721.3 万 m³，灌溉面积 6.84 万亩。

2. 扬水站灌溉。全县固定扬水站 11 座，总装机容量 599.7 kW，灌溉面积 1.42 万亩。

3. 机井灌溉。全县现在正常运行的机井共 165 眼，年抽水总量 320.3 万 m³，灌溉面积 2.15 万亩。

4. 集雨、土圆井灌溉。

（二）主要作物灌溉制度

隆德县大部分耕地为旱地，灌溉水源以库水为主，蓄水量主要由降水量的多少决定。降水量多的年份灌溉面积和单位面积灌水量相应增大；降水量少的年份则反之。2019 年实际灌溉面积 2.13 万亩。灌溉作物主要为冬小麦、玉米和瓜菜。其中，冬小麦生育期浇水 1~2 次，头水在 5 月上中旬灌溉 1~2 水，灌水量一般一次为 50~90 m³/亩；地膜玉米在生育期浇水 2~3 次，分别在 5 月下旬至 6 月上旬灌溉 2~3 次，灌水量一般一次为 30~40 m³/亩；瓜菜以机电灌溉为主，根据作物需水量不同，灌溉次数和灌水量不等。

第五节　耕地改良利用与生产现状

一、耕作制度

（一）轮作倒茬

合理轮作倒茬对于农作物均衡利用土壤养分、改善土壤理化性状、恢复培养地力、防治农作物病虫害和消灭田间杂草等方面，都有十分重要的作用。隆德县农民在长期农业生产中，针对不同作物和不同区域的土壤与其他自然条件，创造了极其丰富的轮作制度。这些轮作制度，对于维持地力和高产稳产，都具有积极作用。不同区域的轮作倒茬方式如下。

1. 河谷川道区

位于县境西、北部，好水河、渝河、甘渭河等河流的中游，包括大庄、好水、杨河、城关、沙塘、神林、联财、凤岭、温堡、奠安 10 个乡镇的川道区的行政村。

本区海拔为 1 720~2 378 m，西低东高，地貌类型为河谷川道，耕地大部分分布在河流沿岸及塬台上，土壤类型以黑垆土为主，其次为黄绵土。日照时数 2 228 h 以上，太阳辐射量每年 122.04~136.49 千卡/cm²，≥0℃的活动积温为 2 582.3~3 015.40℃，年降水量 473~528 mm，年蒸发量 1 339.2~1 550.1 mm，干燥度 1.20~1.55，气候温暖，比较干燥。农作物生长期热量比较充足，降水量较适宜，但多集中于 7—9 月份。无霜期101~128 d。种植作物有冬小麦、马铃薯、玉米、蔬菜、瓜果、花卉、中药材、胡麻等。本区域倒茬方式为：

（1）水浇地

① 冬小麦→冬小麦→瓜菜→马铃薯→胡麻

② 冬小麦→冬小麦→瓜菜→玉米（2~3 年）

③ 瓜菜→冬小麦（2 到 3 年）→玉米（2~3 年）

（2）川旱地

① 马铃薯→冬小麦→冬小麦→药材（连作 2~3 年）→油料（马铃薯）

② 豆类→冬小麦→冬小麦→玉米（连作 2 年）→冬小麦

③ 油料（牧草）→冬小麦→玉米→玉米、中药材（连作 2~3 年）→马铃薯

上述轮作倒茬方式的特点是：豆类茬可以养地，以恢复地力，冬小麦则可以保证轮作周期实现高产，同时夏秋作物结合，有利于伏天翻晒土壤，秋季接纳雨水，密植作物和中耕作物结合，可以消灭田间杂草和防治病虫害。

2. 黄土丘陵半干旱区

位于隆德县西部和西北部，范围广、面积大，为典型的旱作农业区。包括张程乡的全部，大庄、好水、杨河、城关、沙塘、神林、联财、凤岭、温堡、奠安等乡镇的部分村。海拔高度 1 735~2 327 m，地形复杂，沟壑密布，丘陵起伏。主要地貌为黄土丘陵沟壑，土壤类型以黄绵土为主，土层深厚，但因风蚀，水土流失等原因造成耕作层较浅，一般 15 cm 左右。气候温暖干燥，热量较充足。年平均气温5.6~6.1℃，太阳辐射总量每年为 128.82~131.68 千卡/cm²，≥0℃的活动积温为 2 737~2 816℃，年降水量 489.6~528.2 mm，年蒸发量 1 384.1~1 486.6 mm，干燥度 1.20~1.43，无霜期 105~116 d。种植作物主要有马铃薯、冬小麦、胡麻、玉米等。采用以下倒茬方式：

(1) 豆类→冬小麦→马铃薯→胡麻

(2) 豆类→冬小麦→玉米→玉米→马铃薯

上述轮作方式的特点是：可以利用豆类作物养地，而冬小麦和马铃薯则可以保证高产，做到夏秋作物结合，深根和浅根作物结合，有利于深耕翻晒、蓄水保墒和消灭田间杂草及防治病虫害。

3. 六盘山阴湿土石山区

位于六盘山西麓，海拔 2 040~2 942 m，包括陈靳、山河乡的全部和城关、大庄、好水、凤岭、温堡、奠安等乡镇的部分行政村。主要地貌类型为土石山地貌，土壤类型较多，在全县 10 个土壤亚类中，除冲积土外，其余 9 个土类在此区均有分布。

气候冷凉湿润，日照较河谷川道区和黄土丘陵半干旱区少，太阳辐射总量每年为 112.19~114.98 千卡/cm²，年平均气温 4.3~4.6℃，≥0℃的活动积温为 2 240.5~2 347.80℃，年降水量 510.0~676.8 mm，年蒸发量 1 225.7~1 251.7 mm，干燥度 1.02~1.21，无霜期 95~101 d。具有气温低、日照少、无霜期短、土壤有机质高的特点。种植作物以冬小麦、蚕豆、马铃薯、胡麻、中药材为主。

传统轮作方式有：

(1) 蚕豆→冬小麦→ $\begin{cases} 马铃薯→莜麦 \\ 胡麻→牧草 \\ 莜麦→胡麻 \end{cases}$

(2) 蚕豆→冬小麦→马铃薯→胡麻

(3) 胡麻→冬小麦→蚕豆→冬小麦

以上轮作方式可以充分发挥蚕豆、胡麻等当地优势作物的作用，对于培植地力和稳定产量，都具有重要意义。

二、耕作与施肥

（一）耕作

土壤耕作对于保蓄水分、调节养分和消灭田间杂草，以及促进土壤熟化、提高土壤肥力等方面，均有着十分重要的作用。

隆德县为一年一熟制的旱作农业区，抗旱耕作，蓄水保墒是旱作农业的基础。土壤耕作主要有耕翻纳雨蓄水，通过伏天，秋天的早耕、深耕，接纳雨水，秋雨春用；耙耱保墒，秋季收墒时，耕后耱地，保住墒气。冬春以镇压为主，减少气态水的损失，起到保墒和提墒作用，运用中耕技术既消灭杂草又减少水分蒸发。具体耕作制度与方法：

1. 五墒耕作法：早耕深耕多蓄墒，过伏合口保底墒，雨后耙耱少耗墒，适时早播用冻墒。深耕18~25 cm，做到二耕二耱。

2. 冬种地应做到前作收后，及时早耕深耕蓄墒。雨后耙耱保墒，播前结合施肥进行浅耕耙耱，秋茬地收后深耕一次，白露后及时深耕收墒。

3. 春耕除草：种植牧草、小杂粮、马铃薯等秋作物的田块，如杂草危害严重，须春耕一次，以灭除恶性杂草和创造松软细绵、上虚下实的土壤环境，为作物出苗提供有利条件。但无杂草危害的田块，可不进行春耕，多为边犁边种边耱，以利土壤保墒。

4. 中耕除草和耙耱破除板结：在作物出苗后，小麦、胡麻、蚕豆等作物一般需松土除草两次，马铃薯齐苗后松土除草一次，现蕾前中耕培土一次。作物播种后至出苗前，往往遇雨而使土壤板结，影响出苗以致缺苗断垄，导致作物歉收。因此雨后必须进行耙耱，破除板结，以利作物出苗。

5. 镇压提墒：冬小麦地，冬季须用石碾镇压一次，以封闭裂缝，使土壤与麦根紧密结合，可以使分蘖节保持湿润，有利于冬小麦地越冬保苗；春播地，经过碾压，可以消灭暗坷垃，压实土壤孔隙，有利于保持土壤水分。

6. 歇地耕作：在地多人少的张程、杨河等乡镇，每年留有一定面积的歇地，留茬过冬，待春播结束后开始耕翻，晒土熟化，秋后接纳雨水，打耱收墒，以备来年耕种。

(二) 施肥

施肥是保持土壤养分平衡的重要措施，只有通过合理施肥，才能使作物实现高产稳产；施肥也是改善土壤理化，促进土壤熟化的重要手段，施肥水平和肥料质量，对于土壤肥力的影响极大。长期以来，隆德县施肥水平低，这在很大程度上限制了农业生产的发展。

1. 有机肥施用现状

隆德县农田施用的肥料包括有机肥和化肥。有机肥包括厩肥、厕所肥、畜圈肥、草木灰、坑土肥等，这些肥料除草木灰以外，其他几种基本以土为主，肥料质量普遍不高（详见表1-8）。有机肥施用量长期保持在500~1 500 kg/亩，其中以20世纪80年代中期至2005年施用量最多。近年来随着农业机械数量增加，家畜减少，有机肥施用量有下降趋势。

2. 化肥施用现状

施用化肥起于20世纪60年代中期，当时为农村各社队统配国产氮肥，如硫酸铵、硝酸铵、碳酸氢铵等。

表1-8 主要有机肥养分含量

肥料种类	有机质/%	全氮/%	全磷/%
畜圈肥及厩肥	1.650	0.117	0.137
厕肥	1.230	0.090	0.120
坑土	1.590	0.145	0.175
草木灰	1.440	0.040	0.130

70年代初，配购日本尿素，继之有国产尿素、碳铵、各种磷肥和美国产磷酸二铵等。施用形式由最初的雨天撒施发展为带种肥、冬小麦苗期开沟追施、秋施肥、叶面喷施、与农家肥混配播施、与种子分层条播等。各种化肥用量渐次增加。1971年全县化肥施用总量593 t，平均每亩农作物施用量0.9 kg。1978年化肥施用总量2 025 t，平均亩施用量3.1 kg。1988年总用量7 504 t，平均亩用量12 kg。2001年全县耕地64.875万亩，化肥施用总量26 888 t，平均亩用量41.5 kg。2009年全县耕地46.677万亩，化肥施用总量23 968 t，平均每亩施用量51.3 kg。

第二章 耕地质量评价工作

耕地是珍贵且有限的自然资源，耕地质量关系到国家粮食安全、农产品质量安全及生态安全，是保障社会经济可持续发展、满足人民日益增长的物质需要的必要基础。我国耕地面积刚性减少，粮食供需矛盾日益突出，提高我国耕地质量是国家粮食安全的战略决策。然而，我国的农田基础肥力较发达国家低约 20 个百分点。农田高度集约化种植，高强度高投入的利用方式特别是养分非均衡化的集约化模式，不仅导致了农田肥力退化，也引起一些生态环境问题，导致我国粮食生产出现较大波动，以及高产作物品种潜力不能很好地发挥。因此，掌握不同区域、不同利用方式下耕地质量的变化特征与规律，进行耕地质量的长期监测、评价与预警，对于提高耕地质量、指导耕地质量管理、确保粮食安全和农业可持续发展具有十分重要的意义。

第一节 工作任务

一、建立耕地质量等级调查评价制度

根据《农业农村部办公厅关于做好耕地质量等级调查评价工作的通知》（农办农〔2017〕18 号）要求，全国启动了新一轮耕地质量监测调查与评价工作，宁夏农牧厅于 2017 年印发了《宁夏耕地质量等级调查评价工作方案》。为落实国务院第三次全国国土调查领导小组办公室关于印发《第三次全国国土调查耕地质量等级调查评价工作方案》（国土调查办发〔2018〕19 号）和宁夏回族自治区农业农村厅关于印发《宁夏耕地质量监测调查与评价技术方案》（下称《方案》）要求，本次调查与评价立足当地农业生产实际，综合考虑行政区划、土壤类型、土地利用、生产水

平、点位信息完整性和长期性等因素，以科学布点、持续调查、规范评价为原则，以县域土地利用现状矢量图耕地图斑为依据，调查划定耕地质量分等单元，将原有分等单元更新到二次调查形成的耕地图斑上。对于隆德县近年来耕地自然属性和经济属性数据发生较大变化的分等单元，按照《农用地分等规程》（TD-T 1004—2003）及农用地分等工作确定的相关参数进行了更新评定，重新划分了等别。按年度开展全域耕地质量主要性状调查与数据更新工作。同时建立了与最新土地调查成果相配套的耕地质量等别数据库，分区建立评价指标体系，及时掌握不同区域耕地质量等级现状及演变趋势，分析影响耕地生产的主要障碍因素，提出有针对性的耕地质量建设与保护措施。

二、建立耕地质量等级信息发布制度

按照农业农村部公布的《耕地质量调查监测与评价办法》要求，在耕地质量等级调查评价基础上，建立每 5 年发布一次全国和省级耕地质量等级信息制度，为制定耕地质量保护与粮食安全政策提供决策依据。

三、构建耕地质量数据平台

按照农业信息化建设总体部署，加大资金投入，加快耕地质量数据库建设，逐步建立标准化、规范化的国家、省、市、县四级耕地质量数据平台，提升耕地质量信息化管理水平。

四、落实耕地质量保护责任

应用耕地质量等级调查评价成果，为粮食安全省长责任制考核、省级政府耕地保护目标履行情况考核、永久基本农田划定、自然资源负债表编制和耕地资源环境承载能力评价等工作提供基础支撑。

第二节　工作依据

依据下列标准和文件，开展耕地质量等别年度更新评价。

（一）中国土壤分类与代码　GB/T 17296-2009

（二）土壤制图 1∶25 000、1∶50 000、1∶100 000 中国土壤图用色和图例规范 GB/T 36501-2018

（三）1∶5 000 和 1∶10 000 土壤图数字化规范　GB/T 32738-2016

（四）土壤采样技术指南　GB/T 36197-2018

（五）土壤质量土壤采样程序设计指南　GB/T 36199-2018

（六）记录土壤和现场信息的格式　GB/T 32724-2016

（七）土壤检测第一部分：土壤样品的采集、处理和贮存　NY/T 1121.1-2006

（八）耕地质量监测技术规程　NY/T 1119-2012

（九）农田土壤环境质量监测技术规范　NY/T 395-2000

（十）农田土壤墒情监测技术规范　NY/T 1782-2009

（十一）土壤环境质量农用地土壤污染风险管控标准 GB 15618-2018

（十二）土壤环境监测技术规范　HJ/T 166-2004

（十三）耕地质量验收技术规范 NY/T 1120-2006

（十四）耕地地力调查与质量评价技术规程 NY/T 1634-2008

（十五）补充耕地质量评定技术规范 NY/T 2626-2014

（十六）耕地质量划分规范 NY/T 2872-2015

（十七）耕地质量等级 GB 33469-2016

（十八）耕地质量监测调查与评价办法农业部令 2016 年第 2 号

（十九）土地利用现状分类 GB/T 21010-2007

第三节　工作组织

本次耕地质量监测调查与评价分自治区级、市级和县（区）级三级，县级负责本地耕地质量监测调查与评价工作的组织与实施。

第三章　耕地质量调查方法及内容

耕地是农业生产中最宝贵的资源和生产要素，保护耕地就要开展耕地质量调查监测与评价工作。按照耕地质量调查点选点要求，选择确定调查样点，在全县建立土壤耕地质量调查与评价调查点，分析掌握耕地土壤基础地力现状和发展趋势，为科学施肥、保护耕地质量、实施农业可持续发展提供依据。

第一节　准备工作

一、图件资料的收集

本次耕地质量监测调查与评价所需基础图件有《隆德县行政区划图》《隆德县第二次土壤普查图》《隆德县第二次耕地调查结果矢量化图（2009年)》《隆德县地形图》等。其中行政区划图是由隆德县民政局提供的2018年隆德行政区划图，包括省界、县界、乡镇界、农林牧场界、行政村界。比例尺1∶50 000。第二次土壤普查土壤类型分布图由自治区农业技术推广总站提供，土地利用现状图由隆德县自然资源局提供，灌排分区图由隆德县水务局提供。

二、科学布设耕地质量调查点位

耕地质量等级评价工作是农业部门履行耕地质量监测保护职责，落实"藏粮于地、藏粮于技"战略的重要举措。根据《耕地质量等级》（GB/T 33469-2016）国家标准，按照《农业农村部办公厅关于做好耕地质量等级调查评价工作的通知》（农办农〔2017〕18号）的要求，依据《耕地质量调查监测与评价办法》（农业部令2016年第2号）和《耕地质量等级》（GB/T 33469-2016）等内容的有关要求，开展耕地质量调查、取样工作。

（一）布点原则

耕地质量调查统筹考虑辖区内行政区划、土壤类型、土地利用、耕地质量、耕作制度、气候条件、作物种类、管理工作水平、点位已有信息的完整性和固定性等因素。布设监测调查样点要求耕地质量长期监测点优先原则、可持续原则、稳定性原则、代表性原则，设立样点能反映当地生产实际，具有较强代表性。1. 围绕耕地面积布设。2. 按照每1万亩耕地不少于1个调查点的密度设置耕地质量调查点，调查点位应尽量与上一年调查点位一致，确保延续性和可比性。3. 耕地质量调查点位基本固定，重点"一个原则"，即一定不变的原则，覆盖全县13个乡镇，并与测土配方施肥耕地地力评价核心样点相衔接，布设耕地质量调查点，确保点位代表性与延续性。

（二）调查点基本情况

2017—2019年在测土配方施肥基础上确定耕地质量调查与评价调查点，依据耕地质量等级评价点位布设的技术规范要求，每万亩1个调查点的布局要求布局（见表3-1）。

表3-1 2017—2019年耕地质量评价调查点基本情况

编号	地点	经度、纬度	土壤分类：土类-亚类-土属-土种	点位种植作物
A001	山河乡二滩村	106°09′49.9″ 35°31′31.3″	新积土-典型新积土-石灰性山洪土-厚层阴黑土	油菜
A002	山河乡王庄村	106°07′41.1″ 35°30′34.9″	黑垆土-典型黑垆土-典型黑垆土-孟塬黑垆土	小麦
A003	奠安乡旧街村	106°08′3.8″ 35°27′12.2″	黄绵土-黄绵土-绵土-淤绵土	樟子松
A004	奠安乡梁堡村	106°05′25″ 35°26′42.4″	黄绵土-黄绵土-绵土-淤绵土	樟子松
A005	奠安乡景林村	106°06′11.5″ 35°26′42.6″	黑垆土-典型黑垆土-典型黑垆土-孟塬黑垆土	云杉树
A006	温堡乡前进村	106°02′48.8″ 35°29′2.1″	黑垆土-典型黑垆土-典型黑垆土-埋藏黑垆土	马铃薯
A007	温堡乡老庄村	105°54′54.5″ 35°26′56.3″	黑垆土-典型黑垆土-典型黑垆土-孟塬黑垆土	玉米
A008	温堡乡温堡村	105°57′36.4″ 35°27′25.4″	黄绵土-黄绵土-绵土-淤绵土	玉米

续表

编号	地点	经度、纬度	土壤分类：土类-亚类-土属-土种	点位种植作物
A009	温堡乡田柳沙村	105°58′54.5″ 35°27′41.9″	黄绵土-黄绵土-绵土-细黄土	马铃薯
A010	凤岭乡齐岔村	106°03′52.5″ 35°32′15.8″	黄绵土-黄绵土-绵土-淤绵土	马铃薯
A011	凤岭乡齐岔村	106°04′16.9″ 35°31′41.7″	黑垆土-典型黑垆土-典型黑垆土-孟塬黑垆土	玉米
A012	温堡乡吕梁村	106°02′22″ 35°29′56.3″	黑垆土-典型黑垆土-典型黑垆土-孟塬黑垆土	玉米
A013	凤岭乡齐岔村	106°04′13.1″ 35°31′1.7″	黄绵土-黄绵土-绵土-细黄土	玉米
A014	凤岭乡卜岔村	106°03′37.1″ 35°30′37.1″	黑垆土-典型黑垆土-典型黑垆土-孟塬黑垆土	菊芋
A015	凤岭乡于河村	106°02′13.5″ 35°31′23.5″	黑垆土-典型黑垆土-典型黑垆土-孟塬黑垆土	玉米
A016	凤岭乡薛岔村	106°01′29.7″ 35°31′13″	黑垆土-典型黑垆土-典型黑垆土-孟塬黑垆土	马铃薯
A017	凤岭乡齐兴村	105°59′51″ 35°32′36″	黄绵土-黄绵土-绵土-淤绵土	冬小麦
A018	神林乡杨野河村	105°55′35.7″ 35°33′1.0″	黄绵土-黄绵土-绵土-淤绵土	玉米
A019	神林乡双村村	105°55′4.5″ 35°32′52.6″	黄绵土-黄绵土-绵土-细黄土	玉米
A020	联财镇张楼村	105°52′16.3″ 35°33′8.8″	黄绵土-黄绵土-绵土-细黄土	马铃薯
A021	联财镇联合村	105°49′20.6″ 35°34′7.2″	黄绵土-黄绵土-绵土-细黄土	玉米
A022	联财镇太联村	105°51′3.3″ 35°31′17.5″	黄绵土-黄绵土-绵土-细黄土	玉米
A023	联财镇联财村	105°50′56.5″ 35°33′32″	黑垆土-典型黑垆土-典型黑垆土-埋藏黑垆土	辣椒
A024	神林乡神林村	105°55′16.7″ 35°35′22.9″	黄绵土-黄绵土-绵土-细黄土	马铃薯
A025	神林乡庞庄村	105°56′35.9″ 35°36′18.8″	黑垆土-典型黑垆土-典型黑垆土-孟塬黑垆土	玉米
A026	沙塘镇张树村	105°57′35.9″ 35°35′41″	黄绵土-黄绵土-绵土-淤绵土	玉米
A027	好水乡张银村	106°06′50.3″ 35°39′45″	黑垆土-典型黑垆土-典型黑垆土-孟塬黑垆土	云杉
A028	好水乡中台村	106°02′25″ 35°41′39″	黄绵土-黄绵土-绵土-细黄土	玉米

续表

编号	地点	经度、纬度	土壤分类：土类-亚类-土属-土种	点位种植作物
A029	杨河乡串河村	106°00′43.5″ 35°40′4.9″	黄绵土-黄绵土-绵土-淤绵土	玉米
A030	杨河乡杨河村	106°00′4.4″ 35°40′16.2″	黄绵土-黄绵土-绵土-缃黄土	玉米
A031	杨河乡穆沟村	105°58′47.9″ 35°41′26.4″	黑垆土-典型黑垆土-典型黑垆土-孟塬黑垆土	玉米
A032	杨河乡杨河村	105°59′8.4″ 35°40′15.2″	黄绵土-黄绵土-绵土-缃黄土	玉米
A033	杨河乡杨河村	105°58′38″ 35°40′19.1″	黑垆土-典型黑垆土-典型黑垆土-孟塬黑垆土	玉米
A034	杨河乡杨河村	105°58′53″ 35°40′49.7″	黑垆土-典型黑垆土-典型黑垆土-孟塬黑垆土	玉米
A035	杨河乡红旗村	105°57′13.5″ 35°41′15.3″	黄绵土-黄绵土-绵土-淤绵土	玉米
A036	张程乡赵北孝村	106°53′40.3″ 35°38′47.5″	黄绵土-黄绵土-绵土-缃黄土	玉米
A037	张程乡张程村	105°52′57.3″ 35°37′19.9″	黑垆土-典型黑垆土-典型黑垆土-孟塬黑垆土	玉米
A038	张程乡崔家湾村	105°52′10.3″ 35°37′41.7″	黄绵土-黄绵土-绵土-缃黄土	玉米
A039	张程乡桃园村	105°57′55″ 35°37′51.7″	黄绵土-黄绵土-绵土-缃黄土	玉米
A040	张程乡张程村	105°53′42.0″ 35°37′45.3″	黄绵土-黄绵土-绵土-淤绵土	玉米
A041	张程乡李哈拉村	105°52′39.9″ 35°38′2.6″	黄绵土-黄绵土-绵土-缃黄土	玉米
A042	张程乡崔家湾村	105°51′20.9″ 35°39′0.3″	黄绵土-黄绵土-绵土-淤绵土	玉米
A043	张程乡崔家湾村	105°51′34.6″ 35°38′10.8″	黄绵土-黄绵土-绵土-淤绵土	玉米
A044	沙塘镇街道村	105°59′32.1″ 35°35′32.1″	黑垆土-典型黑垆土-典型黑垆土-孟塬黑垆土	黄芪苗
A045	沙塘镇和平村	106°00′5.1″ 35°35′25.2″	黑垆土-典型黑垆土-典型黑垆土-孟塬黑垆土	玉米
A046	沙塘镇马河村	106°01′41.5″ 35°34′20.8″	黄绵土-黄绵土-绵土-缃黄土	马铃薯
A047	沙塘镇锦屏村	106°02′42.7″ 35°34′24.7″	黑垆土-典型黑垆土-典型黑垆土-孟塬黑垆土	玉米
A048	沙塘镇光联村	106°02′11.5″ 35°36′21.7″	黄绵土-黄绵土-绵土-缃黄土	云杉苗

续表

编号	地点	经度、纬度	土壤分类：土类-亚类-土属-土种	点位种植作物
A049	城关镇星火村	106°03′50.9″ 35°37′10.2″	黄绵土-黄绵土-绵土-淤绵土	云杉苗
A050	城关镇红崖村	106°08′59.6″ 35°35′55.9″	黄绵土-黄绵土-绵土-淤绵土	油菜
A051	陈靳乡民联村	106°09′48.7″ 35°33′16.8″	灰褐土-暗灰褐土-泥质暗灰褐土-厚暗麻土	小麦
A052	观庄乡姚套村	106°09′54.8″ 35°41′53.7″	新积土-典型新积土-石灰性山洪土-厚层阴黑土	油菜
A053	观庄乡前庄村	106°09′36.9″ 35°44′35″	灰褐土-暗灰褐土-侵蚀暗灰褐土-厚麻土	油菜
A054	观庄乡大庄村	105°06′12.2″ 35°45′31.8″	黄绵土-黄绵土-绵土-淤绵土	玉米
A055	观庄乡大庄村	106°05′51.7″ 35°45′10.2″	黑垆土-典型黑垆土-典型黑垆土-孟塬黑垆土	马铃薯
A056	观庄乡红堡村	106°04′4.8″ 35°45′11″	黑垆土-典型黑垆土-典型黑垆土-孟塬黑垆土	玉米
A057	观庄乡红堡村	106°03′37.4″ 35°44′57.6″	黄绵土-黄绵土-绵土-淤绵土	玉米
A058	观庄乡田滩村	106°02′28.2″ 35°45′25.1″	黄绵土-黄绵土-绵土-老牙村淤绵土	玉米
A059	好水乡水磨村	106°09′54.2″ 35°40′49.1″	黑垆土-典型黑垆土-典型黑垆土-孟塬黑垆土	油菜
A060	城关镇峰台村	106°09′37.2″ 35°39′56.4″	新积土-典型新积土-石灰性山洪土-厚层阴黑土	马铃薯

调查地块利用 GPS 定位，主要分布在黄绵土、典型黑垆土、暗灰褐土、典型新积土 4 类耕作土壤上，基本覆盖了全县主要土壤类型（见表 3-2）。

按照中国土壤分类系统，隆德县耕地土壤分 6 个土类 10 个亚类。上次耕地地力评价隆德县耕地总面积 608 774 亩。按土壤类型划分，黄绵土面积为 339 113 亩，占耕地总面积的 55.70%；典型黑垆土居第二位，面积为 186 386 亩，占耕地总面积的 30.62%；暗灰褐土居第三位，面积为 47 281 亩，占耕地总面积的 7.77%；典型新积土面积 29 160 亩，占耕地总面积的 4.79%。上述 4 个土壤亚类占耕地总面积的 98.88%，其余 2 个亚类为零星分布，仅占耕地总面积的 1.12%。本次采集土壤样品分布到 13 个乡镇共 60 个点位，涉及土壤类型有黄绵土 33 个点位、黑垆土 22 个点位，暗灰褐土 2 个点位，典型新积土 3 个点位。采集的土壤样品全部按照定点采集，

表 3-2 2017—2019 年度耕地质量评价调查点土壤类型

乡镇名称	全县耕地面积/亩	耕地质量等级评价取样点				合计
		黄绵土	黑垆土	灰褐土	新积土	
山河乡	22 038	0	1	0	1	2
奠安乡	29 639	2	1	0	0	3
温堡乡	70 871	2	3	0	0	5
凤岭乡	49 198	3	4	0	0	7
神林乡	41 345	3	1	0	0	4
联财镇	36 898	3	1	0	0	4
沙塘镇	57 981	3	3	0	0	6
张程乡	70 494	7	1	0	0	8
杨河乡	62 056	4	3	0	0	7
好水乡	40 847	1	2	0	0	3
城关镇	33 681	2	0	0	1	3
陈靳乡	23 209	0	0	1	0	1
观庄乡	70 227	3	2	1	1	7
合计	608 484	33	22	2	3	60

采样过程中严格按照土样采集国家标准进行采集，为下一阶段耕地质量等级评价与统计工作奠定了坚实的基础。

第二节　调查采样

一、调查方法及内容

按照《耕地质量监测技术规程》（NY/T 1119-2012）开展土壤样品采集工作，测定容重，填写样点基本情况调查表。每个调查点样品采集量不少于 1 kg，土样采样基本地块田间调查采用面访式问卷的调查方法。在调查采样实地，对采样地块农户或熟悉本村的村民代表按照采样基本地块调查表格的内容进行一次现场访谈，主要调查内容见表 3-3。

表 3-3 耕地质量等级调查内容

项目		项目		项目		项目	
统一编号		地形部位		盐化类型*		有效铜/(mg·kg⁻¹)	
省（市）名		海拔高度*		地下水埋深/m		有效锌/(mg·kg⁻¹)	
地市名		田面坡度		障碍因素		有效铁/(mg·kg⁻¹)	
县（区、市、农场）名		有效土层厚度/cm		障碍层类型		有效锰/(mg·kg⁻¹)	
乡镇名		耕层厚度/cm		障碍层深度/cm		有效硼/(mg·kg⁻¹)	
村名		耕层质地		障碍层厚度/cm		有效钼/(mg·kg⁻¹)	
采样年份		耕层土壤容重/(g·cm⁻³)		灌溉能力		有效硫/(mg·kg⁻¹)	
经度（度）		质地构型		灌溉方式		有效硅/(mg·kg⁻¹)	
纬度（度）		常年耕作制度		水源类型		铬/(mg·kg⁻¹)	
土类		熟制		排水能力		镉/(mg·kg⁻¹)	
亚类		生物多样性		有机质/(g·kg⁻¹)		铅/(mg·kg⁻¹)	
土属		农田林网化程度		全氮/(g·kg⁻¹)		砷/(mg·kg⁻¹)	
土种		土壤pH		有效磷/(mg·kg⁻¹)		汞/(mg·kg⁻¹)	
成土母质		耕层土壤含盐量/%*		速效钾/(mg·kg⁻¹)		主载作物名称	
地貌类型		盐渍化程度*		缓效钾/(mg·kg⁻¹)		年产量/(kg·666.67 m⁻²)	

填表说明：

1. 本表格仅列出调查数据项，填报时按 Excel 格式录入。带 * 号数据项为区域补充性指标，依据国家标准《耕地质量等级》（GB/T 33469-2016）附录 B，由各区根据相应耕地质量等级划分指标进行补充填写。中微量元素及重金属元素在发布年（2019 年）的前一年度（2018 年）进行调查，此后每五年调查一次。

2. 统一编号：填写测土配方施肥项目统一规定的 19 位采样点编码，具体为采样点的邮政编码（6 位数字）+采样目的标识（1 位字母，G：一般农化样；E：试验田基础样；D：示范田基础样；F：农户调查；T：其他样品；C：耕地质量调查样）+采样时间 yyyy-mm-dd（8 位数字，年 4 位，月2位，日2位，小于10的月日前面补"0"）+采样组（1位字母）+顺序号（3位数字，不足3位在前面补"0"）。

3. 经纬度：根据GPS定位填写，保留小数点后五位，填报时统一转换为西安80坐标系。

4. 土类、亚类、土属、土种：土壤分类命名采用全国第二次土壤普查时的修正稿（GB 17296），表格上记载的土壤名称应与土壤图一致。

5. 地貌类型：填写大地貌类型，山地、盆地、丘陵、平原、高原。

6. 地形部位：指中小地貌单元，填写山间盆地、宽谷盆地、平原低阶、平原中阶、平原高阶、丘陵上部、丘陵中部、丘陵下部、山地坡上、山地坡中、山地坡下。

7. 海拔：采用GPS定位仪现场测定填写，单位为米，精确到小数点后一位。

8. 田面坡度：实际测定田块内田面坡面与水平面的夹角度数。

9. 耕层质地：填砂土、砂壤、轻壤、中壤、重壤、粘土。

10. 质地构型：按1m土体内不同质地土层排列组合形式填写，分为薄层型、松散型、紧实型、夹层型、上紧下松型、上松下紧型、海绵型。

11. 生物多样性：通过现场调查土壤动物或检测土壤微生物状况综合判断，分为丰富、一般、不丰富。

12. 农田林网化程度：填高、中、低。

13. 盐渍化程度：根据耕层含盐量与盐化类型统一测算，填轻度、中度、重度、无。

14. 盐化类型：填氯化物盐、硫酸盐、碳酸盐、硫酸盐氯化物盐、氯化物盐硫酸盐、氯化物盐碳酸盐、碳酸盐氯化物盐。

15. 障碍因素：填盐碱、瘠薄、酸化、渍潜、障碍层次、无等。

16. 障碍层类型：1m土体内出现的障碍层类型。

17. 障碍层深度：按障碍层最上层到地表的垂直距离来填。

18. 障碍层厚度：按障碍层的最上层到最下层的垂直距离来填。

19. 灌溉能力：填充分满足、满足、基本满足、不满足。

20. 灌溉方式：填漫灌、沟灌、畦灌、喷灌、滴灌、无灌溉条件。

21. 水源类型：填地表水、地下水、地表水+地下水、无。

22. 排水能力：填充分满足、满足、基本满足、不满足。

本次调查内容需在野外完成的指标是：统一编号、从省至村组的行政区划名称、采样年份、经度、纬度、土类、亚类、土属、土种、成土母质、地貌类型、地形部位、海拔高度、田面坡度、有效土层厚度、耕层厚度、耕层质地、质地构成、常年耕作制度、熟制、生物多样性、农田林网化程度、地下水埋深、障碍因素、障碍层类型、障碍层深度、障碍层厚度、灌溉能力、灌溉方式、水源类型、排水能力、主栽作物名称、全年产量。

本次调查内容需检测完成的指标是：土壤样品检测严格执行农业行业标准NY/T

1121.1–2006，必须检测化验的项目包括：容重、pH、有机质、全氮、碱解氮、有效磷、速效钾、缓效钾 8 项常规项目；有效铜、有效锌、有效铁、有效锰、有效硼、有效钼、有效硫、有效硅 8 项中微量元素；铬、镉、铅、砷、汞 5 项重金属元素。其中，中微量元素和重金属元素每 5 年（全部样点）检测 1 次。对检测结果认真审核以确保准确性和真实性。

二、土壤采样与检测

（一）采样时间

大面积土样调查采集均在当季作物收获后土地封冻前进行，试验地采样在试验作物收获当天进行。在项目实施的 3 年中，土样采集实行了"二个固定"，即人员固定、采样区域固定。

（二）采样方法

采样点的确定主要是利用地形图和土壤图作为底图，参考全国第二次土壤普查的资料，主要以测土配方施肥成果隆德县耕地土壤类型图，既兼顾土壤类型，又充分考虑地貌类型、土地利用方式的差异，力求使采集的样本具有较好的代表性。采样原则按照"随机、等量、多点混合"进行，采用"S"形布点法。

实地采样必须按《隆德县土样采集样点分布规划图》所确定的采样单元进行采样，不得随意变更。如遇特殊原因，应及时在可控范围内调整采集点，并在布点图上进行标注。本次采样统一采用棋盘式布点法和"S"形布点法相结合的方式。每个土壤样品由 9~15 个采样点混合而成。棋盘式布点法主要用于面积较大，地势相对平坦，地块端正，田块长和宽相差不大的田块。"S"形布点法主要用于面积小，梯田或坡耕地，田块长大于宽的长方形田块。土样采集均采用不锈钢土钻。每个采样点的取土深度及采样量均匀一致，深度相同，均为 0~20 cm。在田间将样品混合均匀，用四分法对角线去掉多余的样品，直至样品最终重量为 1 kg 左右。采集的样品放入土样袋，并做好标记。

土壤重金属采用单独样采集：用采样铲在该点位挖取面积 25 cm × 25 cm，深度为 0~20 cm 的土壤。土壤样品采集后需经过干燥、磨细和过筛。干燥采用风干（通常在气温 25~35℃，空气相对湿度为 20%~60% 的条件下）或烘干（通常在 35~60℃）。

重金属元素在干燥过程中不会挥发和发生化学变化，在制样时则必须注意测定成分的挥发损失，因此多采用105~110℃烘干24 h，干燥期间必须注意防尘， 避免直接暴晒。干燥后的土样需要经过剔除侵入物体、有机物后， 磨细和过筛，才能供分析使用。取样所需物品：

工具类：不锈钢土钻、铁锹或锄头、土刀、取土器、竹片以及适合特殊采样要求的工具，分样盘、塑料布或塑料盆等用于野外现场缩分样品的工具。

器材类：GPS、照相机、卷尺、铝盒、样品袋、样品箱等。

文具类：样品标签、采样记录表、现场调查表、铅笔、资料夹等。

安全防护用品：雨具、工作鞋、药品箱等。

取土过程严格按照相关技术要求进行取样。一是规范调查数据采集。有计划地组织做好监测点田间调查和土样采集工作。田间调查按《耕地质量等级调查数据汇总表》填写，实行专人负责，及时客观记录相关信息。信息填写清晰明确，杜绝随意减少调查内容。土样采集在最后一季作物收获后，下一茬作物施肥播种前开展，按照《土壤检测》第一部分：土壤样品的采集、处理和贮存规定的方法操作，避开"三线一堆"，1个混合土样取样点数不少于15个。二是强化检测质量控制。样品检测选择有资质的检测机构承担，统一交给检测能力较强的土肥化验室集中检测。

（三）调查数量及质量控制

1. 调查数量

采样地块基本情况田间调查与采集土壤样品的数量一致，2017—2019年共计180个。

2. 质量控制

为确保田间样品采集的真实性和准确性，隆德县在样品采集中，采取了"六统一""二固定"措施。"六统一"为：统一调查采样方案，每年按照自治区测土配方施肥专家组制定的《宁夏测土配方施肥项目土样调查采集实施方案》，各采样组对采样布点、采样数量、采样方法等全面进行实地落实；统一技术培训，每年在大面积取样前，县农业技术推广中心聘请自治区有关专家，以集中授课、现场操作演练等方式，对土样采集人员进行统一技术培训；统一采样时间，大田基础土样调查采样时间每年均在当年秋作物收获后、土壤封冻前进行，设施蔬菜为上茬作物收获后未施肥前进行；统一采样深度，按照自治区土样采集方案，采样深度均为0~20 cm；统一采样工具，采集土样工具均为不锈钢土钻；统一技术把关，调查采样期间，在接受自治区测土配方施肥专家组检查指导的同时，县农技中心对各采样组随时进行抽查考核，严把技术质量关。"二固定"为：采样人员固定，在项目实施3年中，土样采集每年进行采集，每组4名技术人员，采样人员3年固定不变更；采样区域固定，2017年土样采集时对每个采样划分采样区域，每个采样区域每年固定不变更。

（四）土壤样品的检测及质量控制

确保监测土样采集化验规范。每年最后一季作物收获后、下季作物施肥前采集土壤样品，取耕层土壤混合样，送经宁夏四季鲜土壤肥料总站认证指定的检测机构检测。

确保监测与评价数据准确。数据质量是耕地质量监测工作的关键，数据质量的好坏直接影响监测结果的真实准确。在土样采集环节，严格按照不同监测任务采样要求严格进行采集；在样品检测环节，加强对第三方检测机构的考核与监督；在数据上报环节，层层把关、审核，确保数据完整、准确，同时做到按时按点上报。

全县共分析土壤样品2 880万项次，其中常规项目1 440万项次，中微量元素840万项次，重金属600万项次。

1. 分析项目

（1）常规项目：按照农业农村部测土配方施肥技术规范要求，耕地质量评价采集的土壤样品全部必测常规七项化验，包括土壤pH、土壤有机质、土壤全氮、土壤碱解氮、土壤有效磷、土壤速效钾和全盐。

（2）中微量元素：测试土壤有效铜、锌、铁、锰、钼、硫、硅等中微量元素含量。

（3）重金属：测试项目有铬、镉、铅、砷、汞。

2. 测试方法

（1）重量法：适用于测定土壤水。

（2）原子吸收分光光度法：适用于金属，如铜、铅、锌、铬、汞等成分。

（3）容量法：适用于浸出物中含量较高的成分测定，如Ca^{2+}、Mg^{2+}、Cl^-等。

交换性能、pH值、某些速效养分可通过1 mm或2 mm孔径筛。因为磨得太细易使单个矿物晶粒磨碎，给分析带来误差。

测定土壤全 N、有机质、矿质全量 Si、Fe、Al 等，一般过 0.15 mm 或 0.25 mm 筛即可。因为它们的测定不受磨碎程度的影响，且土粒愈细与试剂反应愈充分。

3. 土壤样品处理

（1）制样过程中采样时的土壤标签与土壤始终放在一起，严禁混错，样品名称和编码始终不变；

（2）制样工具每处理一份样后擦抹（洗）干净，严防交叉污染；

（3）分析挥发性、半挥发性有机物或可萃取有机物无需上述制样，用新鲜样按特定的方法进行样品前处理（土壤样品分析方法详见表 3-4）。

表 3-4　土壤样品分析方法

分析项目	测定方法
土壤 pH	土液比 1:2.5，电位法测定
有机质	油浴加热重铬酸钾氧化—容量法测定
全氮	凯氏蒸馏法测定
缓效钾	硝酸消煮—火焰光度计法测定
有效磷	碳酸氢钠提取—钼锑抗比色法测定
速效钾	乙酸铵浸提—火焰光度计法测定
土壤水溶性盐	水土比例 5:1，电导清液测定法测定
有效铜、锌、铁、锰	DTPA 浸提—原子吸收分光光度计法测定
有效钼	草酸-草酸铵浸提—极谱法测定
有效硫	磷酸盐-乙酸或氯化钙浸提—硫酸钡比浊法测定
有效硅	柠檬酸浸提—比色法测定
有效硼	沸水浸提-甲亚胺—H 比色法测定
土壤容重	环刀法测定
铅、镉	微波消解—石墨炉原子吸收法测定
汞	冷原子吸收光谱法测定
砷	盐酸-硝酸消煮—原子荧光光谱法测定
铬	氢氟酸-硝酸-硫酸消解—火焰原子吸收光谱法测定

第四章　耕地质量评价方法及结果

耕地质量评价包括耕地质量等级评价、耕地质量监测评价、特定区域耕地质量评价、耕地质量特定指标评价、新增耕地质量评价和耕地质量应急调查评价。各级耕地质量监测机构运用耕地质量调查和监测数据，对本行政区域内耕地质量等级情况进行评价。农业农村部每 5 年发布一次全国耕地质量等级信息。省级人民政府农业主管部门每 5 年发布一次本行政区域耕地质量等级信息，并报农业农村部备案。隆德县耕地质量等级评价项目依据《农业部办公厅关于做好耕地质量等级调查评价工作的通知》（农办农〔2017〕18 号）和《宁夏耕地质量监测调查与评价工作方案》开展实施。按照《宁夏耕地质量等级评价指标体系》确定隆德县评价隶属于南部黄土高原区，前期通过最新土地利用现状图提取隆德县耕地形成评价管理单元，以 2010 年耕地质量调查成果为依据，利用 2007—2019 年调查采样点数据为基础，开展本轮耕地质量等级评价工作。

第一节　耕地质量评价技术路线与评价方法

一、耕地质量等级评价数据资料收集整理

耕地质量评价资料准备，收集的图件资料包括：项目县地形图、行政区划图、耕地利用现状图、灌排分区图、第二次土壤普查土壤图、地貌类型分区图、耕地质量调查采样点位图等。上一轮耕地质量评价过程中以上所述图件均已收集，本轮评价重点是对已经发生变化的耕地的评价，因此在上一轮资料收集基础上重点收集最新土地利用变更调查图、灌排分区图等。

（一）　地图资料的收集

1. 地形图（1∶50 000 或 25 000）（沿用以往）

用地形图可以生成数字高程模型，求得每个调查点位的坡度、坡向及海拔等信息，是基本情况调查的重要内容。地形图统一采用中国人民解放军总参谋部测绘局测绘的地形图。由于近年来公路、水系、地形地貌等变化较大，因此，各县应与县水利、交通、规划、国土等部门联系收集有关最新资料，以备对地形图进行修正。

2. 土壤图（1∶50 000）（沿用以往）

土壤图是进行耕地评价单元确定的重要图件。宁夏目前采用的是自治区第二次土壤普查汇总的土壤类型图。近年来，引黄灌溉、荒地开垦、耕地改造及还林还草等工程的实施，使土壤类型也发生了变化。

3. 地貌类型分区图（1∶50 000）（沿用以往）

地貌类型图是宁夏中部干旱带和南部山区耕地评价的重要图件。各县根据实际情况，积极收集地貌类型图。

4. 灌排分区图（1∶50 000）（项目单位通过协调水利部门收集最新灌排分区图）

灌区灌溉排水分区图和山区农田水利分区图是进行耕地地力评价的图件，各县可积极与本县水利部门联系，获取最新的本县灌溉排水分区图或农田水利分区图。

（二）　数据资料的收集

数据资料的收集主要包括县级农村及农业生产基本情况资料、土地利用现状资料、土壤肥力监测资料等，具体包括以下内容：

（1）近三年粮食单产、总产、种植面积统计资料；

（2）近三年肥料用量统计表；

（3）历年土壤肥力监测化验资料；

（4）农业农村部耕地质量等级变更调查表（见宁农（种）发〔2017〕27 号附件2）；

（5）2017 年以来农牧厅印发的《关于印发〈宁夏耕地质量等级调查评价工作方案〉的通知》所确定的 60 个样点属性数据；

（6）2012 年以来自治区农业农村厅下达的各类土肥水项目所有样点调查采样与分析化验数据。

（三）文本资料的收集

具体包括以下几种：

（1）隆德县农村及农业基本情况资料；

（2）隆德县农业气象资料；

（3）2010隆德县耕地质量等级评价数据库成果；

（4）土地利用现状调查报告及基本农田、高标准农田和粮食功能区划定报告；

（5）近三年农业生产统计文本资料；

（6）土壤肥力监测及田间试验示范资料；

（7）其他文本资料，如耕地土壤盐渍化调查报告、水土保持、土壤改良、生态环境建设、水利区划等资料。

（四）其他资料的收集

包括照片、录像、多媒体等资料，内容涉及以下几个方面：

（1）土壤典型剖面；

（2）土壤肥力监测点景观；

（3）当地农业生产基地典型景观；

（4）特色农产品介绍；

（5）地形地貌及地方介绍。

数据及文本资料主要用于耕地质量评价因素的确定及各种成果报告编写与分析。

（五）耕地质量等级评价的方法

层次分析法是将与决策有关的元素分解成目标、准则、方案等层次，在此基础上进行定性和定量分析的决策方法。特尔斐法是采用背对背的通信方式征询专家小组成员的预测意见，经过几轮征询，使专家小组的预测意见趋于集中，最后作出符合发展趋势的预测结论。

二、耕地质量等级评价技术路线

为进一步强化耕地质量监测与保护，开展耕地土壤改良、地力培肥，为促进耕地质量提升和资源可持续性利用打下坚实基础，根据《全国耕地质量等级调查评价指标体系》（耕地评价函〔2019〕87号）的要求，充分利用好上一轮评价成果和历年耕地质量动态监测点调查数据，结合隆德县最新土地利用现状库更新耕地评价管理单元，开展评价指标核实、调查，按照隆德县隶属的黄土高原区耕地质量等级评价标准，开展耕地质量等级评价工作，为掌握耕地质量等级现状及演变趋势、分析影响农业生产的主要障碍因素、制定有针对性的耕地质量保护措施，提供科学依据（图4-1）。

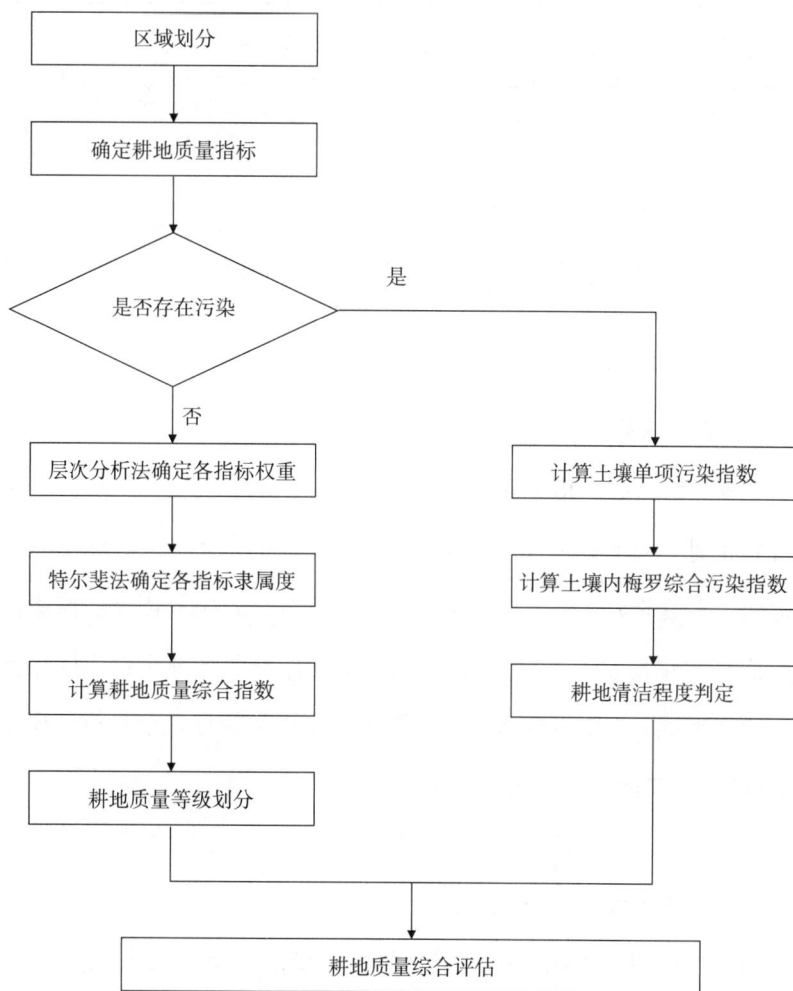

图 4-1 耕地质量等级评价技术流程图

第二节 建立分区耕地质量评价指标体系

一、宁夏耕地质量评价国家分区

（一）耕地质量等级区域划分

参照全国农业区划，结合宁夏不同区域耕地特点、土壤类型分布特征，将全区划分为宁夏南部旱作农业区和宁夏北部引黄灌区绿洲农业区（具体见表4-1）。全县区域内耕地质量划分时，依据相应的耕地质量综合指数确定当地耕地质量最高最低等级范围，再划分耕地质量等级。

表4-1　宁夏耕地质量等级划分区域范围

国家一级农业区	国家二级农业区	宁夏分区	分布范围	县(市、区)个数
黄土高原区	晋陕甘黄土丘陵沟壑牧林农区	宁夏南部旱作农业区	固原市原州区、西吉县、隆德县、泾源县、彭阳县，中卫市海原县，吴忠市同心县、盐池县	7县1区(8个)
甘新区	蒙宁甘农牧区	宁夏北部引黄灌区绿洲农业区	石嘴山市大武口区、惠农区、平罗县，银川市兴庆区、金凤区、西夏区、贺兰县、灵武市，吴忠市利通区、青铜峡市，中卫市沙坡头区、中宁县	3县2市7区(12个)

（二）耕地质量指标

耕地质量指标由基础性指标和区域补充性指标构成。其中，基础性指标包括国家标准中确定的地形部位、有效土层厚度、土壤有机质含量、耕层质地、土壤容重、质地构型、土壤养分状况、生物多样性、清洁程度、障碍因素、灌溉能力、排水能力、农田林网化程度13个指标；宁夏南部旱作农业区补充性指标包括田面坡度、多年平均降水量、土壤有效磷含量、海拔高度4个指标。宁夏耕地质量指标严格参照国家耕地质量指标，不再单独确定。

二、耕地质量等级划分区域范围

耕地质量评价中对评价指标的确定是关键一步，直接影响评价结果的科学性。评价过程应以科学性、可靠性、评价指标的完整性为原则。按照国家划定的9个生态类型区，结合宁夏不同区域耕地特点、土壤类型分布特征，将全区22个县（市、区）划分为宁夏南部旱作农业区和宁夏北部引黄灌区绿洲农业区。隆德县属宁夏耕地质量等级划分区域范围的黄土高原区。由自治区农业技术推广总站按照基础性指标和补充性指标相结合的原则选定了宁夏所辖甘新区和黄土高原区的评价指标，建立了各指标权重和隶属函数，明确了耕地质量等级划分指数，形成了《宁夏耕地质量等级评价指标体系》（图4-2）。本次隆德县耕地质量等级评价严格按照《宁夏

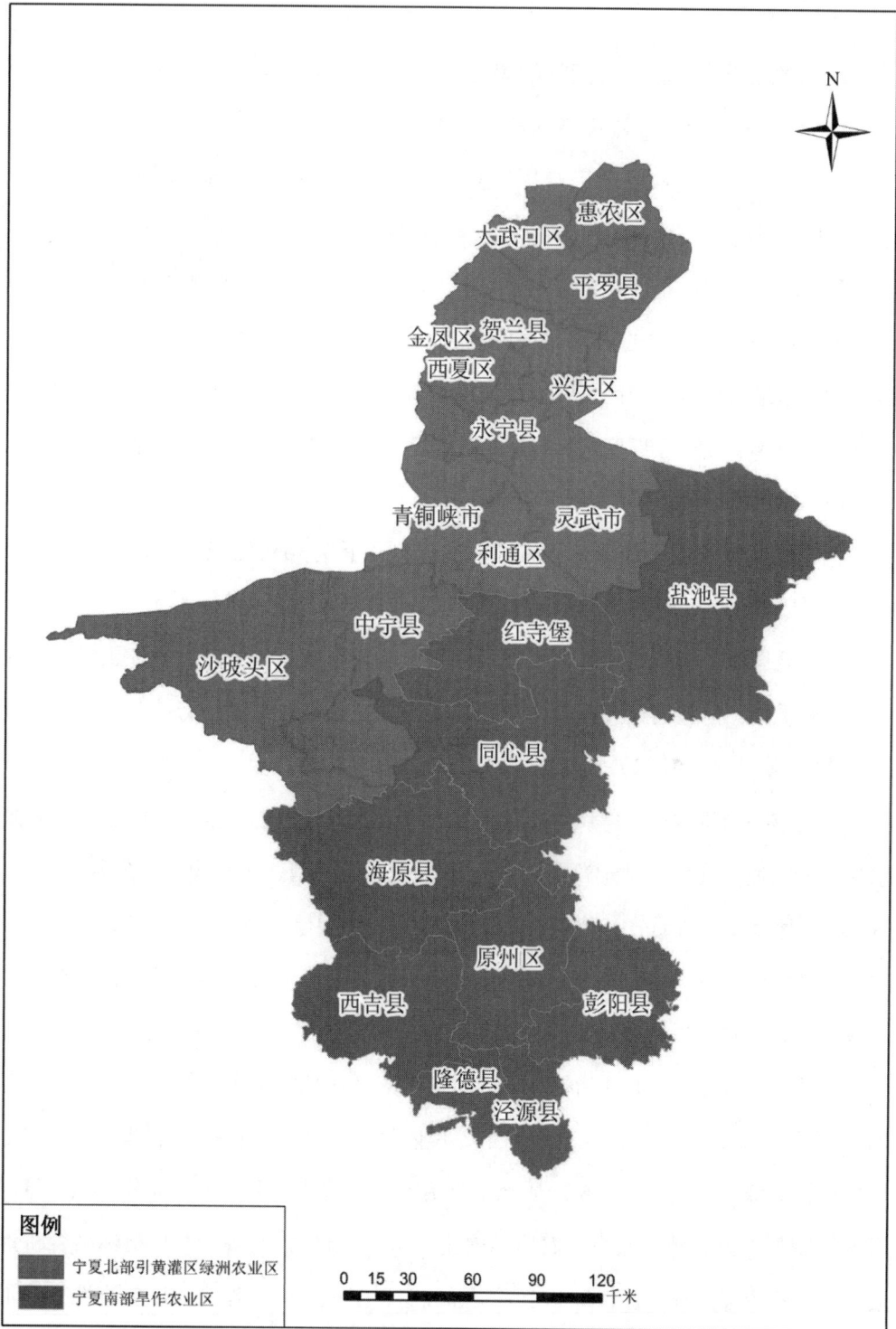

图 4-2　宁夏标准耕作制度区域划分结果图

耕地质量等级评价指标体系》内黄土高原区指标进行评价。

三、耕地质量等级评价指标的确定

（一）耕地质量等级评价指标确定原则

重要性原则：选取的因子对耕地地力有比较大的影响，如地形因素、土壤因素、灌排条件等。

易获取性原则：通过常规的方法可以获取，如土壤因素、灌排条件。

差异性原则：选取的因子在评价区域内的变异较大，便于划分耕地地力的等级。如在地形起伏较大的区域，地面坡度对耕地地力有很大影响，必须列入评价项目之中；再如有效土层厚度是影响耕地生产能力的重要因素，在多数地方都应列入评价指标体系，有效土层深厚而且比较均一，就可以不作为参评因素。

稳定性原则：选取的评价因素在时间序列上具有相对的稳定性，如土壤的质地、有机质含量等，评价的结果能够有较长的有效期。

独立性原则：因子之间独立性较强，相关性较小或不相关原则。如土壤有机质和全氮都重要，但它们相关性强，两者可选其一。

（二）耕地质量等级评价指标的确定

宁夏第一轮耕地质量等级评价南部山区确定的评价指标包括≥10℃积温、年降水量、无霜期、高程、地形部位、成土母质、剖面构型、质地构型、障碍层类型、有效土层厚度、有机质、有效磷、灌溉保证率 13 个指标。

宁夏耕地质量等级评价与全国耕地质量等级区域划分标准确定的评价指标保持一致，根据《耕地质量等级》国家标准确定的评价指标，宁夏耕地质量等级评价指标分为基础性指标和补充性指标。基础性指标从《耕地质量等级》国家标准中确定的 13 个指标中结合宁夏耕地现状确定，具体的基础性指标包括地形部位、有效土层厚度、土壤有机质含量、耕层质地、土壤容重、质地构型、土壤养分状况、障碍因素、灌溉能力、排水能力、农田林网化率 11 个指标；区域补充性指标结合耕地质量等级国家标准补充性指标和宁夏实际确定，宁夏南部旱作农业区补充性指标主要包括田面坡度、多年平均降水量、海拔、土壤有效磷含量 4 个指标。

四、耕地质量等级评价方法与评价指标权重的确定

（一）建立层次结构模型

按照层次分析法，建立目标层、准则层、指标层层次结构，用框图形式说明层次的阶梯结构与因素的从属关系。当某个层次包含的因素较多时（如超过 9 个），可将该层次进一步划分为若干子层次。

（二）构造判断矩阵

判断矩阵表示针对上一层次某因素，本层次与之有关因子之间相对重要性的比较。假定 A 层因素中 ak 与下一层次中 B_1，B_2，……B_n 有联系。判断矩阵元素的值反映了人们对各因素相对重要性（或优劣、偏好、强度等）的认识，一般采用 1~9 及其倒数的标度方法。当相互比较因素的重要性能够用具有实际意义的比值说明时，判断矩阵相应元素的值则可以取这个比值。判断矩阵的元素标度及其含义见表 4-2。

表 4-2　判断矩阵形式

ak	B_1	B_2	...	B_n
B_1	b_{11}	b_{12}	...	b_{1n}
B_2	b_{21}	b_{22}	...	b_{2n}
...	...	...	...	...
B_n	b_{n1}	b_{n2}	...	b_{nn}

（三）层次单排序及其一致性检验

建立比较矩阵后，就可以求出各个因素的权值（见表 4-3）。一致性检验采取的方法是用和积法计算出各矩阵的最大特征根 λ_{max} 及其对应有特征向量 W，并用 $CR=CI/RI$ 进行一致性检验。计算方法如下：

按式（1）将比较矩阵每一列正规化（以矩阵 B 为例）

$$\hat{b}_{ij} = \frac{b_{ij}}{\sum_{i=1}^{n} b_{ij}} \tag{1}$$

$$\overline{W}_i = \sum_{j=1}^{n} \hat{b}_{ij} \tag{2}$$

$$\overline{W} = \overline{W}_1, \quad \overline{W}_2, \quad \cdots \overline{W}_n \tag{3}$$

$$W_i = \frac{\overline{W}_i}{\sum\limits_{i=1}^{n} \overline{W}_i}, \quad i=1, \ 2, \ 3..., \ n \tag{4}$$

$$\lambda_{max} = \sum_{i=1}^{n} \frac{(BW)_i}{nW_i}, i=1,2...,n \tag{5}$$

$$CI = \frac{\lambda_{max} - n}{n-1} \tag{6}$$

$$CR = \frac{CI}{RI} \tag{7}$$

表4-3　随机一致性指标 *RI* 的值

n	1	2	3	4	5	6	7	8	9	10	11
RI	0	0	0.58	0.9	1.12	1.24	1.32	1.41	1.45	1.49	1.51

（四）层次总排序

计算同一层次所有因素对于最高层（总目标）相对重要性的排序权值，称为层次总排序。这一过程是从最高层次到最低层次逐层进行的。若上一层次 A 包含 m 个因素 A_1，A_2，$\cdots$，A_m，其层次总排序权值分别是 a_1，a_2，$\cdots$，a_m，下一层次 B 包含 n 个因素 B_1，B_2，$\cdots$，B_n，它们对于因素 A_j 的层次单排序权值分别是 b_1，b_2，$\cdots$，b_{nj}，（当 B_k 与 A_j 无联系时，b_{kj}= （j）。此时 B 层次总排序权值由表4-4给出。

表4-4　层次总排序的权值计算

层次 B	层次 A				B 层次总排序权值
	A_1	A_2	$\cdots$	A_m	
	a_1	a_2	$\cdots$	a_m	
B_1	b_{11}	b_{12}	$\cdots$	b_{1m}	
B_2	b_{21}	b_{22}	$\cdots$	b_{2m}	
$\cdots$	$\cdots$	$\cdots$		$\cdots$	
B_n	b_{n1}	b_{n2}	$\cdots$	b_{nm}	

（五）层次总排序的一致性检验

这一步骤也是从高到低逐层进行的。如果 B 层次某些因素对 A_j 单排序的一致性

指标为 CI_j，相应的平均随机一致性指标为 CR_j，则 B 层次总排序随机一致性比率用式（8）计算。

$$CR = \frac{\sum_{j=1}^{m} a_j CI_j}{\sum_{i=1}^{m} a_j RI_j} \tag{8}$$

五、计算各指标隶属度

根据模糊数学的理论，将选定的评价指标与耕地质量之间的关系分为戒上型函数、戒下型函数、峰型函数、直线型函数以及概念型函数 5 种类型的隶属函数。

（一）戒上型函数模型

适合这种函数模型的评价因子，其数值越大，相应的耕地质量水平越高，但到了某一临界值后，其对耕地质量的正贡献效果也趋于恒定（如有效土层厚度、有机质含量等）。

$$y_i = \begin{cases} 0, & u_i \leqslant u_t \\ 1/\left[1 + a_i\left(u_i - c_i\right)^2\right] & u_t < u_i < c_i \quad (i=1,2,\cdots,m) \\ 1, & c_i \leqslant u_i \end{cases} \tag{9}$$

（二）戒下型函数模型

$$y_i = \begin{cases} 0, & u_t \leqslant u_i \\ 1/\left[1 + a_i\left(u_i - c_i\right)^2\right] & c_i < u_i < u_t \quad (i=1,2,\cdots,m) \\ 1, & u_i \leqslant c_i \end{cases} \tag{10}$$

$$y_i = \begin{cases} 0, & u_i \leqslant u_{t2} \\ 1/\left[1 + a_i\left(u_i - c_i\right)^2\right] & c_i < u_i < u_t \quad (i=1,2,\cdots,m) \\ 1, & u_i \leqslant c_i \end{cases} \tag{11}$$

（三）概念型指标

这类指标其性状是定性的、非数值性的，与耕地质量之间是一种非线性的关系，如地形部位、质地构型、质地等。这类因子不需要建立隶属函数模型。

（四）隶属度的计算

对于数值型评价因子，依据表4-4，用特尔斐法对一组实测值评估出相应的一组隶属度，并根据这两组数据拟合隶属函数；也可以根据唯一差异原则，用田间试验的方法获得测试值与耕地质量的一组数据，用这组数据直接拟合隶属函数，求得隶属函数中各参数值。再将各评价因子的实测值带入隶属函数计算，即可得到各评价因子的隶属度。鉴于质地对耕地某些指标的影响，有机质应按不同质地类型分别拟合隶属函数。

对于概念型评价因子，依据表4-4，可采用特尔斐法直接给出隶属度。

（五）计算耕地质量综合指数

采用累加法计算耕地质量综合指数。

$$P=\sum(C_i \times F_i) \tag{12}$$

式中，P 为耕地质量综合指数（Integrated Fertility Index）；C_i 为第 i 个评价指标的组合权重；F_i 为第 i 个评价指标的隶属度。

通过对宁夏南部旱作农业区计算，获得评价区域耕地质量等级综合指数分。

六、耕地质量等级划分

耕地质量的内容包括耕地用于一定的农作物栽培时，耕地对农作物的适宜性、生物生产力的大小、耕地利用后经济效益的多少和耕地环境是否被污染四个方面。从2016年12月30日起正式实施《耕地质量等级》（GB/T 33469-2016）国家标准，这是我国首部耕地质量等级国家标准，为耕地质量调查监测与评价工作的开展，提供了科学的指标和方法。《耕地质量等级》规定了耕地质量区域划分、指标确定、耕地质量等级划分流程等内容，适用于各级行政区及特定区域内耕地质量等级划分。《耕地质量等级》从农业生产角度出发，对耕地地力、土壤健康状况和田间基础设施的构成满足农产品持续产出和质量安全的能力进行评价，将耕地质量划分为10个等级。一等耕地质量最高，十等耕地质量最低。《耕地质量等级》国家标准的发布与实施，实现了全国耕地质量评价技术标准统一，有利于摸清耕地质量家底，掌握耕地质量变化趋势，科学评价耕地质量保护成效，推动"藏粮于地、藏粮于技"战略的实施；有利于落实最严格的耕地保护制度，坚持耕地数量、质量、生态"三位一体"，推进耕地质量保护与提升行动的开展。同时，也有利于指导各地根据耕地质量状况，合理调整农业生产布局，推进土地流转和农业供给侧结构性改革，缓解资源环境压力，提升农产品质量安全水平。

根据《耕地质量等级》国家标准，将全国耕地质量划分为 10 个等级，耕地质量综合指数越大，耕地质量水平越高，即一等耕地质量等级最高，十等耕地质量等级最低。本次宁夏耕地质量评价不再自行划分耕地质量等级指标，耕地质量等级执行宁夏所在全国两个农业分区耕地质量等级指标，将全区耕地质量划分为 10 个等级。

第三节　隆德县耕地质量等级评价

通过开展耕地质量等级评价工作，全面掌握 2007—2015 年以及 2017—2019 年耕地现状变化及耕地质量建设引起的耕地质量等级变化情况，保持耕地质量等级数据的现实性，为制定相关的耕地保护政策提供依据。

一、基本原则及工作底图的制作

本次耕地质量等级评价应遵循"评价方法不变、基本参数稳定、适当补充调查"的原则，具体要求为：

（一）统一技术规范，摸清耕地质量状况

对隆德县耕地自下而上逐级实施现状调查、采样测试、数据统计、资料汇总、图件编制和成果验收的全面调查。

（二）规范操作，科学评价

充分利用土地利用现状数据以及耕地质量调查数据，对隆德县区域内耕地质量等级情况进行科学评价。本次进行耕地质量等级评价所采用的因素指标区、分等因素及分级标准、分等因素权重等基本参数，原则上应与 2010 年县级耕地等级补充完成成果采用的参数一致。（评价体系与评价方法一致）。

耕地质量好坏已经成为能否实现农业保供给、保收入、保生态目标的决定性因素。保护耕地，一项重要的任务就是摸清耕地质量家底，开展耕地质量调查监测与评价。根据要求与部署，进行基础资料的收集与整理，以隆德县 2018 年 12 月 31 日为节点的 1∶5 000 最新土地利用现状库作为本次评价工作底图。

二、 耕地质量等级评价指标及其权重的确定

宁夏南部黄土高原区共包含 16 个评价指标，其中有 9 个概念型指标，7 个数值型指标。两类指标的隶属度见表 4-5 和表 4-6。

三、隆德县耕地质量等级评价指标权重计算

按照耕地质量等级综合评价技术流程，在耕地质量等级评价指标及管理单元确定后，计算确定耕地质量等级评价各指标对耕地地力的影响权重。层次分析法简称 AHP 法（Analytic Hierarchy Process），结合特尔斐法是求解评价指标体系权重一种非常实用的数学方法。耕地地力质量的影响权重见表 4-7。

隆德县耕地无土壤污染，本次耕地质量等级评价应用方法有层次分析法和特尔斐法。

（一）层次分析模型

层次分析法（Analytic Hierarchy Process，简称 AHP）的基本原理，是把所研究的复杂问题看作一个大系统，通过系统的多个因素的分析，划分出各因素间相互联系的有序层次；再请专家对每一个层次的各个因素进行可靠的判断后，相应地给出相对重要性的定量表示；进而建立数学模型，计算出每一层次全部因素的相对重要性的权值，并加以排序；最后根据排序结果进行规划决策和选择解决问题的措施（Saaty，1980）。

根据层次分析结构和耕地质量评价指标，在县域耕地资源管理系统内构建隆德县耕地质量等级评价层次模型，首先确定评价层次结构。

（1）目标层：这一层次中只有一个元素，一般它是分析问题的预定目标或理想结果，因此也称为目标层。

（2）准则层：这一层次中包含了为实现目标所涉及的中间环节，它可以由若干个层次组成，包括所需考虑的准则、子准则，因此也称为准则层。

表4-5 宁夏南部黄土高原区概念型指标表属度

地形部位	冲击平原	河谷平原	河谷阶地	洪积平原	黄土塬	黄土台塬	河漫滩	低台地	黄土残塬	低丘陵	黄土坪	高台地
隶属度	1	1	0.9	0.85	0.8	0.7	0.7	0.7	0.65	0.65	0.65	0.65
地形部位	黄土峁	黄土梁	高丘陵	低山	黄土峁	固定沙地	风蚀地	中山	半固定沙地	流动沙地	高山	极高山
隶属度	0.65	0.6	0.6	0.5	0.5	0.4	0.4	0.4	0.3	0.2	0.2	0.2
耕层质地	砂土	砂壤	轻壤	中壤	重壤	黏土						
隶属度	0.4	0.6	0.85	1	0.8	0.6						
质地构型	薄层型	松散型	紧实型	夹层型	上松下紧型	上紧下松型	海绵型					
隶属度	0.4	0.4	0.6	0.5	0.7	1	0.9					
生物多样性	丰富	一般	不丰富									
隶属度	1	0.7	0.4									
清洁程度	清洁	尚清洁	轻度污染	中度污染	重度污染							
隶属度	1	0.7	0.5	0.3	0							
障碍因素	盐碱	瘠薄	酸化	渍潜	障碍层次	无						
隶属度	0.4	0.6	0.7	0.5	0.5	1						
灌溉能力	充分满足	满足	基本满足	不满足								
隶属度	0.4	0.7	0.5	0.3								
排水能力	充分满足	满足	基本满足	不满足								
隶属度	1	0.7	0.5	0.3								
农田林网化	高	中	低									
隶属度	1	0.7	0.4									

表 4-6 宁夏南部黄土高原区数值型指标隶属度

指标名称	函数类型	函数公式	a 值	c 值	u 的下限值	u 的上限值
pH	峰型	$y=1/[1+a(u-c)^2]$	0.225 097	6.685 037	0.40	13.00
有机质	戒上型	$y=1/[1+a(u-c)^2]$	0.006 107	27.680 348	0	27.70
速效钾	戒上型	$y=1/[1+a(u-c)^2]$	0.000 026	293.758 384	0	294.00
有效磷	戒上型	$y=1/[1+a(u-c)^2]$	0.001 821	38.076 968	0	38.10
土壤容重	峰型	$y=1/[1+a(u-c)^2]$	13.854 674	1.250 789	0.44	2.05
有效土层厚度	戒上型	$y=1/[1+a(u-c)^2]$	0.000 232	131.349 274	0	131.00
海拔	戒下型	$y=1/[1+a(u-c)^2]$	0.000 001	649.407 006	649.40	3 649.40

注：y 为隶属度；a 为系数；u 为实测值；c 为标准指标。当函数类型为戒上型，u 小于等于下限值时，y 为 0；u 大于等于上限值时，y 为 1。当函数类型为戒下型，u 小于等于下限值时，y 为 1；u 大于等于上限值时，y 为 0。函数类型为峰型，u 小于等于下限值或 u 大于等于上限值时，y 为 0。

表 4-7 宁夏南部黄土高原区指标及权重

序号	评价指标	指标权重
1	灌溉能力	0.147 9
2	地形部位	0.137 5
3	有机质	0.099 6
4	有效磷	0.071 8
5	耕层质地	0.070 7
6	海拔	0.066 7
7	质地构型	0.063 9
8	速效钾	0.059 4
9	有效土层厚	0.055 8
10	障碍因素	0.040 7
11	土壤容重	0.038 9
12	pH 值	0.035 0
13	排水能力	0.034 4
14	生物多样性	0.028 0
15	农田林网化	0.026 7
16	清洁程度	0.023 0

（3）指标层：这一层次包括了为实现目标可供选择的各种措施、决策方案等，因此也称为方案层（详见图4-3）。

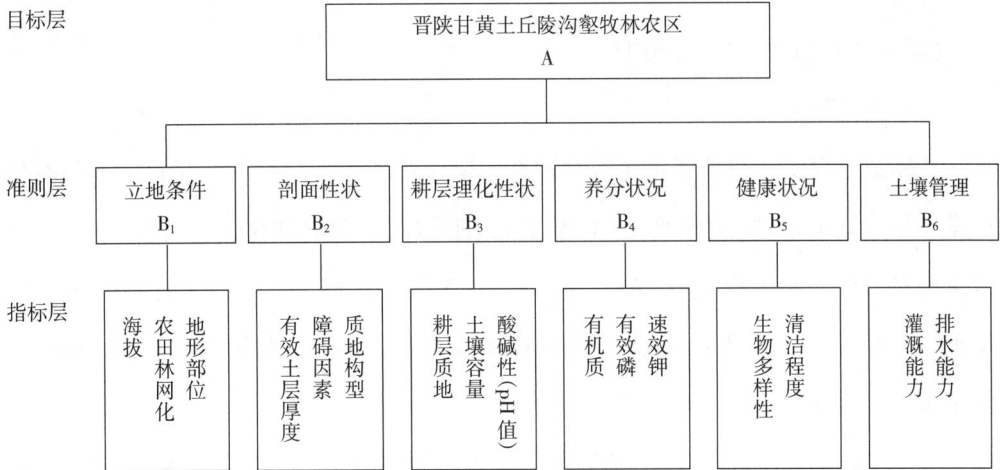

图4-3 隆德县耕地质量等级评价层次结构

（二）国标法评价指标判断矩阵

目标层判断矩阵大多采用专家集体评价法，做个几个因素的权重矩阵让专家打分评价。

目标层判断矩阵详见表4-8。

表4-8 耕地质量等级评价国标法目标层判断矩阵

	立地条件 B_1	剖面性状 B_2	耕层理化性状 B_3	养分状况 B_4	健康状况 B_5	土壤管理 B_6	W_i
立地条件 B_1	1.000 0	1.439 5	1.596 8	1.000 4	4.527 5	1.266 6	0.230 9
剖面性状 B_2	0.694 7	1.000 0	1.109 3	0.695 0	3.145 1	0.879 9	0.160 4
耕层理化性状 B_3	0.626 2	0.901 5	1.000 0	0.626 5	2.835 3	0.793 2	0.144 6
养分状况 B_4	0.999 6	1.438 9	1.596 1	1.000 0	4.525 5	1.266 0	0.230 8
健康状况 B_5	0.220 9	0.318 0	0.352 7	0.221 0	1.000 0	0.279 8	0.051 0
土壤管理 B_6	0.789 5	1.136 5	1.260 7	0.789 9	3.574 5	1.000 0	0.182 3

根据目标层判断矩阵，在县域耕地资源管理系统内计算耕地质量等级评价准则层的权重系数，计算结果如下：

特征向量： ［0.230 9，0.160 4，0.144 6，0.230 8，0.051 0，0.182 3］

最大特征根为：6.000 1

CI=0.000 016 93

RI=0.9

CR=CI/RI=0.000 018 81<0.1

一致性检验通过。

计算结果表明：耕地质量等级评价准则层对耕地质量等级评价目标层的影响权重排序是：立地条件>养分状况>土壤管理>剖面性状>耕层理化性状>健康状况。立地条件对目标层影响权重占 23.09%，养分状况影响权重占 23.08%，土壤管理影响权重占 18.23%，剖面性状影响权重占 16.04%，耕层理化性状影响权重占 14.46%，健康状况影响权重占 5.10%。

（1）立地条件准则层判断矩阵。立地条件准则层判断矩阵见表 4-9。

根据立地条件准则层判断矩阵，在县域耕地资源管理系统内计算得到立地条件准则层三项指标的权重系数，计算结果如下：

表 4-9　立地条件准则层判断矩阵

立地条件	地形部位	农田林网化	海拔	W_i
地形部位	1.000 0	5.149 8	2.061 5	0.595 5
农田林网化	0.194 2	1.000 0	0.400 3	0.115 6
海拔	0.485 1	2.498 1	1.000 0	0.288 9

特征向量：[0.595 5, 0.115 6, 0.288 9]

最大特征根为：3.000 0

CI=0.000 019 04<0.1

RI=0.9

CR=CI/RI=0.000 021 16<0.1

一致性检验通过。

计算结果表明：立地条件准则层三项指标影响权重排序是地形部位>海拔>农田林网化，地形部位影响权重占 59.55%，海拔影响权重占 28.89%，农田林网化影响权重占 11.56%。

（2）养分状况准则层判断矩阵。养分状况准则层判断矩阵见表4-10。

表 4-10　养分状况准则层判断矩阵

养分状况	有机质	有效磷	速效钾	W_i
有机质	1.000 0	1.387 2	1.676 8	0.431 5
有效磷	0.720 9	1.000 0	1.208 8	0.311 1
速效钾	0.596 4	0.827 3	1.000 0	0.257 4

根据养分状况准则层判断矩阵，在县域耕地资源管理系统内计算得到养分状况准则层三项指标的权重系数，计算结果如下：

特征向量：［0.431 5，0.311 1，0.257 4］

最大特征根为：3.000 0

CI=0.000 019 37

RI=0.9

CR=CI/RI=0.000 021 53<0.1

一致性检验通过。

计算结果表明：养分状况准则层三项指标影响权重排序是有机质>有效磷>速效钾，有机质影响权重占43.15%，有效磷影响权重占31.11%，速效钾影响权重占25.74%。

（3）土壤管理准则层判断矩阵。土壤管理准则层判断矩阵见表4-11。

表 4-11　土壤管理准则层判断矩阵

土壤管理	灌溉能力	排水能力	W_i
灌溉能力	1.000 0	4.299 4	0.811 3
排水能力	0.232 6	1.000 0	0.188 7

根据土壤管理准则层判断矩阵，在县域耕地资源管理系统内计算得到土壤管理准则层两项指标的权重系数，计算结果如下：

特征向量：［0.811 3，0.188 7］

最大特征根为：2.000 0

CI=0.000 020 22

RI=0.9

CR=CI/RI=0.000 050 55<0.1

一致性检验通过。

计算结果表明：土壤管理准则层两项指标影响权重排序是灌溉能力>排水能力，灌溉能力影响权重占81.13%，排水能力影响权重占18.87%。

（4）剖面性状准则层判断矩阵。剖面性状准则层判断矩阵见表4-12。

表4-12 剖面性状准则层判断矩阵

剖面性状	有效土层厚	障碍因素	质地构型	W_i
有效土层厚	1.000 0	1.371 0	0.873 2	0.349 7
障碍因素	0.729 4	1.000 0	0.636 9	0.253 7
质地构型	1.145 2	1.570 0	1.000 0	0.398 4

根据剖面性状准则层判断矩阵，在县域耕地资源管理系统内计算得到剖面性状准则层三项指标的权重系数，计算结果如下：

特征向量：[0.347 9，0.253 7，0.398 4]

最大特征根为：3.000 0

CI=0.000 011 83

RI=0.9

CR=CI/RI=0.000 013 14<0.1

一致性检验通过。

计算结果表明：剖面性状准则层三项指标影响权重排序是质地构型>有效土层厚度>障碍因素，质地构型影响权重占39.84%，有效土层厚度影响权重占34.97%，障碍因素影响权重占25.37%。

（5）耕层理化性状准则层判断矩阵。耕层理化性状准则层判断矩阵见表4-13。

根据耕层理化性状准则层判断矩阵，在县域耕地资源管理系统内计算得到耕层理化性状准则层三项指标的权重系数，计算结果如下：

特征向量：[0.488 9，0.269 0，0.242 0]

最大特征根为：2.999 9

表 4-13　耕层理化性状准则层判断矩阵

耕层理化性状	耕层质地	土壤容重	pH 值	W_i
耕层质地	1.000 0	1.817 5	2.020 0	0.488 9
土壤容重	0.550 2	1.000 0	1.111 4	0.269 0
pH 值	0.495 0	0.899 7	1.000 0	0.242 0

CI=0.000 030 82

RI=0.9

CR=CI/RI=0.000 034 25<0.1

一致性检验通过。

计算结果表明：耕层理化性状准则层三项指标影响权重排序是耕层质地>土壤容重>pH，耕层质地对耕层理化性状影响权重占 48.89%，土壤容重影响权重占26.90%，pH 影响权重占24.20%。

（6）健康状况准则层判断矩阵。健康状况准则层判断矩阵见表4-14。

根据健康状况准则层判断矩阵，在县域耕地资源管理系统内计算得到健康状况准则层两项指标的权重系数，计算结果如下：

表 4-14　健康状况准则层判断矩阵

健康状况	生物多样性	清洁程度	W_i
生物多样性	1.000 0	1.217 4	0.549 0
清洁程度	0.821 4	1.000 0	0.451 0

特征向量：$[0.549\ 0, 0.451\ 0]$

最大特征根为：2.000 0

CI=0.000 013 82

RI=0.9

CR=CI/RI=0.000 015 36<0.1

一致性检验通过。

计算结果表明：健康状况准则层两项指标影响权重排序是生物多样性>清洁程度，生物多样性影响权重占 54.90%，清洁程度影响权重占 45.10%。

在县域耕地资源管理系统计算出隆德县评价指标对耕地质量等级评价的影响权重，详见表4-15。

表 4-15　隆德县耕地质量等级评价指标权重系数

准则层	立地条件	剖面性状	耕层理化性状	养分状况	健康状况	土壤管理	组合权重
指标	0.230 9	0.160 4	0.144 6	0.230 8	0.051 0	0.182 3	∑CiAi
地形部位	0.595 5						0.137 5
农田林网化	0.115 6						0.026 7
海拔	0.288 9						0.066 7
有效土层厚度		0.347 9					0.055 8
障碍层类型		0.253 7					0.040 7
质地构型		0.398 4					0.063 9
耕层质地			0.488 9				0.070 7
土壤容重			0.269 0				0.038 9
pH			0.242 0				0.035 0
有机质				0.431 5			0.099 6
有效磷				0.311 1			0.071 8
速效钾				0.257 4			0.059 4
生物多样性					0.549 0		0.028 0
清洁程度					0.451 0		0.023 0
灌溉能力						0.811 3	0.147 9

通过县域耕地资源管理系统构建层次分析模型计算得到隆德县15项评价指标的权重排序与《宁夏耕地质量等级评价指标体系》给出的南部黄土高原区评价指标权重排序一致，为灌溉能力>地形部位>有机质>有效磷>耕层质地>海拔>质地构型>速效钾>有效土层厚度>障碍层类型>土壤容重>pH>生物多样性>农田林网化>清洁程度。

四、各指标隶属度的确定

（一）隶属函数模型特尔斐法

隶属函数模型特尔斐法就是根据所研究的目标对象，对多名相关领域有经验的专家，通过采用背对背打分的方式进行问卷调查，以此来获取协调度较高结果的研究方法。

数值型指标隶属度

其中，pH 和土壤容重为峰型函数，有机质、有效磷、速效钾为戒上型函数，海拔为戒下型函数。

（二）评价单元划分

从隆德县 2018 年土地利用现状库中提取耕地数据，与隆德县农村承包经营权矢量数据进行分析，确定耕地面积599 264.54 亩，再与土壤类型数据叠加，最终形成"同村、同地类、同土壤类型"的耕地质量等级评价单元，共 3 954 个，涉及耕地面积 599 264.54 亩。

（三）基础数据处理

1. 调查采样点数据矢量化

根据隆德县 2017—2019 年 3 年采样点检测表格数据，其中 2017—2019 年每年 60 个采样点为固定位置采样点。本次耕地质量等级评价参考采样点共 180 个，由此得到有机质、有效磷、速效钾、pH、土壤容重、有效土层厚度等数据。根据各采样点的经纬度坐标在 ArcGIS 软件内进行矢量化。

2. 调查采样点数据插值分析

通过 ArcGIS 软件反距离权重插值分析进行空间插值分析获取隆德县的数据，在此基础上为评价单元进行数值型指标赋值。空间插值分析是将空间上有限的样本点转换为连续的曲面数据，填补样本点之间的数据空白。本次采用的是反距离权重插值分析（IDW–Inverse Distance Weighted）法，此方法假定所映射的变量因受到与其采样位置间的距离的影响而减小，可通过对各个待处理像元邻域中的样本数据点取平均值来估计像元值，点到要估计的像元的中心越近，则其在平均过程中的影响或权重越大。

五、耕地质量等级评价单元赋值

通过收集到的基础数据和采样点检测数据，将评价指标赋值到评价对应的地块单元。

（一）概念型指标赋值

国家对南部黄土高原地区进行整理评价，涉及晋、陕、甘、宁四个省（区）。区域范围大，无法考虑到各地区中小单元具体情况。本次评价参考全国第二次土壤普查数据，对比实地情况调查地形部位等各项指标，参考国家统一标准的隶属度进行重新论证赋值。因此根据隆德县实地情况，对地形部位、障碍因素及有效土层厚度指标填报内容进行了调整。

概念型指标是按照《宁夏耕地质量等级评价指标体系》中给出的填报内容及对应隶属度进行评价单元赋值，以下为隆德县概念型指标赋值依据。

1. 地形部位

地形部位是具有特定形态特征和成因的中小地貌单元，《宁夏耕地质量等级评价指标体系》中南部黄土高原区的地形部位给出了28种类型（见表4-16）。

表4-16　地形部位指标隶属度

地形部位	冲击平原	河谷平原	河谷阶地	洪积平原	黄土塬	黄土台塬	河漫滩	低台地	黄土残塬	低丘陵	黄土坪	高台地
隶属度	1	1	0.9	0.85	0.8	0.7	0.7	0.7	0.65	0.65	0.65	0.65
地形部位	黄土垌	黄土梁	高丘陵	低山	黄土峁	固定沙地	风蚀地	中山	半固定沙地	流动沙地	高山	极高山
隶属度	0.65	0.6	0.6	0.5	0.5	0.4	0.4	0.4	0.3	0.2	0.2	0.2
地形部位	山间盆地	山地坡下	山地坡中	山地坡上								
隶属度	0.8	0.75	0.6	0.4								

隆德县地形部位参考《宁夏地貌类型图》和隆德县农业农村局相关专家判断，确定隆德县耕地所在地貌类型为山间盆地、山地坡下、山地坡中和山地坡上，对照国家南部黄土高原区指标隶属度，确定对应的隶属度分别为0.8，0.75，0.6，0.4。

2. 耕层质地

耕层质地是指耕层土壤颗粒的大小及其组合情况，《宁夏耕地质量等级评价指标体系》给出了6种不同的类型：砂土，搓不成团，呈散粒；砂壤，可搓成粗糙面，但不易呈薄片；轻壤，能搓成不光滑的面，但不易呈薄片；中壤，可搓成薄片，不粗糙，不反光，不黏手，有搓成面团的细腻感；重壤，可搓成较光滑的薄片，但不甚反光，略有黏手的感觉；黏土，两指相搓，成面光滑，黏而不宜搓开，反光明显。参考上一轮耕地评价成果和相关专家判断，确定隆德县耕地所在耕层质地为轻壤、中壤及重壤，对应隶属度为0.85，1和0.8（见表4-17）。

表4-17 隆德县耕地耕层质地指标隶属度

耕层质地	砂土	砂壤	轻壤	中壤	重壤	黏土
隶属度	0.40	0.60	0.85	1.00	0.80	0.60

3. 质地构型

质地构型是土壤剖面中不同质地层次的排列，《宁夏耕地质量等级评价指标体系》给出了7种不同类型，参考上一轮耕地评价成果和相关专家判断，确定隆德县耕地所在质地构型为紧实型、松散型、夹层型、海绵型（见表4-18）。

表4-18 隆德县耕地质地构型指标隶属度

质地构型	薄层型	松散型	紧实型	夹层型	上松下紧型	上紧下松型	海绵型
隶属度	0.4	0.4	0.6	0.5	0.7	1.0	0.9

4. 生物多样性

生物多样性依据土壤中生物丰富程度对土壤生命力影响的大小，分为丰富、一般、不丰富。隆德县耕地生物多样性同时包含了这三种情况，隶属度分别为1，0.7和0.4（见表4-19）。

表4-19 隆德县耕地生物多样性指标隶属度

生物多样性	丰富	一般	不丰富
隶属度	1.0	0.7	0.4

5. 清洁程度

清洁程度是指土壤受重金属、农药和农膜残留等有毒有害物质影响的程度，土壤清洁度的管控需要大力实施测土配方施肥技术，《宁夏耕地质量等级评价指标体系》给出了5种不同类型，结合隆德县实际情况，本次评价专家判断隆德县耕地土壤清洁程度为清洁，隶属度1（见表4-20）。

表 4-20 隆德县耕地土壤清洁程度指标隶属度

清洁程度	清洁	尚清洁	轻度污染	中度污染	重度污染
隶属度	1.0	0.7	0.5	0.3	0

6. 农田林网化程度

农田林网化程度也称"农田林网化率",指农田四周的林带保护面积与农田总面积之比。农田林网化率大于 8% 则农田林网化程度为高,农田林网化率介于 3%~8% 则农田林网化程度为中,低于 3% 则农田林网化程度为低。

根据相关专家判断,隆德县农田林网化程度为高,对应隶属度为 1(见表 4-21)。

表 4-21 隆德县农田林网化程度指标隶属度

农田林网化程度	高	中	低
隶属度	1.0	0.7	0.4

7. 障碍因素

障碍因素指土体中妨碍农作物正常生长发育的因素,《宁夏耕地质量等级评价指标体系》给出了 6 种不同类型:盐碱,土壤所含盐分影响到作物正常生长;瘠薄,土地因缺少植物生长所需的养分、水分而不肥沃;酸化,土壤酸性增加,变为强酸性、极强酸性;渍潜,常年地下水位偏高,土体内部水分长期饱和;障碍层次,受土壤母质、地形条件影响,土层中存在沙漏、黏镉等阻碍作物生长发育的不良耕地。参考上一轮评价成果和相关专家判断,确定隆德县耕地障碍因素为无、瘠薄、障碍三个层次(见表 4-22)。

表 4-22 隆德县耕地障碍因素指标隶属度

障碍因素	盐碱	瘠薄	酸化	渍潜	障碍层次	无
隶属度	0.4	0.6	0.7	0.5	0.5	1.0

8. 灌溉能力

灌溉能力指预期灌溉用水量在多年灌溉中能够得到满足的程度,《宁夏耕地质量等级评价指标体系》给出了 4 种不同类型:充分满足,灌溉保证率大于 80%;满足,灌溉保证率为 80%;基本满足,灌溉保证率为 70% 以上,80% 以下;不满足,灌溉保证率小于70%。根据隆德县农作物用水量、灌溉设施完善程度，隆德土壤灌溉能力分基本满足和不满足，对应隶属度为 0.5 和 0.3（见表 4-23）。

表 4-23 隆德县灌溉能力指标隶属度

灌溉能力	充分满足	满足	基本满足	不满足
隶属度	1.0	0.7	0.5	0.3

9. 排水能力

排水能力指为保证农作物正常生长，及时排除农田地表积水，有效控制和降低地下水位的能力，《宁夏耕地质量等级评价指标体系》给出了 4 种不同类型：充分满足、满足、基本满足、不满足。根据隆德县耕地盐渍化程度和土壤情况，排水能力为充分满足（见表4-24）。

表 4-24 隆德县排水能力指标隶属度

排水能力	充分满足	满足	基本满足	不满足
隶属度	1.0	0.7	0.5	0.3

10. 有效土层厚度

有效土层厚度指作物能够利用的母质层以上的土体总厚度，当有障碍层时，为障碍层以上的土层厚度。在进行土壤监测点调查时未对有效土层厚度进行严格实测，只进行粗略估算，因此按数值型指标给出具体厚度数值不准确，只能根据多年调查经验，给出有效土层厚度范围区间。因此将此项指标修改为概念型指标，参考戒上型函数计算出区间的隶属度，此项指标的隶属度见表4-25。

表 4-25 隆德县有效土层厚度指标隶属度

有效土层厚度	30~60 cm	60~100 cm	>100 cm
隶属度	0.4	0.7	1.0

（二）数值型指标赋值

数值型指标是根据调查采样点数据，利用空间插值分析获取全域范围数据，然后利用区域统计分析工具提取各评价单元数值，具体流程如下。

073

1. 矢量化调查采样点

调查采样点数据为表格数据，利用经纬度坐标进行矢量化（图4-4，图4-5）。

项目 市县区	统一编号	省（区、市）名	地市名	县（区、市、农场）名	乡镇名	村名	采样年份	经度（度）	纬度（度）	土类	亚类	土属	土种
隆德县	756300C20191105A001	宁夏	固原市	隆德县	山河乡	二滩村	2019	106.16386	35.52536	新积土	典型新积土	石灰性山洪土	厚层阴黑土
隆德县	756300C20191105A002	宁夏	固原市	隆德县	山河乡	王庄村	2019	106.12808	35.50969	黑垆土	典型黑垆土	典型黑垆土	孟塬黑垆土
隆德县	756300C20191106A003	宁夏	固原市	隆德县	奠安乡	旧街村	2019	106.13439	35.45339	黄绵土	黄绵土	绵土	淀绵土
隆德县	756300C20191106A004	宁夏	固原市	隆德县	奠安乡	梁堡村	2019	106.09028	35.44511	黄绵土	黄绵土	绵土	淀绵土
隆德县	756300C20191106A005	宁夏	固原市	隆德县	奠安乡	景林村	2019	106.10319	35.44517	黑垆土	典型黑垆土	典型黑垆土	孟塬黑垆土
隆德县	756300C20191106A006	宁夏	固原市	隆德县	温堡乡	前进村	2019	106.04689	35.48392	黑垆土	典型黑垆土	典型黑垆土	埋藏黑垆土
隆德县	756300C20191107A007	宁夏	固原市	隆德县	温堡乡	老庄村	2019	105.91514	35.44897	黑垆土	典型黑垆土	典型黑垆土	孟塬黑垆土
隆德县	756300C20191107A008	宁夏	固原市	隆德县	温堡乡	温堡村	2019	105.96011	35.45706	黄绵土	黄绵土	绵土	淀绵土
隆德县	756300C20191107A009	宁夏	固原市	隆德县	温堡乡	田柳沙村	2019	105.98181	35.46164	黄绵土	黄绵土	绵土	绷黄土
隆德县	756300C20191109A010	宁夏	固原市	隆德县	凤岭乡	齐岔村	2019	106.06458	35.53772	黄绵土	黄绵土	绵土	淀绵土
隆德县	756300C20191109A011	宁夏	固原市	隆德县	凤岭乡	齐岔村	2019	106.07136	35.52825	黑垆土	典型黑垆土	典型黑垆土	孟塬黑垆土
隆德县	756300C20191107A012	宁夏	固原市	隆德县	温堡乡	吕梁村	2019	106.03944	35.49897	黑垆土	典型黑垆土	典型黑垆土	孟塬黑垆土
隆德县	756300C20191108A013	宁夏	固原市	隆德县	凤岭乡		2019	106.07031	35.51714	黄绵土	黄绵土	绵土	绷黄土
隆德县	756300C20191108A014	宁夏	固原市	隆德县	凤岭乡	卜岔村	2019	106.06031	35.51392	黑垆土	典型黑垆土	典型黑垆土	孟塬黑垆土
隆德县	756300C20191108A015	宁夏	固原市	隆德县	凤岭乡	于河村	2019	106.03708	35.52319	黑垆土	典型黑垆土	典型黑垆土	孟塬黑垆土
隆德县	756300C20191108A016	宁夏	固原市	隆德县	凤岭乡	薛岔村	2019	106.02492	35.52028	黑垆土	典型黑垆土	典型黑垆土	孟塬黑垆土
隆德县	756300C20191109A017	宁夏	固原市	隆德县	凤岭乡	齐兴村	2019	105.9975	35.54333	黄绵土	黄绵土	绵土	淀绵土

图4-4 采样点表格数据

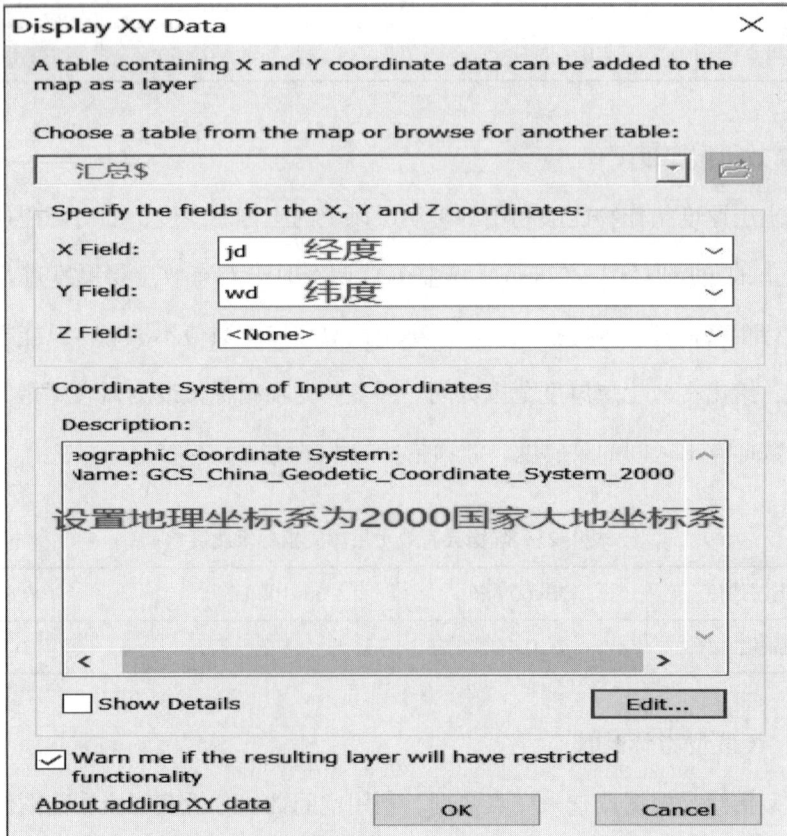

图4-5 系统设置界面

2. 空间插值分析

利用反距离权重插值分析，按采样点数据插值隆德县全域检测数据（图 4-6，图 4-7）。

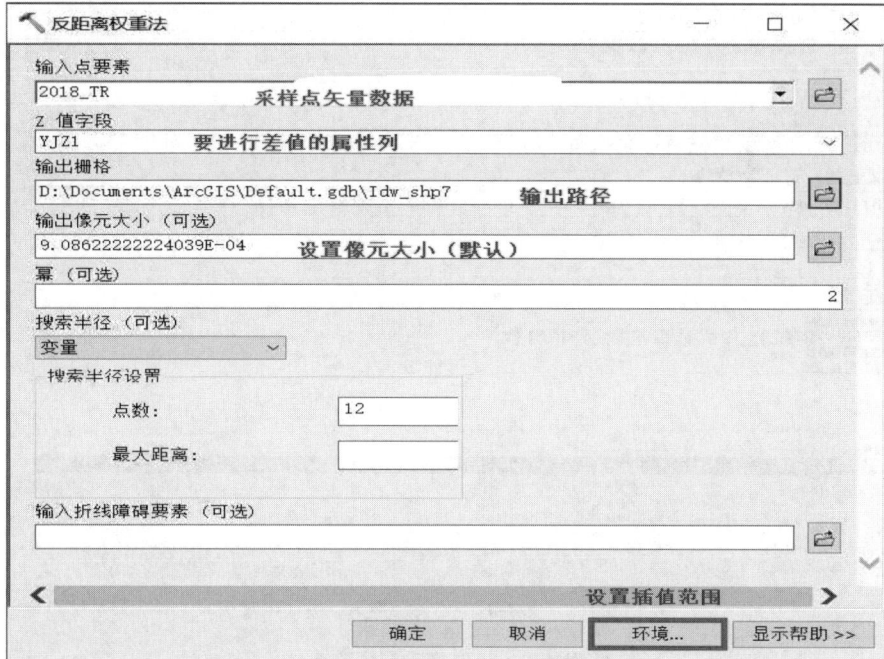

图 4-6 反距离权重法系统设置界面

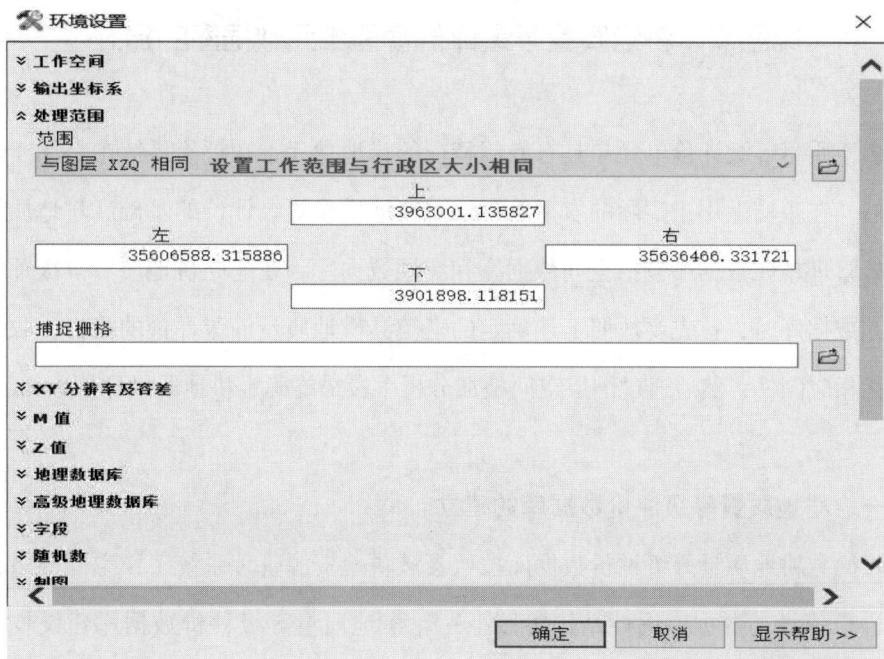

图 4-7 环境系统设置界面

3. 数据提取

利用区域统计分析工具，将全域插值成果数据统计至评价单元（图4-8）。

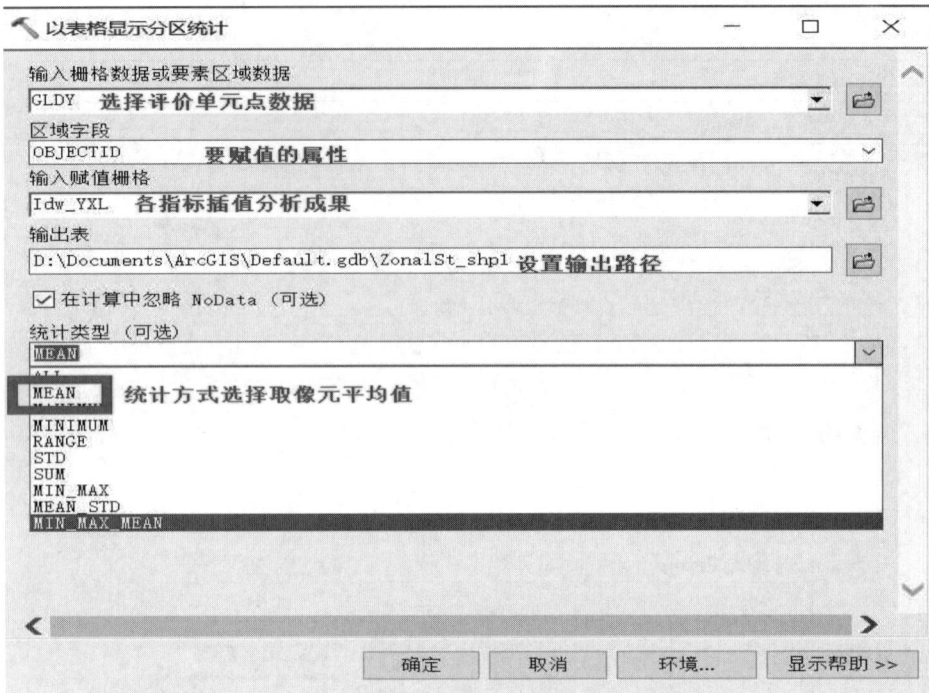

图4-8　评价单元系统界面

第四节　耕地质量等级评价管理单元数据库的建立

耕地质量等级评价单元是具有专门特征的耕地单元，在评价系统中是用于制图的区域，在生产上用于实际的农事管理，是耕地质量等级评价的基础。耕地质量等级评价管理单元数据库包括空间数据库和属性数据库。在建立耕地质量等级评价管理单元数据库时，首先要按照上述确定的隆德县耕地质量等级评价的指标，收集并矢量化相应图件，然后通过图层空间叠加分析手段最终确定耕地质量评价单元。

一、耕地质量等级评价数据库的建立

隆德县耕地质量等级评价数据库按照县域耕地资源管理系统工作空间质量检测标准进行建设，数据库属性结构参照上一轮耕地质量等级评价数据库建设技术规范，形成的数据库能够通过县域耕地资源管理系统的空间检测。

（一）数据库内容

隆德县耕地质量等级评价数据库属性主要分为基础地理信息矢量数据和专题信息矢量数据两大类。

基础地理信息矢量数据包括行政界线（县界、乡镇界、村界）、地名（市县、乡镇、行政村）、河流、道路（铁路、国道、高速公路、省道）。

专题信息矢量数据包括土地利用现状、土壤类型分布、灌排分区、耕地质量等级调查点位、耕地土壤养分分布及耕地资源管理单元。

（二）空间数据标准

1. 大地基准坐标：2000 国家大地坐标系。

2. 地图投影：高斯—克吕格投影，3°分带，中央经线 105°。

3. 高程基准：1985 年国家高程基准。

（三）建库流程

在县域耕地资源管理系统建立耕地质量等级评价数据库，流程如下。

1. 新建工作空间，格式为.cws，并设置坐标系统

在县域耕地资源管理系统内新建一个工作空间，并新建一个工作空间评价单元矢量数据，将整理好的评价单元矢量数据导入工作空间（图 4-9）。

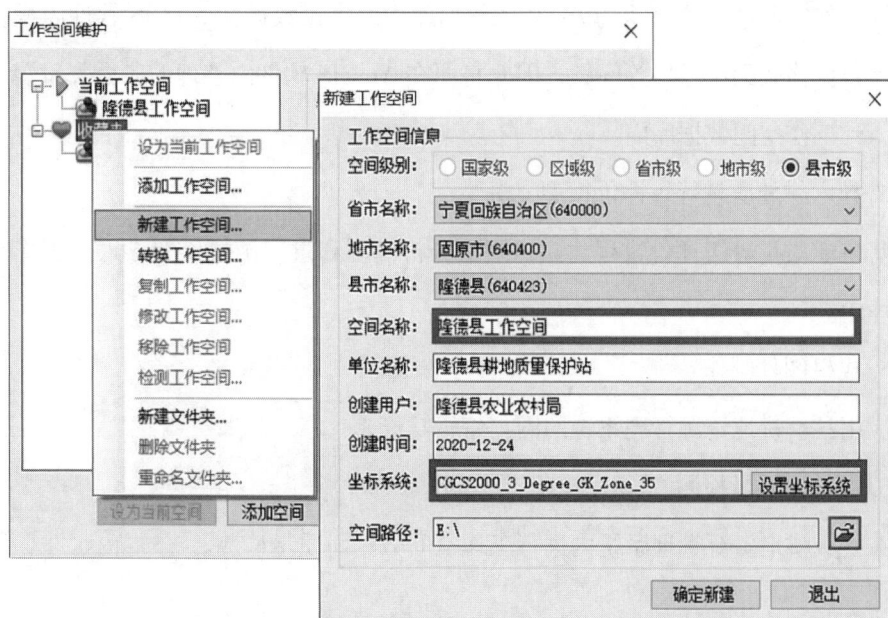

图 4-9　数据导入系统界面

2. 新建矢量图层并添加属性

矢量图层包括：点图层（耕地质量等级调查点点位图矢量）、线图层（耕地土壤 pH 值等值线图矢量、耕地土壤全氮值等值线图矢量、耕地土壤有效磷值等值线图矢量、耕地土壤有机质值等值线图矢量、耕地土壤速效钾值等值线图矢量及行政界线图矢量）、面矢量（农用地地块图矢量、土地利用现状图矢量、土壤图矢量、耕地资源管理单元图矢量）（图 4-10）。

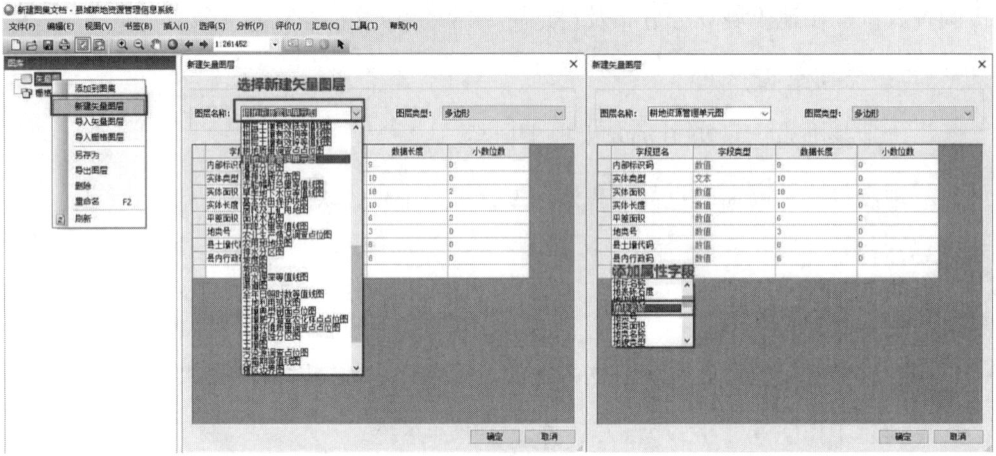

图 4-10 新建矢量系统设置图

3. 导入空间矢量图层

因工作空间数据库格式为.cws，此数据库内的矢量数据在 ArcGIS 软件内操作存在文本数据格式无法导出等问题，因此将原在 ArcGIS 软件内整理的各个矢量图层数据导入到工作空间数据库内。

4. 导入耕地质量等级评价模型

将耕地质量等级评价过程建立的层次分析模型和隶属函数模型导入到工作空间数据库中。

5. 成果图件制作

应用县域耕地资源管理系统的图集编辑功能。

6. 数据库质量检测

在县域耕地资源管理系统内进行工作空间数据库质量检测。

二、耕地质量等级评价基础图件的数字化

耕地质量等级评价基础图件包括行政区划图、基础地理信息图、土地利用分布图、土壤图、数字高程度、有效积温等值线图、降水等值线图。为了保证耕地质量等级评价基础图件矢量化具有一致的拓扑关系，统一选择 ArcGIS 9.3 为基础图件矢量平台，坐标系为北京 54 坐标系，克拉索夫斯基（Krassovsky）椭球体，高斯—克吕格投影，中央经线 105°，6°分带。

（一）行政区划矢量图

扫描矢量化隆德县民政局提供的 2018 年行政区划图，包括省界、县界、乡镇界、农林牧场界、行政村界（比例尺 1∶50 000）。矢量化结果表明隆德县共有 13 个乡（镇），113 个行政村。

（二）基础地理信息矢量图

分幅扫描隆德县 1∶50 000 地形图，300 DPI、TIFF 格式，在 ArcGIS 平台下分层矢量，然后进行接边、裁剪和属性赋值，生成隆德县基础地理信息矢量化初图。在此基础上，进一步应用最新高分辨率 Spot5 卫星遥感影像（2.5 m 分辨率）和 GPS 对基础地理信息矢量化初图进行更新绘制。最终生成包括居民驻地（省、市、县、乡镇、行政村、自然村驻地）、水系（河流、水库、渠道、排水沟等）、道路（国道、省道、县道、乡道）、等高线、高程点等在内的全县基础地理信息。

（三）土壤矢量图

分幅扫描《隆德县第二次土壤普查图》，1∶50 000、300 DPI、TIFF 格式，在 ArcGIS 平台下进行矢量，然后进行接边、裁剪和属性赋值。属性包括图斑土壤原始代码，省（区）土壤类、亚类、属、种名称与代码，中国土壤纲、亚纲、类、亚类、属、种名称与代码，耕地质地，剖面构型，质地构型，障碍层等。土壤类型命名及编码规则依据是《中国土壤分类与代码 GB/T 17296–2009》，统计结果表明隆德县耕地土壤有 3 个土纲、3 个亚纲、5 个土类、8 个亚类。

（四）土壤养分分布矢量图

将《耕地质量调查与评价数据管理系统》中耕地质量调查土样地块信息表和耕地质量调查土样测试表，共 2 220 采样点，导入 ArcGIS 平台，应用地统计学分析模块 Kriging 差值方法生成有机质、有效磷、速效钾、全氮、全盐、pH 及微量元素空

间分布矢量图。

第五节　隆德县耕地质量等级评价及划分

一、耕地质量等级评价流程

利用县域耕地资源管理系统进行耕地质量等级评价，选用国标法进行评价，评价流程如下。

（一）建立评价工作空间

在县域耕地资源管理系统内新建一个工作空间，并新建一个工作空间评价单元矢量数据，将整理好的评价单元矢量数据导入到工作空间（图4-11）。

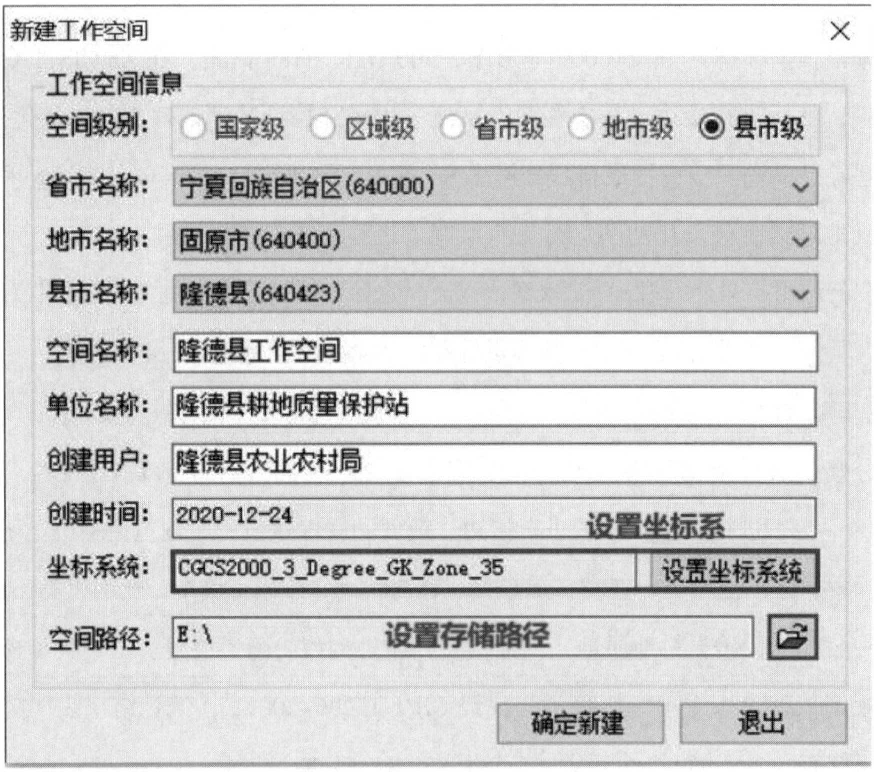

图4-11　评价工作系统设置图

（二）建立层次模型和隶属函数模型

（1）新建层次分析函数模型。

（2）构型层次矩阵，按隆德县评价准则建立指标层次结构（图4-12）。

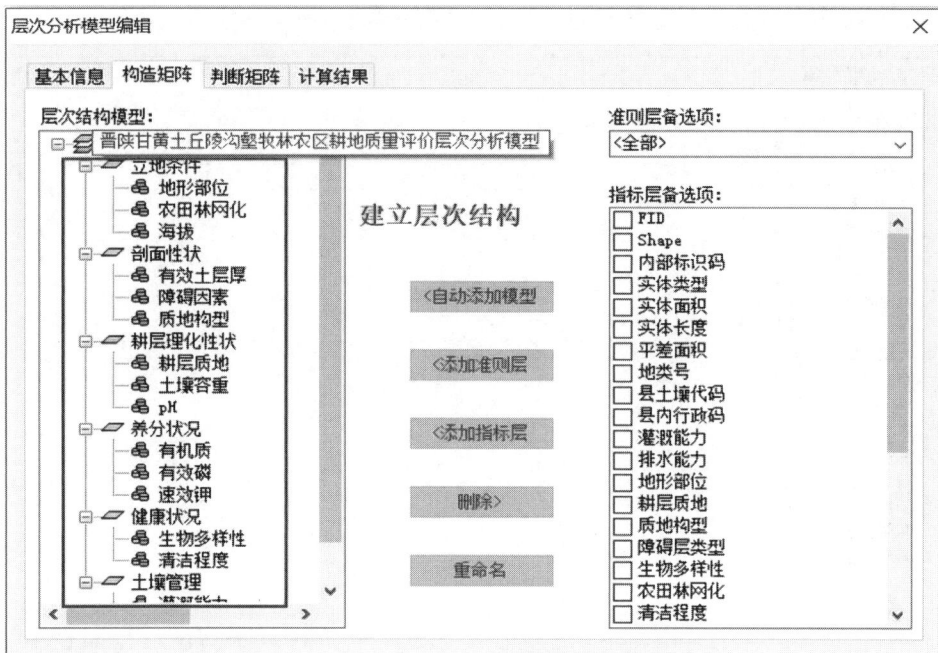

图 4-12 层次分析模型编辑图

（3）判断矩阵，根据评价指标权重确定各准则层判断矩阵，使计算结构与标准权重一致（图 4-13）。

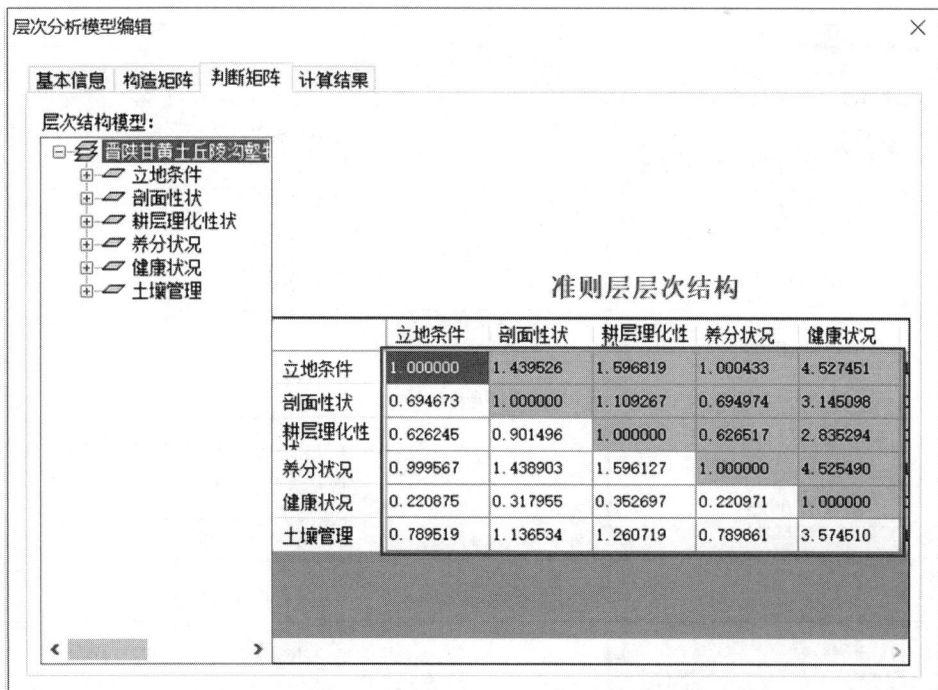

图 4-13 层次结构模型图

（4）确定计算结果与下发权重一致，并保存模型（图 4-14）。

指标名称	指标权重	对比图
障碍层类型	0.0407	
有效土层厚	0.0558	
清洁程度	0.0231	
农田林网化	0.0267	
排水能力	0.0344	
灌溉能力	0.1479	
pH	0.0350	
土壤容重	0.0389	
速效钾	0.0594	
有效磷	0.0718	
有机质	0.0996	
生物多样性	0.0280	
质地构型	0.0639	
海拔	0.0667	
耕层质地	0.0707	
地形部位	0.1375	

图 4-14　保存模型系统设置图

（三）新建隶属函数模型

（1）新建隶属函数模型（图 4-15）。

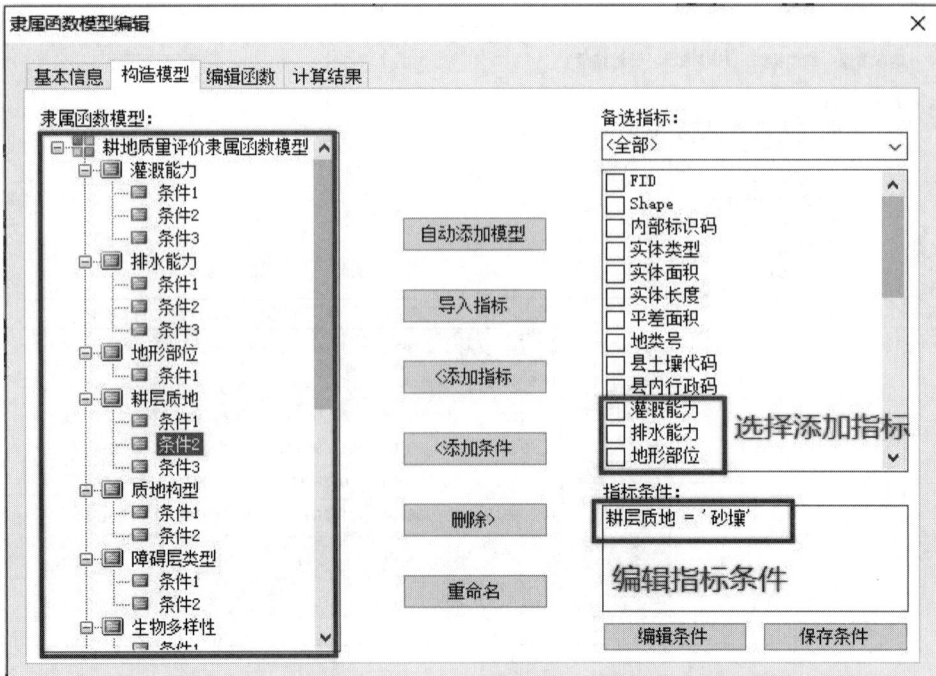

图 4-15　构造模型系统设置图

（2）构造隶属模型，按评价单元指标类型依次建立隶属函数模型。

（3）编辑隶属函数，概念型指标按指标隶属度编辑隶属函数，数值型指标按指标函数类型编辑隶属函数（图4-16）。

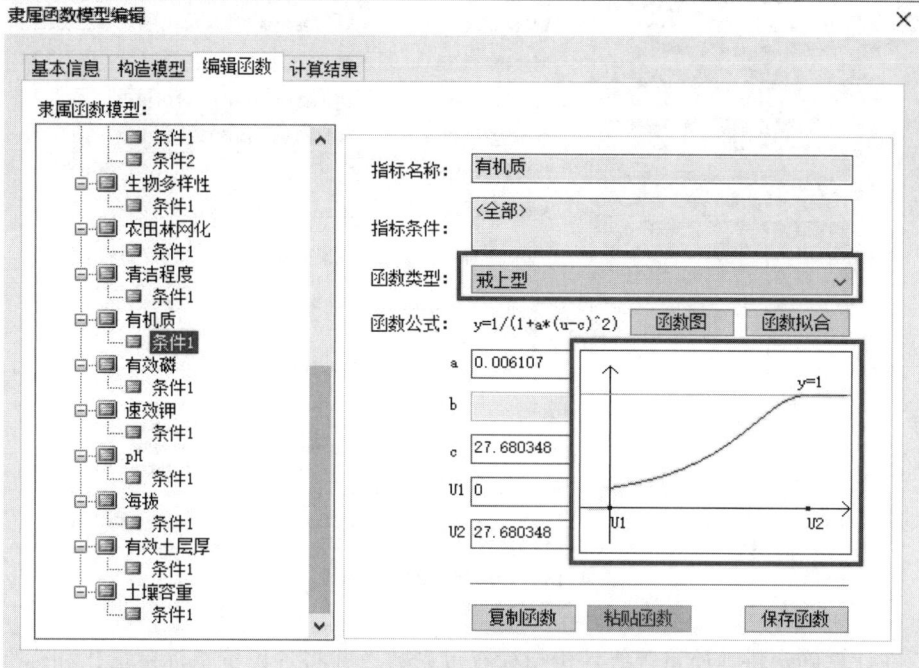

图4-16　编辑函数系统设置图

（4）确定计算结果，并保存模型（图4-17）。

编号	指标名称	函数类型	a值	b值	c值	U1值	U2值	条件内容
1	有效土厚度	概念型	1					有效土厚度 = '>100'
2	有效土厚度	概念型	0.7					有效土厚度 = '60-100'
3	有效土厚度	概念型	0.4					有效土厚度 = '30-60'
4	耕层质地	概念型	0.6					耕层质地 = '黏土'
5	耕层质地	概念型	0.85					耕层质地 = '轻壤土'
6	耕层质地	概念型	0.6					耕层质地 = '砂壤土'
7	耕层质地	概念型	0.4					耕层质地 = '砂土'
8	耕层质地	概念型	1					耕层质地 = '中壤土'
9	耕层质地	概念型	0.8					耕层质地 = '重壤土'
10	质地构型	概念型	0.4					质地构型 = '薄层型'
11	质地构型	概念型	0.9					质地构型 = '海绵型'
12	质地构型	概念型	0.5					质地构型 = '夹层型'
13	质地构型	概念型	0.6					质地构型 = '紧实型'
14	质地构型	概念型	0.7					质地构型 = '上紧下紧型'
15	质地构型	概念型	1					质地构型 = '上松下紧型'
16	质地构型	概念型	0.4					质地构型 = '松散型'
17	有机质	戒上型	0.00610;		27.6803<	0	27.6803<	<全部>

图4-17　计算结果系统设置图

（四）建立等级划分标准

按照区域评价特征建立宁夏南部黄土高原区等级划分标准（图4-18）。

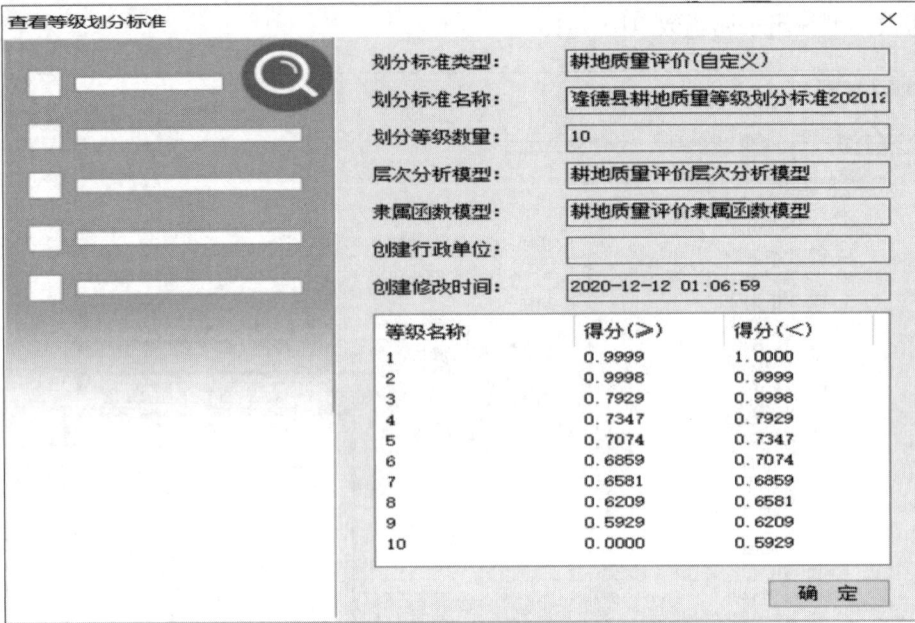

图 4-18　等级划分系统设置图

在计算确定耕地质量等级评价指标权重系数，并将各评价指标定量化和标准化的基础上，进行耕地质量综合指数计算并进行耕地质量等级的划分。

二、耕地质量综合指数计算方法及耕地等级分级

按照《评价指标体系》划分本轮评价等级指数范围。

（一）耕地质量综合指数（IFI）的计算模型

耕地质量综合指数的计算通常采用加法模型、乘法模型、乘法与加法结合的模型共3种模型。隆德县耕地质量综合指数采用加法模型，模型表达式如下：

$$IFI=\sum F_i \times C_i \quad (i=1, 2, 3, \cdots, n)$$

式中，IFI（Integrated Fertility Index）代表耕地质量综合指数；F_i 为第 i 个因素隶属度；C_i 为第 i 个因素的组合权重。

（二）耕地质量综合指数分级方法

耕地质量综合指数分级方法有等距法和累计曲线分级法两种。隆德县采用了累计曲线分级法。

累计曲线分级法，是用耕地评价单元数与耕地质量综合指数制作累计频率曲线图，按照确定的耕地等级个数，采用非均等耕地质量等级评价单元评价综合指数最大值和最小值的方法划分耕地等级。

三、隆德县耕地质量等级评价数据库建设

隆德县耕地质量等级评价数据库按照县域耕地资源管理系统工作空间质量检测标准进行数据库建设，数据库属性结构参照上一轮耕地地力评价数据库建设技术规范，形成的数据库能够通过县域耕地资源管理系统的空间检测。

（一）数据库内容

隆德县耕地质量等级评价数据库属性主要分为基础地理信息矢量数据和专题信息矢量数据两大类。

基础地理信息矢量数据包括行政界线（县界、乡镇界、村界）、地名（市县、乡镇、行政村）、河流、道路（铁路、国道、高速公路、省道）。

专题信息矢量数据包括土壤类型分布、灌排分区、耕地质量等级调查点位、耕地土壤养分分布及耕地资源管理单元。

（二）空间数据标准

（1）大地基准坐标：2000 国家大地坐标系。

（2）地图投影：高斯—克吕格投影，3°分带，中央经线 105°。

（3）高程基准：1985 年国家高程基准。

（三）数据库属性结构

1. 基础地理信息数据库

（1）行政区划矢量属性结果。以隆德县 2018 年土地利用现状库中行政界线和行政区为依据，属性结构见表 4-26、表 4-27。

（2）县、乡、村位置矢量属性结构。根据隆德县 2018 年土地利用现状库和隆德县 2019 年影像数据提取隆德县县、乡、村驻地位置，矢量类型为点，属性结构见表 4-28。

（3）线状水系矢量属性结构。基于 ArcGIS 软件，结合隆德县 2019 年影像数据，得到隆德县线状水系矢量数据，矢量类型为线，属性结构见表 4-29。

表 4-26　隆德县行政界线矢量属性结构

字段名	字段类型	字段长度	小数位数	量纲	标注
标识码	Int	10		无	土地利用数据库标准（TD/T 1016/2007）
要素代码	Char	10		无	土地利用数据库标准（TD/T 1016/2007）
行政界线编码	Char	5		无	土地利用数据库标准（TD/T 1016/2007）
行政界线类型	Char	40		无	土地利用数据库标准（TD/T 1016/2007）

表 4-27　隆德县行政区划矢量属性结构

字段名	类型	长度	小数位数	量纲	标注
标识码	Int	10		无	土地利用数据库标准（TD/T 1016/2007）
要素代码	Char	10		无	土地利用数据库标准（TD/T 1016/2007）
行政区代码	Char	12		无	土地利用数据库标准（TD/T 1016/2007）
行政区名称	Char	40		无	土地利用数据库标准（TD/T 1016/2007）

表 4-28　隆德县乡村位置矢量属性结构

字段名	类型	长度	小数位数	量纲	标注
标识码	Int	10		无	土地利用数据库标准（TD/T 1016/2007）
要素代码	Char	10		无	土地利用数据库标准（TD/T 1016/2007）
行政区代码	Char	12		无	土地利用数据库标准（TD/T 1016/2007）
行政区名称	Char	40		无	土地利用数据库标准（TD/T 1016/2007）

表 4-29　隆德县线状水系矢量属性结构

字段名	类型	长度	小数位数	量纲	标注
标识码	Int	10		无	
要素代码	Char	10		无	
线状水系编码	Char	5		无	第一位表示河流类型,1-常年河;2-时令河。第二至四位为顺序号
线状水系名称	Char	30		无	中文名称
河流流量	Int	14	2	m³/s	多年平均流量

（4）面状水系矢量属性结构。基于 ArcGIS 软件,结合隆德县 2019 年影像数据,得到隆德县面状水系矢量数据,矢量类型为多边形,属性结构见表 4-30。

表 4-30 隆德县面状水系矢量属性结构

字段名	类型	长度	小数位数	量纲	标注
标识码	Int	10		无	
要素代码	Char	10		无	
面状水系编码	Char	5		无	第一位表示河流类型,1-常年河;2-时令河。第二至四位为顺序号
线状水系名称	Char	30		无	中文名称
湖泊注水量	FLoat	14	2	m³/s	多年平均流量

（5）道路矢量属性结构。基于 ArcGIS 软件，结合隆德县 2019 年影像数据，得到隆德县道路矢量数据，矢量类型为多边形，属性结构见表 4-31。

表 4-31 隆德县道路矢量属性结构

字段名	类型	长度	小数位数	量纲	标注
标识码	Int	10		无	
要素代码	Char	10		无	
道路编码	Char	5		无	
道路名称	Char	30		无	中文名称

2. 专题信息数据库

（1）土壤矢量数据结构。参照上一轮评价成果矢量数据，矢量类型为多边形，属性结构见表 4-32。

表 4-32 隆德县土壤矢量属性结构

字段名	类型	长度	小数位数	量纲	标注
标识码	Int	10		无	土壤类型国标分类系统编码
要素代码	Char	10		无	土壤类型国标分类系统名称
土壤类型编码	Int	8		无	国标分类系统编码
土壤类型名称	Char	20		无	国标分类系统名称
土壤亚类编码	Int	8		无	国标分类系统编码
土壤亚类名称	Char	20		无	国标分类系统名称

续表

字段名	类型	长度	小数位数	量纲	标注
土属编码	Int	8		无	国标分类系统编码
土属名称	Char	20		无	国标分类系统名称
土种编码	Int	8		无	国标分类系统编码
土种名称	Char	20		无	国标分类系统名称
实体面积	FLoat	14	2	亩	

(2) 灌溉分区矢量数据结构。根据隆德县灌溉分布图，在 ArcGIS 软件进行矢量化得到隆德县灌溉分区矢量数据，矢量类型为多边形，属性结构见表 4-33。

表 4-33　隆德县灌溉分区矢量属性结构

字段名	类型	长度	小数位数	量纲	标注
标识码	Int	10		无	
要素代码	Char	10		无	
灌溉水源编码	Char	6		无	县域沟道资源管理信息系统数据字典
灌溉水源	Char	40		无	河流、水库、深层地下水、旱井、无等
灌溉方法编码	Char	6		无	县域沟道资源管理信息系统数据字典
灌溉方法	Char	40		无	漫灌、沟灌、喷灌、滴灌、管灌、无等
疏水方式编码	Char	6		无	县域沟道资源管理信息系统数据字典
疏水方式	Char	40		无	自流、土渠、衬渠、U 渠、管道渠等
灌溉条件编码	Char	6		无	县域沟道资源管理信息系统数据字典
灌溉条件	Char	40		无	充分满足、满足、基本满足、不满足
灌溉保证率	FLoat	3		%	
实体面积	FLoat	14	2	亩	

(3) 排水分区矢量数据结构。根据隆德县排水分布情况，在 ArcGIS 软件进行矢量化得到隆德县排水分区矢量数据，矢量类型为多边形，属性结构见表 4-34。

(4) 耕地质量等级调查采样点矢量数据结构。在 ArcGIS 软件内根据调查采样点经纬度坐标矢量化得到隆德县耕地质量等级调查采样点矢量数据，矢量类型为多边形，属性结构见表 4-35。

表 4-34　隆德县排水分区矢量属性结构

字段名	类型	长度	小数位数	量纲	标注
标识码	Int	10		无	
要素代码	Char	10		无	
排水条件编码	Char	6		无	自定义
排水条件编码	Char	4		无	充分满足、满足、基本满足、不满足
实体面积	FLoat	14	2	亩	

表 4-35　隆德县耕地质量等级调查采样点矢量属性结构

字段名	类型	长度	小数位数	量纲	备注
标识码	Int	10		无	
要素代码	Char	10		无	
野外编码	Int	7		无	
统一编码	Char	19		无	
乡镇名称	Char	30		无	
村组名称	Char	30		无	采样点所在的村或相当于村的行政区划名称,名称后面统一加"村"样
农户名称	Char	30		无	
北纬	FLoat	8	2	度	
东经	FLoat	8	2	度	
海拔	FLoat	8	1	米	
通常地下水位	FLoat	4	2	cm	
农田基础设施	Char	8		无	
排水能力	Char	50		无	
灌溉能力	Char	50		无	
水源条件	Char	8		无	
输水方式	Char	20		无	
灌溉方式	Char	8		无	
典型种植制度	Char	10		无	稻、麦、玉、麦-玉等
常年产量水平	FLoat	4	2	kg/亩	是前三年的平均产量水平;种植其他作物的,换算成全年粮食产量
土类	Char	30		无	中国土壤分类与代码

续表

字段名	类型	长度	小数位数	量纲	备注
亚类	Char	30		无	中国土壤分类与代码
土属	Char	30		无	中国土壤分类与代码
土种	Char	30		无	中国土壤分类与代码
俗名	Char	30		无	当地群众使用的通俗名称
地形部位	Char	30		无	《宁夏耕地质量等级评价指标体系》
耕层质地	Char	30		无	《宁夏耕地质量等级评价指标体系》
质地构型	Char	30		无	《宁夏耕地质量等级评价指标体系》
障碍因素	Char	30		无	《宁夏耕地质量等级评价指标体系》
生物多样性	Char	30		无	《宁夏耕地质量等级评价指标体系》
农田林网化	Char	30		无	《宁夏耕地质量等级评价指标体系》
清洁程度	Char	30		无	《宁夏耕地质量等级评价指标体系》
盐渍化程度	Char	30		无	非盐渍化、潜盐渍化、轻盐渍化、中盐渍化、重盐渍化
有效土层厚度	Int	4		cm	
代表面积	FLoat	5	1	亩	
pH	FLoat	4	2	无	
水溶性盐分含量	FLoat	5	2	g/kg	
有机质	FLoat	7	2	g/kg	
全氮	FLoat	7	2	g/kg	
碱解氮	FLoat	4	2	mg/kg	
有效磷	FLoat	5	2	mg/kg	
速效钾	FLoat	8	2	mg/kg	
土壤容重	FLoat	5	2	g/cm^3	

（5）土壤养分分布矢量数据结构。在 ArcGIS 软件内利用调查采样点矢量化数据，通过空间插值分析工具，采用反距离权重插值分析方法（IDW）对土壤的pH 值和有机质、有效磷、速效钾、全氮、碱解氮含量及有效土层厚度、土壤容重进行插值分析，再利用区域统计分析工具得到土壤养分矢量，矢量类型为多边形，属性结构见表 4-36。

表 4-36　隆德县土壤养分分布矢量属性结构

字段名	类型	长度	小数位数	量纲	备注
标识码	Int	10		无	
要素代码	Char	10		无	
pH 值	FLoat	4	2	无	
水溶性盐分含量	FLoat	5	2	g/kg	
有机质	FLoat	7		g/kg	
全氮	FLoat	7		g/kg	
碱解氮	FLoat	4	2	mg/kg	
有效磷	FLoat	5	2	mg/kg	
速效钾	FLoat	8	2	mg/kg	
土壤容重	FLoat	5	2	g/cm^3	

（6）耕地资源管理单元矢量数据结构。在 ArcGIS 软件内，从土地利用现状数据库重新提取耕地分布，确定隆德县评价耕地范围。再通过空间叠加分析法（Intersect），将行政区划、耕地分布、土壤图、灌溉分区图、排水分区图、土壤养分图逐一叠加相交，对碎小图斑进行合并，最终形成耕地资源管理单元矢量，矢量类型为多边形，属性结构见表 4-37。

表 4-37　隆德县耕地资源管理单元矢量属性结构

字段名	类型	长度	小数位数	量纲	备注
标识码	Int	10		无	
要素代码	Char	10		无	
地类编码	Char	4		无	2007 年发布的《全国土地利用分类》
地类名称	Char	30		无	2007 年发布的《全国土地利用分类》
行政区划编码					
行政单位名称					
县土壤代码					
县土壤名称					
省土壤代码					
省土壤名称					

续表

字段名	类型	长度	小数位数	量纲	备注
土壤亚类编码	Int	8		无	国标分类系统编码
土壤亚类名称	Char	20		无	国标分类系统名称
土属编码	Int	8		无	国标分类系统编码
土属名称	Char	20		无	国标分类系统名称
土种编码	Int	8		无	国标分类系统编码
土种名称	Char	20		无	国标分类系统名称
地形部位	Char	30		无	《宁夏耕地质量等级评价指标体系》
耕层质地	Char	30		无	《宁夏耕地质量等级评价指标体系》
质地构型	Char	30		无	《宁夏耕地质量等级评价指标体系》
障碍因素	Char	30		无	《宁夏耕地质量等级评价指标体系》
生物多样性	Char	30		无	《宁夏耕地质量等级评价指标体系》
农田林网化	Char	30		无	《宁夏耕地质量等级评价指标体系》
清洁程度	Char	30		无	《宁夏耕地质量等级评价指标体系》
盐渍化程度	Char	30		无	非盐渍化、潜盐渍化、轻盐渍化、中盐渍化、重盐渍化
有效土层厚度	Int	4		cm	
代表面积	FLoat	5	1	亩	
pH 值	FLoat	4	2	无	
水溶性盐分含量	FLoat	5	2	g/kg	
有机质	FLoat	7	2	g/kg	
全氮	FLoat	7	2	g/kg	
碱解氮	FLoat	4	2	mg/kg	
有效磷	FLoat	5	2	mg/kg	
速效钾	FLoat	8	2	mg/kg	
土壤容重	FLoat	5	2	g/cm^3	
实体面积	FLoat	14	2	亩	
平差面积	FLoat	14	2	亩	

四、隆德县耕地质量分级与结果检验

（一）隆德县耕地质量分级

根据隆德县耕地生产能力实际情况，采用累积曲线分级法，将隆德县耕地划分为八个等级。其中三等耕地面积 11 360.02 亩，占耕地总面积的 1.90%，综合指数介于0.676 1~0.713 8；四等耕地面积 44 581.32 亩，占耕地总面积的 7.44%，综合指数介于 0.676 1~0.713 8；五等耕地面积 98 196.20 亩，占耕地总面积的16.39%，综合指数介于 0.638 0~0.675 8；六等耕地面积 116 189.32 亩，占耕地总面积的19.39%，综合指数介于 0.600 0~0.637 9；七等耕地面积 184 182.38 亩，占耕地总面积的30.73%，综合指数介于 0.514 0~0.599 9；八等耕地面积121 983.19 亩，占耕地总面积的 20.363%，综合指数介于 0.514 0~0.599 9；九等耕地面积 19 323.04 亩，占耕地总面积的3.22%，综合指数介于 0.514 0~0.599 9；十等耕地面积 3 449.07 亩，占耕地总面积的0.58%，综合指数小于 0.600 0（表4-38）。

表4-38　南部黄土高原区等级划分指数

耕地质量等级	综合指数范围	耕地质量等级	综合指数范围
一等	≥0.904 0	六等	0.714 0~0.752 0
二等	0.866 0~0.904 0	七等	0.676 0~0.714 0
三等	0.828 0~0.866 0	八等	0.638 0~0.676 0
四等	0.790 0~0.828 0	九等	0.600 0~0.638 0
五等	0.752 0~0.790 0	十等	<0.600 0

（二）评价结果检验

第一轮评价工作完成后，邀请参与制定隶属函数和层次分析判断矩阵的专家依据概念性产量对评价结果进行评估。发现两者存在着一定的差距，为此，我们重新拟合隶属函数和评估各个要素对耕地地力的权重，如此经过若干个回合，直至评价结果与实际情况相接近为止。

（三）评价结果归入全国耕地质量等级体系

评估结果可以很清楚地表明不同等级耕地中存在的主导障碍因素。这样的评价结果可直接应用于指导实际的农业生产。如针对障碍因素，依据土壤特性，安排种植最适宜生长的作物类型；根据土壤养分的丰缺状况，指导农民进行配方施肥等。

第五章 耕地质量分析

第一节 耕地质量等级空间分布特征

耕地是珍贵而有限的自然资源，是人类赖以生存的基础和保障，耕地质量的好坏直接影响到农业的可持续发展和粮食安全，全面掌握和科学量化耕地的质量及分布，有利于政府实现土地资源管理由数量为主，向数量、质量、生态相协调管理和科学利用转变，对推动农业、农村发展和农民富裕，建立资源节约型社会具有重要意义。

一、耕地数量分布特征

（一）耕地质量总体分布特征

本次耕地质量等级评价，隆德县耕地总面积 599 265 亩，共分为 8 个等级，纳入全国耕地等级体系为三等地、四等地、五等地、六等地、七等地、八等地、九等地、十等地。

按地形部位划分：山间盆地面积 73 844.70 亩，占耕地总面积的 12.32%，位于隆德县中西部桃山灌区、温堡引水灌区下游温堡，渝河流域的城关、沙塘、神林、联财。大部分耕地分布在河流沿岸冲积平原及沙塘灌区、渝河北塬灌区、联合扬水灌区，还有部分耕地分布在隆德县西北部好水河流域好水、杨河及好水灌区，清凉河流域陈靳、城关，甘渭河温堡，奠安灌区。山地坡中面积 328 542.81 亩，占耕地总面积的 54.82%；山地坡上面积 194 760.71 亩，占耕地总面积的 32.50%；山地坡下面积 2 116.32 亩，占耕地总面积的 0.35%。

　　按耕地类型分：旱地 525 419.85 亩，占耕地总面积的 87.68%；水浇地 73 844.70 亩，占耕地总面积的 12.32%（见表5-1）。

表 5-1　隆德县各乡镇耕地面积统计

单位：亩

乡镇代码	乡镇名称	旱地	水浇地	耕地总面积
100	城关镇	25 307.65	3 606.62	28 914
101	沙塘镇	39 361.85	18 219.47	57 581
102	联财镇	25 302.38	11 225.95	36 528
200	陈靳乡	22 231.03	894.11	23 125
201	好水乡	37 842.67	3 003.92	40 847
202	观庄乡	63 112.33	6 962.63	70 075
203	杨河乡	57 327.70	4 564.65	61 892
204	神林乡	30 999.90	9 561.75	40 562
205	张程乡	70 307.56	0	70 308
206	凤岭乡	48 050.26	252.45	48 303
207	山河乡	20 996.83	0	20 997
208	温堡乡	58 023.29	12 333.61	70 357
209	奠安乡	26 530.83	3 024.89	29 556
六盘山林场		25.55	0	26
沙塘良种场		0	194.64	195
总计		525 419.85	73 844.70	599 265
乡镇名称	行政村名称	旱地	水浇地	合计
城关镇	三合村	1 482.99	589.30	2 072.28
	邓山村	2 576.16	0	2 576.16
	红崖村	1 983.75	848.57	2 832.32
	咀头村	3 528.31	0	3 528.31
	隆泉村	577.65	190.45	768.10
	南河村	2 511.66	156.41	2 668.07
	峰台社区	5 020.51	0	5 020.51
	吴山村	1 338.42	0	1 338.42
	星火村	1 418.63	255.00	1 673.63
	杨店村	3 027.24	0	3 027.24

续表

乡镇名称	行政村名称	旱地	水浇地	合计
城关镇	竹林村	1 842.40	1 566.90	3 409.22
	小计	25 307.65	3 606.62	28 914.00
沙塘镇	光联村	2 695.40	2 151.63	4 847.02
	和平村	2 685.22	1 539.45	4 224.67
	街道村	1 405.84	2 111.74	3 517.58
	锦华村	5 969.72	8.22	5 977.93
	锦屏村	8 221.82	0	8 221.82
	马河村	3 951.78	754.33	4 706.11
	清泉村	3 273.39	255.10	3 528.49
	十八里村	3 398.35	3 287.63	6 685.99
	新民村	2 392.38	3 366.70	5 759.09
	许沟村	2 705.58	3 303.15	6 008.73
	张树村	2 662.37	1 441.51	4 103.89
	小计	39 361.85	18 219.47	57 581.00
联财镇	恒光村	3 441.73	2 436.55	5 878.28
	联财村	4 743.41	3 375.49	8 118.90
	联合村	3 499.92	1 677.54	5 177.45
	太联村	10 274.01	0	10 274.01
	张楼村	1 848.26	2 508.43	4 356.69
	赵楼村	1 495.05	1 227.94	2 722.99
	小计	25 302.38	11 225.95	36 528.00
陈靳乡	陈靳村	4 503.66	0	4 503.66
	高阳村	3 019.02	0	3 019.02
	何槐村	4 965.89	0	4 965.89
	民联村	2 270.16	0	2 270.16
	清凉村	1 340.45	11.74	1 352.19
	新和村	3 940.31	0	3 940.31
	新兴村	2 191.53	882.37	3 073.91
	小计	22 231.03	894.11	23 125.00

续表

乡镇名称	行政村名称	旱地	水浇地	合计
好水乡	红星村	4 487.79	326.74	4 814.53
	后海村	3 172.66	0	3 172.66
	庙湾村	6 915.47	0	6 915.47
	三星村	3 662.76	1 796.98	5 459.73
	水磨村	4 751.89	0	4 751.89
	永丰村	4 180.13	548.86	4 728.99
	张银村	4 386.38	331.35	4 717.73
	中台村	6 285.60	0	6 285.60
	小计	37 842.67	3 003.92	40 847.00
观庄乡	大庄村	4 896.32	2 487.02	7 383.34
	观堡村	7 370.13	0	7 370.13
	红堡村	7 065.70	1 524.65	8 590.36
	后庄村	3 035.24	0	3 035.24
	林沟村	3 191.85	1.69	3 193.54
	倪套村	5 624.54	0	5 624.54
	前庄村	2 320.75	717.07	3 037.82
	石庙村	9 147.72	0	9 147.72
	田滩村	3 497.53	1 524.24	5 021.77
	阳洼村	5 446.26	1.54	5 447.80
	姚套村	6 756.20	0	6 756.20
	中梁村	4 760.09	706.41	5 466.50
	小计	63 112.33	6 962.63	70 075.00
杨河乡	串河村	9 741.03	3 543.76	13 284.80
	红旗村	14 842.47	0	14 842.47
	穆沟村	8 227.89	4.14	8 232.03
	杨河村	9 263.00	1 016.75	10 279.75
	玉皇岔村	15 253.31	0	15 253.31
	小计	57 327.70	4 564.65	61 892.00

续表

乡镇名称	行政村名称	旱地	水浇地	合计
神林乡	观音村	6 248.93	0	6 248.93
	庞庄村	3 516.77	1 967.79	5 484.56
	神林村	4 471.81	3 443.60	7 915.41
	双村	4 206.43	1 287.82	5 494.24
	辛坪村	2 031.86	2 806.36	4 838.22
	杨野河村	3 934.03	56.18	3 990.21
	岳村村	6 590.07	0	6 590.07
	小计	30 999.90	9 561.75	40 562
张程乡	崔家湾村	12 681.78	0	12 681.78
	李哈拉村	7 417.76	0	7 417.76
	马儿岔村	9 165.83	0	9 165.83
	桃园村	8 197.24	0	8 197.24
	五龙村	5 293.47	0	5 293.47
	杨袁村	6 186.50	0	6 186.50
	张程村	8 611.08	0	8 611.08
	赵北孝村	12 753.90	0	12 753.90
	小计	70 307.56	0	70 308
凤岭乡	卜岔村	3 396.76	246.04	3 642.81
	冯碑村	6 026.59	0	6 026.59
	巩龙村	3 876.89	0	3 876.89
	李士村	6 956.38	3.77	6 960.15
	齐岔村	4 016.51	0	4 016.51
	齐兴村	4 499.06	0	4 499.06
	上梁村	4 837.97	0	4 837.97
	魏沟村	3 644.65	0	3 644.65
	新化村	2 575.72	0	2 575.72
	薛岔村	3 586.86	0	3 586.86
	于河村	4 632.87	2.63	4 635.50
	小计	48 050.26	252.45	48 303.00

续表

乡镇名称	行政村名称	旱地	水浇地	合计
山河乡	边庄村	2 710.37	0	2 710.37
	菜子川村	2 440.69	0	2 440.69
	崇安村	219.26	0	219.26
	大墁坡村	1 506.14	0	1 506.14
	地湾村	1 007.72	0	1 007.72
	二滩村	3 604.41	0	3 604.41
	山河村	2 808.93	0	2 808.93
	石碑村	3 203.05	0	3 203.05
	王庄村	3 496.26	0	3 496.26
	小计	20 996.83	0	209 97.00
温堡乡	北山村	1 844.74	0	1 844.74
	大麦沟村	4 278.64	0	4 278.64
	杜堡村	2 745.61	3 033.68	5 779.29
	杜川村	3 480.36	789.80	4 270.16
	老庄村	2 106.64	855.47	2 962.12
	吕梁村	5 575.88	15.46	5 591.34
	前进村	4 891.93	531.20	5 423.14
	田柳沙村	3 614.61	0	3 614.61
	温堡村	5 962.96	945.58	6 908.54
	吴沟村	4 983.91	1 851.73	6 835.64
	夏坡村	2 917.10	1 042.93	3 960.03
	新庄村	5 411.21	1 103.97	6 515.18
	杨堡村	3 345.96	1 196.80	4 542.75
	杨坡村	4 699.93	27.54	4 727.48
	张杜沟村	2 163.81	939.44	3 103.25
	小计	58 023.29	12 333.61	70 357.00
奠安乡	海子村	3 616.58	0	3 616.58
	景林村	1 149.69	231.07	1 380.76
	旧街村	385.00	534.20	919.20

续表

乡镇名称	行政村名称	旱地	水浇地	合计
奠安乡	雷王村	5 103.19	0	5 103.19
	梁堡村	1 469.10	669.16	2 138.26
	马坪村	952.74	1 233.57	2 186.32
	新街村	2 813.94	355.37	3 169.31
	闫庙村	1 932.34	0	1 932.34
	杨沟村	3 470.53	1.51	3 472.04
	张田村	1 630.18	0	1 630.18
	周王村	1 330.50	0	1 330.50
	朱塬村	2 677.04	0	2 677.04
	小计	26 530.83	3 024.89	29 556.00

按土壤类型划分：潮土 51 亩，占全县耕地总面积的 0.01%，均为典型潮土；黑垆土178 196 亩，占全县耕地总面积的 29.74%，有潮黑垆土、典型黑垆土、黑麻土 3 个亚类，其中潮黑垆土 882 亩，典型黑垆土 177 135 亩，占全县耕地总面积的 29.56%，黑麻土 50.61 亩；黄绵土 340 230 亩，占全县耕地总面积的 56.77%；灰褐土 51 355 亩，占全县耕地总面积的 8.57%，仅有暗灰褐土 1 个亚类；新积土 29 433 亩，占全县耕地总面积的4.91%，有 2 个亚类，即冲积土 627 亩，典型新积土 28 806 亩。

（二）各乡镇耕地质量等级分布

1. 陈靳乡

陈靳乡耕地总面积 23 125 亩，占全县耕地总面积的 3.86%。全乡无九等、十等地。三等地面积 2 亩，占该乡耕地总面积的 0.01%，分布在山地坡下高产田，集中在新兴村；四等地面积 3 730 亩，占该乡耕地总面积的 16.13%，主要分布在清凉河流域水浇地和相对海拔较低的陈靳村及新兴村山地坡中梯田，在清凉村及新和村有少许分布；五等地面积 4 172 亩，占该乡耕地总面积的 18.04%，主要分布在陈靳村、高阳村、清凉村、新和村及新兴村塬台地和相对海拔较低的山地坡中梯田；六等地面积 2 015 亩，占该乡耕地总面积的 8.71%，主要分布在民联村外的几个村相对海拔较高的山地坡中梯田；七等地面积 11 823 亩，占该乡耕地总面积的 51.12%，分布在各村相对海拔较高的山地坡中梯田；八等地 1 384 亩，占该乡耕地总面积的 5.99%，分布在何槐村、民联村和部分村相对海拔较高山地坡上梯田。

2. 城关镇

城关镇耕地总面积 28 914 亩，占全县耕地总面积的 4.82%。全镇无三等、十等 地。四等地面积 3 417 亩，占该镇耕地总面积的 11.82%，分布在八里村、红崖村、 隆泉村等 8 个村庄以及三里店水库下游的保证灌溉区域，清凉河流域山间盆地的水 浇地；五等地面积 7 326 亩，占该镇耕地总面积的 25.34%，主要分布在川旱地和海 拔相对较低的山地坡中梯田；六等地面积 8 512 亩，占该镇耕地总面积的 29.44%， 主要分布在吴山村外的其他几个村相对海拔较高的山地坡中梯田；七等地面积 7 202 亩，占该镇耕地总面积的 24.91%，主要分布在除吴山村和红崖村外其他几个村庄相 对海拔较高的山地坡中梯田；八等地面积 2 456 亩，占该镇耕地总面积的 8.50%， 分布在相对海拔较高的梯田和坡地；九等地面积 2 亩，占该镇耕地总面积的 0.01%， 分布在竹林村。

3. 奠安乡

奠安乡耕地总面积 29 556 亩，占全县耕地总面积的 4.93%。全乡无三等、九 等、十等地。四等地面积 3 025 亩，占该乡耕地总面积的 10.23%，分布在旧街村和 马坪村以及范家峡水库灌溉区；五等地面积 876 亩，占该乡耕地总面积的 2.96%， 分布在新街村、旧街村和张田村川旱地和相对海拔较低的梯田；六等地面积 8 597 亩，占该乡耕地面积的 29.09%，分布在各村山台地和相对海拔较低的梯田；七等地 面积 16 223 亩，占该乡耕地面积的 54.89%，分布在各村相对海拔较高的山地坡中梯 田和闫庙村、朱塬村、雷王村相对海拔较高的山地坡上梯田及坡地；八等地面积 835 亩，占该乡耕地总面积的 2.82%，分布在梁堡村、马坪村相对海拔较高的山地坡上梯 田和坡地。

4. 凤岭乡

凤岭乡耕地总面积 48 303 亩，占全县耕地总面积的 8.06%。全乡无三等地。四 等地面积 1 172 亩，占该乡耕地总面积的 2.43%，分布在卜岔村、齐兴村以及前刘水 库上游的保证灌溉区，朱庄河流域和卜家岔水库上游一般灌溉区，为设施农业种植 区域；五等地面积 7 406 亩，占该乡耕地总面积的 15.33%，分布在川旱地和海拔相对较低的山地坡中梯田；六等地面积 19 866 亩，占该乡耕地总面积的 41.13%，分布在新化村外的其他村庄川旱地和海拔相对较低的山地坡中梯田；七等地面积 14 605 亩，占该乡耕地总面积的 30.24%，分布在齐兴村外的其他村庄山台地和海拔相对较高的梯田；八等地面积 3 872 亩，占该乡耕地总面积的 8.02%，分布在相对海拔较高的梯田；九等地面积 584 亩，占该乡耕地总面积的 1.21%，分布在新化村、魏沟村相对海拔较高的梯田和山坡地；十等地面积 799 亩，占该乡耕地总面积的 1.65%，分布在新化村相对海拔较高的梯田和山坡地。

5. 观庄乡

观庄乡耕地总面积 70 075 亩，占全县耕地面积的 11.69%。全乡无九等、十等地。三等地面积 10 亩，占该乡耕地总面积的 0.01%，分布在大庄村；四等地面积 8 154 亩，占该乡耕地总面积的 11.64%，分布在大庄村、红堡村和田滩村以及前庄水库、红堡水库、后窑水库和槽子水库的中上游的保证灌溉区，是隆德县马铃薯种薯繁育基地之一；五等地面积 27 950 亩，占该乡耕地总面积的 39.89%，分布在各村川旱地和海拔相对较低的梯田；六等地面积 17 900 亩，占该乡耕地总面积的 25.54%，分布在海拔相对较低的山地坡中梯田；七等地面积 15 050 亩，占该乡耕地总面积的 21.48%，分布在后庄村外的其余几个村庄山台地和海拔相对较高的梯田；八等地面积 644 亩，占该乡耕地总面积的 0.92%，分布在海拔相对较高的梯田和山坡地。

6. 好水乡

好水乡耕地总面积 40 847 亩，占全县耕地总面积的 6.82%。全乡无三等地。四等地面积3 亩，占该乡耕地总面积的 0.01%，分布在张银水库下游的保证灌溉区以及三星村，是该乡发展设施农业种植区域；五等地面积 2 167 亩，占该乡耕地总面积的 5.29%，分布在三星村、红星村和张银村旱地和海拔相对较低的山地坡中梯田；六等地面积 4 687 亩，占该乡耕地总面积的 11.48%，分布在三星村外其他村庄川旱地和海拔相对较低的梯田；七等地面积 10 739 亩，占该乡耕地面积的 26.42%，分布在各村山台地和海拔相对较低的梯田；八等地面积 22 075 亩，占该乡耕地面积的 54.04%，分布在各村海拔相对较高的梯田；九等地面积 498 亩，占该乡耕地总面积的 1.22%，分布在红星村和水磨村海拔相对较高的梯田和山坡地；十等地面积 629

亩，占该乡耕地总面积的 1.54%，分布在红星村、三星村、永丰村和张银村海拔相对较高的梯田和山坡地。

7. 联财镇

联财镇耕地总面积 36 528 亩，占全县耕地总面积的 6.10%，全镇无十等地。三等地面积 9 210 亩，占该镇耕地总面积的 25.21%，分布在恒光村、联合村、联财村、张楼村、赵楼村以及渝河流域下游、联财低压管灌灌区，以高坪水库和土园井为灌溉水源；四等地面积 8 171 亩，占该镇耕地总面积的 22.37%，分布在太联村外的其他几个村庄以及渝河流域中下游灌溉区、高坪低压管灌灌区、联合扬水灌区，是隆德县发展设施农业种植区域和冷凉蔬菜种植区域；五等地面积 4 098 亩，占该镇耕地总面积的 11.22%，分布在东光村、恒光村、金台村、联合村和张楼村川旱地海拔相对较低的山地坡中梯田；六等地面积 2 425 亩，占该镇耕地总面积 6.64%，分布在恒光村、金台村、张楼村及赵楼村海拔相对较低的山地坡中梯田；七等地面积 3 599 亩，占该镇耕地总面积的 9.85%，主要分布在恒光村、联合村、太联村部分山台地和海拔相对较高的梯田；八等地面积 8 428 亩，占该镇耕地总面积的 23.07%，主要分布在恒光村及太联村部分山台地和海拔相对较高的梯田；九等地面积 598 亩，占该镇耕地总面积的 1.64%，分布在东光村和太联村海拔相对较高的梯田和山坡地（东光村 2 亩，太联村 596 亩）。

8. 沙塘镇

沙塘镇耕地总面积 57 581 亩，占全县耕地总面积的 9.61%。全镇无三等、四等地。五等地面积 17 641 亩，占该镇耕地总面积的 30.64%，分布在锦华村外的其他村庄以及渝河流域和罗家峡水库流域山地坡下川地、渝河北塬灌区，是隆德县设施农业种植区域；六等地面积 5 856 亩，占该镇耕地总面积的 10.17%，分布在锦华村和锦屏村海拔相对较低的梯田；七等地面积 20 026 亩，占该镇耕地总面积的 34.78%，分布在张树村外的其他村庄海拔相对较低的山地坡中梯田；八等地面积 14 012 亩，占该镇耕地总面积的 24.33%，分布在各村海拔相对较高的梯田；九等地面积 35 亩，占该镇耕地总面积的 0.06%，分布在张树村和许沟村海拔相对较高的梯田和山坡地；十等地面积 10.51 亩，占该镇耕地总面积的 0.02%，分布在张树村、和平村海拔相对较高的梯田和山坡地。

9. 山河乡

山河乡耕地总面积 20 997 亩，占全县耕地总面积的 3.50%。全乡无三等、四等、九等、十等地。五等地面积 321 亩，占该乡耕地总面积的 1.53%，分布在山河村和菜子川村外的其他村庄海拔相对较低的山地坡下梯田，是隆德县蚕豆生产主要基地；六等地面积 10 482 亩，占该乡耕地总面积的 49.92%，分布在海拔相对较高的山地坡中梯田；七等地面积 6 681 亩，占该乡耕地总面积的 31.82%，分布在海拔相对较高的梯田和坡地；八等地面积 3 513 亩，占该乡耕地总面积的 16.93%，分布在边庄村、山河村及王庄村海拔相对较高的梯田和坡地。

10. 神林乡

神林乡耕地总面积 40 562 亩，占全县耕地总面积的 6.77%。三等地面积 2 241.86 亩，占该乡耕地总面积的 5.53%，分布在渝河下游河谷川地灌溉区的神林村、双村和辛坪村，是隆德县设施农业种植区域；四等地面积 1 755 亩，占该乡耕地总面积的 4.33%，分布在渝河流域下游神林村、双村和辛坪村山间盆地，以及渝河北塬灌区，是隆德县设施农业和冷凉蔬菜种植区域；五等地面积 6 017 亩，占该乡耕地总面积的14.83%，分布在庞庄村、神林村、辛坪村海拔相对较低的山地坡中梯田；六等地面积 2 607 亩，占该乡耕地总面积的 6.43%，分布在神林村、双村、辛坪村、岳村村海拔相对较低的山地坡中梯田；七等地面积 15 132 亩，占该乡耕地总面积的 37.31%，分布在各村海拔相对较低的山地坡中梯田；八等地面积 6 384 亩，占该乡耕地总面积的 15.74%，分布在辛坪村外的其他村庄海拔相对较高的梯田；九等地面积 6 371 亩，占该乡耕地总面积的 15.71%，分布在庞庄村、观音村、神林村、岳村村海拔相对较高的梯田和山坡地；十等地面积 52.67 亩，占该乡耕地总面积的0.13%，分布在观音村和庞庄村海拔相对较高的梯田和山坡地。

11. 温堡乡

温堡乡耕地总面积 70 357 亩，占全县耕地总面积的 11.74%。全乡无三等地。四等地面积 9 961 亩，占该乡耕地总面积的 14.16%，分布在杜堡村、杜川村、老庄村等 12 个村庄以及桃山水库的中上游、桃山灌区、温堡引水灌区，以及甘渭河河谷、山间盆地，是隆德县设施农业的主要区域玉米种植区；五等地面积 2 968 亩，占该乡耕地总面积的 4.22%，分布在各村川旱地和海拔相对较低的山地坡中梯田；

六等地面积 13 242 亩，占该乡耕地总面积的 18.82%，分布在各村海拔相对较低的山地坡中梯田；七等地面积 28 266 亩，占该乡耕地总面积的 40.17%，分布在各村海拔相对较高的梯田；八等地面积 14 227 亩，占该乡耕地总面积的 20.22%，分布在前进村及夏坡村外的其他村庄海拔相对较高的梯田；九等地面积 1 198 亩，占该乡耕地总面积的 1.70%，分布在前进村、大麦沟村海拔相对较高的山地坡上梯田和山坡地（1 187 亩分布在大麦沟村，11 亩分布在前进村）；十等地面积 495 亩，占该乡耕地总面积的 0.70 %，分布在新庄村、大麦沟村海拔相对较高的山地坡上梯田和山坡地。

12. 杨河乡

杨河乡耕地总面积 61 892 亩，占全县耕地总面积的 10.33%。全乡无三等、九等、十等地。四等地面积 5 103 亩，占该乡耕地总面积的 8.24%，分布在好水河流域下游河谷低阶地和玉皇岔村外的其他村庄山间盆地，是隆德县玉米种植的主要区域；五等地面积 16 261 亩，占该乡耕地总面积的 26.27%，分布在各村川旱地和海拔相对较低的山地坡中梯田；六等地面积 10 323 亩，占该乡耕地总面积的 16.68%，分布在各村海拔相对较低的山地坡中梯田；七等地面积 18 987 亩，占该乡耕地总面积的30.68%，分布在各村海拔相对较高的梯田；八等地面积 11 218 亩，占该乡耕地总面积的 18.13%，分布在玉皇岔村、串河村海拔相对较高的山地坡上梯田和山坡地。

13. 张程乡

张程乡耕地总面积 70 308 亩，占全县耕地总面积的 11.65%。全乡无三等地和四等地。五等地面积 805 亩，占该乡耕地总面积的 1.14%，主要分布在桃园村、桃联村海拔较低的川旱地和梯田；六等地面积 9 299 亩，占该乡耕地总面积的 13.23%，分布在马儿岔村、桃园村、赵北孝村海拔相对较低的山地坡中梯田和台地；七等地面积 15 796 亩，占该乡耕地总面积的 22.47%，分布在海拔相对较高的山地坡中梯田；八等地面积32 909 亩，占该乡耕地总面积的 46.81%，分布在马儿岔村外的其他村庄海拔相对较高的梯田；九等地面 10 036 亩，占该乡耕地总面积的 14.27%，分布在张程村、杨袁村、桃园村、崔家湾村海拔相对较高的山地坡上梯田和山坡地；十等地面积 1 463 亩，占该乡耕地总面积的 2.08%，分布在杨袁村海拔相对较高的山地坡上梯田和坡地。

（三）不同土壤类型耕地质量等级分布

隆德县耕地 599 265 亩，分为三、四、五、六、七、八、九、十共 8 个等级，加权平均后耕地质量等级平均为 6.46。各乡镇不同等级耕地面积见表 5-2。三等地面积 11 693 亩，占全县耕地总面积的 1.95%；三等地分布在全县、陈靳乡、观庄乡、联财镇、神林乡 4 个乡镇，集中分布在联财镇与神林乡交界处渝河流域。四等地 44 260 亩，占全县耕地总面积的 7.39%；四等地分布在沙塘镇、山河乡除外的 11 个乡镇，多沿串河、魏子河等河流分布，其中温堡乡面积最大有 9 961 亩。五等地 98 563 亩，占全县耕地总面积的 16.45%。六等地 115 810 亩，占全县耕地总面积的 19.33%。七等地面积最大，为 184 182 亩，占全县耕地总面积的 30.73%。五等地、六等地、七等地、八等地在全县 13 个乡镇均有分布。五等地在观庄乡、沙塘镇、杨河乡分布面积较大。六等地在凤岭乡及观庄乡分布面积较大。七等地在温堡乡分布面积最大，为 28 266 亩。八等地总面积仅次于七等地，共 121 983 亩，占全县耕地总面积的 20.36%，在好水乡分布面积最大。九等地 19 323 亩，占全县耕地总面积的 3.22%，分布在城关镇、凤岭乡、好水乡、联财镇、沙塘镇、神林乡、温堡乡及杨河乡 8 个乡镇。其中，张程乡面积最大，为 10 036 亩，占九等地总面积的 51.94%，其次为神林乡，为 6 371 亩，占九等地总面积的 32.97%。十等地面积最

表 5-2　隆德县各乡镇不同等级耕地面积统计

乡镇名称	村名称	单位	耕地等级								总计
			三等地	四等地	五等地	六等地	七等地	八等地	九等地	十等地	
陈靳乡	总计	亩	2	3 730	4 172	2 015	11 823	1 384			23 125
		%	0.01	16.13	18.04	8.71	51.12	5.99			100.00
	陈靳村	亩		1 190	723	182	2 392	16			4 504
	高阳村	亩			255	477	2 230	57			3 019
	何槐村	亩				27	4 315	624			4 966
	民联村	亩					1 665	606			2 270
	清凉村	亩		120	750	156	325				1 352
	新和村	亩		315	1 574	1 114	856	82			3 940
	新兴村	亩	2	2 104	869	59	40				3 074

续表

乡镇名称	村名称	单位	耕地等级								总计
			三等地	四等地	五等地	六等地	七等地	八等地	九等地	十等地	
城关镇	总计	亩		3 417	7 326	8 512	7 202	2 456	2		28 914
		%		11.82	25.34	29.44	24.91	8.50	0.01		100.00
	八里村	亩		684	340	219	311	657			2 211
	邓山村	亩				978	1 406	191			2 576
	红崖村	亩		948	1 756	129					2 832
	咀头村	亩			1 901	1 303	324				3 528
	隆泉村	亩		305	357	106	1				768
	南河村	亩		554	1 470	472	85	88			2 668
	七里村	亩				962	1 453	71			2 486
	三合村	亩		410	160	1 266	66	170			2 072
	十里村	亩				1 692	597	246			2 535
	吴山村	亩		1	1 337						1 338
	星火村	亩		222		698	592	162			1 674
	杨店村	亩				86	2 206	735			3 027
	竹林村	亩		294	5	600	161	137	2		1 198
奠安乡	总计	亩		3 025	876	8 597	16 223	835			29 556
		%		10.23	2.96	29.09	54.89	2.82			100.00
	海子村	亩				50	3 567				3 617
	景林村	亩		231		202	939	9			1 381
	旧街村	亩		534	210	108	68				919
	雷王村	亩				2 748	27				2 775
	梁堡村	亩		669		925	314	231			2 138
	马坪村	亩		1 234		223	355	375			2 186
	马湾村	亩				639	1 542	147			2 328
	新街村	亩		355	488	358	1 968				3 169
	闫庙村	亩				297	1 563	72			1 932
	杨沟村	亩		2	170	1 266	2 034				3 472

续表

乡镇名称	村名称	单位	耕地等级								总计
			三等地	四等地	五等地	六等地	七等地	八等地	九等地	十等地	
奠安乡	张田村	亩			7	1 614	10				1 630
	周王村	亩				4	1 326				1 330
	朱塬村	亩			2	163	2 512				2 677
凤岭乡	总计	亩		1 172	7 406	19 866	14 605	3 872	584	799	48 303
		%		2.43	15.33	41.13	30.24	8.02	1.21	1.65	100.00
	卜岔村	亩		246		2 813	584				3 643
	冯碑村	亩			1 752	3 455	430	389			6 027
	巩龙村	亩			6	3 013	818	40			3 877
	李士村	亩		4	789	65	6 099	3			6 960
	齐岔村	亩		271	85	681	2 395	585			4 017
	齐兴村	亩			3 796	703					4 499
	上梁村	亩			905	863	1 309	1 762			4 838
	魏沟村	亩		648	73	887	1 689	262	86		3 645
	新化村	亩					448	831	498	799	2 576
	薛岔村	亩				3 034	553				3 587
	于河村	亩		3		4 352	281				4 636
观庄乡	总计	亩	10	8 154	28 317	17 900	15 050	644			70 075
		%	0.01	11.64	40.41	25.54	21.48	0.92			100.00
	大庄村	亩	10	2 967	2 618	458	1 318	13			7 383
	观堡村	亩			2 926	2 447	1 978	19			7 370
	红堡村	亩		1 525	628	2 103	4 299	35			8 590
	后庄村	亩		545	2 383			107			3 035
	林沟村	亩		2	1 857	511	610	213			3 194
	倪套村	亩			1 622	2 752	1 154	96			5 625
	前庄村	亩		701	2 218		120				3 038
	石庙村	亩		183	7 116	1 440	275	135			9 148
	田滩村	亩		1 524	995	1 458	1 045				5 022

续表

乡镇名称	村名称	单位	耕地等级								总计
			三等地	四等地	五等地	六等地	七等地	八等地	九等地	十等地	
观庄乡	阳洼村	亩		2	1 820	1 293	2 313	21			5 448
	姚套村	亩			2 039	2 774	1 935	7			6 756
	中梁村	亩		706	2 096	2 663	1				5 466
好水乡	总计	亩		3	2 161	4 687	10 793	22 075	498	629	40 847
		%		0.01	5.29	11.48	26.42	54.04	1.22	1.54	100.00
	红星村	亩			327	12	2 324	1 808	136	208	4 815
	后海村	亩				59	2 218	818	77		3 173
	庙湾村	亩				72	327	6 516			6 915
	三星村	亩		3	1 319		643	3 403	30	62	5 460
	水磨村	亩			46	2 879	1 529	98	200		4 752
	永丰村	亩			133	1 270	773	2 386	15	152	4 729
	张银村	亩			331	314	2 105	1 720	40	207	4 718
	中台村	亩			5	82	873	5 326			6 286
联财镇	总计	亩	9 210	8 171	4 098	2 425	3 599	8 428	598		36 528
		%	25.21	22.37	11.22	6.64	9.85	23.07	1.64		100.00
	东光村	亩		269	1 796	113	1	1 712	2		3 895
	恒光村	亩	1 408	1 019	86	725	1 823	816			5 878
	金台村	亩		2 407	733	610		2			3 752
	联财村	亩	3 375	991							4 367
	联合村	亩	892	1 928	468	5	1 451	434			5 177
	太联村	亩					320	5 463	596		6 379
	张楼村	亩	2 306	636	1 014	397	4				4 357
	赵楼村	亩	1 228	921		574					2 723
沙塘镇	总计	亩			17 641	5 856	20 026	14 012	35	11	57 581
		%			30.64	10.17	34.78	24.33	0.06	0.02	100.00
	光联村	亩			2 064		1 413	1 370			4 847
	和平村	亩			1 483		1 992	748		1	4 225

续表

乡镇名称	村名称	单位	耕地等级								总计
			三等地	四等地	五等地	六等地	七等地	八等地	九等地	十等地	
沙塘镇	街道村	亩			2 112	5	1 246	155			3 518
	锦华村	亩				735	4 133	1110			5 978
	锦屏村	亩			117	4 967	2 924	214			8 222
	马河村	亩			695	23	944	3 045			4 706
	清泉村	亩			255		730	2 543			3528
	十八里村	亩			3 143	23	3 096	424			6 686
	新民村	亩			3 028		1 678	1 053			5 759
	许沟村	亩			3 303	104	1 869	709	23		6 009
	张树村	亩			1 442			2 641	12	9	4 104
山河乡	总计	亩			321	10 482	6 681	3 513			20 997
		%			1.53	49.92	31.82	16.73			100.00
	边庄村	亩			48	1 417	730	515			2 710
	菜子川村	亩				791	1650				2 441
	崇安村	亩			92	20	107				219
	大墁坡村	亩			12	1 340	143	10			1 506
	地湾村	亩			31	582	395				1 008
	二滩村	亩			61	2 556	739	248			3 604
	山河村	亩				263	315	2 231			2 809
	石碑村	亩			45	1462	1 628	69			3 203
	王庄村	亩			32	2 050	975	440			3 496
神林乡	总计	亩	2 472	1 525	6 017	2 607	15 132	6 384	6 371	53	40 562
		%	6.09	3.76	14.83	6.43	37.31	15.74	15.71	0.13	100.00
	观音村	亩					1 298	2 684	2 256	11	6 249
	庞庄村	亩			1 968		191	893	2 391	42	5 485
	神林村	亩	513	18	2 912	829	2 492	840	311		7 915
	双村村	亩	835	376	77	97	3 590	520			5 494
	辛坪村	亩	1 124	1 131	1 004	1 034	545				4 838

续表

乡镇名称	村名称	单位	耕地等级								总计
			三等地	四等地	五等地	六等地	七等地	八等地	九等地	十等地	
神林乡	杨野河村	亩			56		3 912	22			3 990
	岳村	亩				647	3 105	1 425	1 412		6 590
温堡乡	总计	亩		9 961	2 968	13 242	28 266	14 227	1 198	495	70 357
		%		14.16	4.22	18.82	40.17	20.22	1.70	0.70	100.00
	北山村	亩				1 432	313	99			1 845
	大麦沟村	亩			36	136	2 411	485	1 187	25	4 279
	杜堡村	亩		1 079	1 955		2 744	2			5 779
	杜川村	亩		790		30	1 232	2 218			4 270
	老庄村	亩		855	9	61	954	1 082			2 962
	吕梁村	亩		15	333	4 906	73	252	11		5 591
	前进村	亩		531	217	1 182	3 493				5 423
	田柳沙村	亩				24	2 390	1 200			3 615
	温堡村	亩		946		355	4 575	1 033			6 909
	吴沟村	亩		1 628	224	764	4 036	183			6 836
	夏坡村	亩		1 043		2 915	2				3 960
	新庄村	亩		910	194	1 297	3 140	504		471	6 515
	杨堡村	亩		1 197		141	556	2 650			4 543
	杨坡村	亩		28			1965	2 735			4 727
	张杜沟村	亩		939			381	1 783			3 103
杨河乡	总计	亩		5 103	16 261	10 323	18 987	11 218			61 892
		%		8.24	26.27	16.68	30.68	18.13			100.00
	串河村	亩		1 785	1 764	5 813	704	3 219			13 285
	红旗村	亩		2 297	8 132	2 292	2 121				14 842
	穆沟村	亩		4	3 645	298	3 943	341			8 232
	杨河村	亩		1 017	2 720	852	5 669	21			10 280
	玉皇岔村	亩				1 068	6 549	7 636			15 253

续表

乡镇名称	村名称	单位	耕地等级								总计
			三等地	四等地	五等地	六等地	七等地	八等地	九等地	十等地	
张程乡	总计	亩			805	9 299	15 796	32 909	10 036	1 463	70 308
		%			1.14	13.23	22.47	46.81	14.27	2.08	100.00
	崔家湾村	亩					2 125	7 618	2 939		12 682
	李哈拉村	亩*						7 418			7 418
	马儿岔村	亩			582	5 063	3 520				9 166
	桃园村	亩			222	2 364	1 685	3 496	430		8 197
	五龙村	亩				21	3 270	2 002			5 293
	杨袁村	亩						1 763	2 961	1 463	6 187
	张程村	亩						4 905	3 706		8 611
	赵北孝村	亩				1 851	5 197	5 706			12 754
六盘山林场		亩						26			26
		%						100.00			100.00
沙塘良种场		亩			195						195
		%			100.00						100.00
总计		亩	11 693	44 260	98 563	115 810	184 182	121 983	19 323	3 449	599 265
		%	1.95	7.39	16.45	19.33	30.73	20.36	3.22	0.58	100.00

小，为 3 449 亩，占全县耕地总面积的 0.58%，分布在凤岭乡、好水乡、联财镇、沙塘镇、神林乡、温堡乡及杨河乡 7 个乡镇，在张程乡分布面积最大，在沙塘镇以及神林乡也有少量分布。

从表 5-3 中可以看出，三等地分布在典型黑垆土及黄绵土 2 个土壤亚类中，面积分别为 2 497 亩、9 196 亩，分别占三等地总面积的 21.35%、78.65%。

四等地分布在典型黑垆土、黑麻土、黄绵土、暗灰褐土、典型新积土 5 个亚类中，其中黄绵土面积最大，为 22 312 亩，占四等地总面积的 50.41%，黑麻土 70 亩，占四等地总面积的 0.16%。

五等地分布在典型潮土、典型黑垆土、黑麻土、黄绵土、暗灰褐土、典型新积土 6 个亚类中，在黄绵土及典型黑垆土上分布面积较大，在典型潮土上分布面积最

表 5-3　隆德县不同等级耕地土壤类型面积统计（到亚类）

土壤类型	亚类名称	单位	耕地等级								总计
			三等地	四等地	五等地	六等地	七等地	八等地	九等地	十等地	
潮土	典型潮土	亩			51						51
		%			0.05						0.01
黑垆土	潮黑垆土	亩				27	855				882
		%				0.02	0.46				0.15
	典型黑垆土	亩	2 497	20 926	42 802	45 086	43 580	17 373	4 129	742	177 135
		%	21.35	47.28	43.43	38.93	23.66	14.24	21.37	21.51	29.56
	黑麻土	亩		70	80		29				180
		%		0.16	0.08		0.02				0.03
黄绵土	黄绵土	亩	9 196	22 312	45 504	49 433	107 743	92 076	12 970	996	340 230
		%	78.65	50.41	46.17	42.68	58.50	75.48	67.12	28.89	56.77
灰褐土	暗灰褐土	亩		161	6 597	12 504	18 974	9 920	1 833	1 366	51 355
		%		0.36	6.69	10.80	10.30	8.13	9.49	39.60	8.57
新积土	冲积土	亩						627			627
		%						0.51			0.10
	典型新积土	亩		792	3 530	8 761	13 001	1 986	391	345	28 806
		%		1.79	3.58	7.56	7.06	1.63	2.03	10.00	4.81
总计		亩	11 693	44 260	98 563	115 810	184 182	121 983	19 323	3 449	599 265
		%	100.00	100.00	100.00	100.00	100.00	100.00	100.00	100.00	100.00

小，仅 51 亩。

六等地分布在潮黑垆土、典型黑垆土、黄绵土、暗灰褐土、典型新积土 5 个亚类中。在黄绵土上分布面积最大，为 49 433 亩，占六等地总面积的 42.68%；在典型黑垆土上分布较多，为 45 086 亩；在潮黑垆上上分布最少，仅 27 亩。

七等地分布在潮黑垆土、典型黑垆土、黑麻土、黄绵土、暗灰褐土、典型新积土 6 个亚类中。在黄绵土上分布面积最大，有 107 743 亩，占七等地总面积的 58.50%；在黑麻土上分布面积最小，仅 29 亩，占七等地总面积的 0.02%。

八等地分布在典型黑垆土、黄绵土、暗灰褐土、冲积土、典型新积土 5 个亚类中，在这 5 个亚类的分布面积分别为 17 373 亩、92 076 亩、9 920 亩、627 亩、1 986 亩。

九等地分布在典型黑垆土、黄绵土、暗灰褐土、典型新积土 4 个亚类中。其中，典型黑垆土 4 129 亩，占九等地总面积的 21.37%；黄绵土面积最大，12 970 亩，占九等地总面积的 67.12%；暗灰褐土 1 833 亩，占九等地总面积的 9.49%；典型新积土 391 亩，占九等地总面积的 2.03%。

十等地分布在典型黑垆土、黄绵土、暗灰褐土、典型新积土 4 个亚类中。其中，暗灰褐土面积最大，1 366 亩，占十等地总面积的 39.60%；典型新积土面积最小，345 亩，占十等地总面积的 10%。

二、耕地质量评价指标分析

（一）不同地形部位分布特征

地形部位是指具有特定形态特征和成因的中小地貌单元。平原、高原、丘陵、盆地、山地，它们在相邻的同级形态上是彼此不同的（表 5-4、表 5-5）。

表 5-4　隆德县各乡镇耕地地形部位面积统计

乡镇名称	特征值	地形部位				总计
		山间盆地	山地坡上	山地坡中	山地坡下	
合 计	亩	73 844.70	194 760.71	328 542.81	2 116.32	599 265
	%	12.32	32.51	54.82	0.35	100.00
陈靳乡	亩	894.11	1 462.11	20 764.61	4.31	23 125
	%	3.87	6.32	89.79	0.02	100.00
城关镇	亩	3 606.62	5 977.14	19 178.93	151.58	28 914
	%	12.47	20.67	66.33	0.53	100.00
奠安乡	亩	3 024.89	17 355.73	9 175.10	0	29 556
	%	10.23	58.72	31.05	0	100.00
凤岭乡	亩	252.45	9 123.49	37 878.15	48.62	48 303
	%	0.52	18.89	80.49	0.10	100.00

续表

乡镇名称	特征值	地形部位				总计
		山间盆地	山地坡上	山地坡中	山地坡下	
观庄乡	亩	6 962.63	16 673.08	46 256.65	182.60	70 075
	%	9.94	23.79	66.10	0.26	100.00
好水乡	亩	3 003.92	24 573.72	13 156.21	112.74	40 847
	%	7.35	60.16	32.21	0.28	100.00
联财镇	亩	11 225.95	9 753.47	15 527.51	21.41	36 528
	%	30.73	26.70	42.51	0.06	100.00
沙塘镇	亩	18 219.47	13 990.70	24 967.23	403.92	57 581
	%	31.64	24.30	43.36	0.70	100.00
山河乡	亩	0	5 414.43	15 073.19	509.21	20 997
	%	0	25.79	71.79	2.42	100.00
神林乡	亩	9 561.75	6 427.31	24 572.59	0	40 562
	%	23.57	15.85	60.58	0	100.00
温堡乡	亩	12 333.61	24 646.92	33 011.26	365.10	70 357
	%	17.53	35.03	46.92	0.52	100.00
杨河乡	亩	4 564.65	25 941.54	31 069.33	316.83	61 892
	%	7.38	41.91	50.20	0.51	100.00
张程乡	亩	0	33 395.52	36 912.05	0	70 308
	%	0	47.50	52.50	0	100.00
六盘山林场	亩	0	25.55	0	0	26
	%	0	100.00	0	0	100.00
沙塘良种场	亩	194.64	0	0	0	195
	%	100.00	0	0	0	100.00

表 5-5　隆德县不同等级耕地地形部位面积统计

耕地等级	单位	地形部位				总计
		山间盆地	山地坡下	山地坡中	山地坡上	
三等地	亩	11 693				11 693
	%	100.00				100.00

续表

耕地等级	单位	地形部位				总计
		山间盆地	山地坡下	山地坡中	山地坡上	
四等地	亩	29 349	520	13 428	963	44 260
	%	66.31	1.18	30.34	2.18	100.00
五等地	亩	30 708	823	60 713	6319	98 563
	%	31.16	0.84	61.60	6.41	100.00
六等地	亩	397	389	101 326	13 699	115 810
	%	0.34	0.34	87.49	11.83	100.00
七等地	亩	1 062	345	111 040	71 735	184 182
	%	0.58	0.19	60.29	38.95	100.00
八等地	亩	635	39	36 030	85 279	121 983
	%	0.52	0.03	29.54	69.91	100.00
九等地	亩			6 004	13 319	19 323
	%			31.07	68.93	100.00
十等地	亩			1	3 448	3 449
	%			0.04	99.96	100.00
总计	亩	73 845	2 116	328 543	194 761	599 265
	%	12.32	0.35	54.82	32.50	100.00

隆德县耕地地形部位分为山间盆地、山地坡下、山地坡中、山地坡上4种类型。

全县12.32%的耕地地形部位为山间盆地，三、四等地地形部位主要为山间盆地。0.35%的耕地地形部位为山地坡下，四、五等地山地坡下较多。山地坡中共328 543亩，占耕地总面积的54.82%；山地坡上149 761亩，占耕地总面积的32.50%。

（二）生物多样性分布特征

生物多样性是生物及其环境形成的生态复合体以及与此相关的各种生态过程的总和。

隆德县耕地总面积599 265亩，生物多样性分为丰富、一般、不丰富3种类型。其中，生物多样性为丰富的耕地354 855亩，占耕地总面积的59.22%；生物多样性为一般的耕地235 166亩，占耕地总面积的39.24%；生物多样性为不丰富的耕地

9 243亩，占耕地总面积的1.54%（表5-6）。

表 5-6　隆德县不同等级耕地生物多样性分级面积

耕地等级	单位	生物多样性			总计
		丰富	一般	不丰富	
三等地	亩	11 693			11 693
	%	100.00			100.00
四等地	亩	38 153	6 107		44 260
	%	86.20	13.80		100.00
五等地	亩	62 625	35 938		98 563
	%	63.54	36.46		100.00
六等地	亩	99 858	15 952		115 810
	%	86.23	13.77		100.00
七等地	亩	113 531	70 652		184 182
	%	61.64	38.36		100.00
八等地	亩	25 687	94 396	1 900	121 983
	%	21.06	77.38	1.56	100.00
九等地	亩	2 048	11 457	5 818	19 323
	%	10.60	59.29	30.11	100.00
十等地	亩	1 259	665	1 525	3 449
	%	36.51	19.28	44.21	100.00
总计	亩	354 855	235 166	9 243	599 265
	%	59.22	39.24	1.54	100.00

生物多样性丰富：山河乡面积20 996.83亩，奠安乡面积29 555.72亩，分别占该乡耕地面积的100.00%；观庄乡面积68 451.54亩，占该乡耕地面积的97.68%；陈靳乡面积21 995.90亩，占该乡耕地面积的95.12%；温堡乡面积66 458.72亩，占该乡耕地面积的94.46%；杨河面积41 114.12亩，占该乡耕地面积的66.43%；联财镇面积21 199.91亩，占该乡耕地面积的58.04%；其余乡镇面积和占比较小。生物多样性一般：张程乡面积57 877.96亩，占该乡耕地面积的82.32%；沙塘镇面积45 981.40亩，占该乡耕地面积的79.85%；神林乡面积31 992.80亩，占该乡耕

地面积的 78.87%；好水面积 30 184.26 亩，占该乡耕地面积的 73.90%；城关镇面积 17 898.03 亩，占该乡耕地面积的 61.90%；山河乡和奠安乡无面积。生物多样性不丰富：神林乡面积 5 615.15 亩，占该乡耕地面积的 13.84%；张程乡面积 3 606.41 亩，占该乡耕地面积的 5.13%（表 5-7）。

表 5-7　隆德县各乡镇耕地生物多样性面积统计

乡镇名称	面积	生物多样性			总计
		丰富	一般	不丰富	
合计	亩	354 855.45	235 166.42	9 242.67	599 265
	%	59.22	39.24	1.54	100.00
陈靳乡	亩	21 995.9	1 129.24	0	23 125
	%	95.12	4.88	0	100.00
城关镇	亩	11 016.24	17 898.03	0	28 914
	%	38.1	61.9	0	100.00
奠安乡	亩	29 555.72	0	0	29 556
	%	100	0	0	100.00
凤岭乡	亩	40 022.88	8 279.84	0	48 303
	%	82.86	17.14	0	100.00
观庄乡	亩	68 451.54	1 623.42	0	70 075
	%	97.68	2.32	0	100.00
好水乡	亩	10 662.34	30 184.26	0	40 847
	%	26.1	73.9	0	100.00
联财镇	亩	21 199.91	15 328.42	0	36 528
	%	58.04	41.96	0	100.00
沙塘镇	亩	11 578.8	45 981.4	21.12	57 581
	%	20.11	79.85	0.04	100.00
山河乡	亩	20 996.83	0	0	20 997
	%	100	0	0	100.00
神林乡	亩	2 953.71	31 992.8	5 615.15	40 562
	%	7.28	78.87	13.84	100.00
温堡乡	亩	66 458.72	3 898.18	0	70 357
	%	94.46	5.54	0	100.00

续表

乡镇名称	面积	生物多样性			总计
		丰富	一般	不丰富	
杨河乡	亩	41 114.12	20 778.23	0	61 892
	%	66.43	33.57	0	100.00
张程乡	亩	8 823.2	57 877.96	3 606.41	70 308
	%	12.55	82.32	5.13	100.00
六盘山林场	亩	25.55	0	0	26
	%	100	0	0	100.00
沙塘良种场	亩	0	194.64	0	195
	%	0	100	0	100.00

（三）农田灌溉能力分布特征

灌溉能力是预期灌溉用水量在多年灌溉中能够得到满足的程度，灌溉能力表现为基本满足和不满足。隆德县耕地灌溉能力 12.32% 为基本满足，这部分耕地均为水浇地，87.68% 为不满足。耕地排水能力均为充分满足（表 5-8、表 5-9）。

表 5-8　隆德县各乡镇耕地灌溉能力面积统计

乡镇名称	面积	灌溉能力		总计
		基本满足	不满足	
合计	亩	73 844.70	525 419.85	599 265
	%	12.32	87.68	100.00
陈靳乡	亩	894.11	22 231.03	23 125
	%	3.87	96.13	100.00
城关镇	亩	3 606.62	25 307.65	28 914
	%	12.47	87.53	100.00
奠安乡	亩	3 024.89	26 530.83	29 556
	%	10.23	89.77	100.00
凤岭乡	亩	252.45	48 050.26	48 303
	%	0.52	99.48	100.00

续表

乡镇名称	面积	灌溉能力		总计
		基本满足	不满足	
观庄乡	亩	6 962.63	63 112.33	70 075
	%	9.94	90.06	100.00
好水乡	亩	3 003.92	37 842.67	40 847
	%	7.35	92.65	100.00
联财镇	亩	11 225.95	25 302.38	36 528
	%	30.73	69.27	100.00
沙塘镇	亩	18 219.47	39 361.85	57 581
	%	31.64	68.36	100.00
山河乡	亩	0	20 996.83	20 997
	%	0	100.00	100.00
神林乡	亩	9 561.75	30 999.90	40 562
	%	23.57	76.43	100.00
温堡乡	亩	12 333.61	58 023.29	70 357
	%	17.53	82.47	100.00
杨河乡	亩	4 564.65	57 327.70	61 892
	%	7.38	92.62	100.00
张程乡	亩	0	70 307.56	70 308
	%	0	100.00	100.00
沙塘良种场	亩	194.64	0	195
	%	100.00	0	100.00
六盘山林场	亩	0	25.55	26
	%	0	100.00	100.00

　　隆德县耕地总面积 599 265 亩，各乡镇耕地灌溉能力基本满足面积 73 844.70 亩，占总面积的 12.32%。沙塘镇面积 18 219.47 亩，占该乡镇耕地面积的 31.64%；联财镇面积 11 225.95 亩，占该乡镇耕地面积的 30.73%；神林乡面积 9 561.75 亩，占该乡耕地面积的 23.57%；温堡乡面积 12 333.61 亩，占该乡耕地面积的 17.53%。

耕地灌溉能力不满足面积 525 419.85 亩，占总面积的 87.68%，全县 13 个乡镇均有分布。

表 5-9　隆德县不同等级耕地灌溉能力面积统计

耕地等级	单位	灌溉能力		总计
		基本满足	不满足	
三等地	亩	11 693		11 693
	%	100.00		100.00
四等地	亩	29 349	14 911	44 260
	%	66.31	33.69	100.00
五等地	亩	30 708	67 855	98 563
	%	31.16	68.84	100.00
六等地	亩	397	115 413	115 810
	%	0.34	99.66	100.00
七等地	亩	1 062	183 120	184 182
	%	0.58	99.42	100.00
八等地	亩	635	121 348	121 983
	%	0.52	99.48	100.00
九等地	亩	0	19 323	19 323
	%	0	100.00	100.00
十等地	亩	0	3 449	3 449
	%	0	100.00	100.00
总计	亩	73 845	525 420	599 265
	%	12.32	87.68	100.00

第二节　耕地质量等级分述

综合隆德县耕地质量等级评价成果，根据加权平均数计算得到隆德县耕地质量平均等级（表 5-10）。

表 5-10　隆德县各等级耕地综合指数范围统计

准则	评价因子	耕地质量等级	三等	四等	五等	六等	七等	八等	九等	十等
养分状况	有机质	综合指数范围	0.063 8~0.099 6	0.045 1~0.099 6	0.036 3~0.099 6	0.045 1~0.099 6	0.035 5~0.099 6	0.033 0~0.099 6	0.025 9~0.099 6	0.025 0~0.099 6
		平均值	0.087 8	0.073 5	0.070 6	0.077 0	0.068 8	0.058 4	0.050 6	0.064 2
	有效磷	综合指数范围	0.046 3~0.071 8	0.025 5~0.071 8	0.023 4~0.071 8	0.021 9~0.071 8	0.022~0.071 8	0.021 9~0.071 8	0.022 2~0.054 9	0.023 1~0.046 1
		平均值	0.064 8	0.050 6	0.044 1	0.039 8	0.036 5	0.034 3	0.028 3	0.030 2
	速效钾	综合指数范围	0.050 8~0.059 4	0.029 8~0.059 4	0.031 0~0.059 4	0.029 8~0.059 4	0.029 8~0.059 4	0.028 3~0.059 4	0.028 0~0.057 0	0.031 5~0.047 2
		平均值	0.057 5	0.049 2	0.046 2	0.043 4	0.042 3	0.041 1	0.037 7	0.037 7
立地条件	地形部位	综合指数范围	0.110 0~0.110 0	0.055 0~0.110 0	0.055 0~0.110 0	0.055 0~0.110 0	0.055 0~0.110 0	0.055 0~0.110 0	0.055~0.082 5	0.055~0.082 5
		平均值	0.110 0	0.102 1	0.091 1	0.080 5	0.070 8	0.062 7	0.061 6	0.055 6
	农田林网化	综合指数范围	0.026 7~0.026 7	0.026 7~0.026 7	0.026 7~0.026 7	0.026 7~0.026 7	0.026 7~0.026 7	0.026 7~0.026 7	0.026 7~0.026 7	0.026 7~0.026 7
		平均值	0.026 7	0.026 7	0.026 7	0.026 7	0.026 7	0.026 7	0.026 7	0.026 7
	海拔	综合指数范围	0.019 6~0.031 1	0.018 0~0.031 1	0.016 2~0.031 0	0.015 9~0.031 0	0.015 5~0.030 4	0.015 1~0.030 9	0.017 8~0.029 7	0.017 4~0.026 1
		平均值	0.029 4	0.024 4	0.022 6	0.021 7	0.022 1	0.023 1	0.024 3	0.021 3
土壤管理	灌溉能力	综合指数范围	0.074 0~0.074 0	0.044 4~0.074 0	0.044 4~0.074 0	0.044 4~0.074 0	0.044 4~0.074 0	0.044 4~0.074 0	0.044 4~0.044 4	0.044 4~0.044 4
		平均值	0.074 0	0.065 0	0.053 4	0.045 0	0.044 6	0.045 1	0.044 4	0.044 4
	排水能力	综合指数范围	0.034 4~0.034 4	0.034 4~0.034 4	0.034 4~0.034 4	0.034 4~0.034 4	0.034 4~0.034 4	0.034 4~0.034 4	0.034 4~0.034 4	0.034 4~0.034 4
		平均值	0.034 4	0.034 4	0.034 4	0.034 4	0.034 4	0.034 4	0.034 4	0.034 4
剖面性状	有效土层厚	综合指数范围	0.055 8~0.055 8	0.039 1~0.055 8	0.039 1~0.055 8	0.022 3~0.055 8	0.022 3~0.055 8	0.022 3~0.055 8	0.022 3~0.055 8	0.022 3~0.055 8
		平均值	0.055 8	0.055 4	0.053 9	0.052 4	0.052 0	0.051 8	0.052 3	0.038 7
	障碍因素	综合指数范围	0.040 7~0.040 7	0.020 4~0.040 7	0.020 4~0.040 7	0.020 4~0.040 7	0.020 4~0.040 7	0.020 4~0.040 7	0.020 4~0.040 7	0.020 4~0.024 4
		平均值	0.040 7	0.040 5	0.040 5	0.040 3	0.039 9	0.038 3	0.032 1	0.021 6
	质地构型	综合指数范围	0.057 5~0.057 5	0.025 6~0.057 5	0.025 6~0.057 5	0.025 6~0.057 5	0.025 6~0.057 5	0.025 6~0.057 5	0.025 6~0.057 5	0.025 6~0.057 5
		平均值	0.057 5	0.057 3	0.057 3	0.056 9	0.056 5	0.054 3	0.051 6	0.042 9

续表

准则	评价因子	耕地质量等级	三等	四等	五等	六等	七等	八等	九等	十等
耕层理化	耕层质地	综合指数范围	0.070 7~0.070 7	0.060 1~0.070 7	0.060 1~0.070 7	0.060 1~0.070 7	0.056 6~0.070 7	0.056 6~0.070 7	0.056 6~0.070 7	0.056 6~0.070 7
		平均值	0.070 7	0.070 6	0.070 7	0.070 6	0.070 6	0.070 0	0.068 2	0.063 1
	土壤容重	综合指数范围	0.035 7~0.038 9	0.023 4~0.038 9	0.023 4~0.038 9	0.023 3~0.038 9	0.023 4~0.038 9	0.023 4~0.038 9	0.026 0~0.038 9	0.027 9~0.038 7
		平均值	0.038 1	0.036 2	0.036 8	0.035 8	0.035 4	0.035 7	0.035 3	0.032 4
	pH 值	综合指数范围	0.022 1~0.028 4	0.020 1~0.029 5	0.019 2~0.029 5	0.018 3~0.029 5	0.017 4~0.027 3	0.017 4~0.028 4	0.018 3~0.026 3	0.021 1~0.026 3
		平均值	0.024 1	0.023 5	0.023 7	0.023 0	0.023 0	0.022 7	0.022 1	0.023 4
健康状况	生物多样性	综合指数范围	0.028 0~0.028 0	0.019 6~0.028 0	0.019 6~0.028 0	0.019 6~0.028 0	0.019 6~0.028 0	0.011 2~0.028	0.011 2~0.028	0.011 2~0.028
		平均值	0.028 0	0.025 6	0.024 5	0.026 6	0.025 0	0.022 0	0.019 9	0.020 9
	清洁程度	综合指数范围	0.023 0~0.023 0	0.023 0~0.023 0	0.023 0~0.023 0	0.023 0~0.023 0	0.023 0~0.023 0	0.023 0~0.023 0	0.023 0~0.023 0	0.023 0~0.023 0
		平均值	0.023 0	0.023 0	0.023 0	0.023 0	0.023 0	0.023 0	0.023 0	0.023 0
评价得分		综合指数范围	0.792 8~0.844 9	0.734 8~0.791 8	0.707 4~0.734 6	0.685 9~0.707 4	0.658 1~0.685 9	0.621 1~0.658 1	0.593 8~0.620 7	0.557 1~0.592 8
		平均值	0.822 6	0.757 9	0.719 5	0.696 9	0.672 6	0.643 7	0.612 5	0.580 4

一、三等地分析

隆德县三等耕地相当于国家耕地质量等级三等（表 5-11、表 5-12、表 5-13、表 5-14、表 5-15、表 5-16）。

（一）主要属性分析

1. 评价指数分析

本次耕地质量评价三等地综合指数为 0.792 9~0.999 8，隆德县三等地综合指数为 0.792 8~0.844 9，平均值为 0.822 6。三等地与其他等地的主要区别是：有机质含量均大于 15 g/kg，有效磷含量均大于 20 mg/kg，速效钾含量均大于 200 mg/kg，地形部位均为山间盆地，灌溉能力均为基本满足，有效土层厚度均大于 100 cm，土壤均无障碍因素，质地构型均为海绵型，均为中壤土，生物多样性程度均为丰富。

隆德县三等地 11 693 亩，占全县耕地总面积1.95%，分布在渝河流域的神林乡、

表 5-11　隆德县耕地质量评价指标范围

评价因子	全国指标指数范围			隆德县指标指数范围		
	最小值	最大值	平均值	最小值	最大值	平均值
灌溉能力	0.044 4	0.147 9	0.096 1	0.044 4	0.074 0	0.488 8
地形部位	0.027 5	0.137 5	0.082 5	0.055 0	0.110 0	0.077 9
有机质	0	0.099 6	0.049 8	0.025 0	0.099 6	0.068 8
有效磷	0	0.0718	0.035 9	0.021 9	0.071 8	0.039 5
耕层质地	0.028 3	0.070 7	0.049 5	0.056 6	0.070 7	0.070 3
海拔	0	0.667	0.033 4	0.015 2	0.031 1	0.022 7
质地构型	0.025 6	0.063 9	0.044 7	0.025 6	0.057 5	0.056 1
速效钾	0	0.059 4	0.029 7	0.028 0	0.059 4	0.043 9
有效土层厚度	0	0.055 8	0.027 9	0.022 3	0.055 8	0.052 6
障碍因素	0.016 3	0.040 7	0.028 5	0.020 4	0.040 7	0.039 4
土壤容重	0	0.038 9	0.019 5	0.023 4	0.038 9	0.035 8
pH 值	0	0.035 0	0.017 5	0.017 4	0.029 5	0.023 1
排水能力	0.010 3	0.034 4	0.022 4	0.034 4	0.034 4	0.034 4
生物多样性	0.011 2	0.028 0	0.019 6	0.011 2	0.028 0	0.024 5
农田林网化	0.010 7	0.026 7	0.018 7	0.026 7	0.026 7	0.026 7
清洁程度	0	0.023 0	0.011 5	0.023 0	0.023 0	0.023 0

联财镇山间盆地，土壤类型为黄绵土 9 196 亩、典型黑垆土 2 497 亩，分别占三等地总面积的 78.65% 和 21.36%。

2. 养分状况

三等地土壤有机质最大值为 28.2 g/kg，最小值为 18.1 g/kg，平均值为 23.73 g/kg，评价指数 0.087 8，大于国家该指数平均值 0.049 8，大于该县指数平均值 0.068 8。

按全国耕地土壤有机质分级标准，三等地土壤有机质分布在 15~20 g/kg 和大于等于 20 g/kg 的面积，分别占三等地总面积的 33.45% 和 66.55%。耕地土壤有效磷含量最大值为 54.3 mg/kg，最小值为 20.7 mg/kg，平均值为 37.75 mg/kg，评价指数 0.064 8，大于国家该指数平均值 0.064 8，按土壤有效磷分级标准，三等地有效磷含量主要分布在 20~30 mg/kg 级别，占三等地总面积的 60.39%。土壤速效钾含量最大值为 349 mg/kg，最小值为 213 mg/kg，平均值为 285 mg/kg，评价指数 0.057 5，大于国家该指数平均值 0.029 7，含量主要分布在 200~250 mg/kg、250~300 mg/kg 和大于 300 mg/kg 3 个级别范围内，分别占三等地总面积的 21.52%、41.11% 和 37.37%。土壤全氮最大值为 1.32 g/kg，最小值为 0.68 g/kg，平均值为 0.89 g/kg。

表 5-12 隆德县耕地质量评价指标指数范围

耕地质量等级	评价因子	概念型指标								
		灌溉能力	地形部位	耕层质地	质地构型	有效土层厚度	障碍因素	排水能力	生物多样性	农田林网化
三等	范围	0.074 0~0.074 0	0.110~0.110 0	0.070 7~0.070 7	0.057 5~0.057 5	0.055 8~0.055 8	0.040 7~0.040 7	0.034 4~0.034 4	0.028 0~0.028 0	0.026 7~0.026 7
	平均值	0.074 0	0.110 0	0.070 7	0.057 5	0.055 8	0.040 7	0.034 4	0.028 0	0.026 7
四等	范围	0.044 4~0.074 0	0.055 0~0.110	0.060 1~0.070 7	0.025 6~0.057 5	0.039 1~0.055 8	0.020 4~0.040 7	0.034 4~0.034 4	0.019 6~0.028 0	0.026 7~0.026 7
	平均值	0.065 0	0.102 1	0.070 6	0.057 3	0.055 4	0.040 5	0.034 4	0.025 6	0.026 7
五等	范围	0.044 4~0.074 0	0.055 0~0.110	0.060 1~0.070 7	0.025 6~0.057 5	0.039 1~0.055 8	0.020 4~0.040 7	0.034 4~0.034 4	0.019 6~0.028 0	0.026 7~0.026 7
	平均值	0.053 4	0.091 1	0.070 7	0.057 3	0.053 9	0.040 5	0.034 4	0.024 5	0.026 7
六等	范围	0.044 4~0.074 0	0.055 0~0.110	0.060 1~0.070 7	0.025 6~0.057 5	0.022 3~0.055 8	0.020 4~0.040 7	0.034 4~0.034 5	0.019 6~0.028 0	0.026 7~0.026 7
	平均值	0.045 0	0.080 5	0.070 6	0.056 9	0.052 4	0.040 3	0.034 4	0.026 6	0.026 7
七等	范围	0.044 4~0.074 0	0.055 0~0.110	0.056 6~0.070 7	0.025 6~0.057 5	0.022 3~0.055 8	0.020 4~0.040 7	0.034 4~0.034 4	0.019 6~0.028 0	0.026 7~0.026 7
	平均值	0.044 6	0.070 8	0.070 6	0.056 5	0.052 0	0.039 9	0.034 4	0.025 0	0.026 7
八等	范围	0.044 4~0.074 0	0.055 0~0.110	0.056 6~0.070 7	0.025 6~0.057 5	0.022 3~0.055 8	0.020 4~0.040 7	0.034 4~0.034 4	0.011 2~0.028 0	0.026 7~0.026 7
	平均值	0.045 1	0.062 7	0.070 0	0.054 3	0.051 8	0.038 3	0.034 4	0.022 0	0.026 7
九等	范围	0.044 4~0.044 4	0.055 0~0.082 5	0.056 6~0.070 7	0.025 6~0.057 5	0.022 3~0.055 8	0.020 4~0.040 7	0.034 4~0.034 4	0.011 2~0.028 0	0.026 7~0.026 7
	平均值	0.044 4	0.061 6	0.068 2	0.051 6	0.052 3	0.032 1	0.034 4	0.019 9	0.026 7
十等	范围	0.044 4~0.044 4	0.055 0~0.082 5	0.056 6~0.070 7	0.025 6~0.057 5	0.022 3~0.055 8	0.020 4~0.024 4	0.034 4~0.034 4	0.011 2~0.028 0	0.026 7~0.026 7
	平均值	0.044 4	0.055 6	0.063 1	0.042 9	0.038 7	0.021 6	0.034 4	0.020 9	0.026 7

微量元素含量情况：有效铜含量最大值为 1.62 mg/kg，最小值为 0.11 mg/kg，

平均值为 0.75 mg/kg；有效锌含量最大值为 0.97 mg/kg，最小值为 0.28 mg/kg，平均值为 0.62 mg/kg；有效铁含量最大值为 21.4 mg/kg，最小值为 5.3 mg/kg，平均值为 11.36 mg/kg；有效锰含量最大值为 16.2 mg/kg，最小值为 2.9 mg/kg，平均值为 10.78 mg/kg；有效硼含量最大值为 3.43 mg/kg，最小值为 1.92 mg/kg，平均值为 2.87 mg/kg。

表 5-13　隆德县耕地质量评价指标指数范围

耕地质量等级	评价因子	数值型指标							
		清洁程度	有机质	有效磷	海拔	速效钾	土壤容重	pH 值	综合指数
三等	范围	0.023 0~ 0.023 0	0.063 8~ 0.099 6	0.046 3~ 0.071 8	0.019 6~ 0.031 1	0.050 8~ 0.059 4	0.037 0~ 0.038 9	0.022 1~ 0.028 4	0.792 8~ 0.844 9
	平均值	0.023 0	0.087 8	0.064 8	0.029 4	0.057 5	0.038 1	0.024 1	0.822 6
四等	范围	0.023 0~ 0.023 0	0.045 1~ 0.099 6	0.025 5~ 0.071 8	0.018 0~ 0.031 1	0.029 8~ 0.059 4	0.023 4~ 0.038 9	0.020 1~ 0.029 5	0.734 8~ 0.791 8
	平均值	0.023 0	0.073 5	0.050 6	0.024 4	0.049 2	0.036 2	0.023 5	0.757 9
五等	范围	0.023 0~ 0.023 0	0.036 3~ 0.099 6	0.023 4~ 0.071 8	0.016 2~ 0.031 0	0.031 0~ 0.059 4	0.023 4~ 0.038 9	0.019 2~ 0.029 5	0.707 4~ 0.734 6
	平均值	0.023 0	0.070 6	0.044 1	0.022 6	0.046 2	0.036 8	0.023 7	0.719 5
六等	范围	0.023 0~ 0.023 0	0.045 1~ 0.099 6	0.021 9~ 0.071 8	0.015 9~ 0.031 0	0.029 8~ 0.059 4	0.023 3~ 0.038 9	0.018 3~ 0.029 5	0.685 9~ 0.707 4
	平均值	0.023 0	0.077 0	0.039 8	0.021 7	0.043 4	0.035 8	0.023 0	0.696 9
七等	范围	0.023 0~ 0.023 0	0.035 5~ 0.099 6	0.022 0~ 0.071 8	0.015 5~ 0.030 4	0.029 8~ 0.059 4	0.023 4~ 0.038 9	0.017 4~ 0.027 3	0.658 1~ 0.685 9
	平均值	0.023 0	0.068 8	0.036 5	0.022 1	0.042 3	0.035 4	0.023 0	0.672 6
八等	范围	0.023 0~ 0.023 0	0.033 0~ 0.099 6	0.021 9~ 0.071 8	0.015 1~ 0.030 9	0.028 3~ 0.059 4	0.023 4~ 0.038 9	0.017 4~ 0.028 4	0.621 1~ 0.658 1
	平均值	0.023 0	0.058 4	0.034 3	0.023 1	0.041 1	0.035 7	0.022 7	0.643 7
九等	范围	0.023 0~ 0.023 0	0.025 9~ 0.099 6	0.022 2~ 0.054 9	0.017 8~ 0.029 7	0.028 0~ 0.057 0	0.026 0~ 0.038 9	0.018 3~ 0.026 3	0.593 8~ 0.620 7
	平均值	0.023 0	0.050 6	0.028 3	0.024 3	0.037 7	0.035 3	0.022 1	0.612 5
十等	范围	0.023 0~ 0.023 0	0.025 0~ 0.099 6	0.023 1~ 0.046 1	0.017 4~ 0.026 1	0.031 5~ 0.047 2	0.027 9~ 0.038 7	0.021 1~ 0.026 3	0.557 1~ 0.592 8
	平均值	0.023 0	0.064 2	0.030 2	0.021 3	0.037 7	0.032 4	0.023 4	0.580 4

3. 立地条件

三等地地形部位均为山间盆地，农田林网化程度均为高，海拔最高 2 197 m。

从表 5-10 看出，三等地地形部位评价指数 0.110 0，大于国家该指数平均值0.082 5，分布在河谷平原及山间盆地，占三等地总面积的 100.00%；农田林网化指数 0.026 7，大于国家该指数平均值 0.018 7；海拔 1 718.90 m，评价指数 0.029 4，小于国家该指数平均值 0.033 4。

4. 剖面性状

土壤质地构型指数 0.057 5，大于国家该指数平均值 0.044 7，均为海绵型，占三等地总面积的 100.00%；障碍因素指数 0.040 7，大于国家该指数平均值 0.028 5，无障碍，占三等地总面积的 100.00%；有效土层厚度指数 0.055 8，大于国家该指数平均值0.027 9，大于 100 cm，占三等地总面积的 100.00%。

表 5-14　隆德县耕地土壤养分特征值统计

耕地等级	特征值	有机质/(g·kg⁻¹)	有效磷/(mg·kg⁻¹)	速效钾/(mg·kg⁻¹)	全氮/(g·kg⁻¹)	有效铜/(mg·kg⁻¹)	有效锌/(mg·kg⁻¹)	有效铁/(mg·kg⁻¹)	有效锰/(mg·kg⁻¹)	有效硼/(mg·kg⁻¹)
三等地	平均值	23.73	37.75	285.00	0.89	0.75	0.62	11.36	10.78	2.87
	最大值	28.20	54.30	349.00	1.32	1.62	0.97	21.40	16.20	3.43
	最小值	18.10	20.70	213.00	0.68	0.11	0.28	5.30	2.90	1.92
	标准差	3.18	11.65	43.67	0.12	0.24	0.25	4.90	2.41	0.30
四等地	平均值	20.18	25.07	216.08	0.97	0.61	0.47	10.18	7.42	2.45
	最大值	28.10	63.80	388.00	1.59	2.63	1.33	22.80	18.79	3.89
	最小值	13.60	6.50	98.00	0.62	0.11	0.24	1.70	1.00	1.41
	标准差	3.47	13.57	60.10	0.17	0.51	0.23	5.58	5.24	0.45
五等地	平均值	19.65	19.98	194.72	1.07	0.59	0.48	13.18	8.34	2.47
	最大值	34.10	50.70	371.00	1.60	2.65	1.52	23.29	19.70	3.95
	最小值	10.80	4.40	106.00	0.65	0.11	0.22	1.40	0.80	1.55
	标准差	4.77	10.51	54.16	0.21	0.46	0.27	5.34	5.97	0.51
六等地	平均值	21.24	16.69	178.64	1.08	0.63	0.51	11.76	8.38	2.30
	最大值	35.40	50.50	380.00	1.65	2.97	1.88	23.20	19.20	3.98
	最小值	13.60	2.70	98.00	0.62	0.11	0.20	1.40	1.00	1.47
	标准差	3.99	7.06	53.50	0.18	0.53	0.29	5.81	5.19	0.46

续表

耕地等级	特征值	有机质/ (g·kg⁻¹)	有效磷/ (mg·kg⁻¹)	速效钾/ (mg·kg⁻¹)	全氮/ (g·kg⁻¹)	有效铜/ (mg·kg⁻¹)	有效锌/ (mg·kg⁻¹)	有效铁/ (mg·kg⁻¹)	有效锰/ (mg·kg⁻¹)	有效硼/ (mg·kg⁻¹)
七等地	平均值	19.25	14.55	177.42	1.02	0.55	0.50	11.42	7.67	2.37
	最大值	35.30	38.30	400.00	1.61	2.98	2.02	23.00	19.70	4.17
	最小值	10.50	2.90	98.00	0.61	0.11	0.21	1.30	0.60	1.10
	标准差	3.86	5.01	49.51	0.16	0.42	0.30	5.87	5.39	0.43
八等地	平均值	16.85	13.07	163.80	0.95	0.51	0.64	11.83	6.81	2.38
	最大值	34.20	39.10	358.00	1.52	2.79	2.14	23.90	19.70	3.66
	最小值	9.50	2.70	88.00	0.64	0.11	0.21	1.30	0.80	1.55
	标准差	4.35	5.55	39.10	0.15	0.38	0.41	5.57	5.42	0.41
九等地	平均值	14.39	8.68	144.04	1.03	0.50	0.88	14.17	6.30	2.18
	最大值	29.00	25.10	253.00	1.36	1.33	2.00	23.50	19.40	3.15
	最小值	6.10	3.00	86.00	0.65	0.12	0.23	1.90	0.60	1.59
	标准差	6.06	3.63	29.35	0.16	0.31	0.56	4.22	5.30	0.34
十等地	平均值	17.75	9.96	144.35	1.10	0.38	0.43	12.71	4.75	2.14
	最大值	29.30	20.6	194.00	1.36	1.98	1.00	21.60	19.20	2.59
	最小值	5.60	4.00	109.00	0.57	0.12	0.20	4.70	0.50	1.56
	标准差	7.59	4.93	20.74	0.12	0.35	0.17	4.93	5.63	0.36

5. 耕层理化性质

土壤耕层质地指数 0.070 7，大于国家该指数平均值 0.049 5，均为中壤，占三等地总面积的 100.00%；土壤容重 1.22 g/cm³，评价指数 0.038 1，大于国家该指数平均值0.019 5；土壤酸碱度指数 0.024 1，大于国家该指数平均值 0.017 5。

6. 土壤健康状况

土壤清洁程度指数 0.023 0，大于国家该指数平均值 0.011 5；生物多样性指数 0.028 0，大于国家该指数平均值 0.019 6，均为丰富，占三等地总面积的 100.00%。

7. 土壤管理

耕地排水能力指数 0.034 4，大于国家该指数平均值 0.02 24；灌溉能力指数 0.074 0，小于国家该指数平均值 0.096 1，均为基本满足，占三等地总面积的 100.00%。

表 5-15　隆德县各土壤类型耕地面积统计（到亚类）

土壤类型	亚类名称	单位	耕地等级								总计
			三等地	四等地	五等地	六等地	七等地	八等地	九等地	十等地	
潮土	典型潮土	亩	0	0	51	0	0	0	0	0	51
		%	0	0	0.05	0	0	0	0	0	0.01
黑垆土	潮黑垆土	亩	0	0	0	27	855	0	0	0	882
		%	0	0	0	0.02	0.46	0	0	0	0.15
	典型黑垆土	亩	2 497	20 926	42 802	45 086	43 580	17 373	4 129	742	177 135
		%	21.36	47.28	43.43	38.93	23.66	14.24	21.37	21.51	29.56
	黑麻土	亩	0	70	80	0	29	0	0	0	180
		%	0	0.16	0.08	0	0.02	0	0	0	0.03
黄绵土	黄绵土	亩	9 196	22 312	45 504	49 433	107 743	92 076	12 970	996	340 230
		%	78.65	50.41	46.17	42.68	58.50	75.48	67.12	28.89	56.77
灰褐土	暗灰褐土	亩	0	161	6 597	12 504	18 974	9 920	1 833	1 366	51 355
		%	0	0.36	6.69	10.80	10.30	8.13	9.49	39.60	8.57
新积土	冲积土	亩	0	0	0	0	0	627	0	0	627
		%	0	0	0	0	0	0.51	0	0	0.10
	典型新积土	亩	0	792	3 530	8 761	13 001	1 986	391	345	28 806
		%	0	1.79	3.58	7.56	7.06	1.63	2.03	10.00	4.81
总计		亩	11 693	44 260	98 563	115 810	184 182	121 983	19 323	3 449	599 265
		%	100.00	100.00	100.00	100.00	100.00	100.00	100.00	100.00	100.00

（二）评定结果概述

1. 日照较长、光热条件好

三等地分布地形部位较低，小气候条件好，光热资源丰富，有利于多种作物生长发育，是隆德县高产稳产粮田，冬小麦单产一般 350~450 kg/亩，玉米单产500~600 kg/亩。耕地基础地力较高，基本不存在障碍因素，应按照用养结合方式开展农业生产，调整种植结构，推广实施粮豆轮作、粮菜轮作，加快高标准农田建设，推广生态耕作、秸秆还田、增施有机肥等方式，提升耕地质量水平，夯实粮食安全物质基础，确保耕地质量稳中有升。

表 5-16 三等地耕地质量评价指标面积统计

有机质含量/(g·kg⁻¹)	特征值	<10	10~15	15~20	≥20	0	0	0
	亩	0	0	3 911	7 782	0	0	0
	%	0	0	33.45	66.55	0	0	0
有效磷含量/(mg·kg⁻¹)	特征值	<5	5~10	10~20	20~30	30~40	40~50	≥50
	亩	0	0	0	7 061	250	1 524	2 858
	%	0	0	0	60.39	2.14	13.03	24.44
速效钾含量/(mg·kg⁻¹)	特征值	50~100	100~150	150~200	200~250	250~300	≥300	0
	亩	0	0	0	2 516	4 807	4 370	0
	%	0	0	0	21.52	41.11	37.37	0
土壤全氮/(g·kg⁻¹)	特征值	0.5~0.75	0.75~1	1~1.25	≥1.25	0	0	0
	亩	2 463	6 335	2 885	10	0	0	0
	%	21.07	54.18	24.67	0.08	0	0	0
地形部位	特征值	山间盆地	山地坡下	山地坡中	山地坡上	0	0	0
	亩	11 693.02	0	0	0	0	0	0
	%	100	0	0	0	0	0	0
耕层质地	特征值	中壤土	轻壤土	重壤	0	0	0	0
	亩	11 693.02	0	0	0	0	0	0
	%	100	0	0	0	0	0	0
质地构型	特征值	海绵型	紧实型	夹层型	松散型	0	0	0
	亩	11 693.02	0	0	0	0	0	0
	%	100	0	0	0	0	0	0
障碍因素	特征值	无	瘠薄	障碍层次	0	0	0	0
	亩	11 693.02	0	0	0	0	0	0
	%	100	0	0	0	0	0	0
生物多样性	特征值	丰富	一般	不丰富	0	0	0	0
	亩	11 693.02	0	0	0	0	0	0
	%	100	0	0	0	0	0	0
灌溉能力	特征值	基本满足	不满足	0	0	0	0	0
	亩	11 693.02	0	0	0	0	0	0
	%	100	0	0	0	0	0	0
有效土层厚度/cm	特征值	30~60	60~100	>100	0	0	0	0
	亩	0	0	11 693.02	0	0	0	0
	%	0	0	100	0	0	0	0

2. 推广节水灌溉技术，提高水分利用率

隆德县三等地多为川水地，灌溉水以库井水源为主，其节水灌溉模式为：

（1）库塘灌区及河道引水：灌区水库调剂 + 渠道灌溉 + 畦田、低压管灌设施农业、农业节水技术措施 + 节水管理措施。

（2）联合扬水灌溉。

二、四等地分析

隆德县四等耕地相当于国家耕地质量等级四等（表 5-17）。

（一）主要属性分析

1. 评价指数分析

本次耕地质量评价四等地综合指数 0.734 7~0.792 9，隆德县四等地综合指数 0.734 8~0.791 8，平均值为 0.757 9。隆德县有四等地 44 260 亩，占全县耕地总面积的 7.39%。分布在渝河流域的竹林村、十八里村、光联村、马和村、和平村、许沟村、街道村、清泉村、张树村、神林村、辛坪村、双村、张楼村、赵楼村、联财村、恒光村、联合村山间盆地；清凉河流域新兴村的水浇地，陈靳村、清凉村、新和村山间盆地；好水川河流域的串河村村、杨河村、红旗村山间盆地；庄浪河流域的旧街村、新街村、马坪村、景林村、梁堡村山间盆地；什字河流域、前庄水库下游的前庄村、后庄村、大庄村、石庙村、红堡村、田滩村、中梁村山间盆地；甘渭河流域的温堡乡新庄村、吴沟村、夏坡村、前进村、温堡村、杜堡村、杜川村、老庄村、杨堡村、张杜沟村山间盆地。四等地分布在典型黑垆土、黑麻土、黄绵土、暗灰褐土、典型新积土 5 个亚类中，其中黄绵土面积最大，为 22 312 亩，占四等地总面积的 50.41%，其次为典型黑垆土，面积 20 926 亩，占四等地总面积的 47.28%，黑麻土 70 亩，占四等地总面积的 0.16%。

2. 立地条件及剖面性状

四等地地形部位指数 0.102 1，大于国家该指数平均值 0.082 5，分布在河谷平原和山地盆地，占四等地总面积的 66.31%，山地坡中占四等地总面积的 30.34%；土壤质地构型指数 0.057 3，大于国家该指数平均值 0.044 7，以海绵型为主，占四等地总面积的 99.49%；障碍因素指数 0.040 5，大于国家该指数平均值 0.028 5，为无障碍，占四等地总面积的99.49%；有效土层厚度指数0.055 4，大于国家该指数平均值0.027 9，均大于100 cm，占四等地总面积的98.17%；农田林网化指数0.026 7，大于国家该指数平均值0.018 7，海拔指数0.024 4，小于国家该指数平均值0.034 4。

3. 土壤养分状况及耕层理化性状空间分布

四等地有机质含量最大值为28.1 g/kg，最小值为13.6 g/kg，平均值为20.18 g/kg。按土壤有机质分级标准，四等地有机质含量在≥20 g/kg这一级别分布最多。土壤有效磷含量最大值为63.8 mg/kg，最小值为6.5 mg/kg，平均值为25.07 mg/kg，按土壤有效磷分级标准，隆德县有效磷多分布在10~20mg/kg这一级别。土壤速效钾最大值为388 mg/kg，最小值为98 mg/kg，平均值为216.08 mg/kg，按土壤速效钾分级标准，速效钾在150~200 mg/kg及200~250 mg/kg这两个级别分布较多，分别占四等地

表 5-17　隆德县四等地耕地质量评价指标面积统计

	特征值	<10	10~15	15~20	≥20	0	0	0
有机质含量/（g·kg⁻¹）	亩	0	694	18 103	25 463	0	0	0
	%	0	1.57	40.90	57.53	0	0	0
	特征值	<5	5~10	10~20	20~30	30~40	40~50	≥50
有效磷含量/（mg·kg⁻¹）	亩	0	6 020	19 194	6 135	7 433	3 560	2 919
	%	0	13.60	41.11	13.86	16.79	8.04	6.60
	特征值	50~100	100~150	150~200	200~250	250~300	≥300	0
速效钾含量/（mg·kg⁻¹）	亩	99	6 833	12 126	11 997	8 521	4 684	0
	%	0.22	15.44	27.40	27.11	19.25	10.58	0
	特征值	0.5~0.75	0.75~1	1~1.25	≥1.25	0	0	0
土壤全氮/（g·kg⁻¹）	亩	626	28 899	10 764	3 971	0	0	0
	%	1.41	65.29	24.32	8.97	0	0	0
	特征值	山间盆地	山地坡下	山地坡中	山地坡上	0	0	0
地形部位	亩	24 349	520	13 428	963	0	0	0
	%	66.31	1.18	30.34	2.18	0	0	0
	特征值	中壤土	轻壤土	重壤	0	0	0	0
耕层质地	亩	44 034	226	0	0	0	0	0
	%	99.49	0.51	0	0	0	0	0

续表

	特征值	海绵型	紧实型	夹层型	松散型	0	0	0
质地构型	亩	44 034	0	0	226	0	0	0
	%	99.49	0	0	0.51	0	0	0
	特征值	无	瘠薄	障碍层次	0	0	0	0
障碍因素	亩	44 034	0	226	0	0	0	0
	%	99.49	0	0.51	0	0	0	0
	特征值	丰富	一般	不丰富	0	0	0	0
生物多样性	亩	38 153	6 107	0	0	0	0	0
	%	86.20	13.80	0	0	0	0	0
	特征值	基本满足	不满足	0	0	0	0	0
灌溉能力	亩	29 349	14 911	0	0	0	0	0
	%	66.31	33.69	0	0	0	0	0
	特征值	30~60	60~100	>100	0	0	0	0
有效土层厚度/cm	亩	0	811	43 449	0	0	0	0
	%	0	1.83	98.17	0	0	0	0

总面积的27.40%、27.11%。土壤全氮含量最大值 1.59 g/kg，最小值0.62 g/kg，平均值 0.97 g/kg。

按土壤全氮分级标准隆德县四等地全氮含量主要在 0.75~1 g/kg 这一级别。微量元素含量：有效铜含量最大值为 2.63 mg/kg，最小值为 0.11 mg/kg，平均值为 0.61 mg/kg；有效锌含量最大值为 1.33 mg/kg，最小值为 0.24 mg/kg，平均值为 0.47 mg/kg；有效铁含量最大值为 22.8 mg/kg，最小值为 1.7 mg/kg，平均值为 10.18 mg/kg；有效锰含量最大值为 18.79 mg/kg，最小值为 1 mg/kg，平均值为 7.42 mg/kg；有效硼含量最大值为3.89 mg/kg，最小值为 1.41 mg/kg，平均值为 2.45 mg/kg。按全国耕地土壤有机质分级标准，土壤有机质指数 0.073 5，大于国家该指数平均值 0.049 8，主要分布在15~20 g/kg 和大于等于 20 g/kg 级别，分别占四等地总面积的40.90%和57.53%；耕地土壤有效磷指数 0.050 6，大于国家该指数平均值 0.035 9，主要分布在 10~20 mg/kg 级别范围内，占四等地总面积的41.11%；土壤速效钾指数 0.049 2，大于国家该指数平均值 0.029 7，分布在 6 个级别范围内，150~200 mg/kg 和 200~250 mg/kg 这两个级别面积，分别占四等地总面积的 27.40% 和 27.11%；土壤酸碱度指数 0.023 5，大于国家该指数平均值 0.017 5；土壤耕层质地指数 0.070 6，大于国家该指数平均值 0.049 5，以中壤土为主，占四等地总面积的 99.49%；土壤容重指数 0.036 2，大于国家该指数平均值 0.019 5；耕地排水能力指数 0.034 4，大于国家该指数平均值 0.022 4；生物多样性指数 0.025 6，大于国家该指数平均值 0.019 6，为丰富，占四等地总面积的 86.20%；土壤清洁程度指数 0.023 0，大于国家该指数平均值 0.011 5。

4. 土壤管理和健康状况

灌溉能力指数 0.065 0，小于国家该指数平均值 0.096 1，为基本满足和不满足，分别占四等地总面积的 66.31% 和 33.69%。

（二）评定结果概述

1. 地势平坦，大部分具有灌溉条件，适宜机械作业

四等地地形平坦，田面平整，大部分具有浇灌条件，灌排设施配套，利于机械作业和渠道布设。暴雨时地面一般不发生径流或径流不大，土壤不发生侵蚀，为深耕细作、蓄水保墒创造了条件，宜种性广。

2. 交通便利、电力充足

四等地均建有公路，交通方便，车辆机械皆可通行。高压线沿路设置，为开展多种经营，实行农业机械化及物资运输提供了有利条件。

3. 大面积土质良好、肥力水平较高

四等地 96.79% 的面积为典型黑垆土和黄绵土，土壤质地构型以通体壤为主，土壤质地壤土占 98% 以上。保水保肥性能强，耕性好，适耕性长。由于受人为耕种时间长的影响，熟化土层较厚，一般在 40 cm 以上，厚的可达 100 cm 以上。依据宁夏粮食作物土壤养分分级标准，四等地土壤有机质、全氮、有效磷、有效锰、有效硼平均含量较高，速效钾含量丰富，有效锌、有效铜、有效铁含量低。

（三）改良利用措施

1. 加强高标准农田建设，完善灌溉设施

四等地总体来说田面坡度小，田间灌溉设施配套较好。但是，还有部分农田田面坡度达不到灌溉要求，田间灌溉渠系不配套或破坏严重。为了用好有限的水资源，应统一规划，开展高标准农田建设，完善灌溉渠系配套，使四等地达到田面平

整、水利设施配套、田间道路畅通、农田林网适宜、生态环境改善，可持续发展能力明显增强。

2. 推广节水灌溉技术，提高水分利用率

隆德县四等地多为川水地，灌溉水以库井水源为主，其节水灌溉模式为：

（1）灌区水库调剂 + 渠道防渗衬砌物 + 畦田、地膜覆盖灌水、农业节水技术措施 + 节水管理措施；

（2）库塘工程 + 低压管道、地下软管灌、移动式喷灌 + 农业节水措施 + 节水管理技术；

（3）机井、大口井、柴油发动机 + 低压管道、地下软管、畦田 + 农业节水措施、节水管理技术；

（4）机井、大口井、柴油发动机 + 半固定、移动式喷灌 + 农业节水措施 + 节水管理措施；

（5）土圆井 + 管道 + 滴灌 + 农业节水措施；

（6）土圆井 + 抗旱微灌措施 + 农业节水措施。

田间节水技术：

一是推广小畦灌溉技术，平田整地，缩小田面高差，畦宽 3~6 m，以 1.5~2 m 为宜，比常规大田习惯法可节水 15%~25%。

二是推广沟灌，实施沟垄种植。

三是因地制宜推广膜下滴灌。膜下滴灌平均用水量是传统灌溉方式的 12%，且作物所需养分随水滴到作物根系土壤中，使肥料利用率从 30%~40% 提高到 50%~60%。膜下滴灌能适时适量地向作物根区供水供肥，调节棵间的温度和湿度，同时地膜覆盖昼夜温差变化时，膜内结露，能改善作物生长的微气候环境，从而为作物生长提供良好的条件，因而增产效果明显，蔬菜增收40%，西瓜、甜瓜增收 25%。膜下滴灌由于植物行间无灌溉水分，因而杂草比全面积灌溉的土壤少，可减少除草投工。滴水灌溉，土壤不板结，可减少锄地次数。滴灌系统实行自动控制，降低田间灌水劳动量。滴灌比大水漫灌每亩省工 10 个左右。在发展设施种植和地膜覆盖种植中，积极推广膜下滴灌等节水灌溉技术，是提高水分利用率、提高经济效益的有效途径。

3. 调整种植结构，发展设施农业，提高生产效益

充分发挥灌溉方便、积温较高等资源优势，重点发展设施种植和保护地种植。设施种植以拱棚为主，积极发展日光温室和食用菌棚；保护地种植以地膜覆盖为主。拱棚和日光温室以种植茄果类蔬菜、花卉、高代马铃薯种薯为主；保护地种植以冷凉蔬菜为主。

4. 大力推广机械作业

农业机械是指在作物种植和生产过程中，以及农产品初加工和处理过程中所使用的各种机械。农业机械包括农用动力机械、农田建设机械、土壤耕作机械、种植和施肥机械、植物保护机械、农田排灌机械、作物收获机械、农产品加工机械和农业运输机械等。大力推广机械作业，一是可以推动机耕、机播、机收、机械防治病虫害等相关先进技术的推广应用，二是农业生产方式实现了人畜力为主向机械作业为主的历史性跨越，缓解了务农劳动力短缺对粮食生产带来的不利影响，为工业化、城镇化、农业现代化协调推进提供重要支撑。

三、五等地分析

隆德县五等耕地相当于国家耕地质量等级五等（表5-18）。

（一）主要属性分析

1. 评价指数分析

本次耕地质量评价五等地综合指数 0.707 4~0.734 7，隆德县五等地综合指数 0.707 4~0.734 6，平均值为 0.719 5。隆德县共有五等地 98 563 亩，占全县耕地总面积的 16.45%，13 个乡镇均有分布，观庄乡各村均有五等地，沙塘良种场耕地均为五等地，五等地与其他等级地区别是：土壤有机质、有效磷、速效钾含量较高；地形部位及灌溉条件较好；生物多样性程度尚可。五等地分布在典型潮土、典型黑垆土、黑麻土、黄绵土、暗灰褐土、典型新积土 6 个亚类中，在黄绵土及典型黑垆土中分布面积较大，在典型潮土上分布面积最小，仅 51 亩。

2. 立地条件和剖面状况

五等地地形部位指数 0.091 1，大于国家该指数平均值 0.082 5，分布在山间盆地和山地坡中，分别占五等地总面积的 31.16% 和 61.60%。海拔 2 064.35 m，评价

指数0.022 6，小于国家该指数平均值0.033 4；农田林网化指数0.026 7，大于国家该指数平均值0.018 7；土壤质地构型指数0.057 3，大于国家该指数平均值0.044 7，以海绵型为主，占五等地总面积的99.89%；有效土层厚度指数0.053 9，大于国家该指数平均值0.027 9，大于100 cm的占五等地总面积的93.58%；障碍因素指数0.040 5，大于国家该指数平均值0.028 5，为无障碍，占五等地总面积的99.89%。

3. 土壤养分状况及耕层理化性状分布

五等地有机质含量最大值为34.1 g/kg，最小值为10.8 g/kg，平均值为19.65 g/kg，有机质含量在15~20 g/kg这一级别分布最多。土壤有效磷含量最大值为50.7 mg/kg，最小值为4.4 mg/kg，平均值为19.89 mg/kg，有效磷含量在10~20 mg/kg这一级别分布较多，占五等地总面积的56.92%。土壤速效钾含量最大值为371 mg/kg，最小值为106 mg/kg，平均值为194.72 mg/kg。五等地土壤全氮含量最大值为1.6 g/kg，最小值为0.65 g/kg，平均值为1.07 g/kg，土壤全氮含量在0.75~1 g/kg这一级别分布最多，占五等地总面积的58.68%。

微量元素含量情况：五等地有效铜含量最大值为2.65 mg/kg，最小值为0.11 mg/kg，平均值为0.59 mg/kg；有效锌含量最大值为1.52 mg/kg，最小值为0.22 mg/kg，平均值0.48 mg/kg；有效铁含量最大值为23.29 mg/kg，最小值为1.4 mg/kg，平均值为13.18 mg/kg；有效锰含量最大值为19.7 mg/kg，最小值为0.8 mg/kg，平均值为8.34 mg/kg；有效硼含量最大值为3.95 mg/kg，最小值为1.55 mg/kg，平均值2.47 mg/kg。

土壤有机质指数0.070 6，大于国家该指数平均值0.049 8，按全国耕地土壤有机质分级标准，主要分布在15~20 g/kg和≥20 g/kg两个级别，分别占五等地总面积的48.92%和37.48%。耕地土壤有效磷指数0.044 1，大于国家该指数平均值0.035 9，含量主要分布在10~20 mg/kg、20~30 mg/kg两个级别范围，分别占五等地总面积的56.92%和21.41%；土壤速效钾指数0.046 2，大于国家该指数平均值0.029 7，含量主要分布在100~150 mg/kg、150~200 mg/kg和200~250 mg/kg 3个级别范围内，分别占五等地总面积的21.48%、30.53%和22.37%；土壤容重指数0.036 8，大于国家该指数平均值0.019 5；土壤耕层质地指数0.070 7，大于国家该指数平均值0.049 5，以中壤土为主，占五等地总面积的99.91%；土壤酸碱度指数0.023 7，大于国家该指数平均值0.017 5。

表 5-18 隆德县五等地耕地质量评价指标面积统计

有机质含量/ (g·kg⁻¹)	特征值	<10	10~15	15~20	≥20	0	0	0
	亩	0	13 401	48 217	36 945	0	0	0
	%	0	13.6	48.92	37.48	0	0	0
有效磷含量/ (mg·kg⁻¹)	特征值	<5	5~10	10~20	20~30	30~40	40~50	≥50
	亩	589	9 670	56 106	21 105	3 932	7 151	10
	%	0.60	9.81	56.92	21.41	3.99	7.26	0.01
速效钾含量/ (mg·kg⁻¹)	特征值	50~100	100~150	150~200	200~250	250~300	≥300	0
	亩	0	21 172	30 096	22 052	15 093	10 150	0
	%	0	21.48	30.53	22.37	15.31	10.30	0
土壤全氮/ (g·kg⁻¹)	特征值	0.5~0.75	0.75~1	1~1.25	≥1.25	0	0	0
	亩	1 151	58 014	17 945	21 453	0	0	0
	%	1.17	58.86	18.21	21.77	0	0	0
地形部位	特征值	山间盆地	山地坡下	山地坡中	山地坡上	0	0	0
	亩	30 708	823	60 713	6 319	0	0	0
	%	31.16	0.84	61.60	6.41	0	0	0
耕层质地	特征值	中壤土	轻壤土	重壤	0	0	0	0
	亩	98 479	84	0	0	0	0	0
	%	99.91	0.09	0	0	0	0	0
质地构型	特征值	海绵型	紧实型	夹层型	松散型	0	0	0
	亩	98 455	0	24	84	0	0	0
	%	99.89	0	0.02	0.09	0	0	0
障碍因素	特征值	无	瘠薄	障碍层次	0	0	0	0
	亩	98 455	0	108	0	0	0	0
	%	99.89	0	0.11	0	0	0	0
生物多样性	特征值	丰富	一般	不丰富	0	0	0	0
	亩	62 625	35 938	0	0	0	0	0
	%	63.54	36.46	0	0	0	0	0
灌溉能力	特征值	基本满足	不满足	0	0	0	0	0
	亩	30 708	67 855	0	0	0	0	0
	%	31.16	68.84	0	0	0	0	0
有效土层 厚度/cm	特征值	30~60	60~100	>100	0	0	0	0
	亩	0	6 331	92 232	0	0	0	0
	%	0	6.42	93.58	0	0	0	0

4. 土壤管理和健康状况

灌溉能力指数 0.053 4，小于国家该指数平均值 0.096 1，为基本满足和不满足，分别占五等地总面积的 31.16% 和 68.84%；耕地排水能力指数 0.034 4，大于国家该指数平均值 0.022 4；生物多样性指数 0.024 5，大于国家该指数平均值 0.019 6，为丰富和一般，分别占五等地总面积的 63.54% 和 36.46%；清洁程度指数 0.023 0，大于国家该指数平均值 0.011 5。

（二）评定结果概述

1. 地势较平坦，便于田间机械作业

五等地是隆德县旱作地中的上等地，多为梯田，大部分有田间道路，便于发展机械作业。地面发生径流较轻，土壤侵蚀相应较轻，因而，为深耕细作、蓄水保墒创造了条件。宜种性广，种植冬小麦一般单产 150~250 kg/亩，马铃薯 400~500 kg/亩（折主粮），地膜玉米 300~450 kg/亩。

2. 深耕细作，疏松土壤，增厚活土层

精耕松土不仅促进土壤熟化，释放土壤养分，提高土壤肥力，而且能蓄水保墒，减少蒸发，增加土壤抗旱能力。据西北水保所资料，较肥沃的黄土性土壤100 cm土层可蓄水 200~300 m³，200 cm 土层可蓄水 500~600 m³。这样就有可能将绝大部分降水蓄在作物可吸收利用的有效土层中，减少地面径流，使土壤具有天旱地不旱的特点。精耕细作疏松土壤要抓住"早、深、细"三个环节。深耕能促进土壤增肥培肥，据试验，深耕 30 cm 比浅耕 12~15 cm 土壤容重降低 0.02~0.11 g/cm³，孔隙度增加 2.7%~7.5%，土壤速效氮、磷分别增加 27.8%~31.4% 和 32.6%~136.8%，土壤微生物增加 62.7%，小麦增产 11.2%。深耕以三年一次为好，以24~36 cm 为宜。同时推荐深松耕，根据固原农科所李顺昌研究员研究，深松 30 cm 比对照增温 0.4~1.5℃，土壤碱解氮、五氧化二磷、氧化钾分别比对照提高 1.34%~12.91%、2.13%~32.21%、2.07%~28.02%，深松从根本改善了土壤理化性质，提高了降水的转化效率，水肥的作用得到充分发挥，小麦增产 27.21%，提高降水利用率 21.66%。深耕要早，在作物收获后，立即进行深耕蓄雨水，同时要精细耙耱防止蒸发，以利于翌春播种及幼苗生长，为丰收打下基础。

3. 增施有机肥，推广留茬还田培肥地力

提高土壤有机质含量的途径主要有三条：一是种植绿肥压青；二是作物秸秆还田；三是施用有机肥。在当前生产条件下，有机肥料是土壤有机质的重要来源。据资料介绍，每亩施入有机肥 6.7 t，可使土壤有机质增加 0.24%。有机质与化肥配合施用，还可进一步提高土壤有机质含量。增施有机肥，不仅增加土壤养分，而且促进微生物活动，实现土肥相融，改良土壤结构，增强土壤的保肥、供肥、保水能力。

留茬还田是在作物收获时保留一定高度的茬桩，后耕翻入土，省工节能，还田均匀，易于推广。据固原多年试验，20 cm 高度的留茬还田连续进行 3 年，可使耕层土壤有机质、全氮、碱解氮、全磷、速效磷、全钾、速效钾比还田前依次增加 31.7%、44.27%、32.22%、81.65%、65.10%、13.51% 和 24.23%，比平茬提高 9.19%、8.33%、5.22%、6.06%、70.16%、67% 和 22.39%。五等地交通便利，大力推广机械收割，可实现留茬还田。

4. 推广地膜覆盖技术

地膜覆盖技术我国是在 1978 年冬季由日本引进的，而隆德县是从 1983 年开始，在玉米、蔬菜、马铃薯等作物上大面积示范推广了半膜覆盖栽培技术。据慕松等人研究，在固原地区半膜覆盖增加 ≥10℃ 积温 200~300℃，可提高 0~30 cm 土壤含水量 1.5% 左右。冯锐等在隆德县陈靳乡对马铃薯进行地膜覆盖栽培试验，覆膜后土壤容重比露地小，孔隙度比露地大，表明覆膜后土体多，土体变得较为疏松，有利于马铃薯匍匐茎生长，同时增加了对土壤中速效氮、速效磷、速效钾的吸收。其中，速效氮、速效钾的吸收率是露地的 3 倍，对速效磷的吸收率是露地的近 2 倍，比露地种植产量增加 49.8%。20 多年来，推广半膜覆盖栽培技术，对提高玉米等作物产量，解决农民温饱起到了至关重要的作用。2006 年开始，针对半膜覆盖对雨水的保蓄利用率低等缺陷，引进了双垄全膜覆盖沟播技术。该项技术是集垄面集流、覆盖抑蒸、垄沟种植于一体的抗旱节水种植模式。其主要特点是，能充分接纳和利用天然降水，最大限度地提高土壤保墒蓄墒能力，提高农田降水利用率、水分生产效率，增加地温，提早成熟，增产增效极为显著。据彭阳县试验，旱地玉米双垄全膜覆盖集雨沟播栽培与常规半膜覆盖相比，农田降水利用率提高 9.2 个百分点，水分生产效率提高 17.7%，增产 33.0%，增效 47.2%。据同心县旱地马铃薯全膜双垄沟播试验，秋季全膜双垄覆盖、早春全膜双垄覆盖和播期全膜双垄覆盖，降水利用率比常规半膜覆盖分别提高 16.23%、12.5%、9.31%，水分生产率比常规半膜覆盖分别提高 27.38%、23.78%和 14.9%，经济效益比常规半膜分别提高 152%、119%和64.9%。

5. 调整种植结构，发展特色种植，提高生产效益

五等地分布范围广，地形复杂，气候条件差异大。在作物布局中，应统一规划，分区指导。六盘山近山丘陵区的山河、陈靳、城关、好水以发展蚕豆、胡麻、中药材为主，其中山河还应适当发展拱棚花卉，陈靳、城关适当发展菊芋；北部的观庄乡以发展马铃薯为主，也适当发展拱棚花卉；县城以西以发展地膜玉米为主。

6. 推广测土配方施肥技术，平衡土壤养分，达到节本增产增效

大面积推广测土配方施肥，达到合理施肥，节本增效的目的。

四、六等地分析

隆德县六等耕地相当于国家耕地质量等级六等（表 5-19）。

（一）主要属性分析

1. 评价指数分析

本次耕地质量评价六等地综合指数 0.685 9~0.707 4，隆德县六等地综合指数 0.685 9~0.707 4，平均值为 0.696 9。隆德县共有六等地 116 189.32 亩，占全县耕地总面积的 19.39%。与其他等地耕地的主要区别是：有效磷含量在各等级区间均有分布；地形部位为山地坡中的耕地占比较大；质地构型为海绵型。六等地分布在潮黑垆土、典型黑垆土、黄绵土、暗灰褐土、典型新积土 5 个亚类中。在黄绵土上分布面积最大，为 49 433 亩，占六等地总面积的 42.68%；在典型黑垆土上分布较多，为45 086 亩；在潮黑垆土上分布最少，仅 27 亩。

2. 立地条件及剖面状况

六等地地形部位指数 0.080 5，小于国家该指数平均值 0.082 5，分布在山地坡中和山地坡上，分别占六等地总面积的 87.49%和 11.83%。海拔 2 103.88 m，评价指数 0.021 7，小于国家该指数平均值 0.033 4。农田林网化指数 0.026 7，大于国家该指数平均值 0.018 7。土壤质地构型指数 0.056 9，大于国家该指数平均值 0.044 7，以海绵型为主，占六等地总面积的 99.66%。障碍因素指数 0.040 3，大于国家该指数平均值

0.028 5，为无障碍，占六等地总面积的99.66%。有效土层厚度指数0.052 4，大于国家该指数平均值0.027 9，为60~100 cm、大于100 cm两个类别，分别占六等地总面积的10.60%、88.48%。

3. 土壤养分状况及耕层理化性状分布

六等地有机质含量最大值为 35.4 g/kg，最小值为 13.6 g/kg，平均值为 21.24 g/kg，有机质在 15~20 g/kg、≥20 g/kg 两个级别分布最多，占六等地总面积的45.37%、52.88%；六等地有效磷含量最大值为 50.5 mg/kg，最小值为 2.7 mg/kg，平均值为 16.69 mg/kg，57.07%的六等地有效磷含量为 10~20 mg/kg，有 2 055 亩六等地有效磷含量小于 5 mg/kg，占六等地总面积的 1.77%；六等地速效钾含量最大值为 380 mg/kg，最小值为 98 mg/kg，平均值为 178.64 mg/kg，六等地速效钾含量多在 100~150 mg/kg、150~200 mg/kg 2 个级别；六等地全氮含量最大值为 1.65 g/kg，最小值为0.65 g/kg，平均值为 1.08 g/kg，按土壤全氮分级标准，六等地全氮在 1.00~1.25 g/kg 这一级别分布较多。

表 5-19　隆德县六等地耕地质量评价指标面积统计

有机质含量/ （g·kg⁻¹）	特征值	<10	10~15	15~20	≥20	0	0	0
	亩	0	2 020	52 545	61 246	0	0	0
	%	0	1.74	45.37	52.88	0	0	0
有效磷含量/ （mg·kg⁻¹）	特征值	<5	5~10	10~20	20~30	30~40	40~50	≥50
	亩	2 055	21 553	66 095	24 764	771	567	4
	%	1.77	18.61	57.07	21.38	0.67	0.49	0.00
速效钾含量 /(mg·kg⁻¹)	特征值	50~100	100~150	150~200	200~250	250~300	≥300	0
	亩	14	41 824	46 690	10 175	12 501	4 606	0
	%	0.01	36.11	40.32	8.79	10.79	3.98	0
土壤全氮/ （g·kg⁻¹）	特征值	0.5~0.75	0.75~1	1~1.25	≥1.25	0	0	0
	亩	3 751	32 908	66 042	13 110	0	0	0
	%	3.24	28.42	57.02	11.32	0	0	0
地形部位	特征值	山间盆地	山地坡下	山地坡中	山地坡上	0	0	0
	亩	397	389	101 326	13 699	0	0	0
	%	0.34	0.34	87.49	11.83	0	0	0

续表

	特征值	中壤土	轻壤土	重壤	0	0	0	0
耕层质地	亩	115 476	334	0	0	0	0	0
	%	99.71	0.29	0	0	0	0	0
	特征值	海绵型	紧实型	夹层型	松散型	0	0	0
质地构型	亩	115 413	0	63	334	0	0	0
	%	99.66	0	0.05	0.29	0	0	0
	特征值	无	瘠薄	障碍层次	0	0	0	0
障碍因素	亩	115 413	0	397	0	0	0	0
	%	99.63	0	0.34	0	0	0	0
	特征值	丰富	一般	不丰富	0	0	0	0
生物多样性	亩	99 858	15 952	0	0	0	0	0
	%	86.23	13.77	0	0	0	0	0
	特征值	基本满足	不满足	0	0	0	0	0
灌溉能力	亩	397	115 413	0	0	0	0	0
	%	0.34	99.66	0	0	0	0	0
	特征值	30~60	60~100	>100	0	0	0	0
有效土层厚度/cm	亩	1 072	12 273	102 466	0	0	0	0
	%	0.93	10.60	88.48	0	0	0	0

土壤微量元素分析：六等地有效铜含量最大值为 2.97 mg/kg，最小值为 0.11 mg/kg，平均值为 0.63 mg/kg；有效锌含量最大值为 1.88 mg/kg，最小值为 0.21 mg/kg，平均值为 0.51 mg/kg；有效铁含量最大值为 23.2 mg/kg，最小值为 1.4 mg/kg，平均值为 11.76 mg/kg；有效锰含量最大值为 19.2 mg/kg，最小值为 1.0 mg/kg，平均值为 8.38 mg/kg；有效硼含量最大值为 3.98 mg/kg，最小值为 1.47 mg/kg，平均值为 2.30 mg/kg。

土壤有机质指数 0.077 0，大于国家该指数平均值 0.049 8，按全国耕地土壤有机质分级标准，主要分布在 15~20 g/kg 和大于等于 20 g/kg 两个级别，分别占六等地总面积的 45.37% 和 52.88%；耕地土壤有效磷指数 0.039 8，大于国家该指数平均值 0.035 9，含量主要分布在 5~10 mg/kg、10~20 mg/kg 和 10~20 mg/kg 3 个级别范围内，分别占六等地总面积的 18.61%、57.07% 和 21.38%；土壤速效钾指数 0.043 4，大于国家该指数平均值 0.029 7，含量主要分布在 100~150 mg/kg、150~200 mg/kg 两个级别范围内，分别占六等地总面积的 36.11% 和 40.32%；土壤容重指数 0.035 8，大于国家该指数平均值0.019 5；耕层质地指数 0.070 6，大于国家该指数平均值 0.049 5，以中壤土为主，占六等地总面积的 99.71%；土壤酸碱度指数 0.023 0，大于国家该指数平均值 0.017 5。

4. 土壤管理和健康状况

灌溉能力指数 0.040 5，小于国家该指数平均值 0.096 1，为不满足，占六等地总面积的 99.66%；生物多样性指数 0.026 6，大于国家该指数平均值 0.019 6，为丰富和一般两个类别，分别占六等地总面积的 86.23% 和 13.77%；清洁程度指数 0.023 0，大于国家该指数平均值0.011 5。

（二）评定结果概述

1. 大面积土质良好

六等地土壤类型以典型黑垆土和黄绵土为主，土层深厚，但土壤有机质及养分含量低。

2. 推广深松耕技术，打破犁底层，增加耕层厚度

深松耕是用无壁犁或松土铲只疏松土层而不翻转土层的一种耕作方式。深松耕目前主要有全面深松和局部深松两种方式。全面深松是应用深松犁全面松土，深松后耕层是比较均匀的疏松状；局部深松是应用齿杆、凿形铲或铧形铲进行松土与不松土相间隔的局部松土，松土后地面呈疏松带与紧实带相间存在的状态。据原州区示范观测结果，深松 30 cm 打破犁底层后，一般 30~60 cm 土壤中的储水量比对照多8.6%~30.1%，平均相当全年多蓄水 80 mm 左右，或相当于每亩多灌 53.3 m³ 水一次，深松地玉米较平翻后种植的玉米增产 18.7%。

六等地大部分便于机械田间作业，中西部土层厚，应加大推广机深耕和深松耕力度，东部应重点推广机深耕，打破犁底层，增加耕作层厚度，可提高土壤的蓄水保水能力、改善土壤理化性状、提高肥料利用率，从而达到增产增效的目的。

3. 推广地表覆盖技术

地表覆盖技术目前比较常见，适应隆德县应用的有秸秆覆盖和地膜覆盖两种。

（1）秸秆覆盖

秸秆覆盖是指利用农业副产物或绿肥为材料覆盖地面，一般多用麦秸和玉米秸。秸秆覆盖，既保护了土壤表层结构，又减弱了土壤表面与大气之间湍流交换强度，有效地抑制了土壤水分的无效消耗。按覆盖时间分为休闲覆盖和生育期覆盖两种。麦田休闲覆盖是在小麦收后及时翻耕灭茬，耙后把秸秆均匀盖在地面上，覆盖量为350~450 kg/亩。播种前10 d左右将秸秆翻压还田，结合整地施肥。生育期覆盖可在播种后（出苗前）、冬前（开始越冬后）返青前进行，以冬前覆盖最好，覆盖量为250~300 kg/亩，小麦成熟收获后将秸秆翻压还田。据有关研究报道，秸秆覆盖可承接雨水、减轻土壤流失、抗御土壤风蚀、抑制田间杂草、减少杂草滋生、改善土壤结构、优化土壤空性，土壤容重降低0.24~0.33 g/cm^3，土壤孔隙度增加6.5个百分点，土壤有机质增加6.5个百分点，小麦产量增产29.26%。

（2）地膜覆盖

中西部重点推广玉米早春和秋季双垄全膜覆盖沟播技术，东部重点推广马铃薯半膜覆盖栽培技术。通过推广地膜覆盖技术，充分接纳和利用天然降水，最大限度地提高保墒蓄墒能力，提高农田降水利用率、水分生产效率，增加地温，达到增产增收。

4. 推广测土配方施肥技术，平衡土壤养分，达到节本增产增效

测土配方施肥就是以土壤测试和肥料田间试验为基础，根据土壤供肥性能、作物需肥规律和肥料效应，在合理施用有机肥的基础上，提出氮、磷、钾和中微量元素的适宜比例、用量，以及相应的施用技术（包括施用时间和施用方法），以满足作物均衡吸收各种营养，达到氮、磷、钾三要素平衡，有机养分与无机养分平衡，大量元素与中微量元素平衡，维持土壤肥力水平，减少养分流失和对环境的污染，达到高产、优质和高效的目的。目前，盲目施肥和过量施肥现象普遍存在，不仅造成肥料资源严重浪费，农业生产成本增加，而且影响农产品品质，污染环境。因此，加大测土配方施肥技术推广力度，是今后农业生产中的一项长期性的工作，要长抓不懈。在开展测土配方施肥这项工作中，通过总结经验、完善技术、加大推广力度，逐步形成统一测配、定向生产、连锁供应、指导服务的运行机制。

五、七等地分析

（一）主要属性分析

隆德县七等耕地相当于国家耕地质量等级七等（表5-20）。

1. 评价指数分析

本次耕地质量评价七等地综合指数0.658 1~0.685 9，隆德县七等地综合指数0.658 1~0.685 9，平均值为0.672 6。全县七等地总面积184 182.38亩，占耕地总面积的30.73%，各乡镇均有分布。温堡乡七等地总面积28 265.53亩，占本乡耕地总面积的40.17%，占比最大。七等地与其他等级地区别为：生物多样性多为丰富，少数为一般；有机质含量均大于10 g/kg。隆德县七等地分布在潮黑垆土、典型黑垆土、黑麻土、黄绵土、暗灰褐土、典型新积土6个亚类中。在黄绵土上分布面积最大，有107 743亩，占七等地总面积的58.50%；在黑麻土上分布面积最小，仅29亩，占七等地总面积的0.02%。

2. 立地条件及剖面状况

七等地地形部位指数0.070 8，小于国家该指数平均值0.082 5，分布在山地坡中和山地坡上，分别占七等地总面积的60.29%和38.95%；海拔2 081.06 m，评价指数0.022 1，小于国家该指数平均值0.033 4；农田林网化指数0.026 7，大于国家该指数平均值0.018 7；土壤质地构型指数0.056 5，大于国家该指数平均值0.044 7，为海绵型，占七等地总面积的98.37%；障碍因素指数0.039 9，大于国家该指数平均值0.028 5，为无障碍，占七等地总面积的98.37%；有效土层厚度指数0.052 0，大于国家该指数平均值0.027 9，均为大于100 cm，占七等地总面积的91.69%。

3. 养分状况及耕层理化性状分布

七等地有机质含量最大值为35.3 g/kg，最小值为10.5 g/kg，平均值为19.25 g/kg。106 569亩七等地有机质含量为15~20 g/kg，占七等地总面积的57.86%。七等地有效磷含量最大值为38.3 mg/kg，最小值为2.9 mg/kg，平均值为14.55 mg/kg，有73.88%的七等地有效磷含量在10~20 mg/kg这一级别；七等地速效钾含量最大值为400 mg/kg，最小值为98 mg/kg，平均值为177.42 mg/kg，七等地速效钾含量多在100~250 mg/kg这一级别，仅有61亩七等地速效钾含量小于100 mg/kg，占七等地总面积的0.03%；七等地全氮含量最大值为1.61 g/kg，最小值为0.61 g/kg，平均值为

表 5-20 隆德县七等地耕地质量评价指标面积统计

	特征值	<10	10~15	15~20	≥20	0	0	0
有机质含量/ (g·kg⁻¹)	亩	0	29 278	106 569	48 336	0	0	0
	%	0	15.90	57.86	26.24	0	0	0
	特征值	<5	5~10	10~20	20~30	30~40	40~50	≥50
有效磷含量/ (mg·kg⁻¹)	亩	2 496	34 091	136 072	11 139	384	0	0
	%	1.36	18.51	73.88	6.05	0.21	0	0
	特征值	50~100	100~150	150~200	200~250	250~300	≥300	0
速效钾含量/ (mg·kg⁻¹)	亩	61	53 933	63 605	43 666	9 133	13 785	0
	%	0.03	29.28	34.53	23.71	4.96	7.48	0
	特征值	0.5~0.75	0.75~1	1~1.25	≥1.25	0	0	0
土壤全氮/ (g·kg⁻¹)	亩	7 982	87 092	78 200	10 908	0	0	0
	%	4.33	47.29	42.46	5.92	0	0	0
	特征值	山间盆地	山地坡下	山地坡中	山地坡上	0	0	0
地形部位	亩	1 062	345	111 040	71 735	0	0	0
	%	0.58	0.19	60.29	38.95	0	0	0
	特征值	中壤土	轻壤土	重壤	0	0	0	0
耕层质地	亩	183 150	44	989	0	0	0	0
	%	99.44	0.02	0.54	0	0	0	0
	特征值	海绵型	紧实型	夹层型	松散型	0	0	0
质地构型	亩	18	989	1 972	44	0	0	0
	%	98.37	0.54	1.07	0.02	0	0	0
	特征值	无	瘠薄	障碍层次	0	0	0	0
障碍因素	亩	181 178	0	3 004	0	0	0	0
	%	98.37	0	1.63	0	0	0	0
	特征值	丰富	一般	不丰富	0	0	0	0
生物多样性	亩	113 531	70 652	0	0	0	0	0
	%	61.64	38.36	0	0	0	0	0
	特征值	基本满足	不满足	0	0	0	0	0
灌溉能力	亩	1 062	183 120	0	0	0	0	0
	%	0.58	99.42	0	0	0	0	0
	特征值	30~60	60~100	>100	0	0	0	0
有效土层 厚度/cm	亩	3 464	22 263	148 456	0	0	0	0
	%	1.88	12.09	86.03	0	0	0	0

1.02 g/kg。土壤微量元素分析：七等地有效铜含量最大值为 2.98 mg/kg，最小值为 0.11 mg/kg，平均值为 0.55 mg/kg；有效锌含量最大值为 2.02 mg/kg，最小值为 0.21 mg/kg，平均值为 0.5 mg/kg；有效铁含量最大值为 23 mg/kg，最小值为 1.3 mg/kg，平均值为 11.42 mg/kg；有效锰含量最大值为 19.7 mg/kg，最小值为 0.6 mg/kg，平均值为 7.67 mg/kg；有效硼含量最大值为 4.17 mg/kg，最小值为 1.1 mg/kg，平均值为 2.37 mg/kg。

土壤有机质指数 0.068 8，大于国家该指数平均值 0.049 8，按全国耕地土壤有机质分级标准，主要分布在 10~15 g/kg、15~20 g/kg 和大于等于 20 g/kg 三个级别，分别占七等地总面积的 15.90%、57.86% 和 26.24%；耕地土壤有效磷指数 0.036 5，大于国家该指数平均值 0.035 9，含量主要分布在 5~10 mg/kg 和 10~20 mg/kg 两个级别范围内，分别占七等地总面积的 18.51% 和 73.88%；土壤速效钾指数 0.042 3，大于国家该指数平均值 0.029 7，含量主要分布在 100~150 mg/kg、150~200 mg/kg、200~250 mg/kg 三个级别范围内，分别占七等地总面积的 29.28%、34.53% 和 23.71%；土壤全氮分级标准主要分布在 0.75~1.00 g/kg 和 1.00~1.25 g/kg 两个级别，分别占七等地总面积的 47.29% 和 42.46%；土壤容重指数 0.035 4，大于国家该指数平均值 0.019 5；耕层质地指数 0.070 6，大于国家该指数平均值 0.049 5，以中壤土为主，占七等地总面积的 99.44%；土壤酸碱度指数 0.023 0，大于国家该指数平均值 0.017 5。

4. 土壤管理和健康状况

灌溉能力指数 0.044 6，小于国家该指数平均值 0.096 1，为基本满足和不满足两个级别，分别占七等地总面积的 0.58% 和 99.42%；排水能力指数 0.034 4，大于国家该指数平均值 0.022 4；生物多样性指数 0.025 0，大于国家该指数平均值 0.019 6，为丰富和一般两个级别，分别占七等地总面积的 61.64% 和 38.36%；清洁程度指数 0.023 0，大于国家该指数平均值 0.011 5。

(二) 评定结果概述

1. 地形复杂，土壤侵蚀较重，土壤类型多，大面积土质良好

2. 施肥量不足，施肥结构不合理，导致土壤养分不平衡

（三）改良利用措施

1. 增施有机肥，推广留茬还田，种植绿肥培肥地力

积极种植绿肥不仅是培肥地力的有效措施，还是发展草畜产业的重要手段。目前，隆德县把草畜产业列为一项特色产业，但绿肥种植面积还不大，达不到使大面积农田提高肥力的要求。因此，必须大力种植绿肥，将绿肥纳入轮作之中，实行草田轮作，争取四五年内轮作一次。同时积极推行留高茬还田技术，据杜守宇等人研究，收麦时留茬 20 cm，相当于一亩地施麦秸 147.5kg，按小麦秸秆含有机质 45.3%、氮 0.551 0%、磷（P_2O_5）0.069 3% 和钾（K_2O）2.178 6% 计算，147.5 kg 麦秸翻耕还田后相当于施入新鲜有机质 66.82 kg、氮 0.814 kg、磷 0.102 kg 和钾 3.123 kg，同时有多种中微量元素也携入土壤生态系统内。据测定，小麦留茬 20 cm，连续 3 年可使耕层有机质、全氮、碱解氮、全磷、速效磷、全钾和速效钾依次增加 31.17%、44.27%、32.22%、81.65%、10%、13.51% 和 24.23%，比对照区提高 9.19%、8.33%、5.22%、6.06%、56.7%、16.67% 和 22.39%，土壤孔隙度增加，土壤微生物含量增加，激活了土壤酶活性，加速了土壤熟化。

2. 推广传统"五墒"耕作技术

长期以来，广大群众在与自然斗争的过程中创造积累了许多抗旱保墒的耕作经验，经农业科技人员总结，具体归纳为"早耕深耕多蓄墒，过伏合口保底墒，雨后耙糖少耗墒，冬春打碾防跑墒，适时早播用冻墒"五墒耕作法。

（1）早耕、深耕

早耕、深耕是加速土壤熟化，定向培肥土壤的关键。实行早耕其关键技术是适墒耕作，即在地墒最适合耕作时耕作，这样就防止了因耕作而形成的大坷垃，保证耕作质量。早耕能疏松土壤，充分蓄积秋雨，还能灭草，防止杂草消耗水分和养分。

深耕是旱农耕作制的重要组成部分，通过深耕能较好解决土壤水、肥、气、热的矛盾，加速土壤熟化，促进作物生长，提高产量。具体表现为：①蓄水保墒。深耕后能加速雨水下渗到深层，减少蒸发。据报道，土层内深耕 24 cm 比深耕 15 cm 的农田土壤含水量高 4.64%。②加速了土壤培肥和熟化过程。据西北农林科技大学在固原测定：其他条件相同，深耕 20~28 cm 比浅耕 12~15 cm，土壤容重降低 0.02~0.11 g/cm³，孔隙度

增加 2.7%~7.5%，液相增加 2.7%~7.5%；10~20 cm 的土壤含水量增加 1.4%~1.5%；20~30 cm 的土壤含水量增加 4.6%~10.3%；土壤速效氮、磷分别增加 27.8%~31.4% 和 32.6%~136.8%；地温提高 0.7~1℃。③能消灭多年生杂草。④扩大了作物根系分布。

为了发挥深耕的增产作用，做到麦茬地不过伏，秋茬地不过冬。适墒耕作，保证深耕质量。根据调查，全县大部分耕地在 15~18 cm 处普遍形成了犁底层，因此必须深耕打破犁底层，耕深一般以 24~36 cm 为宜，土层深厚的土壤要以深耕为主，土层薄的土壤，可适当浅耕。

（2）过伏合口、雨后耙耱、冬春打碾

过伏合口保底墒，雨后耙耱少耗墒，冬春打碾防跑墒，都是通过耙、耱、压等措施压紧耕层，疏松表土，减少蒸发，保住土中墒，以充分发挥土壤的蓄水作用。

（3）适时早播

隆德县 2 月以后气温上升，土壤逐渐解冻，蒸发量逐渐增加，土壤水分主要以毛管水运动到表层面汽化，使表土保持湿润。之后由于春干多风，土壤水分消耗很快，干土层逐渐加厚。因此，在适时播种范围内趁土壤返浆期播种，是充分利用土壤冻墒的一项重要措施。

3. 改进施肥方法，减少水分消耗，提高水肥利用率

隆德县 70% 的降水集中在 7、8、9 三个月，为此应改变施肥方法，达到"秋雨春用"的目的。

（1）改春施肥为秋施肥

秋施肥又叫隔年施肥，是一种在秋末雨季结束后，结合最后一次耕翻收耱将底肥（包括有机肥、化肥）施入农田的施肥方法。此时是一年中土壤水分含量最高时期，有利于有机肥的腐熟分解和化肥的充分溶解，使土肥相融。它适用于春播的各种作物和各种类型的农田。据固原试验，氮、磷化肥秋施，其利用率可分别提高 11.3% 和 14.2%。海原县试验，同量的有机肥秋施后，播种前测试 0~20 cm 土层全氮含量比春施肥高 0.028%。

（2）化肥用作种肥

化肥种施是符合隆德县自然和当前经济条件的施肥措施。生产实践证明，只有通过施肥，提高土壤肥力，才能增加土壤的蓄水保墒能力，提高作物产量，这也是

旱地农业的重要出路。据多年调查，化肥用作种肥可增产 12.24%~40.4%。

（3）农家肥、化肥秋施与种肥相结合

隆德县早春气温低，致使养分释放慢，加之秋施肥施肥深度在 15~20 cm，不能满足作物幼苗生长发育对养分的需要，故在秋施肥的基础上再带种肥，既满足了作物苗期对养分的需要，又能满足作物整个生育期对营养的需要。生产实践证明，化肥秋施带种肥增产显著，比等量化肥全部秋季施肥增产 3.13%~8.19%。

（4）集中施肥、连年培肥

集中施肥，连年培肥可以加速土壤培肥速度，改善土壤结构，以肥调水，提高土壤水分利用率。据报道，连续培肥 5 年比不培肥增产 18.4%，连续培肥 3 年比不培肥增产16%。因此，人均耕地相对较多的农户，在施肥中，要做到集中施肥，连年培肥，才能达到培肥地力，提高产量的目的。

六、八等地分析

隆德县八等耕地相当于国家耕地质量等级八等（表 5–21）。

（一）主要属性分析

1. 评价指数分析

本次耕地质量评价八等地综合指数 0.620 9~0.658 1，隆德县八等地综合指数 0.621 1~0.658 1，平均值为 0.643 7。全县共有八等地面积 121 983.19 亩，占耕地总面积的20.36%，各乡镇均有分布。八等地与其他等地的主要区别是：有效磷含量均小于 40 mg/kg，地形部位多为山地坡上，障碍因素同时含无、瘠薄、障碍层次 3 种类型。

八等地分布在典型黑垆土、黄绵土、暗灰褐土、冲积土、典型新积土 5 个亚类中，在这 5 个亚类的分布面积分别为 17 373 亩、92 076 亩、9 920 亩、627 亩和 1 986 亩。

2. 立地条件

八等地地形部位指数 0.062 7，大于国家该指数平均值 0.082 5，分布在山地坡中和山地坡上，分别占八等地总面积的 29.54%和69.91%；海拔 2 034.3 m，评价指数0.023 1，小于国家该指数平均值 0.033 4；农田林网化指数 0.026 7，大于国家该指数平均值 0.018 7；土壤质地构型指数 0.054 3，大于国家该指数平均值 0.044 7，为海绵型，占八等地总面积的 95.80%；障碍因素指数 0.038 3，大于国家该指数平均值 0.028 5，为瘠薄和障碍层次两种类型，分别占八等地总面积的 1.56%和4.20%；有效土层厚度指数 0.051 8，大于国家该指数平均值 0.027 9，大于 100 cm，占八等地总面积的 91.69%。

3. 养分状况及土壤理化性状分布

八等地有机质含量最大值为 34.2g/kg，最小值为 9.5 g/kg，平均值为 16.85 g/kg，有 1.56%的八等地有机质含量小于 10 g/kg，有 54.94%的八等地有机质含量为10~15 g/kg；八等地有效磷含量最大值为 39.1 mg/kg，最小值为 2.7 mg/kg，平均值为 13.07 mg/kg，八等地有效磷含量多为 10~20 mg/kg，有效磷含量 10~20 mg/kg 的八等地面积73 971 亩，占八等耕地总面积的 60.64%；八等地速效钾含量最大值为 358 mg/kg，最小值为 88 mg/kg，平均值为 163.8 mg/kg，按土壤速效钾分级标准，八等地速效钾含量多为100~200 mg/kg；八等地全氮含量最大值为 1.52 g/kg，最小值为 0.64 g/kg，平均值为 0.95 g/kg，按土壤全氮分级标准，八等地全氮含量多在 0.75~1.00 g/kg 这一级别。

土壤微量元素分析：八等地有效铜含量最大值为 2.79 mg/kg，最小值为 0.11 mg/kg，平均值为 0.51 mg/kg；有效锌含量最大值为 2.14 mg/kg，最小值为 0.21 mg/kg，平均值为0.64 mg/kg；有效铁含量最大值为 23.9 mg/kg，最小值为 1.3 mg/kg，平均值为 11.83 mg/kg；有效锰含量最大值 19.7 mg/kg，最小值为 0.8 mg/kg，平均值 6.81 mg/kg；有效硼含量最大值 3.66 mg/kg，最小值为 1.55 mg/kg，平均值为 2.38 mg/kg。耕地土壤有机质指数 0.058 4，大于国家该指数平均值 0.049 8，按全国耕地土壤有机质分级标准，主要分布在 10~15 g/kg 和 15~20 g/kg 级别，分别占八等地总面积的 54.94%和28.30%；耕地土壤有效磷指数 0.034 3，小于国家该指数平均值 0.035 9，含量主要分布在 5~10 mg/kg 和10~20 mg/kg 两个级别范围内，分别占八等地总面积的 33.67%和60.64%；土壤速效钾指数 0.041 1，大于国家该指数平均值 0.029 7，含量主要分布在 150~200 mg/kg 和 100~150 mg/kg 两个级别范围内，分别占八等地总面积的 55.60%和32.65%；土壤容重指数 0.035 7，大于国家该指数平均值 0.019 5；土壤耕层质地指数 0.070 0，大于国家该指数平均值 0.049 5，以中壤土为主，占八等地总面积的98.80%；土壤酸碱度指数0.022 7，大于国家该指数平均值0.017 5。

表5-21 隆德县八等地耕地质量评价指标面积统计

有机质含量/ (g·kg⁻¹)	特征值	<10	10~15	15~20	≥20	0	0	0
	亩	1 900	67 015	34 518	18 550	0	0	0
	%	1.56	54.94	28.30	15.21	0	0	0
有效磷含量/ (mg·kg⁻¹)	特征值	<5	5~10	10~20	20~30	30~40	40~50	≥50
	亩	3 610	41 067	73 971	3 248	88	0	0
	%	2.96	33.67	60.64	2.66	0.07	0	0
速效钾含量/ (mg·kg⁻¹)	特征值	50~100	100~150	150~200	200~250	250~300	≥300	0
	亩	1 067	39 830	67 817	11 745	1 252	272	0
	%	0.87	32.65	55.60	9.63	1.03	0.22	0
土壤全氮/ (g·kg⁻¹)	特征值	0.5~0.75	0.75~1	1~1.25	≥1.25	0	0	0
	亩	11 010	79 301	29 314	2 358	0	0	0
	%	9.03	65.01	24.03	1.93	0	0	0
地形部位	特征值	山间盆地	山地坡下	山地坡中	山地坡上	0	0	0
	亩	635	39	36 030	85 279	0	0	0
	%	0.52	0.03	29.54	69.91	0	0	0
耕层质地	特征值	中壤土	轻壤土	重壤	0	0	0	0
	亩	120 515	861	606	0	0	0	0
	%	98.80	0.71	0.50	0	0	0	0
质地构型	特征值	海绵型	紧实型	夹层型	松散型	0	0	0
	亩	116 861	606	3 655	861	0	0	0
	%	95.80	0.50	3.00	0.71	0	0	0
障碍因素	特征值	无	瘠薄	障碍层次	0	0	0	0
	亩	114 960	1 900	5 123	0	0	0	0
	%	94.24	1.56	4.20	0	0	0	0

续表

生物多样性	特征值	丰富	一般	不丰富	0	0	0	0
	亩	25 687	94 396	1 900	0	0	0	0
	%	21.06	77.38	1.56	0	0	0	0
灌溉能力	特征值	基本满足	不满足	0	0	0	0	0
	亩	635	121 348	0	0	0	0	0
	%	0.52	99.48	0	0	0	0	0
有效土层厚度/cm	特征值	30~60	60~100	>100	0	0	0	0
	亩	3 920	6 221	111 843	0	0	0	0
	%	3.21	5.10	91.69	0	0	0	0

4. 土壤管理和障碍因素

灌溉能力指数 0.045 1，小于国家该指数平均值 0.096 1，为不满足，占八等地总面积的99.48%；排水能力指数 0.034 4，大于国家该指数平均值 0.022 4；生物多样性指数 0.022 0，大于国家该指数平均值 0.019 6，为一般和丰富两个级别，分别占八等地总面积的77.38%和21.06%；清洁程度指数 0.023 0，大于国家该指数平均值 0.011 5。

（二）评定结果概述

八等地分布范围广，面积大，海拔相对较高，地形复杂，沟壑密布，丘陵起伏。

1. 光热条件较好，但水土流失较重

中西部八等地主要地貌类型为黄土丘陵，气候干燥，热量充足；东部八等地主要地貌类型为近山丘陵，气候凉爽湿润。八等地无灌溉条件，受所处地形所限，水土流失较重。

2. 热量不够丰富，温度偏低

中西部主要地貌类型为黄土丘陵沟壑山地貌，热量较充足，但气候干燥，水源缺乏；东部主要地貌类型为土石山地貌，降水较多，气候凉爽湿润。

（三）改良利用措施

1. 增施有机肥，推广留茬还田，种植绿肥培肥地力

积极种植绿肥不仅是培肥地力的有效措施，还是发展草畜产业的重要手段。目前，我县把草畜产业列为一项特色产业，但绿肥种植面积还不大，达不到大范围提

高农田肥力的要求。因此，必须大力种植绿肥，将绿肥纳入轮作之中，实行草田轮作，争取四五年内轮作一次。

2. 推广传统"五墒"耕作技术与深耕技术

长期以来，广大群众在与自然斗争的过程中创造积累了许多抗旱保墒的耕作经验，经农业科技人员总结具体归纳为"早耕深耕多蓄墒，过伏合口保底墒，雨后耙糖少耗墒，冬春打碾防跑墒，适时早播用冻墒"五墒耕作法。

3. 改进施肥方法，减少水分消耗，提高水肥利用率

隆德县 70% 的降水集中在 7、8、9 三个月，为此应改变施肥方法，达到"秋雨春用"的目的。

（1）改春施肥为秋施肥

秋施肥又叫隔年施肥，是一种在秋末雨季结束后，结合最后一次耕翻收糖将底肥（包括有机肥、化肥）施入农田的施肥方法。

（2）化肥用作种肥

化肥用作种肥是符合隆德县自然和当前经济条件的施肥措施。生产实践证明，只有通过施肥，提高土壤肥力，才能增加土壤的蓄水保墒能力，提高作物产量，这也是旱地农业的重要出路。

（3）农家肥、化肥秋施与种肥相结合

在秋施肥的基础上再带种肥，既满足了作物苗期对养分的需要，又能满足作物整个生长期对营养的需要。

（4）集中施肥，连年培肥

集中施肥，连年培肥可以加速土壤培肥速度，改善土壤结构，以肥调水，提高土壤水分利用率。

4. 推广地膜覆盖技术

中西部以推广玉米双垄全膜覆盖沟播技术为主，东部以推广马铃薯地膜覆盖栽培技术为主。

5. 调整种植结构，发展特色种植，提高生产效益

八等地分布范围广，地形复杂，气候条件差异大。在作物布局中，应统一规划，分区指导。东部六盘山土石山区的山河、陈靳、城关、好水以发展蚕豆、胡麻和草畜

产业为主；北部的观庄乡以发展马铃薯为主；中西部以地膜玉米带动养殖业。

6. 推广测土配方施肥技术，平衡土壤养分，达到节本增产增效

测土配方施肥就是以土壤测试和肥料田间试验为基础，根据土壤供肥性能、作物需肥规律和肥料效应，在合理施用有机肥的基础上，提出氮、磷、钾和中微量元素的适宜比例、用量，以及相应的施用技术（包括施用时间和施用方法），以满足作物均衡吸收各种营养，达到氮、磷、钾三要素平衡，有机养分与无机养分平衡，大量元素与中微量元素平衡，维持土壤肥力水平，减少养分流失和对环境的污染，达到高产、优质和高效的目的。

七、九等地分析

隆德县九等耕地相当于国家耕地质量等级九等（表5-22）。

（一）主要属性分析

1. 评价指数分析

本次耕地质量评价九等地综合指数 0.592 9~0.620 9，隆德县九等地综合指数 0.593 8~0.620 7，平均值为 0.612 5。九等地面积 19 323.04 亩，占耕地总面积的 3.22%，各乡镇均有分布。九等地与其他耕地区别是：无轻壤土、土壤质地构型无松散型、灌溉能力均为不满足、速效钾含量均小于 300 mg/kg。九等地分布在典型黑垆土、黄绵土、暗灰褐土、典型新积土 4 个亚类中。其中典型黑垆土面积 4 129 亩，占九等地总面积的 21.37%；黄绵土面积最大，12 970 亩，占九等地总面积的 67.12%；暗灰褐土面积 1 833 亩，占九等地总面积的 9.49%；典型新积土面积 391 亩，占九等地总面积的 2.02%。

表5-22 九等地耕地质量评价指标面积统计

有机质含量/ （g·kg⁻¹）	特征值	<10	10~15	15~20	≥20	0	0	0
	亩	5 825	11 192	257	2 048	0	0	0
	%	30.15	57.92	1.33	10.60	0	0	0
有效磷含量/ （mg·kg⁻¹）	特征值	<5	5~10	10~20	20~30	30~40	40~50	≥50
	亩	3 407	11 608	4 306	2	0	0	0
	%	17.63	60.07	22.28	0.01	0	0	0

续表

	特征值	50~100	100~150	150~200	200~250	250~300	≥300	0
速效钾含量/ （mg·kg⁻¹）	亩	20	14 024	5 110	43	126	0	0
	%	0.10	72.58	26.45	0.22	0.65	0	0
土壤全氮/ （g·kg⁻¹）	特征值	0.5~0.75	0.75~1	1~1.25	≥1.25	0	0	0
	亩	181	9 530	8 508	1 104	0	0	0
	%	0.94	49.32	44.03	5.72	0	0	0
地形部位	特征值	山间盆地	山地坡下	山地坡中	山地坡上	0	0	0
	亩	0	0	6 004	13 319	0	0	0
	%	0	0	31.07	68.93	0	0	0
耕层质地	特征值	中壤土	轻壤土	重壤	0	0	0	0
	亩	18 354	0	969	0	0	0	0
	%	94.99	0	5.01	0	0	0	0
质地构型	特征值	海绵型	紧实型	夹层型	松散型	0	0	0
	亩	17 029	969	1 326	0	0	0	0
	%	88.13	5.01	6.86	0	0	0	0
障碍因素	特征值	无	瘠薄	障碍层次	0	0	0	0
	亩	1211 693.02	5 818	2 294	0	0	0	0
	%	58.02	30.11	11.87	0	0	0	0
生物多样性	特征值	丰富	一般	不丰富	0	0	0	0
	亩	2 048	11 457	5 818	0	0	0	0
	%	10.60	59.29	30.11	0	0	0	0
灌溉能力	特征值	基本满足	不满足	0	0	0	0	0
	亩	0	19 323	0	0	0	0	0
	%	0	100.00	0	0	0	0	0
有效土层 厚度/cm	特征值	30~60	60~100	>100	0	0	0	0
	亩	127	1 567	17 629	0	0	0	0
	%	0.66	8.11	91.23	0	0	0	0

2. 立地条件及剖面状况

九等地地形部位指数 0.061 6，小于国家该指数平均值 0.082 5，分布在山地坡中和山地坡上，分别占九等地总面积的 31.07% 和 68.93%；土壤质地构型指数 0.051 6，大于国家该指数平均值 0.044 7，为海绵型，占九等地总面积的 88.13%。

3. 养分状况及土壤理化性状

九等地有机质最大值为 29 g/kg，最小值为 6.1 g/kg，平均值为 14.39 g/kg，30.15% 的九等地有机质含量小于 10 g/kg，57.92% 的九等地有机质含量为 10~15 g/kg，其余 11.93% 的九等地有机质含量大于 15 g/kg；九等地有效磷含量最大值为 25.1 mg/kg，最小值为 3 mg/kg，平均值为 8.68 mg/kg，60.07% 的九等地有效磷含量为 5~10 mg/kg，仅 0.01% 的九等地有效磷含量大于 20 mg/kg；九等地速效钾含量最大值为 253 mg/kg，最小值为 86 mg/kg，平均值为 144.04 mg/kg，72.58% 的九等地速效钾含量为 100~150 mg/kg，26.45% 的九等地速效钾含量为 150~200 mg/kg；九等地全氮含量最大值为 1.36 g/kg，最小值为 0.65 g/kg，平均值为 1.03 g/kg，按土壤全氮分级标准，九等地全氮含量多在 0.75~1.00 g/kg 及 1.00~1.25 g/kg 这两个级别分布。

土壤微量元素分析：九等地有效铜含量最大值为 1.33 mg/kg，最小值为 0.12 mg/kg，平均值为 0.5 mg/kg；有效锌含量最大值为 2 mg/kg，最小值为 0.23 mg/kg，平均值为 0.88 mg/kg；有效铁含量最大值为 23.5 mg/kg，最小值为 1.9 mg/kg，平均值为 14.17 mg/kg；有效锰含量最大值为 19.4 mg/kg，最小值为 0.6 mg/kg，平均值为 6.3 mg/kg；有效硼含量最大值为 3.15 mg/kg，最小值为 1.59 mg/kg，平均值为 2.18 mg/kg。

耕地土壤有机质指数 0.050 6，大于国家该指数平均值 0.049 8，按全国耕地土壤养分分级标准，耕地土壤有机质主要分布在小于 10 g/kg、10~15 g/kg 两个级别，分别占九等地总面积的 30.15% 和 57.92%；耕地土壤有效磷指数 0.028 3，小于国家该指数平均值 0.035 9，含量主要分布在小于 5 mg/kg、5~10 mg/kg、10~20 mg/kg 3 个级别范围内，分别占九等地总面积的 17.63%、60.07% 和 22.28%；土壤速效钾指数 0.037 7，大于国家该指数平均值 0.029 7，含量主要分布在 100~150 mg/kg、150~200 mg/kg 两个级别范围内，分别占九等地总面积的 72.58% 和 26.45%；土壤容重指数 0.035 3，大于国家该指数平均值 0.019 5，土壤耕层质地指数 0.068 2，大于国家该指数平均值 0.049 5，以中壤土为主，占九等地总面积的 94.99%；土壤酸碱度指数 0.022 1，大于国家该指数平均值 0.017 5。

4. 土壤管理和健康状况

土壤灌溉能力指数 0.044 4，小于国家该指数平均值 0.096 1，为不满足，占九等地总面积的 100.00%；排水能力指数 0.034 4，大于国家该指数平均值 0.022 4；障碍因素指数0.032 1，大于国家该指数平均值 0.028 5，有瘠薄和障碍层次两个类型，分别占九等地总面积的 30.11%和 11.87%；有效土层厚度指数 0.052 3，大于国家该指数平均值 0.027 9，大于100 cm，占九等地总面积的 91.23%；生物多样性指数0.019 9，大于国家该指数平均值0.019 6，为不丰富和一般两个类型，分别占九等地总面积的 30.11%和 59.29%；清洁程度指数0.023 0，大于国家该指数平均值0.011 5。

（二）评定结果概述

九等地分布范围广，土壤类型多。以典型黑垆土和黄绵土为主，土层深厚，但土壤有机质及养分含量低，有效土层厚度多为 30~40 cm。部分土类土层薄，有效土层厚度小于 20 cm，但土壤有机质和养分含量较高。土壤质地构型以轻壤为主，土壤质地以壤土为主。保水保肥性较好，适耕性长。

地形复杂、土壤侵蚀较重。九等地分布地形复杂，大部分沟深坡陡，切割强烈，植被少，水土流失较重。以梯田为主，大部分有田间道路，为深耕细作，蓄水保墒创造了条件。宜种性广，亩产量 100~200 kg。

（三）改良利用措施

1. 增施有机肥，推广留茬还田，种植绿肥培肥地力

一是种植绿肥压青，积极种植绿肥不仅是培肥地力的有效措施，还是发展草畜产业的重要手段。目前，隆德县把草畜产业列为一项特色产业，但绿肥种植面积还不大，达不到使大面积农田提高肥力的要求，因此，必须大力种植绿肥，将绿肥纳入轮作之中，实行草田轮作，争取四五年内轮作一次。

二是作物秸秆还田，留茬还田是在作物收获时保留一定高度的茬桩，后耕翻入土，省工节能，还田均匀，易于推广。

三是施用有机肥，在当前生产条件下，有机肥料是土壤有机质的重要来源。增施有机肥，不仅增加土壤养分，而且促进微生物活动，实现土肥相融，改良土壤结构，增强土壤的保肥、供肥、保水能力。

2. 改进施肥方法，减少水分消耗，提高水肥利用率

（1）改春施肥为秋施肥

秋施肥又叫隔年施肥，是一种在秋末雨季结束后，结合最后一次耕翻收墒将底肥（包括有机肥、化肥）施入农田的施肥方法。

（2）化肥用作种肥

生产实践证明，只有通过施肥，提高土壤肥力，才能增加土壤的蓄水保墒能力，提高作物产量，这也是旱地农业的重要出路。

（3）农家肥、化肥秋施与种肥相结合

在秋施肥的基础上再带种肥，既满足了作物苗期对养分的需要，又能满足整个生育期对营养的需要。生产实践证明，化肥秋施带种肥增产显著，比等量化肥全部秋季施肥增产 3.13%~8.19%。

（4）集中施肥，连年培肥

集中施肥，连年培肥可以加速土壤培肥速度，改善土壤结构，以肥调水，提高土壤水分利用率。

3. 推广测土配方施肥技术，平衡土壤养分，达到节本增产增效

目前，隆德县九等地普遍存在施肥总量不足，施肥结构不合理的现状，今后应根据土壤养分现状通过总结经验、完善技术、加大测土配方施肥技术推广力度，提高肥料利用率和土地产出率。

八、十等地分析

隆德县十等耕地相当于国家耕地质量等级十等（表 5–23）。

（一）主要属性分析

1. 评价指数分析

本次耕地质量等级评价十等地综合指数小于 0.592 9，隆德县十等地综合指数为 0.557 1~0.592 8，平均值为 0.580 4。十等地面积 3 449.07 亩，占耕地总面积的 0.58%，除沙塘良种场外，十等地分布在凤岭乡新化村，好水乡红星村、三星村、永丰村、张银村，沙塘镇和平村、张树村，神林乡观音村、庞庄村，温堡乡大麦沟村、新庄村，张程乡杨袁村。十等地与其他类型最明显的区别是：灌溉能力均为不

满足，速效钾含量在100~200 mg/kg。十等地分布在典型黑垆土、黄绵土、暗灰褐土、典型新积土4个亚类中。其中暗灰褐土面积最大，1 366 亩，占十等地总面积的 39.60%；典型新积土面积最小 345 亩，占十等地总面积的 10%。

2. 立地条件及剖面状况

十等地地形部位指数 0.055 6，小于国家该指数平均值 0.082 5，分布在山地坡上，占十等地总面积的 99.96%；土壤质地构型指数 0.042 9，小于国家该指数平均值 0.044 7，为海绵型和紧实型，分别占十等地总面积的 44.21% 和 43.70%；有效土层厚度指数 0.038 7，大于国家该指数平均值 0.027 9，为 30~60 cm、60~100 cm、大于 100 cm 三个类别，分别占十等地总面积的 27.55%、22.05% 和 50.40%；农田林网化指数 0.026 7，大于国家该指数平均值0.018 7。

3. 养分状况及土壤理化性状

十等地有机质含量最大值为 29.3 g/kg，最小值为 5.6 g/kg，平均值为 17.75 g/kg，按土壤有机质含量分级标准分级，44.21% 的十等地有机质含量小于 10 g/kg，33.65% 的十等地有机质含量≥20 g/kg。十等地有效磷含量最大值为 20.6 mg/kg，最小值为 4 mg/kg，平均值为 9.96 mg/kg，有 89 亩十等地有效磷含量在 20~30 mg/kg，占十等地总面积的 2.57%；十等地速效钾含量最大值为 194 mg/kg，最小值为 109 mg/kg，平均值为 144.35 mg/kg，按土壤速效钾分级标准，77.9% 的十等地速效钾含量在100~150 mg/kg 这一级别，其余则在 150~200 mg/kg 级别；十等地全氮最大值为1.36 g/kg，最小值为 0.57 g/kg，平均值为 1.1 g/kg，十等地全氮含量多在 1.00~1.25 g/kg 这一级别。

土壤微量元素分析：十等地有效铜含量最大值为 1.98 mg/kg，最小值为 0.12 mg/kg，平均值为 0.38 mg/kg；有效锌含量最大值 1 mg/kg，最小值为 0.2 mg/kg，平均值为 0.43 mg/kg；有效铁含量最大值 21.6 mg/kg，最小值为 4.7 mg/kg，平均值为12.71 mg/kg；有效锰含量最大值为 19.2 mg/kg，最小值为 0.5 mg/kg，平均值为 4.75 mg/kg；有效硼含量最大值为2.59 mg/kg，最小值为 1.56 mg/kg，平均值为 2.14 mg/kg。

耕地土壤有机质指数 0.064 2，大于国家该指数平均值 0.049 8，按全国耕地土壤养分分级标准，耕地土壤有机质主要分布在小于 10 g/kg、15~120 g/kg、大于等于 20 g/kg 三个级别，分别占十等地总面积的 44.21%、22.10% 和 33.65%；耕地土壤

表 5-23 十等地耕地质量评价指标面积统计

有机质含量/ (g·kg⁻¹)	特征值	<10	10~15	15~20	≥20	0	0	0
	亩	1 525	1	762	1 161	0	0	0
	%	44.21	0.04	22.10	33.65	0	0	0
有效磷含量/ (mg·kg⁻¹)	特征值	<5	5~10	10~20	20~30	30~40	40~50	≥50
	亩	1 068	1 052	1 241	89	0	0	0
	%	30.97	30.49	35.97	2.57	0	0	0
速效钾含量/ (mg·kg⁻¹)	特征值	50~100	100~150	150~200	200~250	250~300	≥300	0
	亩	2 687	762	0	0	0	0	0
	%	77.90	22.10	0	0	0	0	0
土壤全氮/ (g·kg⁻¹)	特征值	0.5~0.75	0.75~1	1~1.25	≥1.25	0	0	0
	亩	575	2 686	188	0	0	0	0
	%	16.67	77.87	5.46	0	0	0	0
地形部位	特征值	山间盆地	山地坡下	山地坡中	山地坡上	0	0	0
	亩	0	0	1	3 448	0	0	0
	%	0	0	0.04	99.96	0	0	0
耕层质地	特征值	中壤土	轻壤土	重壤	0	0	0	0
	亩	11 693.02	0	0	0	0	0	0
	%	100	0	0	0	0	0	0
质地构型	特征值	海绵型	紧实型	夹层型	松散型	0	0	0
	亩	11 693.02	0	0	0	0	0	0
	%	100	0	0	0	0	0	0
障碍因素	特征值	无	瘠薄	障碍层次	0	0	0	0
	亩	0	1 525	1 924	0	0	0	0
	%	0	44.21	55.79	0	0	0	0
生物多样性	特征值	丰富	一般	不丰富	0	0	0	0
	亩	1 259	665	1 525	0	0	0	0
	%	36.51	19.28	44.21	0	0	0	0
灌溉能力	特征值	基本满足	不满足	0	0	0	0	0
	亩	0	3 449	0	0	0	0	0
	%	0	100.0	0	0	0	0	0
有效土层 厚度/cm	特征值	30~60	60~100	>100	0	0	0	0
	亩	950	760	1 738	0	0	0	0
	%	27.55	22.05	50.40	0	0	0	0

有效磷指数 0.030 2，小于国家该指数平均值 0.035 9，含量主要分布在小于 5 mg/kg、5~10 mg/kg、10~20 mg/kg 三个级别范围内，分别占十等地总面积的 30.97%、30.49%和35.97%；土壤速效钾指数 0.037 7，大于国家该指数平均值 0.029 7，含量主要分布在100~150 mg/kg、150~200 mg/kg 这两个级别范围内，分别占十等地总面积的77.90%和22.10%；土壤容重指数 0.032 4，大于国家该指数平均值 0.019 5；土壤耕层质地指数 0.0631，大于国家该指数平均值 0.049 5；以中壤土和重壤土为主，分别占十等地总面积的 56.26%和43.74%；土壤酸碱度指数 0.023 4，大于国家该指数平均值0.017 5。

4. 土壤管理和健康状况

土壤灌溉能力指数 0.044 4，小于国家该指数平均值 0.096 1，为不满足，占十等地总面积的 100%；排水能力指数 0.034 4，大于国家该指数平均值 0.022 4；障碍因素指数0.021 6，小于国家该指数平均值 0.028 5，为瘠薄和障碍层次两个类型，分别占十等地总面积的44.21%和55.79%；生物多样性指数 0.020 9，大于国家该指数平均值 0.019 6，为不丰富和丰富两个级别，分别占十等地总面积的 44.21%和36.51%；清洁程度指数 0.023 0，大于国家该指数平均值 0.011 5。

(二) 评定结果概述

1. 相对海拔高，热量不够，无霜期短

十等地面积虽然不大，但分布范围广，海拔相对高，地形复杂，沟壑密布，丘陵起伏。中西部主要地貌类型为黄土丘陵，热量不够，且气候干燥，水源缺乏；东部主要地貌类型为近山丘陵，降水较多，气候凉爽湿润，无霜期短。土层较薄，种植作物以耐寒、耐旱作物为主，亩产量<100 kg。

2. 地形复杂，水土流失严重，交通不便

十等地分布地形复杂，大部分沟深坡陡，切割强烈，植被少，水土流失严重。虽以梯田主为，但田间道路不够畅通，以畜力耕作为主，机械作业难度大。

3. 土壤保水保肥性差

十等地大部分分布在坡度较陡的山腰或山顶，受耕作条件的限制，耕作层普遍较浅，大部分农田耕作层小于 15 cm，保水保肥性差。

（三）改良利用措施

十等地首先应当是加强管护，其次才是利用，要在管护条件下不破坏自然环境时才可利用。东部降水较多，气候湿润，土壤肥沃，是造林良地。特别是县城以东，有效土层虽然较薄，但不构成影响造林的障碍因素，可以发展为乔灌混交林。北部降雨虽然较少，气候较干燥，但普遍适宜栽灌木，在阴坡亦可栽乔木。因此，十等地应因地制宜开展退耕还林还草，以发展草畜产业为重点。

第三节　耕地质量等级变化分析

一、与耕地地力等级对比

隆德县耕地质量等级评价遵循"评价方法不变、基本参数稳定、适当补充调查"的原则，在2010年耕地质量等级成果完善工作的基础上，两次耕地评价所采用的评价指标相同。耕地地力等级评价为一等、二等、三等、四等、五等，耕地面积为608 774亩；耕地质量等级评价为三等、四等、五等、六等、七等、八等、九等、十等，耕地面积为599 265亩，比耕地地力等级评价增加3个等级，减少面积9 509亩（表5-24）。

表 5-24　耕地质量等级与耕地地力等级对比

耕地地力评价			耕地质量评价		
耕地等级	面积/亩	占比/%	耕地等级	面积/亩	占比/%
一等地	38 806	6.37	三等地	11 693.02	1.95
二等地	66 414	10.91	四等地	44 260.32	7.39
三等地	176 895	29.06	五等地	98 563.19	16.45
四等地	226 179	37.15	六等地	115 810.32	19.33
五等地	100 480	16.51	七等地	184 182.38	30.73
0	0	0	八等地	121 983.18	20.36
0	0	0	九等地	19 323.05	3.22
0	0	0	十等地	3 449.08	0.57
合计	608 774	100.00		599 265.00	100.00

二、与耕地土壤环境质量类别划分对比

根据宁夏回族自治区农业农村厅《关于印发〈宁夏回族自治区农业农村厅推进净土保卫战行动计划实施方案的通知》《关于做好耕地土壤环境质量类别划定工作的通知》《关于印发〈2020 年农业农村污染防治攻坚战行动计划任务分工方案的通知》以及宁夏回族自治区农业农村厅、宁夏回族自治区生态环境厅《关于加快推进耕地土壤环境质量类别划定相关工作的紧急通知》等文件精神要求，在 2019 年完成的隆德县耕地类别划分工作基础上，对类别划分技术报告、分类清单、划分图件等划分成果开展了进一步完善工作。

（一）耕地分布现状

从宁夏回族自治区自然资源厅提供的隆德县 2018 年土地利用分类图提取出隆德县 2018 年耕地分布图。据统计，2018 年隆德县辖区总面积为 1 486 825 亩，其中耕地面积为 599 265 亩，占辖区国土总面积的比例为 40.30%。全部耕地中水浇地面积 73 845 亩，占全县耕地面积的 12.32%；旱地面积 525 420 亩，占全县耕地面积的87.68%。

（二）土壤环境质量评价

根据《农用地土壤环境风险评价技术规定（试行）》（环办土壤函〔2018〕1479 号），土壤环境质量采用单因子评价。

依据《土壤环境质量农用地土壤污染风险管控标准（试行）》（GB 15618–2018）中的筛选值（Si）和管制值（Gi），基于表层土壤中镉（Cd）、汞（Hg）、砷（As）、铅（Pb）、铬（Cr）的含量，评价农用地土壤污染的风险，并将其土壤环境质量类别分为三类（表 5–25、表 5–26）。

Ⅰ类：Ci≤Si，农用地土壤污染风险低，可忽略，应划为优先保护类。

Ⅱ类：Si<Ci≤Gi，可能存在农用地土壤污染风险，但风险可控，应划为安全利用类。

Ⅲ类：Ci>Gi，农用地土壤存在较高污染风险，应划为严格管控类。

按表层土壤的镉（Cd）、汞（Hg）、砷（As）、铅（Pb）、铬（Cr）中类别最差的因子确定点位的综合评价结果。

表 5-25　农用地土壤污染风险筛选值

序号	污染物项目①②		风险筛选值/(mg·kg⁻¹)			
			pH≤5.5	5.5<pH≤6.5	6.5<pH≤7.5	pH>7.5
1	镉	水田	0.3	0.4	0.6	0.8
		其他	0.3	0.3	0.3	0.6
2	汞	水田	0.5	0.5	0.6	1.0
		其他	1.3	1.8	2.4	3.4
3	砷	水田	30.0	30.0	25.0	20.0
		其他	40.0	40.0	30.0	25.0
4	铅	水田	80.0	100.0	140.0	240.0
		其他	70.0	90.0	120.0	170.0
5	铬	水田	250.0	250.0	300.0	350.0
		其他	150.0	150.0	200.0	250.0

注：①重金属和类金属砷均按元素总量计。　②对于水旱轮作地，采用其中较严格的含量限值。

表 5-26　单因子①土壤污染风险评价及环境质量分类

污染物含量	风险	质量分类
$C_i \leq S_i$	无风险或风险可忽略	优先保护类 I
$S_i < C_i \leq G_i$	污染风险可控	安全利用类 II
$C_i > G_i$	污染风险较大	严格管控类 III

注：①包括镉（Cd）、汞（Hg）、砷（As）、铅（Pb）、铬（Cr）

普查点位表层土壤样品中 pH 值和五项重金属监测结果数据统计，主要统计指标包括算术平均值、最大值、最小值、中位数、标准差以及变异系数等。从表 5-27 普查数据统计分析结果可知，隆德县耕地表层土壤中，镉（Cd）、汞（Hg）、砷（As）、铅（Pb）、铬（Cr）5 种元素含量最大值分别为 0.260 mg/kg、0.360 mg/kg、19.10 mg/kg、30.70 mg/kg、73.50 mg/kg，均明显低于各自对应的筛选值，说明隆德县耕地土壤重金属污染风险处于较低水平。根据上述评价方法，按 5 项综合评价，隆德县优先保护类点位有 12 个，无安全利用类点位和严格管控类点位，评价结果详见表5-28。

表 5-27　隆德县普查土壤点位监测数据统计

指标	样本数/个	算术平均值	最大值	最小值	中位数	标准差	变异系数
pH	134	8.600	9.000	8.100	8.600	0.200	0.020
镉	134	0.143	0.260	0.080	0.140	0.028	0.190
汞	134	0.037	0.360	0.010	0.031	0.034	0.910
砷	134	12.240	19.100	8.990	12.000	1.335	0.110
铅	134	20.380	30.700	11.700	19.800	3.391	0.170
铬	134	59.300	73.500	42.200	59.350	4.481	0.080

注：重金属监测值单位为 mg/kg。

土壤环境质量评价，简称土壤环境评价，是指根据不同的目的和要求，按一定的原则和方法，对一定区域内的土壤环境质量进行单项或综合的客观评价和分级。土壤环境质量评价包括现状评价和预测评价。

土壤环境质量的现状评价是要对土壤环境的现状作出定量或半定量的评价，包括化学物质的累积性评价和污染评价。土壤中各种元素含量受诸多因素的影响，并可能有很大的差别。建立统一的土壤环境质量评价标准是一件工作量很大且极其复杂的工作。

表5-28　隆德县详查土壤点位评价结果

检测项目	耕地类型	点位数量/个	含量范围/(mg·kg⁻¹)				评价结果
			pH≤5.5	5.5<pH≤6.5	6.5<pH≤7.5	pH>7.5	
镉	水田	0	—	—	—	—	—
	其他	12	—	—	—	0.090~0.290	优先保护
汞	水田	0	—	—	—	—	—
	其他	12	—	—	—	0.015~0.062	优先保护
砷	水田	0	—	—	—	—	—
	其他	12	—	—	—	10.20~15.60	优先保护
铅	水田	0	—	—	—	—	—
	其他	12	—	—	—	19.37~25.80	优先保护
铬	水田	0	—	—	—	—	—
	其他	12	—	—	—	54.97~104	优先保护

目前我国尚未颁布统一的土壤环境质量评价标准，在实际工作中曾用一些评价模式来评价区域环境质量污染程度和优劣程度。模式中的评价标准，一般以区域土壤环境背景值来替代得到的评价指数，反映了土壤中各元素相对于土壤背景值（中国环境监测总站编，《中国土壤元素背景值》，1990年）的超标情况，但不能反映其污染状况和危害程度。

隆德县土壤铬、镉、铅、砷和汞含量平均值分别为 38.55 mg/kg、0.12 mg/kg、20.80 mg/kg、6.69 mg/kg 和 0.06 mg/kg，说明隆德县耕地土壤重金属含量处于较低水平。

（三）耕地土壤环境质量类别

在详查范围内，以农用地土壤污染状况详查结果为基础，全县划分为两个评价单元，全部为优先保护类，无安全利用类和严格管控类评价单元。

综合耕地土壤环境质量类别划分结果，隆德县下辖 3 个镇、10 个乡以及 1 个林场、2 个良种场，耕地总面积 599 265 亩（其中阴湿良种场无耕地分布），全部为优先保护类耕地，无安全利用类和严格管控类耕地，与 2020 年隆德县耕地质量等级调查评价中耕地总面积 599 265 亩相等（见表 5-29），水浇地面积 73 844.70 亩，旱地面积 525 419.84 亩，均与耕地土壤环境质量类别划分结果相符。

表 5-29 耕地质量等级评价与耕地土壤环境质量类别划分对比

| 乡镇名称 | 土壤环境质量划分 | | | | 耕地质量等级评价 | | | |
| | 耕地面积/亩 | | | 占耕地面积比例/% | 耕地面积/亩 | | | 占耕地面积比例/% |
	水浇地	旱地	合计		水浇地	旱地	合计	
城关镇	3 546	25 267	28 813	4.81	3 606.62	25 307.65	28 914.27	4.82
沙塘镇	18 322	38 901	57 224	9.55	18 219.47	39 361.85	57 581.32	9.61
联财镇	11 305	25 276	36 581	6.10	11 225.95	25 302.38	36 528.33	6.10
陈靳乡	907	22 369	23 276	3.88	894.11	22 231.03	23 125.14	3.86
好水乡	3 026	37 692	40 717	6.79	3 003.92	37 842.67	40 846.60	6.82
观庄乡	7 051	63 607	70 658	11.79	6 962.63	63 112.33	70 074.97	11.69
杨河乡	4 585	57 498	62 083	10.36	4 564.65	57 327.70	61 892.35	10.33
神林乡	9 527	30 897	40 424	6.75	9 561.75	30 999.90	40 561.65	6.77

续表

乡镇名称	土壤环境质量划分				耕地质量等级评价			
	耕地面积/亩			占耕地面积比例/%	耕地面积/亩			占耕地面积比例/%
	水浇地	旱地	合计		水浇地	旱地	合计	
张程乡	0	69 813	69 813	11.65	0	70 307.56	70 307.56	11.73
凤岭乡	260	48 831	49 091	8.19	252.45	48 050.26	48 302.71	8.06
山河乡	0	21 073	21 073	3.52	0	20 996.83	20 996.83	3.50
温堡乡	12 070	57 836	69 906	11.67	12 333.61	58 023.29	70 356.90	11.74
奠安乡	3 060	26 332	29 392	4.90	3 024.89	26 530.83	29 555.72	4.93
六盘山林场	0	26	26	0	0	25.55	25.55	0
沙塘良种场	188	0	188	0.03	194.64	0	194.64	0.03
合计	73 845	525 420	599 265	100.00	73 844.70	525 419.84	599 265	100.00

第六章 耕地土壤养分现状、分布及演变分析

第一节 土壤养分现状分析

一、土壤有机质及全氮含量

(一) 土壤有机质

土壤有机质泛指以各种形态和状态存在于土壤中的各种含碳有机化合物，是土壤中各种营养特别是氮、磷的重要来源，也是土壤微生物生命活动所需养分和能量的主要来源，它是土壤中最活跃的部分，是土壤肥力的核心。土壤有机质含量是衡量土壤肥力高低的重要指标之一，它能促使土壤形成团粒结构，改善土壤物理、化学及生物学过程的条件，提高土壤的吸收性能和缓冲性能。

1. 耕层土壤有机质含量及分级

2017—2019 年耕地耕层土壤有机质删除小于 5 g/kg，大于 50 g/kg 点，最小值为 5.60 g/kg，最大值为 35.40 g/kg，土壤有机质含量平均值 19.21 g/kg（见表6-1）。

表 6-1　隆德县耕地土壤有机质及养分特征值统计

全县特征值	样本数	最小值	最大值	平均值	标准差	变异系数/%
有机质/$(g \cdot kg^{-1})$	178	5.60	35.40	19.21	4.57	23.79
全氮/$(g \cdot kg^{-1})$	180	0.61	1.65	1.02	0.18	17.65
有效磷/$(mg \cdot kg^{-1})$	173	2.70	63.80	16.73	9.14	54.63
速效钾/$(mg \cdot kg^{-1})$	173	86.00	400.00	182.00	53.72	29.52
缓效钾/$(mg \cdot kg^{-1})$	180	317.00	1 483.00	946.36	206.52	21.82

按照农业农村部耕地土壤有机质含量分级标准表6-2，分<6 g/kg；6~10 g/kg；10~15 g/kg；15~20 g/kg；≥20 g/kg 5个级别。不同年度土壤有机质含量变化不大，2017年平均为18.13 g/kg，2018年平均为19.53 g/kg，2019年平均为19.97 g/kg（见表6-3）。隆德县耕地土壤有机质含量主要集中在10~15 g/kg区间调查点30个，占比50.00%，其所占耕地面积占总调查耕地面积的48.10%，代表面积288 233.60亩；15~20 g/kg级别，其所占耕地面积占总调查耕地面积的39.25%，此区间调查点有

表6-2 农业农村部耕地土壤养分分级标准

养分名称	一级	二级	三级	四级	五级	六级	七级
有机质/(g·kg⁻¹)	≥20	15~20	10~15	6~10	<6		
全氮/(g·kg⁻¹)	≥1.25	1~1.25	0.75~1.00	0.5~0.75	0.25~0.50	<0.25	
有效磷/(mg·kg⁻¹)	≥50	40~50	30~40	20~30	10~20	5~10	<5
速效钾/(mg·kg⁻¹)	≥300	250~300	200~250	150~200	100~150	50~100	<50

表6-3 隆德县耕地土壤有机质分级面积统计

单位：g/kg

年份		2017年	2018年	2019年	平均值
耕地面积/亩		599 265	599 265	599 265	599 265
合计	样品数/个	59	59	60	59.4
	平均值	18.13	19.53	19.97	19.21
	标准差	5.13	6.03	5.97	5.78
	代表面积/亩	599 264.54	599 264.54	599 264.54	599 264.54
6~10	样品数/个	3	1	1	1.7
	代表面积/亩	31 851.57	17 631.39	17 631.39	22 371.46
10~15	样品数/个	29	28	33	30
	代表面积/亩	277 780.93	265 438.26	310 203.51	288 233.60
15~20	样品数/个	24	25	19	22.7
	代表面积/亩	256 586.15	267 277.27	193 026.76	235 204.02
≥20	样品数/个	3	5	7	5
	代表面积/亩	33 045.89	48 917.62	78 402.88	53 455.46

续表

乡镇名称	面积	有机质分级面积				总计
		<10	10~15	15~20	≥20	
合计	亩	9 250	123 602	264 882	201 531	599 265
	%	1.54	20.63	44.20	33.63	100.00
陈靳乡	亩	0	0	18 095.81	5 029.34	23 125
	%	0	0	78.25	21.75	100.00
城关镇	亩	0	3 893.05	23 504.26	1 516.96	28 914
	%	0	13.46	81.29	5.25	100.00
奠安乡	亩	0	0	27 613.83	1 941.89	29 556
	%	0	0	93.43	6.57	100.00
凤岭乡	亩	0	6 146.91	10 182.60	31 973.21	48 303
	%	0	12.73	21.08	66.19	100.00
观庄乡	亩	0	0	22 404.68	47 670.28	70 075
	%	0	0	31.97	68.03	100.00
好水乡	亩	0	10 665.51	24 104.70	6 076.39	40 847
	%	0	26.11	59.10	14.88	100.00
联财镇	亩	0	7 881.90	10 863.25	17 783.18	36 528
	%	0	21.58	29.74	48.68	100.00
沙塘镇	亩	21.12	16 527.22	36 589.41	4 443.57	57 581
	%	0.04	28.70	63.54	7.72	100.00
山河乡	亩	0	0	0	20 996.83	20 997
	%	0	0	0	100.00	100.00
神林乡	亩	5 622.90	26 430.82	7 702.63	805.30	40 562
	%	13.86	65.16	18.99	1.99	100.00
温堡乡	亩	0	0	28 474.82	41 882.08	70 357
	%	0	0	40.47	59.53	100.00
杨河乡	亩	0	6 739.70	35 571.09	19 581.56	61 892
	%	0	10.89	57.47	31.64	100.00
张程乡	亩	3 606.41	45 316.44	19 580.25	1 804.46	70 308
	%	5.13	64.45	27.85	2.57	100.00

续表

乡镇名称	面积	有机质分级面积				总计
		<10	10~15	15~20	≥20	
六盘山林场	亩	0	0	0	25.55	25.55
	%	0	0	0	100.00	100.00
沙塘良种场	亩	0	0	194.64	0	194.64
	%	0	0	100.00	0	100.00

22.7 个，占年度总调查点总数的 37.83%，代表面积 235 204.02 亩；大于等于 20 g/kg 级别，其所占耕地面积占总调查耕地面积的 8.92%，此区间调查点有 5 个，占年度总调查点总数的 8.33%，代表面积 53 455.46 亩；6~10 g/kg，其所占耕地面积占总调查耕地面积的 3.73%，此区间调查点有 1.7 个，占年度总调查点总数的 2.83%，代表面积 22 371.46 亩；隆德县耕地耕层土壤有机质含量主要分布在 10~15 g/kg 级别、15~20 g/kg 级别范围内，由此可见，全县内耕地土壤有机质含量呈高水平。

土壤有机质属数值型指标是根据调查采样点数据利用空间插值分析获取全域范围数据，然后用区域统计分析工具提取各评价单元数值，利用反距离权重插值分析，按采样点数据插值隆德县全域检测数据。各乡镇耕地土壤有机质含量 10~15 g/kg 级别神林乡 26 430.82 亩，占该乡耕地面积的 65.16%，张程乡 45 316.44 亩，占该乡耕地面积的 64.45%；15~20 g/kg 级别奠安乡 27 613.83 亩，占该乡耕地面积的 93.43%，城关镇 23 504.26 亩，占该镇耕地面积的 81.29%，陈靳乡 18 095.81 亩，占该乡耕地面积的 78.25%，沙塘镇 36 589.41 亩，占该镇耕地面积的 63.54%，好水乡 24 104.70 亩，占该乡耕地面积的 59.10%；>20 g/kg 级别山河乡 20 996.83 亩，占该乡耕地面积的 100.00%，观庄乡 47 670.28 亩，占该乡耕地面积的 68.03%，凤岭乡 31 973.21 亩，占该乡耕地面积的 66.19%，温堡乡 41 882.08 亩，占该乡耕地面积的 59.53%。

2. 不同土壤类型耕地土壤有机质含量

不同土壤类型由于其成土母质和人为耕种施肥管理水平的差异，土壤有机质含量也不同。

从表 6-4 看出，在全县耕地土壤亚类中，有机质平均含量最高的为暗灰褐土，

表6-4 隆德县不同土壤类型（到亚类）耕地土壤养分特征值统计

土壤类型	特征数	有机质 /(g·kg⁻¹)	全氮 /(g·kg⁻¹)	有效磷 /(mg·kg⁻¹)	速效钾 /(mg·kg⁻¹)	缓效钾 /(mg·kg⁻¹)
暗灰褐土	2017年	22.03	1.25	18.20	150.88	864.09
	2018年	20.40	0.94	13.62	273.46	1 118.00
	2019年	24.14	1.06	20.66	156.05	726.13
	样本数	6	6	6	6	6
	最小值	17.50	0.88	9.00	90.00	520.00
	最大值	28.04	1.60	24.30	345.00	1 127.00
	平均值	22.19	1.08	17.50	193.46	902.74
	标准差	3.95	0.23	3.01	80.19	204.98
	变异系数/%	17.80	21.30	35.04	41.87	22.71
典型黑垆土	2017年	16.80	0.96	15.26	170.75	1 040.50
	2018年	18.88	0.90	13.98	201.14	840.14
	2019年	18.94	0.88	18.50	196.88	1 024.46
	样本数	65	66	62	63	66
	最小值	8.79	0.28	0.60	72.00	331.00
	最大值	38.70	1.67	28.30	405.00	1 347.00
	平均值	18.21	0.91	15.92	189.59	968.36
	标准差	6.27	0.26	3.68	93.04	207.67
	变异系数/%	34.43	28.26	47.18	49.59	21.45
典型新积土	2017年	14.79	1.84	17.54	163.39	971.15
	2018年	24.25	1.12	16.56	169.29	843.00
	2019年	25.52	0.92	16.24	128.66	793.76
	样本数	8	9	9	9	9
	最小值	19.20	0.83	6.50	113.00	711.00
	最大值	36.20	3.21	24.60	183.00	1 311.00
	平均值	21.52	1.29	16.78	153.78	869.30
	标准差	10.07	0.69	2.71	24.35	182.33
	变异系数/%	46.79	53.49	32.93	16.04	20.97

续表

土壤类型	特征数	有机质 /(g·kg⁻¹)	全氮 /(g·kg⁻¹)	有效磷 /(mg·kg⁻¹)	速效钾 /(mg·kg⁻¹)	缓效钾 /(mg·kg⁻¹)
黄绵土	2017 年	14.61	0.82	17.48	192.40	1 017.76
	2018 年	14.78	0.69	15.38	203.89	955.30
	2019 年	15.43	0.93	17.24	177.22	1 007.04
	样本数	99	99	96	95	99
	最小值	8.30	0.51	2.50	79.00	317.00
	最大值	30.20	1.39	33.80	469.00	1 483.00
	平均值	14.94	0.81	16.70	191.16	993.37
	标准差	3.97	0.23	3.88	93.16	203.79
	变异系数/%	26.57	28.40	23.23	49.23	20.52

平均含量 22.19 g/kg，最低的为黄绵土平均含量 14.94 g/kg。

从表 6-5 看出，典型潮土有机质含量均为≥20 g/kg 级别；潮黑垆土有机质含量分布在 15~20 g/kg 及≥20 g/kg 2 个级别，分别占该亚类总面积的 69.74%、30.26%；典型黑垆土有机质含量分布在 15~20 g/kg 和≥20 g/kg 2 个级别的，分别占该亚类总面积的 41.80% 和 39.76%，15.34% 分布在 10~15 g/kg 级别；黑麻土有机质含量 61.11% 分布在 15~20 g/kg 级别，38.89% 分布在≥20 g/kg 级别；黄绵土有机质含量在 15~20 g/kg 级别分布较多，占 49.59%，10~15 g/kg 及≥20 g/kg 级别分别占 28.17% 和 21.13%；暗灰褐土有机质含量多分布在≥20 g/kg 级别，占该亚类的 77.54%；冲积土有机质含量主要分布在 10~15 g/kg 级别；65.95% 的典型新积土有机质含量则分布在≥20 g/kg 级别。

厚层阴黑土有机质平均含量主要分布≥20 g/kg 级别，面积为 25 729.85 亩，占该土种总面积的 70.17%；埋藏黑垆土有机质平均含量主要分布在≥20 g/kg 级别，面积为 12 769.32 亩，占该土种总面积的 89.49%；厚麻土有机质平均含量分布在≥20 g/kg 级别，面积为 10 932.76 亩，占该土种总面积的 100.0%；厚暗麻土有机质平均含量主要分布在 15~20 g/kg 级别，面积为 16 934.34 亩，占该土种总面积的 66.67%；老牙村淤绵土有机质平均含量主要分布在 10~15 g/kg 级别，面积为 7 287.57 亩，占该土种总面积的 66.67%；孟塬黑垆土有机质平均含量主要分布在≥20 g/kg 和 15~

表 6-5 隆德县不同土壤类型耕地有机质分级面积统计

单位：g/kg、亩

土壤类型 （亚类—土种）	特征值	<10	10~15	15~20	≥20	总计
亚类合计	亩	9 250	123 602	264 882	201 531	599 265.00
	%	1.54	20.63	44.20	33.63	100.00
典型潮土	亩	0	0	0	51	51
	%	0	0	0	100.00	100.00
潮黑垆土	亩	0	0	615	267	882
	%	0	0	69.74	30.26	100.00
典型黑垆土	亩	5 488	27 177	74 047	70 423	177 135
	%	3.10	15.34	41.80	39.76	100.00
黑麻土	亩	0	0	110	70	180
	%	0	0	61.11	38.89	100.00
黄绵土	亩	3 763	95 843	168 722	71 902	340 230
	%	1.11	28.17	49.59	21.13	100.00
暗灰褐土	亩	0	0	11 534	39 821	51 355
	%	0	0	22.46	77.54	100.00
冲积土	亩	0	580	47	0	627
	%	0	92.45	7.55	0	100.00
典型新积土	亩	0	1	9 807	18 998	28 806
	%	0	0.01	34.04	65.95	100.00
土种合计	亩	21 674.77	177 141.19	218 784.07	181 664.52	599 265
	%	3.62	29.56	36.51	30.31	100.00
厚层阴黑土	亩	0	0	10 940.56	25 729.85	36 670.41
	%	0	0	29.83	70.17	100.00
埋藏黑垆土	亩	0	0	1 498.95	12 769.32	14 268.27
	%	0	0	10.51	89.49	100.00
厚暗麻土	亩	0	0	16 934.34	8 467.17	25 401.51
	%	0	0	66.67	33.33	100.00
厚麻土	亩	0	0	0	10 932.76	10 932.76
	%	0	0	0	100.00	100.00

续表

土壤类型 （亚类—土种）	特征值	<10	10~15	15~20	≥20	总计
老牙村淤绵土	亩	0	7 287.57	0	3 643.51	10 931.09
	%	0	66.67	0	33.33	100.00
孟塬黑垆土	亩	13 483.79	41 617.55	69 939.57	67 900.01	192 940.92
	%	6.99	21.57	36.25	35.19	100.00
淤绵土	亩	0	55 629.76	70 289.31	28 107.20	154 026.27
	%	0	36.12	45.63	18.25	100.00
缃黄土	亩	8 190.98	72 606.30	49 181.32	24 114.71	154 093.31
	%	5.31	47.12	31.92	15.65	100.00

20 g/kg 2 个级别，面积分别为 67 900.01 亩和 69 939.57 亩，分别占该土种总面积的 35.19% 和 36.25%；淤绵土有机质平均含量主要分布在 15~20 g/kg 和 10~15 g/kg 2 个级别，面积分别为 70 289.31 亩和 55 629.76 亩，分别占该土种总面积的 45.63% 和 36.12%；缃黄土有机质平均含量主要分布在 15~20 g/kg 和 10~15 g/kg 2 个级别，面积分别为 49 181.32 亩和 72 606.30 亩，分别占该土种总面积的 31.92% 和 47.12%。

3. 各等级耕地土壤有机质含量

各等级耕地有机质含量及分级面积（见表 6-6）：三等地有机质含量均大于 15 g/kg，15~20 g/kg 级别面积 3 909.96 亩；四等地、五等地、六等地、七等地有机质含量均大于 10 g/kg，四等地 15~20 g/kg 级别面积 18 103.09 亩，五等地 15~20 g/kg 级别面积 48 217.30 亩，六等地15~20 g/kg 级别面积 52 544.96 亩，七等地15~20 g/kg 级别面积 106 568.70 亩；八等地、九等地、十等地有机质含量均包含了<10 g/kg、10~15 g/kg、15~20 g/kg、≥20 g/kg 四个等级。十等地有机质含量小于 10 g/kg 级别的面积最大，为 1 524.87 亩，占比 44.21%。六等地有机质含量大于等于 20 g/kg 级别的面积最大，为 61 246.00 亩，占比 52.88%。

4. 各乡镇耕地土壤有机质含量

表 6-7，各乡镇土壤有机质平均含量高低排序为：山河乡 23.09 g/kg、陈靳乡 21.20 g/kg、凤岭乡 21.08 g/kg、观庄乡 20.95 g/kg、温堡乡 20.42 g/kg、好水乡 20.35 g/kg、城关镇 19.94 g/kg、联财镇 18.98 g/kg、杨河乡 18.89 g/kg、奠安乡

表 6-6　隆德县各等级耕地有机质分级面积统计

单位：g/kg

耕地等级	面积	有机质分级面积				总计
		<10	10~15	15~20	≥20	
合计	亩	9 250.42	123 601.57	264 881.98	201 530.58	599 265
	%	1.54	20.63	44.20	33.63	100.00
三等地	亩	0	0	3 909.96	7 782.06	11 693.02
	%	0	0	33.45	66.55	100.00
四等地	亩	0	694.23	18 103.09	25 463.00	44 260.32
	%	0	1.57	40.90	57.53	100.00
五等地	亩	0	13 401.03	48 217.30	36 944.86	98 563.19
	%	0	13.60	48.92	37.48	100.00
六等地	亩	0	2 019.57	52 544.96	61 246.00	115 810.32
	%	0	1.74	45.37	52.88	100.00
七等地	亩	0	29 277.77	106 568.70	48 335.92	184 182.38
	%	0	15.90	57.86	26.24	100.00
八等地	亩	1 900.30	67 015.16	34 517.70	18 550.03	121 983.18
	%	1.56	54.94	28.30	15.21	100.00
九等地	亩	5 825.26	11 192.32	257.13	2 048.33	19 323.05
	%	30.15	57.92	1.33	10.60	100.00
十等地	亩	1 524.87	1.47	762.15	1 160.58	3 449.07
	%	44.21	0.04	22.10	33.65	100.00

表 6-7　隆德县各乡镇耕地土壤养分特征值统计

乡镇名称	特征值	有机质/(g·kg^{-1})	全氮/(g·kg^{-1})	有效磷/(mg·kg^{-1})	速效钾/(mg·kg^{-1})	缓效钾/(mg·kg^{-1})
好水乡	2017 年	16.65	1.02	11.56	152.71	955.72
	2018 年	19.07	1.02	12.48	110.70	1 021.67
	2019 年	25.33	0.99	20.66	193.13	934.47
	样本数/个	9	9	8	8	9
	平均值	20.35	1.01	14.90	152.18	970.62
	最小值	9.43	0.51	3.89	88.47	683.00

续表

乡镇名称	特征值	有机质/ (g·kg⁻¹)	全氮/ (g·kg⁻¹)	有效磷/ (mg·kg⁻¹)	速效钾/ (mg·kg⁻¹)	缓效钾/ (mg·kg⁻¹)
好水乡	最大值	38.68	1.67	20.4	295.00	1 347.00
	标准差	9.07	0.38	2.98	75.87	189.83
	变异系数/%	44.57	37.62	20.00	49.86	19.56
观庄乡	2017 年	16.55	1.44	16.00	146.63	965.55
	2018 年	22.41	1.10	23.82	224.78	937.86
	2019 年	23.88	1.16	16.34	198.91	917.27
	样本数/个	21	21	21	20	21
	平均值	20.95	1.23	18.72	190.11	940.23
	最小值	10.05	0.65	5.78	101.39	519.83
	最大值	36.20	3.22	26.94	410.00	1 260.00
	标准差	11.29	0.53	3.01	88.35	209.71
	变异系数/%	53.89	43.09	16.08	46.47	22.30
陈靳乡	2017 年	19.48	1.11	14.82	227.03	798.00
	2018 年	18.26	0.90	15.16	224.42	1 127.00
	2019 年	25.86	1.04	24.40	170.44	932.00
	样本数/个	3	3	3	3	3
	平均值	21.20	1.02	18.12	207.30	952.41
	最小值	17.50	0.88	9.00	90.00	798.00
	最大值	25.10	1.09	24.20	345.00	1 127.00
	标准差	3.36	0.09	3.59	107.81	135.13
	变异系数/%	15.85	8.82	19.81	52.01	14.19
城关镇	2017 年	19.06	1.14	18.70	216.04	845.01
	2018 年	19.57	0.92	15.74	201.94	839.00
	2019 年	21.18	0.94	25.08	205.27	879.61
	样本数/个	9	9	8	7	9
	平均值	19.94	1.00	19.84	207.75	854.54
	最小值	14.33	0.78	5.84	118.04	562.00
	最大值	25.23	1.34	33.80	469.00	1 222.00

续表

乡镇名称	特征值	有机质/ (g·kg⁻¹)	全氮/ (g·kg⁻¹)	有效磷/ (mg·kg⁻¹)	速效钾/ (mg·kg⁻¹)	缓效钾/ (mg·kg⁻¹)
城关镇	标准差	3.35	0.17	5.52	153.91	188.82
	变异系数/%	16.80	17.00	27.82	74.08	22.10
张程乡	2017 年	14.40	0.92	18.72	165.72	892.01
	2018 年	14.02	0.73	18.46	154.46	777.88
	2019 年	18.11	1.02	14.40	175.04	1 037.03
	样本数/个	24	24	24	23	24
	平均值	15.51	1.00	17.20	165.07	902.31
	最小值	8.30	0.53	2.64	100.00	524.00
	最大值	24.96	1.38	31.14	268.00	1 334.04
	标准差	4.67	0.25	3.41	60.58	207.36
	变异系数/%	30.11	25.00	19.83	36.70	22.98
杨河乡	2017 年	17.61	0.97	17.56	245.43	1 031.24
	2018 年	18.47	0.85	12.20	223.65	895.71
	2019 年	20.58	1.10	19.30	194.70	1 073.87
	样本数/个	21	21	20	20	21
	平均值	18.89	0.97	16.36	221.26	1 000.27
	最小值	10.45	0.66	4.70	78.96	707.00
	最大值	30.25	1.38	29.00	405.00	1 483.00
	标准差	4.85	0.18	3.44	127.03	193.74
	变异系数/%	25.67	18.56	21.03	57.39	19.37
沙塘镇	2017 年	15.76	0.94	21.04	170.31	985.25
	2018 年	17.91	0.87	16.04	178.28	962.67
	2019 年	14.94	1.05	23.26	166.09	836.81
	样本数/个	18	18	18	18	18
	平均值	16.20	0.95	20.12	171.56	928.24
	最小值	9.92	0.59	8.70	94.99	714.11
	最大值	23.80	1.34	28.29	374.75	1 186.75
	标准差	3.36	0.19	2.84	70.17	118.53

续表

乡镇名称	特征值	有机质/(g·kg⁻¹)	全氮/(g·kg⁻¹)	有效磷/(mg·kg⁻¹)	速效钾/(mg·kg⁻¹)	缓效钾/(mg·kg⁻¹)
沙塘镇	变异系数/%	20.74	20.00	14.12	40.90	12.77
联财镇	2017 年	19.43	1.08	17.70	201.21	994.27
	2018 年	20.34	1.01	13.28	228.61	1 021.50
	2019 年	17.19	0.83	14.70	170.33	1 000.24
	样本数/个	12	12	10	12	12
	平均值	18.98	0.97	15.22	200.05	1 005.34
	最小值	12.10	0.61	2.50	81.95	661.00
	最大值	31.30	1.42	29.8	405.00	1 220.00
	标准差	5.25	0.26	5.48	94.82	160.08
	变异系数/%	27.66	26.80	36.01	47.40	15.92
神林乡	2017 年	13.90	0.81	10.86	132.62	1 000.23
	2018 年	14.32	0.71	12.04	194.36	595.00
	2019 年	14.70	1.23	19.68	209.61	986.12
	样本数/个	11	12	11	12	12
	平均值	14.31	0.91	14.20	178.86	860.45
	最小值	5.80	0.28	0.60	102.39	317.00
	最大值	17.90	1.41	31.15	419.00	1 213.80
	标准差	4.40	0.30	4.92	112.33	269.54
	变异系数/%	30.75	32.97	34.65	62.80	31.33
凤岭乡	2017 年	19.16	1.03	15.28	180.37	1 129.27
	2018 年	23.91	1.13	16.80	206.75	957.29
	2019 年	20.16	1.12	14.78	161.91	1 038.84
	样本数/个	21	21	20	21	21
	平均值	21.08	1.09	15.62	183.01	1 041.80
	最小值	12.25	0.68	2.16	72.07	497.00
	最大值	30.40	1.54	26.40	390.00	1 402.00
	标准差	5.13	0.23	3.37	94.22	236.43
	变异系数/%	24.34	21.10	21.57	51.48	22.69

续表

乡镇名称	特征值	有机质/ (g·kg⁻¹)	全氮/ (g·kg⁻¹)	有效磷/ (mg·kg⁻¹)	速效钾/ (mg·kg⁻¹)	缓效钾/ (mg·kg⁻¹)
温堡乡	2017 年	21.73	1.23	16.46	147.98	1 184.28
	2018 年	20.02	0.95	13.62	145.41	1 050.00
	2019 年	19.50	0.91	18.94	132.66	1 096.27
	样本数/个	15	15	15	15	15
	平均值	20.42	1.03	16.34	142.02	1 110.18
	最小值	14.40	0.62	6.70	101.00	887.00
	最大值	23.30	1.32	27.90	184.00	1 317.00
	标准差	2.91	0.21	2.92	22.72	127.95
	变异系数/%	14.25	20.39	17.87	16.00	11.53
奠安乡	2017 年	18.51	1.02	22.52	205.77	1 129.16
	2018 年	20.37	0.95	14.96	232.33	934.00
	2019 年	17.40	0.79	12.10	175.00	1 054.49
	样本数/个	9	9	9	9	9
	平均值	18.76	0.92	16.52	204.37	1 039.22
	最小值	12.70	0.56	3.60	126.00	776.00
	最大值	23.00	1.16	21.60	350.00	1 230.00
	标准差	3.16	0.19	2.80	63.88	129.32
	变异系数/%	16.84	20.65	16.95	31.26	12.44
山河乡	2017 年	28.20	1.51	18.80	152.75	1 350.85
	2018 年	18.89	0.92	9.32	140.10	1 005.50
	2019 年	22.17	1.19	14.94	134.66	1 056.04
	样本数/个	6	6	6	6	6
	平均值	23.09	1.21	14.36	142.50	1137.46
	最小值	17.00	0.80	2.70	113.00	957.00
	最大值	32.16	1.66	15.40	148.00	1 391.00
	标准差	4.94	0.27	3.68	11.52	164.54
	变异系数/%	21.39	22.31	25.63	8.08	14.47

18.76 g/kg、沙塘镇 16.20 g/kg、张程乡 15.51 g/kg、神林乡 14.31 g/kg。

5. 不同地形部位耕地土壤有机质含量

从表 6-8 可以看出，大地貌类型为山地、盆地、丘陵、平原、高原。山地有机质平均含量为 19.57 g/kg，面积 548 290.95 亩；平原有机质平均含量为 18.85 g/kg，面积 50 973.59 亩。地形部位：指中小地貌单元为山间盆地、宽谷盆地、平原低阶、平原中阶、平原高阶、丘陵上部、丘陵中部、丘陵下部、山地坡上、山地坡中、山地坡下。山地坡上有机质平均含量为 23.01 g/kg；山地坡中有机质平均含量为 18.18 g/kg；山地坡下有机质平均含量为 18.62 g/kg；平原中阶有机质平均含量为 16.61 g/kg；平原低阶有机质平均含量为 19.65 g/kg；田面坡度平地≤2°有机质平均含量为17.83 g/kg。坡度 2°~6°的梯田有机质平均含量为 17.04 g/kg；坡度 6°~15°的梯田有机质平均含量为 22.76 g/kg。

表 6-8　隆德县不同地形部位耕地有机质及养分特征值统计

特征		有机质/(g·kg⁻¹)	全氮/(g·kg⁻¹)	有效磷/(mg·kg⁻¹)	速效钾/(mg·kg⁻¹)	缓效钾/(mg·kg⁻¹)	面积/亩
地貌类型	山地	19.57	1.06	16.10	159.84	966.13	548 290.95
	平原	18.85	0.97	17.36	204.15	999.31	50 973.59
地形部位	山地坡上	23.01	1.17	17.37	110.34	932.32	15 455.36
	山地坡中	18.18	1.01	14.21	173.30	963.18	62 202.89
	山地坡下	18.62	1.01	16.85	178.60	970.74	474 628.89
	平原中阶	16.61	0.91	18.99	230.18	996.53	17 031.69
	平原低阶	19.65	1.02	16.23	217.56	1 017.35	29 945.70
平地	≤2°	17.83	0.91	18.27	202.69	1 006.25	50 973.57
梯田	2°~6°	17.04	0.95	15.59	166.13	969.07	519 718.30
	6°~15°	22.76	1.20	16.33	177.17	934.71	28 572.65
	15°~25°	0	0	0	0	0	0

6. 不同灌溉条件耕地土壤有机质含量

土壤全氮属数值型指标是根据调查采样点数据利用空间插值分析获取全域范围数据，然后用区域统计分析工具提取各评价单元数值，利用反距离权重插值分析按采样点数据插值全域检测数据。各乡镇耕地土壤全氮含量 0.75~1.00 g/kg 级别：陈靳乡 22 745.45 亩，占该乡耕地面积的 98.36%；沙塘镇 54 708.69 亩，占该镇耕地面积的 95.01%；神林乡 32 014.68 亩，占该乡耕地面积的 78.93%；奠安乡 20 576.00 亩，占该乡耕地面积的 69.62%；好水乡 24 360.63 亩，占该乡耕地面积的 59.64%；城关镇 17 183.08 亩，占该镇耕地面积的 59.43%；联财镇 18 876 亩，占该镇耕地面积的 51.67%。1.00~1.25 g/kg 级别：山河乡 20 695.73 亩，占该乡耕地面积的 98.57%；凤岭乡 37 108.75 亩，占该乡耕地面积的 76.83%；温堡乡 37 130.94 亩，占该乡耕地面积的 52.78%；杨河乡 31 204 亩，占该乡耕地面积的 50.42%。>1.25 g/kg 级别：观庄乡 39 848.32 亩，占该乡耕地面积的 56.87%。

根据降水不足时的有效补充程度，分为基本满足（在关键时期可保证灌溉）和无灌溉条件（不具备或不计划发展灌溉）。以耕地评价图斑数据为依据，对全县不同灌溉条件耕地土壤有机质和大量元素进行统计（见表 6-9），土壤有机质平均含量最高的为无灌溉条件耕地，其次为灌溉能力基本满足的耕地，土壤有机质含量分别为 19.51 g/kg 和 18.90 g/kg。

表 6-9　隆德县不同灌溉条件耕地土壤养分统计

灌溉能力	有机质/ (g·kg⁻¹)	全氮/ (g·kg⁻¹)	有效磷/ (mg·kg⁻¹)	速效钾/ (mg·kg⁻¹)	缓效钾/ (mg·kg⁻¹)
基本满足	18.90	0.98	18.28	194.72	985.40
无灌溉条件	19.51	1.06	15.18	169.30	973.82
总计平均值	19.21	1.02	16.73	182.01	974.98

（二）土壤全氮

1. 耕层土壤全氮含量及分级

2017—2019 年地耕层土壤全氮最小值为 0.61 g/kg，最大值为 1.65 g/kg，土壤全氮含量平均值 1.02 g/kg（见表 6-10）。从表 6-10 看出，不同年度土壤全氮含量变化不大，2017 年平均为 1.08 g/kg，2018 年平均为 0.94 g/kg，2019 年平均为 1.05 g/kg。

表 6-2 按照农业农村部耕地土壤全氮含量分级标准，分<0.25 g/kg；0.25~0.50 g/kg；0.5~0.75 g/kg；0.75~1.00 g/kg；1.00~1.25 g/kg；≥1.25 g/kg 6 个级别。表 6-10 中隆

德县耕地土壤全氮含量主要集中在 0.75~1.00 g/kg 级别，其所占耕地面积占总调查耕地面积的 36.43%，此区间调查点有 21 个，占年度总调查点总数的 35.0%，代表面积 218 332.93 亩；其次是 1.00~1.25 g/kg 级别区间调查点 15 个，占比 25%，其所占耕地面积占总调查耕地面积的 24.65%，代表面积 147 736.61 亩；0.5~0.75 g/kg 级别耕地面积占总调查耕地面积的 20.98%，此区间调查点有12.7 个，占比 21.17%，代表面积 125 740.90 亩；≥1.25 g/kg 级别耕地面积占总调查耕地面积的 17.93%，此区间调查点有 10.7 个，占比 17.83%，代表面积 107 453.34 亩。隆德县耕地耕层土壤全氮含量主要分布在 0.75~1.00 g/kg 级别、1.00~1.25 g/kg 级别、0.5~0.75 g/kg 级别、大于等于 1.25 g/kg 级别，由此可见，全县内耕地土壤全氮含量呈一般水平。

表 6-10　隆德县耕地土壤全氮分级面积统计

单位：g/kg

年份		2017 年	2018 年	2019 年	平均值
耕地面积/亩		599 265	599 265	599 265	599 265
合计	样品数/个	60	60	60	60
	平均值	1.08	0.94	1.05	1.02
	标准差	0.37	0.27	0.09	0.31
	代表面积/亩	599 264.54	599 264.54	599 264.54	599 264.54
0.25~0.50	样品数/个	0	2	0	0.6
	代表面积/亩	0	22 776.86	0	7 592.29
0.5~0.75	样品数/个	11	15	12	12.7
	代表面积/亩	111 270.17	152 752.69	113 199.83	125 740.90
0.75~1.00	样品数/个	20	29	14	21
	代表面积/亩	204 916.66	293 614.23	133 693.29	218 332.93
1.00~1.25	样品数/个	18	8	19	15
	代表面积/亩	166 722.9	71 382.44	205 104.51	147 736.61
≥1.25	样品数/个	11	6	15	10.7
	代表面积/亩	116 354.81	58 738.32	147 266.91	107 453.34

续表

乡镇名称	面积	全氮分级面积				总计
		0.5~0.75	0.75~1.00	1.00~1.25	≥1.25	
合计	亩	27 165	302 654	216 343	53 102	599 265
陈靳乡	亩	0	22 745.45	379.69	0	23 125
	%	0	98.36	1.64	0	100.00
城关镇	亩	0	17 183.08	6 065.81	5 665.39	28 914
	%	0	59.43	20.98	19.59	100.00
奠安乡	亩	2 563.92	20 576.00	6 415.80	0	29 556
	%	8.67	69.62	21.71	0	100.00
凤岭乡	亩	0	11 183.60	37 108.75	10.36	48 303
	%	0	23.15	76.83	0.02	100.00
观庄乡	亩	539.13	7 725.31	21 962.20	39 848.32	70 075
	%	0.77	11.02	31.34	56.87	100.00
好水乡	亩	682.84	24 360.63	9 296.72	6 506.41	40 847
	%	1.67	59.64	22.76	15.93	100.00
联财镇	亩	3 833.83	18 875.58	13 818.92	0	36 528
	%	10.50	51.67	37.83	0	100.00
沙塘镇	亩	846.52	54 708.69	2 026.11	0	57 581
	%	1.47	95.01	3.52	0	100.00
山河乡	亩	0	301.10	20 695.73	0	20 997
	%	0	1.43	98.57	0	100.00
神林乡	亩	755.32	32 014.68	7 509.96	281.69	40 562
	%	1.86	78.93	18.51	0.69	100.00
温堡乡	亩	351.22	32 874.74	37 130.94	0	70 357
	%	0.50	46.73	52.78	0	100.00
杨河乡	亩	0	30 667.40	31 203.85	21.10	61 892
	%	0	49.55	50.42	0.03	100.00
张程乡	亩	17 592.12	29 235.81	22 710.42	769.21	70 308
	%	25.02	41.58	32.30	1.09	100.00
六盘山林场	亩	0	7.56	17.99	0	26
	%	0	29.58	70.42	0	100.00
沙塘良种场	亩	0	194.64	0	0	195
	%	0	100.00	0	0	100.00

2. 不同土壤类型耕地土壤全氮分级

从表 6-11 看出，典型潮土全氮含量均在 ≥1.25 g/kg 这一级别；潮黑垆土全氮含量 82.95% 分布在 0.75~1.00 g/kg 级别，17.05% 分布在 1~1.25 g/kg 级别；典型黑垆土全氮含量主要分布在 0.75~1.00 g/kg 级别及 1.00~1.25 g/kg 级别，占比分别为 46.26% 和 42.54%；黑麻土全氮含量均分布在 0.75~1.00 g/kg 级别；黄绵土全氮含量多分布在 0.75~1.00 g/kg 级别，在 ≥1.25 g/kg 这一级别分布最少，仅占该亚类总面积的 3.75%；暗灰褐土全氮含量均大于 0.75 g/kg，且在 1.00~1.25 g/kg 级别及 ≥1.25 g/kg 级别分布较多；冲积土全氮含量主要分布在 0.75~1.00 g/kg 级别，有 619 亩冲积土

表 6-11　隆德县不同土壤类型耕地土壤全氮分级面积统计

土壤类型（亚类）	单位	全氮含量/(g·kg⁻¹)				总计
		0.5~0.75	0.75~1.00	1.00~1.25	≥1.25	
典型潮土	亩	0	0	0	51	51
	%	0	0	0	100	100
潮黑垆土	亩	0	731	150	0	882
	%	0	82.95	17.05	0	100
典型黑垆土	亩	4 493	81 935	75 360	15 347	177 135
	%	2.54	46.26	42.54	8.66	100
黑麻土	亩	0	180	0	0	180
	%	0	100	0	0	100
黄绵土	亩	22 462	197 186	107 819	12 763	340 230
	%	6.6	57.96	31.69	3.75	100
暗灰褐土	亩	0	11 721	22 614	17 020	51 355
	%	0	22.82	44.04	33.14	100
冲积土	亩	8	619	0	0	627
	%	1.24	98.76	0	0	100
典型新积土	亩	203	10 282	10 399	7 921	28 806
	%	0.7	35.7	36.1	27.5	100
总计	亩	27 165	302 654	216 343	53 102	599 265
	%	4.53	50.5	36.1	8.86	100

全氮含量在该级别，占冲积土总面积的 98.76%；典型新积土全氮含量分布在 0.5~0.75 g/kg、0.75~1.00 g/kg、1.00~1.25 g/kg、≥1.25 g/kg 4 个级别，主要分布在 0.75~1.00 g/kg、1.00~1.25 g/kg 2 个级别。

3. 各乡镇耕地土壤全氮含量

由表 6-7 中数据显示，2017—2019 年各乡镇土壤全氮含量高低排序为：观庄乡 1.23 g/kg、山河乡 1.21 g/kg、凤岭乡 1.09 g/kg、温堡乡 1.03 g/kg、陈靳乡 1.02 g/kg、好水乡 1.01 g/kg、城关镇 1.00 g/kg、张程乡 1.00 g/kg、杨河乡 0.97 g/kg、联财镇 0.97 g/kg、沙塘镇 0.95 g/kg、奠安乡 0.92 g/kg、神林乡 0.91 g/kg。

4. 不同等级耕地全氮含量及分级

从表 6-12 看出，不同等级耕地全氮含量大小依次为：十等>六等>五等>九等>七等>四等>八等>三等，平均值分别为 1.1 g/kg、1.08 g/kg、1.07 g/kg、1.03 g/kg、1.02 g/kg、0.97 g/kg、0.95 g/kg、0.89 g/kg。

除十等地外，其他等地全氮含量均分布在 0.5~0.75 g/kg、0.75~1.00 g/kg、1.00~1.25 g/kg、≥1.25 g/kg 4 个级别。三等地、四等地、五等地全氮含量均在 0.75~1.00 g/kg 这一级别分布最多，占比分别为 54.18%、65.29%、58.86%；六等地全氮含量在 1.00~1.25 g/kg 这一级别分布较多，有 66 042 亩，占六等地总面积的57.03%；七等地、八等地、九等地全氮含量在 0.75~1.00 g/kg、1.00~1.25 g/kg 这 2 个级别分布较多，且均在 0.75~1.00 g/kg 级别的占比大于在 1.00~1.25 g/kg 级别的占比；十等地全氮含量分布在 0.75~1.00 g/kg、1.00~1.25 g/kg、≥1.25 g/kg 3 个级别，主要分布在

表 6-12　隆德县不同等级耕地全氮分级面积统计

耕地等级	单位	全氮含量/(g·kg⁻¹)				总计
		0.5~0.75	0.75~1.00	1.00~1.25	≥1.25	
三等地	亩	2 463	6 335	2 885	10	11 693
	%	21.07	54.18	24.67	0.08	100.00
四等地	亩	626	28 899	10 764	3 971	44 260
	%	1.41	65.29	24.32	8.97	100.00
五等地	亩	1 151	58 014	17 945	21 453	98 563
	%	1.17	58.86	18.21	21.77	100.00

续表

耕地等级	单位	全氮含量/(g·kg⁻¹)				总计
		0.5~0.75	0.75~1.00	1.00~1.25	≥1.25	
六等地	亩	3 751	32 908	66 042	13 110	115 810
	%	3.24	28.42	57.03	11.32	100.00
七等地	亩	7 982	87 092	78 200	10 908	184 182
	%	4.33	47.29	42.46	5.92	100.00
八等地	亩	11 010	79 301	29 314	2 358	121 983
	%	9.03	65.01	24.03	1.93	100.00
九等地	亩	181	9 530	8 508	1 104	19 323
	%	0.94	49.32	44.03	5.72	100.00
十等地	亩	0	575	2 686	188	3 449
	%	0	16.67	77.87	5.46	100.00
总计	亩	27 165	302 654	216 343	53 102	599 265
	%	4.53	50.50	36.10	8.86	100.00

1.00~1.25 g/kg 级别，占比为 77.87%。

5. 不同地形部位耕地土壤全氮含量

从表 6-8 可以看出，大地貌类型为山地、盆地、丘陵、平原、高原。山地全氮平均含量为 1.06 g/kg，平原全氮平均含量为 0.97 g/kg。地形部位：指中小地貌单元为山间盆地、宽谷盆地、平原低阶、平原中阶、平原高阶、丘陵上部、丘陵中部、丘陵下部、山地坡上、山地坡中、山地坡下。山地坡上全氮平均含量为 1.17 g/kg，山地坡中全氮平均含量为 1.01 g/kg，山地坡下全氮平均含量为 1.01 g/kg，平原中阶全氮平均含量为 0.91 g/kg，平原低阶全氮平均含量为 1.02 g/kg，田面坡度平地≤2°全氮平均含量为 0.91 g/kg。坡度 2°~6° 的梯田全氮平均含量为 0.95 g/kg，坡度 6°~15° 的梯田全氮平均含量为 1.20 g/kg。

6. 不同灌溉条件耕地土壤全氮含量

根据降水不足时的有效补充程度，分为基本满足（在关键时期可保证灌溉）和无灌溉条件（不具备或不计划发展灌溉）。以耕地评价图斑数据为依据，对全县不同灌溉条件耕地土壤有机质和大量元素进行统计，见表 6-9，土壤全氮平均含量最高的为无灌溉条件耕地，其次为灌溉能力基本满足的耕地，土壤全氮含量分别为 1.06 g/kg 和 0.98 g/kg。

二、土壤有效磷、钾养分含量

（一）土壤有效磷

有效磷是指土壤中可被植物吸收利用的磷的总称。土壤中有效磷的含量，随土壤类型、气候、施肥水平、灌溉、耕作栽培措施等条件的不同而异。

1. 土壤有效磷含量及分级

2017—2019 年耕地耕层土壤有效磷最小值为 2.70 mg/kg，最大值为 63.80 mg/kg，土壤有效磷含量平均值 16.73 mg/kg（见表 6-1）。

从表 6-13 看出，不同年度土壤有效磷含量变化不大，2017 年平均为 16.64 mg/kg，2018 年平均为 16.22 mg/kg，2019 年平均为 17.32 mg/kg。

表 6-13　隆德县耕地土壤有效磷含量分级面积统计

单位：mg/kg

年份		2017 年	2018 年	2019 年	平均值
耕地面积/亩		599 265	599 265	599 265	599 265
合计	样品数/个	58	55	60	57.6
	平均值	16.64	16.22	17.32	16.73
	标准差	8.35	8.65	10.01	9.14
	代表面积/亩	599 264.54	599 264.54	599 264.54	599 264.54
<5	样品数/个	4	7	7	6
	代表面积/亩	40 821.08	66 677.48	74 943.36	60 813.98
5~10	样品数/个	17	16	15	16
	代表面积/亩	182 857.08	172 923.45	150 861.67	168 880.73
10~20	样品数/个	26	24	25	25
	代表面积/亩	269 718.84	283 563.98	227 258.85	260 180.56
20~30	样品数/个	11	8	9	9.3
	代表面积/亩	105 867.54	76 099.63	108 141.5	96 702.88
30~40	样品数/个	0	0	4	1.3
	代表面积/亩	0	0	38 059.16	12 686.39

续表

乡镇名称	面积	耕地土壤有效磷分级面积							总计
		<5	5~10	10~20	20~30	30~40	40~50	≥50	
合计	亩	13 227	125 061	355 983	73 543	12 857	12 802	5 791	599 265
	%	2.21	20.87	59.40	12.27	2.15	2.14	0.97	100.00
陈靳乡	亩	0	324.6	13 047.9	3 232	3 769	2 751	0	23 125
	%	0	1.40	56.42	13.98	16.30	11.90	0	100.00
城关镇	亩	0	2 673.2	4 395.05	12 944	2 758	5 637	507	28 914
	%	0	9.25	15.20	44.77	9.54	19.49	1.75	100.00
奠安乡	亩	0	0	26 951.1	2 604.65	0	0	0	29 556
	%	0	0	91.19	8.81	0	0	0	100.00
凤岭乡	亩	680.38	18 335	28 379.2	908.1	0	0	0	48 303
	%	1.41	37.96	58.75	1.88	0	0	0	100.00
观庄乡	亩	0	237.25	62 115.25	7 722.47	0	0	0	70 075
	%	0	0.34	88.64	11.02	0	0	0	100.00
好水乡	亩	0	941.59	38 368.26	1 536.74	0	0	0	40 847
	%	0	2.31	93.93	3.76	0	0	0	100.00
联财镇	亩	23.24	2 371.0	12 075.51	10 580	5 913	2 263	3 303	36 528
	%	0.06	6.49	33.06	28.96	16.19	6.20	9.04	100.00
沙塘镇	亩	0	4 634.1	50 238.91	2 708.35	0	0	0	57 581
	%	0	8.05	87.25	4.70	0	0	0	100.00
山河乡	亩	3 115.71	2 566.2	15 314.97	0	0	0	0	20 997
	%	14.84	12.22	72.94	0	0	0	0	100.00
神林乡	亩	5 840.98	24 742	6 377.76	3 320	280	0	0	40 562
	%	14.40	61.00	15.72	8.19	0.69	0	0	100.00
温堡乡	亩	233.82	26 573	35 677.04	7 873.05	0	0	0	70 357
	%	0.33	37.77	50.71	11.19	0	0	0	100.00
杨河乡	亩	0	13 382	33 837.38	10 404	137	2 151	1 981	61 892
	%	0	21.62	54.67	16.81	0.22	3.48	3.20	100.00
张程乡	亩	3 332.50	28 281	28 984.76	9 709.34	0	0	0	70 308
	%	4.74	40.22	41.23	13.81	0	0	0	100.00

续表

乡镇名称	面积	耕地土壤有效磷分级面积							总计
		<5	5~10	10~20	20~30	30~40	40~50	≥50	
六盘山林场	亩	0	0	25.55	0	0	0	0	26
	%	0	0	100	0	0	0	0	100.00
沙塘良种场	亩	0	0	194.64	0	0	0	0	195
	%	0	0	100	0	0	0	0	100.00

表 6-2 按照农业农村部耕地土壤有效磷含量分级标准，<5 mg/kg；5~10 mg/kg；10~20 mg/kg；20~30 mg/kg；30~40 mg/kg；40~50 mg/kg；≥50 mg/kg 7 个级别。

表 6-13，隆德县耕地土壤有效磷含量主要集中在 10~20 mg/kg 级别，其所占耕地面积占总调查耕地面积的 43.42%，此区间调查点有 25 个，占年度总调查点总数的 41.67%，代表面积 260 180.56 亩；其次是 5~10 mg/kg 级别，其所占耕地面积占总调查耕地面积的 28.18%，区间调查点 16 个，占比 26.67%，代表面积 168 880.73 亩；20~30 mg/kg 级别，其所占耕地面积占总调查耕地面积的 16.14%，此区间调查点有 9.3 个，占年度总调查点总数的 15.50%，代表面积 96 702.88 亩；小于 5 mg/kg 级别，其所占耕地面积占总调查耕地面积的 10.15%，此区间调查点有 6 个，占年度总调查点总数的 10.00%，代表面积 60 813.98 亩；30~40 mg/kg 级别，其所占耕地面积占总调查耕地面积的 2.11%、此区间调查点有 1.3 个，占年度总调查点总数的 2.17%，代表面积 12 686.39 亩。隆德县耕地耕层土壤有效磷含量主要分布在 10~20 mg/kg 级别、5~10 mg/kg 级别范围内，由此可见，全县内耕地土壤有效磷含量呈低水平。

土壤有效磷属数值型指标是根据调查采样点数据利用空间插值分析获取全域范围数据，然后用区域统计分析工具提取各评价单元数值，利用反距离权重插值分析按采样点数据插值隆德县全域检测数据。各乡镇耕地土壤有效磷含量<5 mg/kg 级别：神林乡 5 840.98 亩，占该乡耕地面积的 14.40%；山河乡 3 115.71 亩，占该乡耕地面积的14.84%。5~10 mg/kg 级别：神林乡 24 741.98 亩，占该乡耕地面积的 61.00%；张程乡 28 280.96 亩，占该乡耕地面积的 40.22%；凤岭乡 18 335.02 亩，占该乡耕地面积的 37.96%；温堡乡 26 572.99 亩，占该乡耕地面积的 37.77%。10.00~

20.00 mg/kg 级别：好水乡 38 368.26 亩，占该乡耕地面积的 93.93%；奠安乡 26 951.07 亩，占该乡耕地面积的 91.19%；观庄乡 62 115.25 亩，占该乡耕地面积的 88.64%；沙塘镇 50 238.91 亩，占该镇耕地面积的 87.25%；山河乡 15 314.97 亩，占该乡耕地面积的 72.94%；陈靳乡 13 047.90 亩，占该乡耕地面积的 56.42%。20.00~30.00 mg/kg 级别：城关镇 12 944 亩，占该镇耕地面积的 44.77%；联财镇 10 580 亩，占该镇耕地面积的 28.96%。

2. 不同土壤类型耕地土壤有效磷含量

从表 6-14 看出，按土壤有效磷分级标准，典型潮土及潮黑垆土有效磷含量均

表 6-14　隆德县不同土壤类型耕地有效磷含量分级面积统计

土壤类型（亚类）	单位	有效磷含量/(mg·kg⁻¹)							总计
		<5	5~10	10~20	20~30	30~40	40~50	≥50	
典型潮土	亩	0	0	51	0	0	0	0	51
	%	0	0	100.00	0	0	0	0	100.00
潮黑垆土	亩	0	0	882	0	0	0	0	882
	%	0	0	100	0	0	0	0	100.00
典型黑垆土	亩	5 952	42 354	101 874	17 461	1 705	5 298	2 490	177 135
	%	3.36	23.91	57.51	9.86	0.96	2.99	1.41	100.00
黑麻土	亩	0	0	29	0	80	70	0	180
	%	0	0	16.4	0	44.71	38.89	0	100.00
黄绵土	亩	6 273	71 367	198 546	45 853	7 737	7 153	3 301	340 230
	%	1.84	20.98	58.36	13.48	2.27	2.1	0.97	100.00
暗灰褐土	亩	1 001	9 535	33 069	6 880	869	0	0	51 355
	%	1.95	18.57	64.39	13.4	1.69	0	0	100.00
冲积土	亩	0	134	494	0	0	0	0	627
	%	0	21.31	78.69	0	0	0	0	100.00
典型新积土	亩	0	1 671	21 038	3 349	2 467	281	0	28 806
	%	0	5.8	73.04	11.62	8.56	0.98	0	100.00
总计	亩	13 227	125 061	355 983	73 543	12 857	12 802	5 791	599 265
	%	2.21	20.87	59.4	12.27	2.15	2.14	0.97	100.00

在 10~20 mg/kg 这一级别；典型黑垆土有效磷含量多在 10~20 mg/kg 这一级别，占该亚类总面积的 57.51%，在 30~40 mg/kg 这一级别分布最少，有 1 705 亩，占该亚类总面积的 0.96%；黑麻土有效磷含量主要在 30~40 mg/kg 及 40~50 mg/kg 这 2 个级别，分别占该亚类总面积的 44.71% 和 38.89%；黄绵土有效磷含量主要分布在 10~20 mg/kg 级别，占该亚类总面积的 58.36%；暗灰褐土有效磷含量在 10~20 mg/kg 级别分布较多，在 <5 mg/kg 及 30~40 mg/kg 级别分布较少；冲积土有效磷含量分布在 5~10 mg/kg 及 10~20 mg/kg 2 个级别，分别占该亚类总面积的 21.31% 和 78.69%；典型新积土有效磷含量主要分布在 10~20 mg/kg 级别，占该亚类总面积的 73.04%，在 20~30 mg/kg 级别，占该亚类总面积的 11.62%。

3. 不同等级耕地有效磷含量及分级

不同等级耕地土壤有效磷含量大小依次为：三等地>四等地>五等地>六等地>七等地>八等地>十等地>九等地，有效磷含量平均值分别为：37.75 mg/kg、25.07 mg/kg、19.98 mg/kg、16.69 mg/kg、14.55 mg/kg、13.07 mg/kg、9.96 mg/kg、8.68 mg/kg。

三等地有效磷含量均大于等于 20 mg/kg 且主要分布在 20~30 mg/kg 级别，有效磷含量在这一级别的三等地有 7 061 亩，占三等地总面积的 60.39%；四等地有效磷均大于等于 5 mg/kg，在 10~20 mg/kg 这一级别分布较多，占四等地总面积的 41.11%；五等地、六等地有效磷含量在各级别均有分布，且均在 10~20 mg/kg 分布最多，占比分别为 56.92%、57.07%；七等地、八等地有效磷含量均小于 40 mg/kg，且均在 10~20 mg/kg 级别分布最多，在 30~40 mg/kg 分布最少；九等地、十等地有效磷含量均小于 30 mg/kg，九等地有效磷含量在 20~30 mg/kg 这一级别仅 2 亩，占九等地总面积的 0.01%（见表 6-15）。

4. 各乡镇耕地土壤有效磷含量

由表 6-7 中数据显示，2017—2019 年各乡镇土壤有效磷含量高低排序为：沙塘镇 20.12 mg/kg、城关镇 19.84 mg/kg、观庄乡 18.72 mg/kg、陈靳乡 18.12 mg/kg、张程乡 17.20 mg/kg、奠安乡 16.52 mg/kg、杨河乡 16.36 mg/kg、温堡乡 16.34 mg/kg、凤岭乡 15.62 mg/kg、联财镇 15.22 mg/kg、好水乡 14.90 mg/kg、山河乡 14.36 mg/kg、神林乡 14.20 mg/kg。

表 6-15 隆德县不同等级耕地有效磷含量分级面积统计

耕地等级	单位	有效磷含量/(mg·kg⁻¹)							总计
		<5	5~10	10~20	20~30	30~40	40~50	≥50	
三等地	亩	0	0	0	7 061	250	1 524	2 858	11 693
	%	0	0	0	60.39	2.14	13.03	24.44	100.00
四等地	亩	0	6 020	18 194	6 135	7 433	3 560	2 919	44 260
	%	0	13.60	41.11	13.86	16.79	8.04	6.60	100.00
五等地	亩	589	9 670	56 106	21 105	3 932	7 151	10	98 563
	%	0.60	9.81	56.92	21.41	3.99	7.26	0.01	100.00
六等地	亩	2 055	21 553	66 095	24 764	771	567	4	115 810
	%	1.77	18.61	57.07	21.38	0.67	0.49	0.00	100.00
七等地	亩	2 496	34 091	136 072	11 139	384	0	0	184 182
	%	1.36	18.51	73.88	6.05	0.21	0	0	100.00
八等地	亩	3 610	41 067	73 971	3 248	88	0	0	121 983
	%	2.96	33.67	60.64	2.66	0.07	0	0	100.00
九等地	亩	3 407	11 608	4 306	2	0	0	0	19 323
	%	17.63	60.07	22.28	0.01	0	0	0	100.00
十等地	亩	1 068	1 052	1 241	89	0	0	0	3 449
	%	30.97	30.49	35.97	2.57	0	0	0	100.00
总计	亩	13 227	125 061	355 983	73 543	12 857	12 802	5 791	599 265
	%	2.21	20.87	59.40	12.27	2.15	2.14	0.97	100.00

5. 不同地形部位耕地土壤有效磷含量

从表 6-8 可以看出，大地貌类型为山地、盆地、丘陵、平原、高原。山地有效磷平均含量为 16.10 mg/kg，平原有效磷平均含量为 17.36 mg/kg，地形部位：指中小地貌单元为山间盆地、宽谷盆地、平原低阶、平原中阶、平原高阶、丘陵上部、丘陵中部、丘陵下部、山地坡上、山地坡中、山地坡下。山地坡上有效磷平均含量为 17.37 mg/kg，山地坡中有效磷平均含量为 14.21 mg/kg，山地坡下有效磷平均含量为 16.85 mg/kg，平原中阶有效磷平均含量为 18.99 mg/kg，平原低阶有效磷平均含量为 16.23 mg/kg，田面坡度平地≤2°有效磷平均含量为 18.27 mg/kg。坡度 2°~6°的梯田有效磷平均含量为 15.59 mg/kg，坡度 6°~15° 的梯田有效磷平均含量为 16.33 mg/kg。

6. 不同灌溉条件耕地土壤有效磷含量

从表 6-9 可以看出，根据降水不足时的有效补充程度，分为基本满足（在关键时期可保证灌溉）和无灌溉条件（不具备或不计划发展灌溉）。以耕地评价图斑数据为依据，对全县不同灌溉条件耕地土壤有机质和大量元素进行统计，土壤有效磷平均含量最高的为基本满足灌溉能力耕地，其次为无灌溉条件的耕地，土壤有效磷含量分别为18.28 mg/kg 和15.18 mg/kg。

（二）土壤钾素

钾素在土壤中对作物的有效性，可将其分为速效钾、缓效钾和无效钾。

1. 土壤速效钾含量及分级

速效钾是指水溶性钾和代换性钾，作物容易吸收利用，2017—2019 年耕地耕层土壤速效钾删除大于 500 mg/kg 小于 53 mg/kg 的点，最小值为 86.00 mg/kg，最大值为400.00 mg/kg，土壤速效钾含量平均值 182.00 mg/kg（见表 6-1）。

从表 6-16 看出，不同年度由于调查采样测试的区域不一致而有所不同，2017 年平均为 174.89 mg/kg，2018 年平均为 195.79 mg/kg，2019 年平均为 175.33 mg/kg。按照农业农村部耕地土壤速效钾含量分级标准，<50 mg/kg；50~100 mg/kg；100~150 mg/kg；150~200 mg/kg；200~250 mg/kg；250~300 mg/kg；≥300 mg/kg 7 个级别，隆德县耕地土壤速效钾含量主要集中在 100~150 mg/kg 级别，其所占耕地面积占总调查耕地面积的 43.76%，此区间调查点有 24.7 个，占年度总调查点总数的 41.17%，代表面积 262 210.17 亩；其次是150~200 mg/kg 级别，其所占耕地面积占总调查耕地面积的 25.85%，区间调查点 14.7 个，占比 24.5%，代表面积 154 915.03亩；≥300 mg/kg 级别，其所占耕地面积占总调查耕地面积的 11.31%，代表面积 67 757.34 亩；200~250 mg/kg 级别，其所占耕地面积占总调查耕地面积的 6.94%，代表面积 41 605.98 亩；50~100 mg/kg 级别，其所占耕地面积占总调查耕地面积的 6.69%，代表面积 40 088.57 亩；250~300 mg/kg 级别，其所占耕地面积占总调查耕地面积的 5.45%，代表面积 32 687.45 亩。由此可见，全县内耕地土壤有效钾含量在 100~150 mg/kg 和 150~200 mg/kg 2 个级别范围呈高水平。

土壤速效钾属数值型指标是根据调查采样点数据利用空间插值分析获取全域范围

表 6-16　隆德县耕地土壤速效钾分级面积统计

单位：mg/kg

年份		2017	2018	2019	平均值
耕地面积/亩		599 265	599 265	599 265	599 265
合计	样品数/个	60	55	58	57.7
	平均值	174.89	195.79	175.33	182.00
	标准差	28.12	72.67	53.02	53.72
	代表面积/亩	599 264.54	599 264.54	599 264.54	599 264.54
50~100	样品数/个	6	0	6	4
	代表面积/亩	69 217.37	0	51 048.36	40 088.57
100~150	样品数/个	27	21	26	24.7
	代表面积/亩	254 894.61	249 366.31	282 369.63	262 210.17
150~200	样品数/个	13	19	12	14.7
	代表面积/亩	142 867.51	192 032.11	129 845.48	154 915.03
200~250	样品数/个	7	2	4	4.3
	代表面积/亩	70 739.24	19 803.41	34 275.3	41 605.98
250~300	样品数/个	4	1	5	3.3
	代表面积/亩	38 434.76	9 310.83	50 316.69	32 687.45
≥300	样品数/个	3	12	5	6.7
	代表面积/亩	23 111.05	128 751.88	51 409.08	67 757.34

乡镇名称	面积	速效钾分级面积						总计
		<100	100~150	150~200	200~250	250~300	≥300	
合计	亩	1 259.68	180 303.48	226 206.46	102 194.68	51 433.08	37 867.16	599 265
	%	0.21	30.09	37.75	17.05	8.58	6.32	100.00
陈靳乡	亩	0	0	17 694.91	5 430.23	0	0	23 125
	%	0	0	76.52	23.48	0	0	100.00
城关镇	亩	0	1 911.45	19 270.51	7 732.30	0	0	28 914
	%	0	6.61	66.65	26.74	0	0	100.00
奠安乡	亩	0	600.02	20 737.33	4 443.42	2 910.99	863.95	29 556
	%	0	2.03	70.16	15.03	9.85	2.92	100.00
凤岭乡	亩	143.99	8 100.40	24 126.28	2 467.10	807.99	12 656.95	48 303
	%	0.30	16.77	49.95	5.11	1.67	26.20	100.00

续表

乡镇名称	面积	速效钾分级面积						总计
		<100	100~150	150~200	200~250	250~300	≥300	
观庄乡	亩	0	19 018.98	24 034.12	15 460.89	6 938.11	4 622.88	70 075
	%	0	27.14	34.30	22.06	9.90	6.60	100.00
好水乡	亩	0	17 260.80	23 152.39	433.40	0	0	40 847
	%	0	42.26	56.68	1.06	0	0	100.00
联财镇	亩	1 086.68	8 225.18	6 433.89	7 420.56	7 272.55	6 089.48	36 528
	%	2.97	22.52	17.61	20.31	19.91	16.67	100.00
沙塘镇	亩	0	35 136.45	16 326.29	3 115.32	3 000.10	3.16	57 581
	%	0	61.02	28.35	5.41	5.21	0.01	100.00
山河乡	亩	0	16 103.13	4 013.11	680.02	200.57	0	20 997
	%	0	76.69	19.11	3.24	0.96	0	100.00
神林乡	亩	0	6 420.53	3 703.93	11 275.53	10 373.67	8 787.99	40 562
	%	0	15.83	9.13	27.80	25.58	21.67	100.00
温堡乡	亩	29.01	45 464.74	23 725.96	1 137.19	0	0	70 357
	%	0.04	64.62	33.72	1.62	0	0	100.00
杨河乡	亩	0	666.17	23 675.06	23 806.22	8 902.14	4 842.76	61 892
	%	0	1.08	38.25	38.46	14.38	7.82	100.00
张程乡	亩	0	21 182.99	19 305.11	18 792.49	11 026.97	0	70 308
	%	0	30.13	27.46	26.73	15.68	0	100.00
六盘山林场	亩	0	17.99	7.56	0	0	0	26
	%	0	70.42	29.58	0	0	0	100.00
沙塘良种场	亩	0	194.64	0	0	0	0	195
	%	0	100.00	0	0	0	0	100.00

数据，然后用区域统计分析工具提取各评价单元数值，利用反距离权重插值分析按采样点数据插值隆德县全域检测数据。各乡镇耕地土壤速效钾含量 100~150 mg/kg 级别：山河乡 16 103.13 亩、温堡乡 45 464.74 亩、沙塘镇 35 136.45 亩、好水乡 17 260.80 亩，分别占该乡镇耕地面积的 76.69%、64.62%、61.02% 和 42.26%；150~200 mg/kg 级别：陈靳乡 17 694.91 亩、奠安乡 20 737.33 亩、城关镇 19 270.51 亩、好水乡 23 152.39

亩、凤岭乡 24 126.28 亩，分别占该乡镇耕地面积的 76.52%、70.16%、66.65%、56.68%和49.95%；200~250 mg/kg 级别：杨河乡 23 806 亩、神林乡 11 276 亩、城关镇 7 732 亩、陈靳乡 5 430 亩，分别占该乡镇耕地面积的 38.46%、27.80%、26.74%和23.48%；250~300 mg/kg 级别：神林乡 10 374 亩，占该乡镇耕地面积的 25.58%。

2. 不同土壤类型耕地土壤速效钾含量

从表 6-17 看出，按土壤速效钾分级标准，典型潮土及潮黑垆土速效钾含量均在 150~200 mg/kg 级别；典型黑垆土速效钾含量主要分布在 100~150 mg/kg 级别及150~200 mg/kg 级别，速效钾含量在这两个级别的耕地分别有 68 508 亩和 55 916亩，分别占该亚类总面积的38.68%和31.57%；黑麻土速效钾含量多分布在 250~

表 6-17　隆德县不同土壤类型耕地速效钾含量分级面积统计

土壤类型 （亚类）	单位	速效钾含量/(mg·kg⁻¹)						总计
		50~100	100~150	150~200	200~250	250~300	≥300	
典型潮土	亩	0	0	51	0	0	0	51
	%	0	0	100	0	0	0	100
潮黑垆土	亩	0	0	882	0	0	0	882
	%	0	0	100	0	0	0	100
典型黑垆土	亩	44	68 508	55 916	25 044	12 329	15 294	177 135
	%	0.02	38.68	31.57	14.14	6.96	8.63	100
黑麻土	亩	0	0	29	0	80	70	180
	%	0	0	16.4	0	44.71	38.89	100
黄绵土	亩	1 216	81 983	126 785	69 350	38 598	22 298	340 230
	%	0.36	24.1	37.26	20.38	11.34	6.55	100
暗灰褐土	亩	0	18 580	28 063	4 105	410	198	51 355
	%	0	36.18	54.65	7.99	0.8	0.39	100
冲积土	亩	0	394	100	134	0	0	627
	%	0	62.77	15.92	21.31	0	0	100
典型新积土	亩	0	10 839	14 381	3 562	16	8	28 806
	%	0	37.63	49.92	12.37	0.05	0.03	100
总计	亩	1 260	180 303	226 206	102 195	51 433	37 867	599 265
	%	0.21	30.09	37.75	17.05	8.58	6.32	100

300 mg/kg 级别及 ≥ 300 mg/kg 级别；黄绵土速效钾含量在 150~200 mg/kg 级别分布较多，在 50~100 mg/kg 级别分布较少；暗灰褐土速效钾含量多分布在 150~200 mg/kg 级别，占该亚类总面积的 54.65%；冲积土速效钾含量在 100~150 mg/kg 级别分布较多，有 394 亩，占该亚类总面积的 62.77%；典型新积土速效钾在 100~150 mg/kg 级别及 150~200 mg/kg 级别分布较多。

3. 不同等级耕地速效钾含量及分级

不同等级耕地土壤速效钾含量大小依次为：三等地>四等地>五等地>六等地>七等地>八等地>十等地>九等地，速效钾含量平均值分别为：285 mg/kg、216.08 mg/kg、194.72 mg/kg、178.64 mg/kg、177.42 mg/kg、163.8 mg/kg、144.35 mg/kg、144.04 mg/kg。

从表 6-18 看出，三等地速效钾含量 21.52%分布在 200~250 mg/kg 级别，41.11%分布在 250~300 mg/kg 级别，其余 37.37%分布在≥300 mg/kg 级别；四等地速效钾含量在 150~200 mg/kg 级别及 200~250 mg/kg 级别，分别占四等地总面积的 27.40%和 27.11%；五、六、七、八等地的速效钾含量均在 150~200 mg/kg 级别分布较多；九等地速效钾含量均小于 300 mg/kg，且在 100~150 mg/kg 级别分布面积最大，为 14 024 亩，占九等地总面积的 72.58%，九等地仅 20 亩速效钾含量在 50~100 mg/kg 级别，占九等地总面积的 0.1%；十等地速效钾含量 77.9%在 100~150 mg/kg 级别，其余在 150~200 mg/kg 级别。

4. 各乡镇耕地土壤速效钾含量

由表 6-7 中数据显示，2017—2019 年各乡镇土壤速效钾含量高低排序为：杨河乡221.26 mg/kg、城关镇 207.75 mg/kg、陈靳乡 207.30 mg/kg、奠安乡 204.37 mg/kg、联财镇200.05 mg/kg、观庄乡 190.11 mg/kg、凤岭乡 183.01 mg/kg、神林乡 178.86 mg/kg、沙塘镇 171.56 mg/kg、张程乡 165.07 mg/kg、好水乡 152.18 mg/kg、山河乡 142.50 mg/kg、温堡乡142.02 mg/kg。

5. 不同地形部位耕地土壤速效钾含量

从表 6-8 可以看出，大地貌类型为山地、盆地、丘陵、平原、高原。山地速效钾平均含量为 159.84 mg/kg，面积 548 290.95 亩；平原速效钾平均含量为 204.15 mg/kg，面积 50 973.59 亩。地形部位：指中小地貌单元为山间盆地、宽谷盆地、平原低阶、平原中阶、平原高阶、丘陵上部、丘陵中部、丘陵下部、山地坡上、山地坡中、山

表 6-18　隆德县不同等级耕地速效钾含量分级面积统计

耕地等级	单位	速效钾含量/(mg·kg⁻¹)						总计
		50~100	100~150	150~200	200~250	250~300	≥300	
三等地	亩	0	0	0	2 516	4 807	4 370	11 693
	%	0	0	0	21.52	41.11	37.37	100.00
四等地	亩	99	6 833	12 126	11 997	8 521	4 684	44 260
	%	0.22	15.44	27.40	27.11	19.25	10.58	100.00
五等地	亩	0	21 172	30 096	22 052	15 093	10 150	98 563
	%	0	21.48	30.53	22.37	15.31	10.30	100.00
六等地	亩	14	41 824	46 690	10 175	12 501	4 606	115 810
	%	0.01	36.11	40.32	8.79	10.79	3.98	100.00
七等地	亩	61	53 933	63 605	43 666	9 133	13 785	184 182
	%	0.03	29.28	34.53	23.71	4.96	7.48	100.00
八等地	亩	1 067	39 830	67 817	11 745	1 252	272	121 983
	%	0.87	32.65	55.60	9.63	1.03	0.22	100.00
九等地	亩	20	14 024	5 110	43	126	0	19 323
	%	0.10	72.58	26.45	0.22	0.65	0	100.00
十等地	亩	0	2 687	762	0	0	0	3 449
	%	0	77.90	22.10	0	0	0	100.00
总计	亩	1 260	180 303	226 206	102 195	51 433	37 867	599 265
	%	0.21	30.09	37.75	17.05	8.58	6.32	100.00

地坡下。山地坡上速效钾平均含量为 110.34 mg/kg，山地坡中速效钾平均含量为 173.30 mg/kg，山地坡下速效钾平均含量为 178.60 mg/kg，平原中阶速效钾平均含量为 230.18 mg/kg，平原低阶速效钾平均含量为 217.56 mg/kg，田面坡度平地≤2°速效钾平均含量为 202.69 mg/kg。坡度 2°~6°的梯田速效钾平均含量为 166.13 mg/kg，坡度 6°~15°的梯田速效钾平均含量为 177.17 mg/kg。

6. 不同灌溉条件耕地土壤速效钾含量

根据降水不足时的有效补充程度，分为基本满足（在关键时期可保证灌溉）和无灌溉条件(不具备或不计划发展灌溉)。以耕地评价图斑数据为依据,对全县不同灌溉条件耕地土壤有机质和大量元素进行统计(见表6-9),土壤速效钾平均含量最高的为基本满足灌溉能力耕地,其次为无灌溉条件的耕地,土壤速效钾含量分别为194.72 mg/kg 和169.30 mg/kg。

(三) 土壤缓效钾

土壤缓效钾是指层状粘土矿物所固定的离子以及黑云母和一部分水云母中的钾。缓效钾是评价土壤供钾潜力的指标,也是速效钾的补给来源,缓效钾的不断释放可以使速效钾维持在适宜水平。

土壤缓效钾不能被作物直接吸收利用,是土壤速效钾的补给源和后备,在土壤速效钾含量相近的情况下,土壤缓效钾含量越低,转化为速效钾的速度越慢。

1. 土壤缓效钾含量及分级

2017—2019 年耕地耕层土壤缓效钾最小值为 317.00 mg/kg,最大值为 1 483.00 mg/kg,土壤缓效钾含量平均值 946.36 mg/kg(见表6-1)。

从表6-19 看出,不同年度由于调查采样测试的区域不一致而有所不同,2017年平均为 990.02 mg/kg,2018 年平均为 884.62 mg/kg,2019 年平均为 964.44 mg/kg。

表6-19 隆德县耕地土壤缓效钾分级面积统计

单位:mg/kg

年份		2017 年	2018 年	2019 年	平均值
耕地面积/亩		599 265	599 265	599 265	599 265
合计	样品数/个	60	60	60	60
	平均值	990.02	884.62	964.44	946.36
	标准差	179.93	254.32	157.48	206.52
	代表面积/亩	599 264.54	599 264.54	599 264.54	599 264.54
300~350	样品数/个	0	2	0	0.7
	代表面积/亩	0	20 280.83	0	6 760.28
350~400	样品数/个	0	1	0	0.3
	代表面积/亩	0	10 013.71	0	3 337.90
>400	样品数/个	60	57	60	59
	代表面积/亩	599 264.54	568 970.00	599 264.54	589 166.36

续表

乡镇名称	面积	缓效钾分级面积			总计
		300~350	350~400	>400	
合计	亩	20 281	10 014	568 970	599 265
	%	3.38	1.68	94.94	100.0
陈靳乡	亩	0	0	23 125.14	23 125
	%	0	0	100.0	100.00
城关镇	亩	0	0	28 914.27	28 914
	%	0	0	100.0	100.00
奠安乡	亩	0	0	29 555.72	29 556
	%	0	0	100.0	100.0
凤岭乡	亩	0	0	48 302.71	48 303
	%	0	0	100.0	100.0
观庄乡	亩	0	10 013.71	60 061.26	70 075
	%	0	14.29	85.71	100.0
好水乡	亩	0	0	40 846.60	40 847
	%	0	0	100.0	100.0
联财镇	亩	0	0	36 528.33	36 528
	%	0	0	100.0	100.0
沙塘镇	亩	0	0	57 581.32	57 581
	%	0	0	100.0	100.0
山河乡	亩	0	0	20 996.83	20 997
	%	0	0	100.0	100.0
神林乡	亩	20 280.83	0	20 280.82	40 562
	%	50.00	0	50.00	100.00
温堡乡	亩	0	0	70 356.90	70 357
	%	0	0	100.0	100.0
杨河乡	亩	0	0	61 892.35	61 892
	%	0	0	100.0	100.0
张程乡	亩	0	0	70 307.56	70 308
	%	0	0	100.0	100.0

续表

乡镇名称	面积	缓效钾分级面积			总计
		300~350	350~400	>400	
六盘山林场	亩	0	0	26.16	26
	%	0	0	100.0	100.0
沙塘良种场	亩	0	0	194.64	195
	%	0	0	100.0	100.0

按照全国耕地土壤缓效钾含量分级标准有≤150 mg/kg；150~200 mg/kg；200~250 mg/kg；250~300 mg/kg；300~350 mg/kg；350~400 mg/kg；>400 mg/kg 7个级别。

表 6-19 中隆德县耕地土壤缓效钾含量>400 mg/kg 级别，其所占耕地面积占总调查耕地面积的98.31%，代表面积 589 166.36 亩，此区间调查点有 59 个，占年度总调查点总数的98.33%；耕地土壤缓效钾含量 350~400 mg/kg 级别，其所占耕地面积占总调查耕地面积的 0.56%，代表面积 3 337.90 亩，此区间调查点有 0.3 个，占年度总调查点总数的 0.5%；耕地土壤缓效钾含量 300~350 mg/kg 级别，其所占耕地面积占总调查耕地面积的 1.13%，代表面积 6 760.28 亩，此区间调查点有 0.7 个，占年度总调查点总数的 1.17%。从以上看出，隆德县大部分耕地土壤缓效钾含量分布在>400mg/kg。

从表 6-19 可以看出，各乡镇土壤缓效钾平均含量按照农业农村部耕地土壤缓效钾含量分级标准，>400 mg/kg 级别，张程乡、温堡乡、杨河乡、沙塘镇、凤岭乡、好水乡、联财镇、奠安乡、城关镇、陈靳乡、山河乡面积较大分别为 70 307.56 亩、70 356.90 亩、61 892.35 亩、57 581.32 亩、48 302.71 亩、40 846.60 亩、36 528.33 亩、29 555.72 亩、28 914.27 亩、23 125.14 亩和 20 996.83 亩，各占该乡镇耕地总面积的100%；350~400 mg/kg 级别，观庄乡面积为 10 013.71 亩，占该乡耕地总面积的14.29%；300~350 mg/kg 级别，神林乡面积为 20 280.83 亩，占该乡耕地总面积的 50.00%。

2. 不同土壤类型耕地土壤缓效钾含量

从表 6-4 看出，在全县耕地土壤亚类中土壤缓效钾含量最高的为黄绵土（平均含量为993.37 mg/kg），典型黑垆土平均含量为968.36 mg/kg，暗灰褐土和典型新积土平均含量分别为902.74 mg/kg和869.30 mg/kg。

3. 各乡镇耕地土壤缓效钾含量

由表6-7中数据显示，2017—2019年各乡镇土壤缓效钾含量高低排序为：山河乡1 137.46 mg/kg>温堡乡1 110.18 mg/kg>凤岭乡1 041.80 mg/kg>奠安乡1 039.22 mg/kg>联财镇1 005.34 mg/kg>杨河乡1 000.27 mg/kg>好水乡970.62 mg/kg>陈靳乡952.41 mg/kg>观庄乡940.23 mg/kg>沙塘镇928.24 mg/kg>张程乡902.31 mg/kg>神林乡860.45 mg/kg>城关镇854.54 mg/kg。

4. 不同地形部位耕地土壤缓效钾含量

从表6-8可以看出，大地貌类型为山地、盆地、丘陵、平原、高原。山地缓效钾平均含量为966.13 mg/kg，面积548 290.95亩；平原缓效钾平均含量为999.31 mg/kg，面积50 973.59亩。地形部位：指中小地貌单元为山间盆地、宽谷盆地、平原低阶、平原中阶、平原高阶、丘陵上部、丘陵中部、丘陵下部、山地坡上、山地坡中、山地坡下。山地坡上缓效钾平均含量为932.32 mg/kg，山地坡中缓效钾平均含量为963.18 mg/kg，山地坡下缓效钾平均含量为970.74 mg/kg，平原中阶缓效钾平均含量为996.53 mg/kg，平原低阶缓效钾平均含量为1 017.35 mg/kg，田面坡度平地≤2°缓效钾平均含量为1 006.25 mg/kg。坡度2°~6°的梯田缓效钾平均含量为969.07 mg/kg，坡度6°~15°的梯田缓效钾平均含量为934.71 mg/kg。

5. 不同灌溉条件耕地土壤缓效钾含量

根据降水不足时的有效补充程度，分为基本满足（在关键时期可保证灌溉）和无灌溉条件（不具备或不计划发展灌溉）。以耕地评价图斑数据为依据，对全县不同灌溉条件耕地土壤有机质和大量元素进行统计（见表6-9），土壤缓效钾平均含量最高的为灌溉能力基本满足耕地，其次为无灌溉条件的耕地，土壤缓效钾含量分别为985.40 mg/kg和973.82 mg/kg。

三、土壤有效性中量元素含量

中量元素对作物生长发育起着十分重要的生理作用，与氮、磷、钾这三种常规大量元素相比，硅、钙、镁、硫四种被列入了中量元素。

（一）土壤有效硫

硫作为植物继氮、磷、钾之后的第四位营养元素，在其生长发育和代谢过程中具有重要的作用，硫是蛋白质和许多酶的成分，对叶绿素的形成有一定影响。

1. 耕地土壤有效硫含量及分级

隆德县耕地土壤有效硫分级面积统计见表6-20。

表6-20 隆德县耕地土壤有效硫分级面积统计

单位：mg/kg

年份		2018 年	2019 年	平均值
耕地面积/亩		599 265	599 265	599 265
合计	样品数/个	60	60	60
	平均值	14.39	36.75	25.57
	标准差	29.21	7.06	24.01
	代表面积/亩	599 264.54	599 264.54	599 264.54
≤16	样品数/个	54	0	27
	代表面积/亩	546 602.35	0	273 301.18
16~30	样品数/个	0	12	6
	代表面积/亩	0	139 827.13	69 913.57
30~45	样品数/个	1	41	21
	代表面积/亩	10 021.64	391 631.78	200 826.71
>45	样品数/个	5	7	6
	代表面积/亩	42 640.55	67 805.63	55 223.08

乡镇名称	面积	有效硫分级面积				总计
		≤16	16~30	30~45	>45	
合计	亩	0	93 941.33	498 686.26	6 636.95	599 265
	%	0	15.68	83.21	1.11	100.0
陈靳乡	亩	0	20 879.69	2 245.45	0	23 125
	%	0	90.29	9.71	0	100.0
城关镇	亩	0	3 906.32	23 189.24	1 818.71	28 914
	%	0	13.51	80.20	6.29	100.0

续表

乡镇名称	面积	有效硫分级面积				总计
		≤16	16~30	30~45	>45	
奠安乡	亩	0	29 555.72	0	0	29 556
	%	0	100.00	0	0	100.0
凤岭乡	亩	0	178.72	48 123.99	0	48 303
	%	0	0.37	99.63	0	100.0
观庄乡	亩	0	0	67 601.32	2 473.65	70 075
	%	0	0	96.47	3.53	100.0
好水乡	亩	0	0	38 502.01	2 344.59	40 847
	%	0	0	94.26	5.74	100.0
联财镇	亩	0	8 638.95	27 889.38	0	36 528
	%	0	23.65	76.35	0	100.0
沙塘镇	亩	0	0	57 581.32	0	57 581
	%	0	0	100.00	0	100.0
山河乡	亩	0	20 996.83	0	0	20 997
	%	0	100.00	0	0	100.0
神林乡	亩	0	1 942.90	38 618.75	0	40 562
	%	0	4.79	95.21	0	100.0
温堡乡	亩	0	7 816.65	62 540.25	0	70 357
	%	0	11.11	88.89	0	100.0
杨河乡	亩	0	0	61 892.35	0	61 892
	%	0	0	100.00	0	100.0
张程乡	亩	0	0	70 307.56	0	70 308
	%	0	0	100.00	0	100.0
六盘山林场	亩	0	25.55	0	0	26
	%	0	100.00	0	0	100.0
沙塘良种场	亩	0	0	194.64	0	195
	%	0	0	100.00	0	100.0

刘崇群等（1990）将中国南方土壤有效硫的丰缺分为4级，即土壤有效硫（S）含量小于10 mg/kg为缺，10~16 mg/kg为潜在缺，16~30 mg/kg为中等，大于30 mg/kg为丰富。目前对土壤有效硫的评价还没有一个统一指标，因为土壤有效硫含量与提取剂类型有着密切的关系，且不同作物和耕作方式之间的差异对硫素的需求差别也很大，因而在评价土壤中硫素供求状况时，必须与具体条件相结合。

从2018—2019年测试的120个土壤有效硫样本统计，隆德县耕地土壤有效硫平均含量25.57 mg/kg，属不缺硫土壤，按照土壤有效硫养分分级标准分≤16 mg/kg；16~30 mg/kg；30~45 mg/kg；>45 mg/kg四个级别。隆德县耕地土壤有效硫含量>45 mg/kg级别，其所占耕地面积占总调查耕地面积的9.26%，代表面积55 223.08亩，此区间调查点有6个，占年度总调查点总数的10.0%；耕地土壤有效硫含量30~45 mg/kg级别，其所占耕地面积占总调查耕地面积的33.46%，代表面积200 826.71亩，此区间调查点有21个，占年度总调查点总数的35.0%；耕地土壤有效硫含量16~30 mg/kg级别，其所占耕地面积占总调查耕地面积的11.68%，代表面积69 913.57亩，此区间调查点有6个，占年度总调查点总数的10.0%；耕地土壤有效硫含量≤16 mg/kg级别，其所占耕地面积占总调查耕地面积的45.6%，代表面积273 301.18亩，此区间调查点有27个，占年度总调查点总数的45.0%。从以上看出，隆德县大部分耕地土壤有效硫含量分布在30~45 mg/kg。

从表6-20可以看出，各乡镇土壤有效硫按照耕地土壤有效硫含量分级标准，>45 mg/kg级别，城关镇、好水乡和观庄乡面积较大，分别为1 818.71亩、2 344.59亩和2 473.65亩，分别占该乡镇耕地总面积的6.29%、5.74%和3.53%；30~45 mg/kg级别，沙塘镇、杨河乡、张程乡、凤岭乡、观庄乡、神林乡、好水乡、温堡乡、城关镇和联财镇面积较大，分别为57 581.32亩、61 892.35亩、70 307.56亩、48 123.99亩、67 601.32亩、38 618.75亩、38 502.01亩、62 540.25亩、23 189.24亩和27 889.38亩，分别占该乡镇耕地总面积的100.00%、100.00%、100.00%、99.63%、96.47%、95.21%、94.26%、88.89%、80.20%和76.35%；16~30 mg/kg级别，奠安乡、山河乡和陈靳乡，面积分别为29 555.72亩、20 996.83亩和20 879.69亩，各占该乡耕地总面积的100.0%、100.00%和90.29%。

2. 不同土壤类型耕地有效硫含量

不同土类间有效硫含量的差异，源于成土母质中原生矿物和次生矿物中硫的释放和淋溶程度。对全县 120 个土壤样本的结果分析统计表明，不同土类有效硫含量高低依次为黄绵土>典型黑垆土>典型新积土>暗灰褐土（见表 6-21），不同土壤类型耕地土壤有效硫含量最高的为黄绵土，平均含量为 26.28 mg/kg；最低的为暗灰褐土，平均含量为 19.24 mg/kg。

表 6-21　隆德县不同土壤类型（到亚类）耕地土壤有效性中量元素养分含量统计

土壤类型（亚类）	样品数/个	硫/(mg·kg^{-1})			硅/(mg·kg^{-1})		
		2018 年	2019 年	平均值	2018 年	2019 年	平均值
典型新积土	6	9.18	37.39	23.29	251.87	130.64	191.25
典型黑垆土	44	14.04	36.73	25.39	172.97	121.86	147.41
黄绵土	66	15.67	36.9	26.28	151.93	118.15	135.04
暗灰褐土	4	4.94	33.55	19.24	200.1	111.58	155.84

3. 各乡镇耕地土壤有效硫含量

土壤硫含量取决于大气硫沉降、母质、灌溉、施肥、种植制度、气候等因素，由于各地上述因素的差异，致使土壤硫具有空间变异性。

全县耕地土壤有效硫平均含量较高的为杨河乡、张程乡，平均含量分别为 36.86 mg/kg、35.32 mg/kg 为丰足（见表 6-22）；较低的为陈靳乡、山河乡、奠安乡，平均含量分别为15.19 mg/kg、14.99 mg/kg、14.06 mg/kg，为潜在缺乏，其余 8 个乡镇耕地土壤有效硫为不缺。

表 6-22　隆德县各乡镇耕地土壤有效性中量元素养分含量统计

乡镇名称	样品数/个	硫/(mg·kg^{-1})			硅/(mg·kg^{-1})		
		2018 年	2019 年	平均值	2018 年	2019 年	平均值
山河乡	2	5.58	24.4	14.99	196.05	134.57	165.31
奠安乡	3	3.28	24.84	14.06	162.5	133.93	148.22
温堡乡	5	6.84	30.07	18.45	181.8	125.25	153.52
凤岭乡	7	12.73	40.21	26.47	152.11	114.79	133.45
神林乡	4	6.24	33.06	19.65	133.0	134.82	133.91

续表

乡镇名称	样品数/个	硫/(mg·kg⁻¹)			硅/(mg·kg⁻¹)		
		2018年	2019年	平均值	2018年	2019年	平均值
联财镇	4	26.76	29.41	28.09	159.00	132.65	145.82
沙塘镇	6	5.00	34.45	19.72	156.32	131.00	143.66
好水乡	3	4.37	41.44	22.90	159.40	118.71	157.06
杨河乡	7	32.28	41.43	36.86	152.93	116.24	134.59
张程乡	8	28.47	42.17	35.32	144.20	104.70	124.45
城关镇	3	7.27	36.22	21.75	171.33	111.55	141.44
陈靳乡	1	5.97	24.40	15.19	244.10	110.30	177.18
观庄乡	7	8.94	44.07	26.51	206.71	112.27	159.49

（二）土壤有效硅

硅是植物体的重要组成部分，是植物需要的重要营养元素，有利于提高作物抗病。

1. 耕地土壤有效硅含量及分级

土壤有效硅含量是硅肥有效施用的主要依据之一，从土壤有效硅样本统计（见表6-23），隆德县耕地土壤有效硅平均含量143.08 mg/kg。

按照全国耕地土壤有效硅含量分级标准，≤100 mg/kg；100~200 mg/kg；200~300 mg/kg；300~400 mg/kg；400~500 mg/kg；500~600 mg/kg；>600 mg/kg 7个级别。从表6-23来看，隆德县耕地土壤有效硅含量100~200 mg/kg级别，其所占耕地面积占总调查耕地面积的80.99%，代表面积485 324.99亩，此区间调查点有48.5个，占年度总调查点总数的80.83%；耕地土壤有效硅含量≤100 mg/kg级别，其所占耕地面积占总调查耕地面积的12.58%，代表面积75 401.17亩，此区间调查点有8.5个，占年度总调查点总数的14.17%；200~300 mg/kg和300~400 mg/kg级别，其所占耕地面积分别占总调查耕地面积的5.59%和0.84%，代表面积分别为33 505.13亩、5 033.25亩，此区间调查点数量分别占年度总调查点总数的4.17%和0.83%。

从表6-23来看，各乡镇土壤有效硅含量按照全国耕地土壤有效硅含量分级标准，100~200 mg/kg级别，神林乡、奠安乡、沙塘镇和温堡乡，面积分别为40 561.65

亩、29 555.72 亩、52 301.12 亩和63 321.21 亩，各占该乡镇耕地总面积的 100.0%、100%、90.83%和90.0%；≤100 mg/kg 级别，凤岭乡、杨河乡、张程乡面积较大，分别为 13 800.08 亩、17 682.64 亩和17 576.89 亩，分别占该乡耕地总面积的28.57%、28.57%和25.0%；200~300 mg/kg 级别，陈靳乡 11 562.57 亩，占该乡耕地总面积的50.00%。

表 6-23　隆德县耕地土壤有效硅分级面积统计

单位：mg/kg

年份			2018 年	2019 年	平均值
耕地面积/亩			599 265	599 265	599 265
合计	样品数/个		60	60	60
	平均值		166.25	119.91	143.08
	标准差		42.46	25.84	42.09
	代表面积/亩		599 264.54	599 264.54	599 264.54
≤100	样品数/个		1	16	8.5
	代表面积/亩		7 013.64	143 788.72	75 401.17
100~200	样品数/个		53	44	48.5
	代表面积/亩		515 174.15	455 475.82	485 324.99
200~300	样品数/个		5	0	2.5
	代表面积/亩		67 010.25	0	33 505.13
300~400	样品数/个		1	0	0.5
	代表面积/亩		10 066.50	0	5 033.25

乡镇名称	面积	有效硅分级面积				总计
		≤100	100~200	200~300	300~400	
合计	亩	70 968.38	489 872.03	33 420.78	5 003.35	599 265
	%	11.87	81.70	5.59	0.84	100.0
陈靳乡	亩	0	11 562.57	11 562.57	0	23 125.14
	%	0	50.00	50.00	0	3.88
城关镇	亩	4 820.01	24 094.26	0	0	28 914.27
	%	16.67	83.33	0	0	4.82
奠安乡	亩	0	29 555.72	0	0	29 555.72
	%	0	100.00	0	0	4.93

续表

乡镇名称	面积	有效硅分级面积				总计
		≤100	100~200	200~300	300~400	
凤岭乡	亩	13 800.08	34 502.63	0	0	48 302.71
	%	28.57	71.43	0	0	8.06
观庄乡	亩	5 003.35	55 064.92	5 003.35	5 003.35	70 074.97
	%	7.14	78.58	7.14	7.14	11.69
好水乡	亩	0	34 037.47	6 809.13	0	40 846.60
	%	0	83.33	16.67	0	6.82
联财镇	亩	4 566.04	3 1962.29	0	0	36 528.33
	%	12.50	87.50	0	0	6.10
沙塘镇	亩	483.68	52 301.12	4 796.52	0	57 581.32
	%	0.84	90.83	8.33	0	9.61
山河乡	亩	0	15 747.62	5 249.21	0	20 996.83
	%	0	75.00	25.00	0	3.50
神林乡	亩	0	40 561.65	0	0	40 561.65
	%	0	100.00	0	0	6.77
温堡乡	亩	7 035.69	63 321.21	0	0	70 356.90
	%	10.00	90.00	0	0	11.74
杨河乡	亩	17 682.64	44 209.71	0	0	61 892.35
	%	28.57	71.43	0	0	10.33
张程乡	亩	17 576.89	52 730.67	0	0	70 307.56
	%	25.00	75.00	0	0	11.73
六盘山林场	亩	0	25.55	0	0	25.55
	%	0	100.00	0	0	0
沙塘良种场	亩	0	194.64	0	0	194.64
	%	0	100.00	0	0	0.03

2. 不同土壤类型耕地有效硅含量

不同土类间有效硅含量的差异，源于成土母质中原生矿物和次生矿物中硅的释放和淋溶程度。对全县土壤样本的结果分析统计表明，不同土类有效硅含量高低依次为典型新积土>暗灰褐土>典型黑垆土>黄绵土。从表 6-21 看出，不同土壤类型耕地土壤有效硅含量最高的为典型新积土，平均含量为 191.25 mg/kg；最低的为黄绵土，平均含量为 135.04 mg/kg。

3. 各乡镇耕地土壤有效硅含量

全县耕地土壤有效硅平均含量最高的为陈靳乡，平均含量为 177.18 mg/kg；其次是山河乡，平均含量为 165.31 mg/kg；最低的为张程乡，平均含量为 124.45 mg/kg（见表 6-22）。

（三）中量元素肥料的施用方法与技术

1. 土壤有效硫分级评价与施肥决策

全县土壤有效硫含量变幅在 1.8~173.56 mg/kg，平均含量 25.57 mg/kg，属中等水平。参考土壤有效硫含量丰缺指标，有效硫含量<10 mg/kg（极缺）；10~16 mg/kg（缺）；16~30 mg/kg（中）；30~50 mg/kg（丰富）；>50 mg/kg（偏高）。要进一步提高作物的产量，必须合理使用硫肥。在选择肥料种类时，尽量选用硫基复合肥。

硫可以提高蛋白质含量，改善饲料和谷类作物的质量，增加维生素 A 含量及油类作物的油含量，同时可以改善各种果蔬的质量，并能增强作物的御寒和抗旱能力。硫也对维持植物生态系统健康发展有着重要意义，缺硫会导致代谢紊乱、生长发育受阻等，水稻缺硫时植株矮小、返青慢，玉米缺硫时全株呈黄绿色，土豆缺硫时生长缓慢、叶片黄化。硫通过酸沉降、母质同化、含硫化肥输入等途径进入土壤，但近年来随着大气硫污染减少、单位面积产量及复种指数提高和低硫化肥的应用，投入土壤的硫素逐渐减少，这使得我国许多省份土壤出现了缺硫现象。十字花科、百合科、豆科等作物需硫较多，禾本科需硫较少。含硫肥料种类多，大多是氮、磷、钾、镁、铁的副成分，如硫酸铵、硫酸镁及硫酸亚铁等，硫肥常用品种有硫磺、石膏。

硫肥的施用方法一：

施用时期：作物在临近生殖生长时，是需硫高峰期。因此，硫肥应该在生殖生长之前施用，作基肥施用较好，可以和氮、磷、钾等肥料混合，结合耕地施入土壤。

施用量：硫肥的施用量应根据作物种类和土壤缺硫程度而定。在缺硫多的土壤上种植需硫多的作物，应多施硫肥。建议在小麦生产中，每亩施氮 10 kg，应配施

2 kg 硫。大豆生产中每亩施磷 3 kg，应配施 3 kg 硫。施肥量应该根据作物需要硫多少和土壤缺硫程度来决定，一般而言，缺硫土壤每亩施 1.5~3 kg 硫可以满足当季作物硫的需要。例如每亩施过磷酸钙 20 kg 或硫酸铵 10 kg，也可以每亩施石膏粉 10 kg 或硫磺粉 2 kg。

施用方法二：

硫肥可单独施用，也可和氮磷钾混合施用，结合耕地翻入土壤中。硫肥多作基肥用。施用量因土壤、作物而异。每亩以施用 10~15 kg 石膏或 1.5~2.5 kg 硫磺为宜；若用以蘸水稻秧苗的根部（俗称蘸秧根）则每亩只需 1.5~2.5 kg 石膏或 0.5 kg 硫磺粉。在矫正作物的缺硫症时，可用 0.5%~2.0% 的硫酸盐溶液进行叶面喷施（又称根外追肥）。

目前，适宜于作物施用的硫肥，主要有硫磺粉、过磷酸钙、硫酸钾、硫酸铵及石膏粉等。水溶性肥料（如硫酸盐态硫肥）可作基肥、追肥和种肥；非水溶性肥料（如硫磺类硫肥）一般作基肥撒施，作基肥时宜早施，一般推荐使用硫酸盐态肥料如硫酸铵、过磷酸钙、石膏、硫酸钾等；硫磺类肥料，有高效分散性颗粒硫磺肥料。

不同作物推荐施用的硫肥量不同，一般硫肥推荐使用量为：谷物为 1.3~2.7 kg/亩，豆类、油料、蔬菜为 2.4 kg/亩，糖料为 2.7~5.3 kg/亩。同时，硫肥施用应与氮、磷、钾配合施用，达到养分平衡。要使作物达到最佳生长，植物体内的氮硫的比为 15:1~20:1。作物施肥时，氮硫比例一般为 7:1，五氧化二磷与硫的比例为 3:1 为宜。

2. 土壤有效硅分级评价与施肥决策

耕地土壤有效硅缺乏：硅对禾谷类作物有明显的增产作用，水稻是喜硅作物，水稻使用硅肥能提早成熟，还能提高抗病能力。一是根据土壤中硅含量的丰缺状况确定是否施用硅肥，隆德县耕地土壤中有 80.83% 的土壤有效硅含量在 100~200 mg/kg 级别，平均含量 145.4 mg/kg，属缺硅土壤（通常土壤有效硅含量在 127~181 mg/kg 范围内属缺硅土壤）；二是根据分析化验当地土壤硅含量情况，如果在临界值以下确定施用硅肥。

敏感作物：水稻、甘蔗、大豆、油菜、番茄、黄瓜、甜菜、绿肥、玉米、高粱、谷子、小麦、棉花、果树等。

硅肥施用方法：适宜作基肥，不宜作种肥。可单独施用，也可与农家肥混施。可作追肥，应早施，深施。水稻可以在耙地后插秧前撒施，也可在插秧后撒施，保持浅水层，旱田追肥可穴施或沟施，施后覆土、浇水。果树在秋冬、早春单独与有机肥开沟（环状放射状条沟）注入法施肥，一般每株施 5~10 kg。

硅肥的施用量：应根据不同地块土壤有效硅的含量与硅肥水溶态硅的含量确定硅肥施用量。严重缺硅的土壤可适量多施，而轻度缺硅的土壤应少施。有效硅含量达到 50%~60% 的水溶态硅肥，每亩可施用 6~10 kg；有效硅含量为 30%~40% 的钢渣硅肥，每亩可施用 30~50 kg；有效硅含量低于 30% 的，每亩可施用 50~100 kg。

硅肥可以长期保存，但应存放于干燥处，防雨淋。如受潮结块可粉碎后再追肥，仍不失效。硅肥残效长，一般不必年年施用，可根据情况间歇施用，也可当年常量，第二年减量施用。硅肥施用的注意事项，必须与其他肥配合。硅肥不能代替氮、磷、钾肥，氮、磷、钾、硅肥科学配合施用，才能获得良好的效果。硅肥不能与碳酸氢铵混合或同时施用。硅肥会使碳酸氢铵中的氨挥发，降低氮肥的利用率，造成不必要的浪费。

四、土壤有效性微量元素含量

（一）土壤有效锌

1. 耕地土壤有效锌含量及分级

对 2018 年和 2019 年测试的 120 个土壤有效锌样本统计（表 6-24）看出，隆德县耕地土壤有效锌平均含量最大值 2.14 mg/kg，最小值 0.20 mg/kg，平均值 0.53 mg/kg。不同年度土壤有效锌含量会有变化，2018 年平均值为 0.28 mg/kg，2019 年平均值为 0.78 mg/kg（见表 6-25）。

表 6-24　隆德县耕地土壤有效性微量元素特征值统计

项目	样本数	最小值	最大值	平均值	标准差	变异系数/%
有效锌/(mg·kg⁻¹)	120	0.200	2.14	0.53	0.33	62.26
有效铁/(mg·kg⁻¹)	120	1.300	23.90	11.86	5.69	47.98
有效硼/(mg·kg⁻¹)	120	1.100	4.17	2.38	0.45	18.91
有效铜/(mg·kg⁻¹)	120	0.110	2.98	0.57	0.45	78.95
有效锰/(mg·kg⁻¹)	120	0.500	19.70	7.69	5.48	71.26
有效钼/(mg·kg⁻¹)	120	0.052	0.41	0.13	0.07	53.85

表 6–25　隆德县耕地土壤有效锌分级面积统计

单位：mg/kg

年份		2018 年	2019 年	平均值
耕地面积/亩		599 265	599 265	599 265
合计	样品数/个	60	60	60
	平均值	0.28	0.78	0.53
	标准差	0.098	0.495	0.437
	代表面积/亩	599 264.54	599 264.54	599 264.54
≤0.30	样品数/个	52	13	32.5
	代表面积/亩	517 707.77	124 193.68	320 950.73
0.30~0.50	样品数/个	7	7	7
	代表面积/亩	72 400.81	79 280.12	75 840.47
0.50~1.00	样品数/个	1	23	12
	代表面积/亩	9 155.96	246 673.10	127 914.53
1.00~2.00	样品数/个	0	15	7.5
	代表面积/亩	0	131 666.14	65 833.07
2.00~3.00	样品数/个	0	2	1
	代表面积/亩	0	17 451.50	8 725.75

乡镇名称	面积	有效锌分级面积					总计
		≤0.30	0.30~0.50	0.50~1.00	1.00~2.00	2.00~3.00	
合计	亩	32 058.44	283 164.83	283 464.75	576.52	0	599 265
	%	5.36	47.23	47.31	0.10	0	100.00
陈靳乡	亩	349.19	21 758.44	1 017.51	0	0	23 125
	%	1.51	94.09	4.40	0	0	100.00
城关镇	亩	2 735.29	19 164.38	7 014.60	0	0	28 914
	%	9.46	66.28	24.26	0	0	100.00
奠安乡	亩	1 918.17	27 637.55	0	0	0	29 556
	%	6.49	93.51	0	0	0	100.00
凤岭乡	亩	0	2 173.62	46 129.09	0	0	48 303
	%	0	4.50	95.50	0	0	100.00
观庄乡	亩	13 937.91	52 493.16	3 643.90	0	0	70 075
	%	19.89	74.91	5.20	0	0	100.00

续表

乡镇名称	面积	有效锌分级面积					总计
		≤0.30	0.30~0.50	0.50~1.00	1.00~2.00	2.00~3.00	
好水乡	亩	0	26 979.18	13 867.42	0	0	40 847
	%	0	66.05	33.95	0	0	100.00
联财镇	亩	2 250.15	13 471.65	20 806.54	0	0	36 528
	%	6.16	36.88	56.96	0	0	100.00
沙塘镇	亩	0	8 815.70	48 765.62	0	0	57 581
	%	0	15.31	84.69	0	0	100.00
山河乡	亩	8 073.28	12 923.55	0	0	0	20 997
	%	38.45	61.55	0	0	0	100.00
神林乡	亩	486.74	6 396.57	33 678.34	0	0	40 562
	%	1.20	15.77	83.03	0	0	100.00
温堡乡	亩	2 307.71	51 283.14	16 766.05	0	0	70 357
	%	3.28	72.89	23.83	0	0	100.00
杨河乡	亩	0	27 907.26	33 985.09	0	0	61 892
	%	0	45.09	54.91	0	0	100.00
张程乡	亩	0	12 135.08	57 595.95	576.52	0	70 308
	%	0	17.26	81.92	0.82	0	100.00
六盘山林场	亩	0	25.55	0	0	0	26
	%	0	100.00	0	0	0	100.00
沙塘良种场	亩	0	0	194.64	0	0	195
	%	0	0	100.00	0	0	100.00

按照全国耕地土壤有效锌含量分级标准有≤0.30 mg/kg；0.30~0.50 mg/kg；0.50~1.00 mg/kg；1.00~2.00 mg/kg；2.00~3.00 mg/kg；3.00~4.00 mg/kg；>4.00 mg/kg 7个级别，隆德县耕地土壤有效锌含量主要分布在≤0.30 mg/kg级别，其所占耕地面积占总调查耕地面积的53.56%，代表面积320 950.73亩（见表6-25）；其次分布的范围为0.50~1.00 mg/kg级别，其所占耕地面积占总调查耕地面积的21.35%，代表面积127 914.53亩；0.30~0.50 mg/kg和1.00~2.00 mg/kg 2个级别，其面积分别占总调

查耕地面积的 12.65%、10.99%，代表面积分别为 75 840.47 亩和 65 833.07 亩；2.00~3.00 mg/kg 级别，其所占耕地面积占总调查耕地面积的 1.46%，代表面积为 8 725.75 亩。

从以上分析看出，隆德县耕地土壤有效锌含量较低，87.55%的耕地有效锌含量低于1.00 mg/kg。土壤有效锌属数值型是根据调查采样点数据利用空间插值分析获取全域范围数据，然后用区域统计分析工具提取各评价单元数值，利用反距离权重插值分析按采样点数据插值隆德县全域检测数据。各乡镇耕地土壤有效锌含量：≤0.30 mg/kg 级别，山河乡 8 073.28 亩，占该乡耕地面积的 38.45%。0.30~0.50 mg/kg 级别，陈靳乡 21 758.44 亩，占该乡耕地面积的 94.09%；奠安乡 27 637.55 亩，占该乡耕地面积的 93.51%；观庄乡 52 493.16 亩，占该乡耕地面积的 74.91%；温堡乡 51 283.14 亩，占该乡耕地面积的 72.89%；城关镇 19 164.38 亩，占该镇耕地面积的 66.28%；好水乡 26 979.18 亩，占该乡耕地面积的 66.05%；山河乡 12 923.55 亩，占该乡耕地面积的 61.55%；杨河乡 27 907.26 亩，占该乡耕地面积的 45.09%；联财镇13 471.65 亩，占该镇耕地面积的 36.88%。0.50~1.00 mg/kg 级别，凤岭乡 46 129.09 亩，占该乡耕地面积的 95.50%；沙塘镇 48 765.62 亩，占该镇耕地面积的 84.69%；神林乡33 678.34 亩，占该乡耕地面积的 83.03%；张程乡 57 595.95 亩，占该乡耕地面积的81.92%；联财镇 20 806.54 亩，占该镇耕地面积的 56.96%；杨河乡 33 985.09 亩，占该乡耕地面积的54.91%。

2. 土壤有效锌分布特点

（1）不同土壤类型耕地有效锌含量

不同类型耕地土壤中有效锌含量最高的为典型黑垆土，平均含量为 0.63 mg/kg；其次是黄绵土平均含量为 0.56 mg/kg，典型新积土和暗灰褐土平均含量分别为 0.50 mg/kg 和 0.44 mg/kg（见表 6–26）。

（2）不同土壤类型耕地土壤有效锌分级

≤0.30 mg/kg 级别，典型潮土有效锌含量占该亚类总面积的 100.00%，潮黑垆土有效锌含量占该亚类总面积的 91.01%，典型新积土有效锌含量占该亚类总面积的 68.46%，暗灰褐土有效锌含量占该亚类总面积的 51.33%（表 6–27）。0.30~0.50 mg/kg 及 0.50~1.00 mg/kg 2 个级别分布较多，分别占该亚类面积的 27.96%和 35.64%。暗灰褐土有效锌含量主要分布在 0.30~0.50 mg/kg 级别；典型黑垆土、黄绵土、冲积土在

表 6-26　隆德县不同土壤类型（到亚类）耕地土壤养分特征值统计

土壤类型（亚类）	特征数	有效铜/(mg·kg⁻¹)	有效锌/(mg·kg⁻¹)	有效锰/(mg·kg⁻¹)	有效铁/(mg·kg⁻¹)	有效硼/(mg·kg⁻¹)	有效钼/(mg·kg⁻¹)
暗灰褐土	2018 年	0.140	0.290	0.640	6.550	2.160	0.066
	2019 年	1.370	0.590	12.770	18.620	3.730	0.175
	样本数	4	4	4	4	4	4
	最小值	0.110	0.210	0.370	1.590	1.990	0.057
	最大值	4.110	0.840	16.500	22.900	4.030	0.210
	平均值	0.760	0.440	6.710	12.590	2.950	0.120
	标准差	0.740	0.270	6.190	7.670	0.930	0.060
	变异系数/%	98.670	61.360	92.250	60.920	31.530	50.000
典型黑垆土	2018 年	0.140	0.340	1.100	5.970	2.380	0.070
	2019 年	0.530	0.920	12.930	19.430	2.380	0.200
	样本数	44	44	44	44	44	44
	最小值	0.060	0.170	0.440	1.040	1.250	0.060
	最大值	4.200	2.250	20.120	24.790	8.360	0.370
	平均值	0.340	0.630	7.020	12.700	2.380	0.135
	标准差	0.310	0.490	6.350	7.920	1.080	0.070
	变异系数/%	93.940	77.780	90.460	62.360	45.380	51.850
典型新积土	2018 年	0.160	0.300	1.510	6.670	2.030	0.050
	2019 年	1.450	0.700	16.900	22.790	2.010	0.210
	样本数	6	6	6	6	6	6
	最小值	0.140	0.190	1.410	2.860	2.030	0.054
	最大值	6.000	1.330	20.500	24.700	2.340	0.210
	平均值	0.810	0.500	9.210	14.730	2.020	0.130
	标准差	0.760	0.404	7.770	8.960	0.902	0.067
	变异系数/%	94.380	80.800	84.360	60.830	44.650	51.540
黄绵土	2018 年	0.140	0.320	1.060	5.870	2.100	0.070
	2019 年	0.660	0.800	14.460	8.970	2.180	0.180
	样本数	66	66	66	66	66	66
	最小值	0.100	0.180	0.450	0.970	1.080	0.050
	最大值	5.630	2.190	23.520	24.790	3.760	0.410
	平均值	0.400	0.560	7.760	7.420	2.140	0.126
	标准差	0.390	0.400	7.110	4.180	0.520	0.070
	变异系数/%	97.500	71.430	91.620	56.330	24.300	55.560

表 6-27　隆德县不同土壤类型耕地土壤有效锌分级面积统计

土壤类型（亚类）	特征数	有效锌含量/(mg·kg⁻¹)					总计
		≤0.30	0.30~0.50	0.50~1.00	1.00~2.00	2.00~3.00	
典型潮土	亩	51	0	0	0	0	51
	%	100.00	0	0	0	0	100.00
潮黑垆土	亩	802	79	0	0	0	882
	%	91.01	8.99	0	0	0	100.00
典型黑垆土	亩	37 436	52 045	69 429	18 225	0	177 135
	%	21.13	29.38	39.20	10.29	0	100.00
黑麻土	亩	0	0	0	180	0	180
	%	0	0	0	100.00	0	100.00
黄绵土	亩	63 345	93 389	135 442	47 918	136	340 230
	%	18.62	27.45	39.81	14.08	0.04	100.00
暗灰褐土	亩	26 363	16 726	6 646	1 620	0	51 355
	%	51.33	32.57	12.94	3.15	0	100.00
冲积土	亩	134	214	280	0	0	627
	%	21.31	34.13	44.56	0	0	100.00
典型新积土	亩	19 721	5 089	1 789	2 207	0	28 806
	%	68.46	17.67	6.21	7.66	0	100.00
总计	亩	147 851	167 542	213 586	70 149	136	599 265
	%	24.67	27.96	35.64	11.71	0.02	100.00

0.30~0.50 mg/kg 和 0.50~1.00 mg/kg 级别分布较多。1.00~2.00 mg/kg 级别，黑麻土有效锌含量占该亚类总面积的 100.00%；黄绵土有效锌含量占该亚类总面积的14.08%，典型黑垆土有效锌含量占该亚类总面积的 10.29%。

（3）各乡镇耕地土壤有效锌含量

2018—2019 年各乡镇土壤有效锌含量高低排序为：凤岭乡 0.76 mg/kg>张程乡 0.74 mg/kg>沙塘镇 0.67 mg/kg>陈靳乡 0.57 mg/kg、杨河乡 0.57 mg/kg>好水乡 0.55 mg/kg>城关镇0.54 mg/kg、联财镇 0.54 mg/kg>神林乡 0.52 mg/kg>温堡乡 0.42 mg/kg>观庄乡0.37 mg/kg>奠安乡 0.36 mg/kg>山河乡 0.28 mg/kg（见表 6-28）。

表 6-28 隆德县各乡镇耕地土壤微量元素特征值统计

乡镇名称	特征数	有效铁/(mg·kg⁻¹)	有效锰/(mg·kg⁻¹)	有效锌/(mg·kg⁻¹)	有效硼/(mg·kg⁻¹)	有效铜/(mg·kg⁻¹)	有效钼/(mg·kg⁻¹)
奠安乡	2018 年	4.240	1.540	0.340	1.960	0.140	0.070
	2019 年	21.390	11.110	0.370	2.700	0.180	0.190
	样本数	6	6	6	6	6	6
	平均值	12.820	6.330	0.360	2.330	0.160	0.130
	最大值	22.100	12.600	0.460	3.380	1.670	0.210
	最小值	1.570	1.430	0.240	1.700	0.060	0.070
	标准差	9.870	5.370	0.070	0.580	0.130	0.060
	变异系数/%	76.990	77.830	19.440	24.890	81.250	46.150
陈靳乡	2018 年	4.190	0.370	0.250	1.990	0.110	0.080
	2019 年	13.400	12.110	0.880	4.030	3.070	0.140
	样本数	2	2	2	2	2	2
	平均值	8.800	6.240	0.570	3.010	1.590	0.107
	最大值	13.400	13.200	0.840	4.030	4.110	0.140
	最小值	1.590	0.370	0.210	1.990	0.110	0.080
	标准差	5.910	6.440	0.320	1.020	1.480	0.030
	变异系数/%	67.160	94.570	56.410	33.890	93.080	28.040
凤岭乡	2018 年	4.650	1.210	0.280	1.890	0.120	0.070
	2019 年	19.800	15.440	1.230	2.200	0.230	0.210
	样本数	14	14	14	14	14	14
	平均值	12.230	8.330	0.760	2.050	0.180	0.140
	最大值	23.790	18.240	1.590	3.070	2.730	0.410
	最小值	1.040	0.570	0.180	1.250	0.100	0.060
	标准差	9.150	7.760	0.520	0.430	0.170	0.110
	变异系数/%	74.820	93.150	68.420	20.980	94.440	78.570
观庄乡	2018 年	5.080	1.100	0.290	2.140	0.040	0.070
	2019 年	15.920	18.130	0.450	2.960	0.070	0.170
	样本数	14	14	14	14	14	14
	平均值	10.500	9.620	0.370	2.550	0.060	0.121

续表

乡镇名称	特征数	有效铁/ (mg·kg⁻¹)	有效锰/ (mg·kg⁻¹)	有效锌/ (mg·kg⁻¹)	有效硼/ (mg·kg⁻¹)	有效铜/ (mg·kg⁻¹)	有效钼/ (mg·kg⁻¹)
观庄乡	最大值	23.080	23.520	1.020	3.950	1.760	0.210
	最小值	1.210	0.910	0.170	1.580	0.110	0.060
	标准差	7.990	9.220	0.220	0.650	0.050	0.060
	变异系数/%	76.100	95.840	59.500	25.490	83.330	49.590
好水乡	2018年	4.290	0.970	0.290	2.240	0.150	0.070
	2019年	23.500	17.150	0.810	2.400	1.310	0.210
	样本数	6	6	6	6	6	6
	平均值	13.900	9.060	0.550	2.320	0.730	0.141
	最大值	24.600	19.680	0.980	2.750	3.840	0.250
	最小值	1.300	0.820	0.220	1.680	0.110	0.060
	标准差	10.930	8.700	0.310	0.330	0.680	0.070
	变异系数/%	78.630	96.030	56.360	14.220	93.150	49.650
联财镇	2018年	4.460	1.060	0.480	2.480	0.210	0.080
	2019年	19.320	11.360	0.600	3.560	0.490	0.160
	样本数	8	8	8	8	8	8
	平均值	11.890	6.210	0.540	3.020	0.350	0.119
	最大值	22.610	14.780	1.030	3.980	2.790	0.220
	最小值	1.340	0.980	0.100	2.050	0.100	0.070
	标准差	9.020	5.910	0.350	0.620	0.340	0.050
	变异系数/%	75.860	95.170	64.810	20.530	97.140	42.020
沙塘镇	2018年	4.290	1.020	0.320	2.020	0.150	0.080
	2019年	17.930	11.640	1.010	2.710	0.300	0.160
	样本数	12	12	12	12	12	12
	平均值	11.110	6.330	0.670	2.360	0.230	0.115
	最大值	21.220	16.790	1.560	3.510	2.280	0.210
	最小值	1.040	0.610	0.220	1.620	0.130	0.050
	标准差	8.260	6.070	0.460	0.610	0.220	0.050
	变异系数/%	74.340	95.890	68.660	25.850	95.650	43.480

续表

乡镇名称	特征数	有效铁/(mg·kg⁻¹)	有效锰/(mg·kg⁻¹)	有效锌/(mg·kg⁻¹)	有效硼/(mg·kg⁻¹)	有效铜/(mg·kg⁻¹)	有效钼/(mg·kg⁻¹)
	2018 年	5.130	1.450	0.300	1.930	0.130	0.070
	2019 年	21.040	13.630	0.260	2.250	0.190	0.210
	样本数	4	4	4	4	4	4
山河乡	平均值	13.090	7.540	0.280	2.090	0.160	0.143
	最大值	21.100	17.100	0.280	2.340	1.610	0.220
	最小值	2.240	1.190	0.210	1.520	0.120	0.070
	标准差	9.250	6.860	0.030	0.330	0.090	0.070
	变异系数/%	70.660	84.590	107.140	15.790	56.250	48.950
	2018 年	4.240	1.090	0.270	1.900	0.120	0.070
	2019 年	21.160	12.770	0.760	2.350	1.160	0.220
	样本数	8	8	8	8	8	8
神林乡	平均值	12.700	6.930	0.520	2.120	0.640	0.144
	最大值	23.150	19.500	1.470	2.960	5.630	0.270
	最小值	1.420	0.440	0.190	1.540	0.110	0.060
	标准差	9.840	6.440	0.410	0.420	0.620	0.080
	变异系数/%	77.480	92.930	78.850	19.810	96.090	55.560
	2018 年	4.440	1.210	0.310	1.910	0.140	0.070
	2019 年	18.460	11.140	0.530	2.470	1.500	0.160
	样本数	10	10	10	10	10	10
温堡乡	平均值	11.450	6.180	0.420	2.190	0.820	0.116
	最大值	22.740	13.540	0.840	2.860	4.800	0.200
	最小值	1.310	0.910	0.220	1.410	0.130	0.060
	标准差	8.560	5.580	0.190	0.420	0.720	0.050
	变异系数/%	74.760	90.290	45.240	19.180	78.800	43.100
	2018 年	4.290	0.850	0.280	3.450	0.130	0.060
	2019 年	21.810	17.820	0.850	2.220	0.650	0.240
杨河乡	样本数	14	14	14	14	14	14
	平均值	13.050	9.340	0.570	2.840	0.390	0.150

续表

乡镇名称	特征数	有效铁/(mg·kg⁻¹)	有效锰/(mg·kg⁻¹)	有效锌/(mg·kg⁻¹)	有效硼/(mg·kg⁻¹)	有效铜/(mg·kg⁻¹)	有效钼/(mg·kg⁻¹)
杨河乡	最大值	24.790	20.280	1.320	8.360	4.200	0.280
	最小值	0.970	0.450	0.190	1.940	0.120	0.050
	标准差	10.190	9.120	0.340	1.570	0.310	0.090
	变异系数/%	78.080	97.640	59.650	55.280	79.490	60.000
张程乡	2018年	4.050	0.980	0.290	2.040	0.140	0.060
	2019年	19.530	17.940	1.180	2.080	1.160	0.180
	样本数	16	16	16	16	16	16
	平均值	11.790	9.460	0.740	2.060	0.650	0.118
	最大值	24.790	19.520	2.250	2.860	4.960	0.230
	最小值	1.100	0.580	0.210	1.080	0.110	0.050
	标准差	9.660	9.060	0.680	0.400	0.530	0.070
	变异系数/%	81.930	95.770	91.890	19.420	81.540	59.320
城关镇	2018年	4.230	1.250	0.310	1.990	0.120	0.060
	2019年	17.470	15.670	0.760	3.000	2.800	0.170
	样本数	6	6	6	6	6	6
	平均值	10.850	8.460	0.540	2.500	1.460	0.115
	最大值	24.700	19.500	1.330	3.760	6.000	0.210
	最小值	0.970	0.960	0.240	1.890	0.110	0.050
	标准差	8.860	7.900	0.390	0.670	1.410	0.060
	变异系数/%	81.660	93.380	72.220	26.800	96.580	52.170

（二）土壤有效铁

1. 耕地土壤有效铁含量及分级

从表6-24可知，土壤有效铁含量最小值1.30 mg/kg，最大值23.90 mg/kg，平均值为11.86 mg/kg。不同年度由于调查采样测试的区域不一致而不同，土壤有效铁含量2018年为3.09 mg/kg，2019年为20.64 mg/kg（见表6-29）。

按照全国耕地土壤有效铁含量分级标准有≤2.5 mg/kg、2.5~4.5 mg/kg、4.5~10.0 mg/kg、10.0~20.0 mg/kg、20.0~30.0 mg/kg 5个级别。≤2.5 mg/kg级别，其所占

耕地面积占总调查耕地面积的 43.69%，代表面积 261 813.38 亩（见表 6–29）；10.0~20.0 mg/kg 级别，其所占耕地面积占总调查耕地面积的 24.8%，代表面积 148 638.57 亩；20.0~30.0 mg/kg 级别，其所占耕地面积占总调查耕地面积的 24.36%，代表面积 145 979.57 亩；2.5~4.5 mg/kg 和 4.5~10.0 mg/kg 2 个级别，其面积分别占总调查耕地面积的 6.31% 和 0.84%。

表 6–29　隆德县耕地土壤有效铁含量分级面积统计

单位：mg/kg

年份		2018 年	2019 年	平均值
耕地面积/亩		599 265	599 265	599 265
合计	样品数/个	60	60	60
	平均值	3.09	20.64	11.86
	标准差	0.63	4.14	9.26
	代表面积/亩	599 264.54	599 264.54	599 264.54
≤2.5	样品数/个	52	0	26
	代表面积/亩	523 626.76	0	261 813.38
2.5~4.5	样品数/个	8	0	4
	代表面积/亩	75 637.78	0	37 818.89
4.5~10.0	样品数/个	0	1	0.5
	代表面积/亩	0	10 028.26	5 014.13
10.0~20.0	样品数/个	0	29	14.5
	代表面积/亩	0	297 277.14	148 638.57
20.0~30.0	样品数/个	0	30	15
	代表面积/亩	0	291 959.14	145 979.57

乡镇名称	面积	有效铁分级面积					总计
		≤2.5	2.5~4.5	4.5~10.0	10.0~20.0	20.0~30.0	
合计	亩	261 818.61	37 703.58	5 003.35	149 101.73	145 637.27	599 265
	%	43.67	6.31	0.84	24.80	24.38	100.00
陈靳乡	亩	11 562.57	0	0	11 562.57	0	23 125
	%	50.00	0	0	50.00	0	100.00
城关镇	亩	14 457.14	0	0	9 637.13	4 820.00	28 914
	%	50.00	0	0	33.33	16.67	100.00

续表

乡镇名称	面积	有效铁分级面积					总计
		≤2.5	2.5~4.5	4.5~10.0	10.0~20.0	20.0~30.0	
奠安乡	亩	14 777.86	0	0	0	14 777.86	29 556
	%	50.00	0	0	0	50.00	100.00
凤岭乡	亩	20 702.55	3 448.81	0	13 800.08	10 351.27	48 303
	%	42.86	7.14	0	28.57	21.43	100.00
观庄乡	亩	15 017.07	20 020.41	5 003.35	15 017.07	15 017.07	70 075
	%	21.43	28.57	7.14	21.43	21.43	100.00
好水乡	亩	20 423.30	0	0	0	20 423.30	40 847
	%	50.00	0	0	0	50.00	100.00
联财镇	亩	13 698.13	4 566.04	0	9 132.08	9 132.08	36 528
	%	37.50	12.50	0	25.00	25.00	100.00
山河乡	亩	5 249.21	5 249.21	0	10 498.41	0	20 997
	%	25.00	25.00	0	50.00	0	100.00
沙塘镇	亩	28 790.66	0	0	23 994.14	4 796.52	57 581
	%	50.00	0	0	41.67	8.33	100.00
神林乡	亩	20 280.83	0	0	5 070.21	15 210.61	40 562
	%	50.00	0	0	12.50	37.50	100.00
温堡乡	亩	35 178.45	0	0	28 142.76	7 035.69	70 357
	%	50.00	0	0	40.00	10.00	100.00
杨河乡	亩	26 527.06	4 419.11	0	8 844.42	22 101.76	61 892
	%	42.86	7.14	0	14.29	35.71	100.00
张程乡	亩	35 153.78	0	0	13 182.67	21 971.11	70 308
	%	50.00	0	0	18.75	31.25	100.00
六盘山林场	亩	0	0	0	25.55	0	26
	%	0	0	0	100.00	0	100.00
沙塘良种场	亩	0	0	0	194.64	0	195
	%	0	0	0	100.00	0	100.00

土壤有效铁属数值型是根据调查采样点数据利用空间插值分析获取全域范围数据，然后用区域统计分析工具提取各评价单元数值，利用反距离权重插值分析按采样点数据插值隆德县全域检测数据。

各乡镇耕地土壤有效铁含量主要分布在≤2.5 mg/kg 级别的有陈靳乡、奠安乡、神林乡、好水乡、沙塘镇、张程乡、温堡乡和城关镇，面积分别为 11 562.57 亩、14 777.86 亩、20 280.83 亩、20 423.30 亩、28 790.66 亩、35 153.78 亩、35 178.45亩和14 457.14亩，分别占该乡镇耕地总面积的 50.0%；10.0~20.0 mg/kg 级别，山河乡、陈靳乡面积较大，分别为 10 498.41 亩和11 562.57 亩，分别占该乡耕地总面积的 50.00%；20.0~30.0 mg/kg 级别，奠安乡面积为 14 777.86 亩，好水乡面积为 20 423.30 亩，分别占该乡耕地总面积的 50.0%。

2. 土壤有效铁分布特点

（1）不同土壤类型耕地有效铁含量

耕地土壤有效铁含量最高的为典型新积土，平均含量为 14.73 mg/kg；其次为典型黑垆土平均含量为 12.70 mg/kg，暗灰褐土和黄绵土平均含量分别为 12.59 mg/kg、7.42 mg/kg（见表 6-26）。

（2）不同土壤类型耕地有效铁分级

从表 6-30 看出，典型潮土有效铁含量均分布在 20.0~30.0 mg/kg 级别；潮黑垆土有效铁含量 72.81%分布在 10.0~20.0 mg/kg 级别，27.19%分布在 4.5~10.0 mg/kg 级别；典型黑垆土及黄绵土有效铁含量在≤2.5 mg/kg、2.5~4.5 mg/kg、4.5~10.0 mg/kg、10.0~20.0 mg/kg、20.0~30.0 mg/kg 5 个等级均有分布，且均在 10.0~20.0 mg/kg 级别分布最多，在20.0~30.0 mg/kg 级别分布最少；黑麻土有效铁含量 16.40%分布在 10.0~20.0 mg/kg 级别，83.60%分布在 4.5~10.0 mg/kg 级别；暗灰褐土及典型新积土有效铁含量分布在 2.5~4.5 mg/kg、4.5~10.0 mg/kg、10.0~20.0 mg/kg、20.0~30.0 mg/kg 4 个等级，且均在 10.0~20.0 mg/kg 级别分布最多；冲积土有效铁含量 46.04%分布在 10.0~20.0 mg/kg 级别，53.96%分布在4.5~10.0 mg/kg 级别。

（3）各乡镇耕地土壤有效铁含量

从表 6-28 看出，从 2018—2019 年各乡镇土壤有效铁含量高低排序为：好水乡 13.90 mg/kg>山河乡 13.09 mg/kg>杨河乡 13.05 mg/kg>奠安乡 12.82 mg/kg>神林乡

表 6-30　隆德县不同土壤类型耕地有效铁含量分级面积统计

土壤类型（亚类）	单位	有效铁含量/(mg·kg⁻¹)					总计
		≤2.5	2.5~4.5	4.5~10.0	10.0~20.0	20.0~30.0	
典型潮土	亩	0	0	0	0	51	51
	%	0	0	0	0	100.00	100.00
潮黑垆土	亩	0	0	240	642	0	882
	%	0	0	27.19	72.81	0	100.00
典型黑垆土	亩	17 002	13 239	51 108	89 277	6 508	177 135
	%	9.60	7.47	28.85	50.40	3.67	100.00
黑麻土	亩	0	0	150	29	0	180
	%	0	0	83.60	16.40	0	100.00
黄绵土	亩	38 423	19 096	89 036	180 504	13 172	340 230
	%	11.29	5.61	26.17	53.05	3.87	100.00
暗灰褐土	亩	0	569	13 094	31 168	6 524	51 355
	%	0	1.11	25.50	60.69	12.70	100.00
冲积土	亩	0	0	338	289	0	627
	%	0	0	53.96	46.04	0	100.00
典型新积土	亩	0	828	2 012	20 458	5 508	28 806
	%	0	2.87	6.99	71.02	19.12	100.00
总计	亩	55 425	33 732	155 979	322 367	31 762	599 265
	%	9.25	5.63	26.03	53.79	5.30	100.00

12.70 mg/kg>凤岭乡 12.23 mg/kg>联财镇 11.89 mg/kg>张程乡 11.79 mg/kg>温堡乡 11.45 mg/kg>沙塘镇 11.11 mg/kg>城关镇 10.85 mg/kg>观庄乡 10.50 mg/kg>陈靳乡 8.80 mg/kg。

（三）土壤有效硼

1. 耕地土壤有效硼含量与分级

土壤有效硼含量最小值 1.10 mg/kg，最大值 4.17 mg/kg，平均值 2.38 mg/kg（见表 6-24）。

不同年度土壤有效硼含量变化不大，2018 年为 2.21 mg/kg，2019 年为 2.56 mg/kg（见表 6-31）。

表 6-31 隆德县耕地土壤有效硼含量分级面积统计

单位：mg/kg

年份		2018 年	2019 年	平均值
耕地面积/亩		599 264.54	599 264.54	599 264.54
合计	样品数/个	60	60	60
	平均值	2.21	2.56	2.38
	标准差	0.91	0.61	0.76
	代表面积/亩	599 264.54	599 264.54	599 264.54
1.00~1.50	样品数/个	3	0	1.5
	代表面积/亩	29 950.72	0	14 975.36
1.50~2.00	样品数/个	21	9	15
	代表面积/亩	220 245.65	76 641.89	148 443.77
2.00~3.00	样品数/个	34	38	36
	代表面积/亩	330 446.52	388 071.65	359 259.09
≥3.00	样品数/个	2	13	7.5
	代表面积/亩	18 621.65	134 551.00	76 586.33

乡镇名称	面积	有效硼分级面积				总计
		1.00~1.50	1.50~2.00	2.00~3.00	≥3.00	
合计	亩	260 110.95	222 118.26	97 046.38	19 988.95	599 265
	%	2.50	24.77	60.02	12.71	100.00
陈靳乡	亩	46.25	4 271.21	18 807.68	0	23 125
	%	0.20	18.47	81.33	0	100.00
城关镇	亩	2 775.77	20 329.62	5 808.88	0	28 914
	%	9.60	70.31	20.09	0	100.00
奠安乡	亩	12 026.22	17 529.50	0	0	29 556
	%	40.69	59.31	0	0	100.00
凤岭乡	亩	48 302.71	0	0	0	48 303
	%	100.00	0	0	0	100.00
观庄乡	亩	8 941.57	37 055.64	21 996.53	2 081.23	70 075
	%	12.76	52.88	31.39	2.97	100.00
好水乡	亩	5 252.87	34 874.83	718.90	0	40 847
	%	12.86	85.38	1.76	0	100.00

续表

乡镇名称	面积	有效硼分级面积				总计
		1.00~1.50	1.50~2.00	2.00~3.00	≥3.00	
联财镇	亩	0.92	3 242.80	25 420.06	7 864.55	36 528
	%	0.00	8.88	69.59	21.53	100.00
沙塘镇	亩	33 834.78	17 631.40	6 115.14	0	57 581
	%	58.76	30.62	10.62	0	100.00
山河乡	亩	11 959.79	8 497.42	539.62	0	20 997
	%	56.96	40.47	2.57	0	100.00
神林乡	亩	36 651.51	3 910.14	0	0	40 562
	%	90.36	9.64	0	0	100.00
温堡乡	亩	49 221.68	19 770.29	1 329.75	35.18	70 357
	%	69.96	28.10	1.89	0.05	100.00
杨河乡	亩	433.25	35 148.67	16 302.44	10 007.99	61 892
	%	0.70	56.79	26.34	16.17	100.00
张程乡	亩	50 663.63	19 643.93	0	0	70 308
	%	72.06	27.94	0	0	100.00
六盘山林场	亩	0	18.17	7.38	0	26
	%	0	71.10	28.90	0	100.00
沙塘良种场	亩	0	194.64	0	0	195
	%	0	100.00	0	0	100.00

按照全国耕地土壤有效硼含量分级标准有≤0.20 mg/kg、0.20~0.50 mg/kg、0.50~1.00 mg/kg、1.00~1.50 mg/kg、1.50~2.00 mg/kg、2.00~3.00 mg/kg、≥3.00 mg/kg 7个级别。隆德县耕地土壤有效硼含量分布范围主要为2.00~3.00 mg/kg，其面积占总调查耕地面积的59.95%，代表面积359 259.09亩；其次为1.50~2.00 mg/kg级别，其面积占总调查耕地面积的24.77%，代表面积148 443.77亩；≥3.00 mg/kg级别面积占总调查耕地面积的12.78%，代表面积76 586.33亩；1.00~1.50 mg/kg级别面积占总调查耕地面积的2.49%，代表面积14 975.36亩。由以上分析看出，全县耕地有效硼含量较低，耕地有效硼含量集中在1.50~2.00 mg/kg和2.00~3.00 mg/kg 2个级别

范围内。

土壤有效硼属数值型是根据调查采样点数据利用空间插值分析获取全域范围数据，然后用区域统计分析工具提取各评价单元数值，利用反距离权重插值分析按采样点数据插值隆德县全域检测数据。从表6-31可以看出，各乡镇土壤有效硼含量在1.00~1.50 mg/kg级别，凤岭乡面积较大，为48 302.71亩，占该乡耕地总面积的100.0%，神林乡36 651.51亩，占该乡耕地总面积的90.36%，张程乡50 663.63亩，占该乡耕地总面积的72.06%；1.50~2.00 mg/kg级别，好水乡34 874.83亩，占该乡耕地总面积的85.38%，城关镇20 329.62亩，占该镇耕地总面积的70.31%，奠安乡17 529.50亩，占该乡耕地总面积的59.31%，杨河乡35 148.67亩，占该乡耕地总面积的56.79%，观庄乡37 055.64亩，占该乡耕地总面积的52.88%；2.00~3.00 mg/kg级别，陈靳乡、联财镇面积较大分别为18 807.68亩和25 420.06亩，分别占该乡镇耕地总面积的81.33%和69.59%；≥3.00 mg/kg级别，联财镇面积为7 864.55亩，占该镇耕地总面积的21.53%。

2. 土壤有效硼分布特点

（1）不同土壤类型耕地有效硼含量

不同土壤类型的耕地，土壤有效硼含量最高的为暗灰褐土，平均含量为2.95 mg/kg；其次是典型黑垆土平均含量为2.38 mg/kg；黄绵土和典型新积土平均含量分别为2.14 mg/kg和2.02 mg/kg（见表6-26）。

（2）不同土壤类型耕地土壤有效硼分级

典型潮土有效硼含量均在≥3.00 mg/kg级别；潮黑垆土有效硼含量主要在1.50~2.00 mg/kg级别，占该亚类总面积的72.81%；典型黑垆土、黄绵土有效硼含量在4个级别均有分布，且多分布在2.00~3.00 mg/kg级别，占比分别为77.62%和77.12%；黑麻土有效硼含量均在2.00~3.00 mg/kg级别；暗灰褐土及典型新积土有效硼含量主要分布在1.50~2.00 mg/kg及2.00~3.00 mg/kg 2个级别；冲积土有效硼含量主要分布在2.00~3.00 mg/kg级别，占该亚类总面积的84.08%（见表6-32）。

（3）各乡镇耕地有效硼含量

从表6-28看出，2018—2019年各乡镇土壤有效硼含量高低排序为：联财镇3.02 mg/kg＞陈靳乡 3.01 mg/kg＞杨河乡 2.84 mg/kg＞观庄乡 2.55 mg/kg＞城关镇

表 6-32　隆德县不同土壤类型耕地有效硼含量分级面积统计

十壤类型 （亚类）	单位	有效硼含量/(mg·kg⁻¹)				总计
		1.00~1.50	1.50~2.00	2.00~3.00	≥3.00	
典型潮土	亩	0	0	0	51	51
	%	0	0	0	100.00	100.00
潮黑垆土	亩	0	642	240	0	882
	%	0	72.81	27.19	0	100.00
典型黑垆土	亩	2	33 722	137 489	5 922	177 135
	%	0	19.04	77.62	3.34	100.00
黑麻土	亩	0	0	180	0	180
	%	0	0	100.00	0	100.00
黄绵土	亩	27	44 652	262 383	33 168	340 230
	%	0.01	13.12	77.12	9.75	100.00
暗灰褐土	亩	0	21 630	24 810	4 914	51 355
	%	0	42.12	48.31	9.57	100.00
冲积土	亩	0	0	527	100	627
	%	0	0	84.08	15.92	100.00
典型新积土	亩	0	11 223	14 669	2 913	28 806
	%	0	38.96	50.93	10.11	100.00
总计	亩	29	111 869	440 299	47 068	599 265
	%	0	18.67	73.47	7.85	100.00

2.50 mg/kg>沙塘镇2.36 mg/kg>奠安乡 2.33 mg/kg>好水乡 2.32 mg/kg>温堡乡 2.19 mg/kg>神林乡2.12 mg/kg>山河乡 2.09 mg/kg>张程乡 2.06 mg/kg>凤岭乡 2.05 mg/kg。

（四）土壤有效铜

1. 耕地土壤有效铜含量及分级

土壤有效铜含量最小值 0.11 mg/kg，最大值 2.98 mg/kg，平均值 0.57 mg/kg（见表6-24），不同年度由于调查采样测试的区域不一致而不同，2018 年为0.14 mg/kg，2019 年为0.99 mg/kg（见表6-33）。

按照全国耕地土壤有效铜含量分级标准有≤0.1 mg/kg、0.1~0.2 mg/kg、0.2~

表 6-33 隆德县耕地土壤有效铜含量分级面积统计

单位：mg/kg

年份		2018 年	2019 年	平均值
耕地面积/亩		599 265	599 265	599 265
合计	样品数/个	60	60	60
	平均值	0.14	0.99	0.57
	标准差	0.04	1.41	0.73
	代表面积/亩	599 264.54	599 264.54	599 264.54
≤0.1	样品数/个	4	0	2
	代表面积/亩	32 984.76	0	16 492.38
0.1~0.2	样品数/个	54	0	27
	代表面积/亩	547 967.83	0	273 983.91
0.2~1.0	样品数/个	2	24	13
	代表面积/亩	18 311.95	228 657.61	123 484.79
1.0~1.8	样品数/个	0	17	8.5
	代表面积/亩	0	162 351.50	81 175.75
1.8~2.6	样品数/个	0	5	2.5
	代表面积/亩	0	48 238.19	24 119.09
2.6~3.4	样品数/个	0	5	2.5
	代表面积/亩	0	52 889.80	26 444.90
>3.4	样品数/个	0	9	4.5
	代表面积/亩	0	107 127.44	53 563.72

乡镇名称	面积	有效铜分级面积				总计
		0.2~1.0	1.0~1.8	1.8~2.6	2.6~3.4	
合计	亩	421 855.12	133 937.24	41 151.56	2 320.62	599 265
	%	70.43	22.32	6.86	0.39	100.00
陈靳乡	亩	46.25	9 282.43	13 796.46	0	23 125
	%	0.20	40.14	59.66	0	100.00
城关镇	亩	8 969.21	5 817.55	12 305.91	1 821.60	28 914
	%	31.02	20.12	42.56	6.30	100.00
奠安乡	亩	29 555.72	0	0	0	29 556
	%	100.00	0	0	0	100.00

续表

乡镇名称	面积	有效铜分级面积				总计
		0.2~1.0	1.0~1.8	1.8~2.6	2.6~3.4	
凤岭乡	亩	45 607.42	2 695.29	0	0	48 303
	%	94.42	5.58	0	0	100.00
观庄乡	亩	62 359.72	7 715.25	0	0	70 075
	%	88.99	11.01	0	0	100.00
好水乡	亩	16 575.55	20 415.13	3 839.58	16.34	40 847
	%	40.58	49.98	9.40	0.04	100.00
联财镇	亩	23 937.01	12 591.32	0	0	36 528
	%	65.53	34.47	0	0	100.00
沙塘镇	亩	53 222.41	4 358.91	0	0	57 581
	%	92.43	7.57	0	0	100.00
山河乡	亩	19 514.46	1 442.48	39.89	0	20 997
	%	92.94	6.87	0.19	0	100.00
神林乡	亩	24 373.51	12 906.71	2 798.75	482.68	40 562
	%	60.09	31.82	6.90	1.19	100.00
温堡乡	亩	36 655.94	27 214.05	6 486.91	0	70 357
	%	52.10	38.68	9.22	0	100.00
杨河乡	亩	49 012.55	12 619.85	259.95	0	61 892
	%	79.19	20.39	0.42	0	100.00
张程乡	亩	51 830.73	16 852.72	1 624.11	0	70 308
	%	73.72	23.97	2.31	0	100.00
六盘山林场	亩	0	25.55	0	0	26
	%	0	100.00	0	0	100.00
沙塘良种场	亩	194.64	0	0	0	195
	%	100.00	0	0	0	100.00

1.0 mg/kg、1.0~1.8 mg/kg、1.8~2.6 mg/kg、2.6~3.4 mg/kg、>3.4 mg/kg 7个级别。隆德县耕地土壤有效铜含量分布范围主要在 0.1~0.2 mg/kg 级别，其所占耕地面积占总调查耕地面积的 45.72%，代表面积 273 983.91 亩；其次分布的范围为 0.2~1.0 mg/kg

级别，其所占耕地面积占总调查耕地面积的20.61%，代表面积123 484.79 亩；1.0~
1.8 mg/kg 级别，其所占耕地面积占总调查耕地面积的13.55%，代表面积 81 175.75
亩；>3.4 mg/kg 级别其所占耕地面积占总调查耕地面积的8.94%，代表面积 53 563.72
亩；1.8~2.6 mg/kg、2.6~3.4 mg/kg 和≤0.1 mg/kg 3 个级别所占比例很小，其所占耕
地面积分别占总调查耕地面积的4.02%、4.41%和2.75%，代表面积分别为 24 119.09
亩、26 444.90 亩和16 492.38 亩。由以上分析看出，全县耕地土壤有效铜含量分布
范围为 0.1~0.2 mg/kg 和 0.2~1.0 mg/kg 2 个级别。插值处理，各乡镇土壤有效铜按照
全国耕地土壤有效铜含量分级标准，0.2~1.0 mg/kg 级别在奠安乡、凤岭乡、山河乡
和沙塘镇面积较大，分别为 29 555.72 亩、45 607.42 亩、19 514.46 亩、53 222.41
亩，分别占该乡镇耕地总面积的 100.0%、94.42%、92.94%和92.43%；1.0~1.8 mg/kg
级别在好水乡面积为 20 415.13 亩，占该乡耕地总面积的49.98%；1.8~2.6 mg/kg 级
别在陈靳乡面积为 13 796.46 亩，占该乡耕地总面积的59.66%。

2. 土壤有效铜分布特点

（1）不同土壤类型耕地有效铜含量

从表 6-26 看出，土壤有效铜含量最高的为典型新积土，平均含量为 0.81 mg/kg；
其次是暗灰褐土平均含量为 0.76 mg/kg；黄绵土和典型黑垆土平均含量分别为
0.40 mg/kg 和 0.34 mg/kg。

（2）不同土壤类型耕地有效铜分级

典型潮土及黑麻土有效铜含量均在 0.2~1.0 mg/kg 级别；潮黑垆土有效铜含量
72.81%在 0.1~0.2 mg/kg 级别，27.19%在 0.2~1.0 mg/kg 级别；典型黑垆土及黄绵土
有效铜含量均在5 个等级有不同程度的分布，且均在 0.2~1.0 mg/kg 级别分布最多，占
比分别为 59.74%和79.10%；暗灰褐土有效铜含量分布在 0.1~0.2 mg/kg、0.2~1.0 mg/kg
和 1.0~1.8 mg/kg 3 个级别，有 33 102 亩分布在 0.2~1.0 mg/kg 级别，占暗灰褐土总
面积的 64.46%；冲积土有效铜含量主要分布在0.2~1.0 mg/kg 级别（见表 6-34）。

（3）各乡镇耕地土壤有效铜含量

从表 6-28 看出，2018—2019 年各乡镇土壤有效铜含量高低排序为：陈靳乡
1.59 mg/kg>城关镇 1.46 mg/kg>温堡乡 0.82 mg/kg>好水乡0.73 mg/kg>张程乡0.65 mg/kg>
神林乡0.64 mg/kg>杨河乡 0.39 mg/kg>联财镇 0.35 mg/kg>沙塘镇0.23 mg/kg>凤岭乡

表6–34 隆德县不同土壤类型耕地有效铜含量分级面积统计

土壤类型（亚类）	单位	有效铜含量/(mg·kg⁻¹)					总计
		0.1~0.2	0.2~1.0	1.0~1.8	1.8~2.6	2.6~3.4	
典型潮土	亩	0	51	0	0	0	51
	%	0	100.00	0	0	0	100.00
潮黑垆土	亩	642	240	0	0	0	882
	%	72.81	27.19	0	0	0	100.00
典型黑垆土	亩	37 859	105 822	24 232	7 719	1 504	177 135
	%	21.37	59.74	13.68	4.36	0.85	100.00
黑麻土	亩	0	180	0	0	0	180
	%	0	100.00	0	0	0	100.00
黄绵土	亩	45 728	269 131	21 046	3 610	715	340 230
	%	13.44	79.10	6.19	1.06	0.21	100.00
暗灰褐土	亩	17 289	33 102	964	0	0	51 355
	%	33.67	64.46	1.88	0	0	100.00
冲积土	亩	134	394	92	8	0	627
	%	21.31	62.85	14.59	1.24	0	100.00
典型新积土	亩	17 919	9 421	1 464	1	0	28 806
	%	62.21	32.71	5.08	0.01	0	100.00
总计	亩	11 9571	418 341	47 796	11 338	2 219	599 265
	%	19.95	69.81	7.98	1.89	0.37	100.00

0.18 mg/kg＞奠安乡 0.16 mg/kg、山河乡 0.16 mg/kg＞观庄乡 0.06 mg/kg。

（五）土壤有效锰

1. 耕地土壤有效锰含量及分级

从表6–24看出，土壤有效锰含量最小值 0.50 mg/kg，最大值 19.70 mg/kg，平均值 7.69 mg/kg。

从表6–35看出，不同年度由于调查采样测试的区域不一致而不同，2018 年为 1.09 mg/kg，2019 年为 14.28 mg/kg。

按照全国耕地土壤有效锰含量分级标准有≤1.0 mg/kg、1.0~5.0 mg/kg、5.0~

表 6–35　隆德县耕地土壤有效锰含量分级面积统计

单位：mg/kg

年份		2018 年	2019 年	平均值
耕地面积/亩		599 264.54	599 264.54	599 264.54
合计	样品数/个	60	60	60
	平均值	1.09	14.28	7.69
	标准差	0.32	3.49	1.91
	代表面积/亩	599 264.54	599 264.54	599 264.54
≤1.0	样品数/个	25	0	12.5
	代表面积/亩	255 123.42	0	127 561.71
1.0~5.0	样品数/个	35	0	17.5
	代表面积/亩	344 141.12	0	172 070.56
5.0~15.0	样品数/个	0	23	11.5
	代表面积/亩	0	252 740.65	126 370.33
15.0~30.0	样品数/个	0	37	18.5
	代表面积/亩	0	346 523.89	173 261.95

乡镇名称	面积	有效锰分级面积				总计
		≤1.0	1.0~5.0	5.0~15.0	15.0~30.0	
合计	亩	127 435.06	172 087.12	127 655.82	172 086.54	599 265
	%	21.29	28.70	21.09	28.92	100.00
陈靳乡	亩	11 562.57	0	11 562.57	0	23 125
	%	50.00	0	50.00	0	100.00
城关镇	亩	4 820.01	9 637.13	4 820.01	9 637.12	28 914
	%	16.67	33.33	16.67	33.33	100.00
奠安乡	亩	0	14 777.86	14 777.86	0	29 556
	%	0	50.00	50.00	0	100.00
凤岭乡	亩	6 902.46	17 248.90	3 448.81	20 702.54	48 303
	%	14.29	35.71	7.14	42.86	100.00
观庄乡	亩	20 020.41	15 017.07	0	35 037.49	70 075
	%	28.57	21.43	0	50.00	100.00
好水乡	亩	13 614.17	6 809.13	0	20 423.30	40 847
	%	33.33	16.67	0	50.00	100.00

续表

乡镇名称	面积	有效锰分级面积				总计
		≤1.0	1.0~5.0	5.0~15.0	15.0~30.0	
联财镇	亩	9 132.08	9 132.08	18 264.17	0	36 528
	%	25.00	25.00	50.00	0	100.00
沙塘镇	亩	9 598.81	19 191.85	23 994.14	4 796.52	57 581
	%	16.67	33.33	41.67	8.33	100.00
山河乡	亩	0	10 498.41	5 249.21	5 249.21	20 997
	%	0	50.00	25.00	25.00	100.00
神林乡	亩	5 070.21	15 210.62	10 140.41	10 140.41	40 562
	%	12.50	37.50	25.00	25.00	100.00
温堡乡	亩	7 035.69	28 142.76	35 178.45	0	70 357
	%	10.00	40.00	50.00	0	100.00
杨河乡	亩	22 101.76	8 844.42	0	30 946.17	61 892
	%	35.71	14.29	0	50.00	100.00
张程乡	亩	17 576.89	17 576.89	0	35 153.78	70 308
	%	25.00	25.00	0	50.00	100.00
六盘山林场	亩	0	0	25.55	0	26
	%	0	0	100.00	0	100.00
沙塘良种场	亩	0	0	194.64	0	195
	%	0	0	100.00	0	100.00

15.0 mg/kg、15.0~30.0 mg/kg、30.0~45.0 mg/kg、45.0~60.0 mg/kg、≥60.0 mg/kg 7 个级别，隆德县耕地土壤有效锰含量主要分布在 1.0~5.0 mg/kg 和 15.0~30.0 mg/kg 2 个级别，其耕地面积分别占总调查耕地面积的 28.71%和28.92%，代表面积分别为 172 070.56 亩和 173 261.95 亩；其次分布范围为 5.0~15.0 mg/kg 和≤1.0 mg/kg 2 个级别，其所占耕地面积分别占总调查耕地面积的 21.09%和21.29%，代表面积分别为 126 370.33 亩和 127 561.71 亩。由以上分析看出，隆德县耕地土壤有效锰含量较低。

从表 6-35 可以看出，各乡镇土壤有效锰按照全国耕地土壤有效锰含量分级标准插值处理，≤1.0 mg/kg 级别在陈靳乡、杨河乡面积较大，分别为 11 562.57 亩和22 101.76 亩，分别占该乡耕地总面积的 50.0%和35.71%。1.0~5.0 mg/kg 级别在奠安乡、山河乡、温堡乡和凤岭乡面积较大，分别为 14 777.86 亩、10 498.41 亩、28 142.76 亩和 17 248.90 亩，分别占该乡耕地总面积的 50.00%、50.00%、40.00% 和 35.71%。5.0~15.0 mg/kg 级别在奠安乡、陈靳乡、联财镇和温堡乡面积分别为 14 777.86 亩、11 562.57 亩、18 264.17 亩和 35 178.45 亩，均占该乡镇耕地总面积的 50.00%。15.0~30.0 mg/kg 级别在观庄乡、好水乡、杨河乡和张程乡面积分别为 35 037.49 亩、20 423.30 亩、30 946.17 亩和 35 153.78 亩，均占该乡耕地总面积的 50.00%。

2. 土壤有效锰分布特点

（1）不同土壤类型耕地土壤有效锰含量

从表 6-26 看出，不同土壤类型耕地土壤有效锰含量最高的为典型新积土，平均含量为 9.21 mg/kg；其次是黄绵土，平均含量为 7.76 mg/kg；典型黑垆土和暗灰褐土平均含量分别为 7.02 mg/kg 和 6.71 mg/kg。

（2）不同土壤类型耕地有效锰分级

典型潮土有效锰含量均在 15.0~30.0 mg/kg；潮黑垆土有效锰含量均在 5.0~15.0 mg/kg；典型黑垆土有效锰含量主要分布在 1.0~5.0 mg/kg 及 5.0~15.0 mg/kg 2 个级别；黑麻土有效锰主要分布在 1.0~5.0 mg/kg 级别；黄绵土在 4 个级别均有分布，在 5.0~15.0 mg/kg 级别分布最多；暗灰褐土及典型新积土有效锰含量分布在 1.0~5.0 mg/kg、5.0~15.0 mg/kg 和 15.0~30.0 mg/kg 3 个级别；冲积土有效锰含量多分布在 1.0~5.0 mg/kg 级别，占该亚类总面积的 67.35%（见表 6-36）。

（3）各乡镇耕地土壤有效锰含量

从表 6-28 看出，2018—2019 年各乡镇土壤有效锰含量高低排序为：观庄乡 9.62 mg/kg>张程乡 9.46 mg/kg>杨河乡 9.34 mg/kg>好水乡 9.06 mg/kg>城关镇 8.46 mg/kg>凤岭乡 8.33 mg/kg>山河乡 7.54 mg/kg>神林乡 6.93 mg/kg>奠安乡 6.33 mg/kg、沙塘镇 6.33 mg/kg>陈靳乡 6.24 mg/kg>联财镇 6.21 mg/kg>温堡乡 6.18 mg/kg。

（六）土壤有效钼

1. 耕地土壤有效钼含量及分级

土壤有效钼含量受土壤母质、种植作物和土壤类型影响，土壤有效钼含量最小值为 0.052 mg/kg，最大值为 0.41 mg/kg，平均值 0.13 mg/kg（见表 6-24）。

表 6-36　隆德县不同土壤类型耕地有效锰含量分级面积统计

十壤类型（亚类）	单位	有效锰含量/(mg·kg⁻¹)				总计
		≤1.0	1.0~5.0	5.0~15.0	15.0~30.0	
典型潮土	亩	0	0	0	51	51
	%	0	0	0	100.00	100.00
潮黑垆土	亩	0	0	882	0	882
	%	0	0	100.00	0	100.00
典型黑垆土	亩	8 623	62 126	67 216	39 170	177 135
	%	4.87	35.07	37.95	22.11	100.00
黑麻土	亩	0	150	29	0	180
	%	0	83.60	16.40	0	100.00
黄绵土	亩	8 943	116 690	196 724	17 872	340 230
	%	2.63	34.30	57.82	5.25	100.00
暗灰褐土	亩	0	19 760	19 830	11 765	51 355
	%	0	38.48	38.61	22.91	100.00
冲积土	亩	205	422	0	0	627
	%	32.65	67.35	0	0	100.00
典型新积土	亩	0	7 337	17 926	3 543	28 806
	%	0	25.47	62.23	12.30	100.00
总计	亩	17 771	206 487	302 607	72 400	599 265
	%	2.97	34.46	50.50	12.08	100.00

从表 6-37 看出，不同年度由于调查采样测试的区域不一致而不同，2018 年为 0.07 mg/kg，2019 年为 0.19 mg/kg。

按照全国耕地土壤有效钼含量分级标准有≤0.10 mg/kg、0.10~0.15 mg/kg、0.15~ 0.20 mg/kg、0.20~0.30 mg/kg 和>0.30 mg/kg 5 个级别。

隆德县耕地土壤有效钼含量分布范围主要在≤0.10 mg/kg 级别，其所占耕地面积占总调查耕地面积的 50.78%，代表面积 304 287.68 亩；其次分布的范围为 0.15~ 0.20 mg/kg 和 0.20~0.30 mg/kg 2 个级别，其所占耕地面积分别占总调查耕地面积的 17.99% 和 16.1%，代表面积分别为 107 790.22 亩和 96 491.88 亩；0.10~0.15 mg/kg 级

表 6-37　隆德县耕地土壤有效钼含量分级面积统计

单位：mg/kg

年份		2018 年	2019 年	平均值
耕地面积/亩		599 265	599 265	599 265
合计	样品数/个	60	60	60
	平均值	0.07	0.19	0.13
	标准差	0.01	0.06	0.35
	代表面积/亩	599 264.54	599 264.54	599 264.54
≤0.10	样品数/个	60	1	30.5
	代表面积/亩	599 264.54	9 310.83	304 287.68
0.10~0.15	样品数/个	0	16	8
	代表面积/亩	0	167 242.55	83 621.28
0.15~0.20	样品数/个	0	21	10.5
	代表面积/亩	0	215 580.44	107 790.22
0.20~0.30	样品数/个	0	20	10
	代表面积/亩	0	192 983.76	96 491.88
>0.30	样品数/个	0	2	1
	代表面积/亩	0	14 146.96	7 073.48

乡镇名称	面积	有效钼分级面积					总计
		≤0.10	0.10~0.15	0.15~0.20	0.20~0.30	>0.30	
合计	亩	13 205.90	547 155.60	38 903.05	0	0	599 265
	%	2.21	91.28	6.51	0	0	100.00
陈靳乡	亩	0	23 125.14	0	0	0	23 125
	%	0	100.00	0	0	0	100.00
城关镇	亩	1 503.54	27 410.73	0	0	0	28 914
	%	5.20	94.80	0	0	0	100.00
奠安乡	亩	0	29 555.72	0	0	0	29 556
	%	0	100.00	0	0	0	100.00
凤岭乡	亩	6 303.50	35 401.06	6 598.15	0	0	48 303
	%	13.05	73.29	13.66	0	0	100.00
观庄乡	亩	0	70 074.97	0	0	0	70 075
	%	0	100.00	0	0	0	100.00

续表

乡镇名称	面积	有效钼分级面积					总计
		≤0.10	0.10~0.15	0.15~0.20	0.20~0.30	>0.30	
好水乡	亩	0	35 536.54	5 310.06	0	0	40 847
	%	0	87.00	13.00	0	0	100.00
联财镇	亩	2 067.50	34 073.63	387.20	0	0	36 528
	%	5.66	93.28	1.06	0	0	100.00
沙塘镇	亩	3 282.14	54 299.18	0	0	0	57 581
	%	5.70	94.30	0	0	0	100.00
山河乡	亩	0	20 996.83	0	0	0	20 997
	%	0	100.00	0	0	0	100.00
神林乡	亩	0	34 639.65	5 922.00	0	0	40 562
	%	0	85.40	14.60	0	0	100.00
温堡乡	亩	0	63 665.96	6 690.94	0	0	70 357
	%	0	90.49	9.51	0	0	100.00
杨河乡	亩	0	47 904.68	13 987.67	0	0	61 892
	%	0	77.40	22.60	0	0	100.00
张程乡	亩	49.22	70 251.31	7.03	0	0	70 308
	%	0.07	99.92	0.01	0	0	100.00
六盘山林场	亩	0	25.55	0	0	0	26
	%	0	100.00	0	0	0	100.00
沙塘良种场	亩	0	194.64	0	0	0	195
	%	0	100.00	0	0	0	100.00

别，其所占耕地面积占总调查耕地面积的 8.33%；0.10~0.15 mg/kg 和>0.30 mg/kg
级别所占比例很小，其所占耕地面积分别占总调查耕地面积的 13.95%和1.18%，代
表面积分别为83 621.28 亩和 7 073.48 亩。由以上分析看出，隆德县耕地土壤有效钼
含量分布范围主要为≤0.10 mg/kg、0.15~0.20 mg/kg 和 0.20~0.30 mg/kg 3 个级别。

　　土壤有效钼属数值型是根据调查采样点数据利用空间插值分析获取全域范围数
据，然后用区域统计分析工具提取各评价单元数值，利用反距离权重插值分析按采

样点数据插值隆德县全域检测数据。各乡镇耕地土壤有效钼含量 0.10~0.15 mg/kg 级别陈靳乡 23 125.14 亩、奠安乡 29 555.72 亩、观庄乡 70 074.97 亩、山河乡 20 996.83 亩，均占该乡耕地面积的 100.00%；张程乡 70 251.31 亩，占该乡耕地面积的 99.92%；城关镇 27 410.73 亩，占该镇耕地面积的 94.80%；沙塘镇 54 299.18 亩，占该镇耕地面积的 94.30%；联财镇 34 073.63 亩，占该镇耕地面积的 93.28%；温堡乡 63 665.96 亩，占该乡耕地面积的 90.49%。

2. 土壤有效钼分布特点

（1）不同土壤类型耕地有效钼含量

从表 6-26 看出，土壤有效钼含量最高的为典型黑垆土，平均含量为 0.135 mg/kg；其次为典型新积土，平均含量为 0.130 mg/kg，黄绵土和暗灰褐土平均含量分别为 0.126 mg/kg 和 0.120 mg/kg。

（2）各乡镇耕地土壤有效钼含量

从表 6-28 看出，2018—2019 年各乡镇土壤有效钼含量高低排序为：杨河乡 0.150 mg/kg>神林乡 0.144 mg/kg>山河乡 0.143 mg/kg>好水乡 0.141 mg/kg>凤岭乡 0.140 mg/kg>奠安乡 0.130 mg/kg>观庄乡 0.121 mg/kg>联财镇 0.119 mg/kg>张程乡 0.118 mg/kg>温堡乡 0.116 mg/kg>沙塘镇 0.115 mg/kg、城关镇 0.115 mg/kg>陈靳乡 0.107 mg/kg。

第二节　耕地土壤养分变化趋势分析

隆德县耕地土壤养分变化趋势分析主要包括三部分，一是 1984 年第二次土壤普查历史资料，二是 2007—2009 年测土配方施肥统计分析结果资料与 2017—2019 年耕地质量监测调查评价土壤养分测试统计分析结果相互比较，三是近期资料对比分析，主要是 2017—2019 年度调查采样测试分析结果年度之间相互比较。

一、土壤有机质及氮、磷、钾含量变化

（一）耕地土壤有机质含量缓慢上升

土壤有机质和全氮是评价土壤肥力和土壤质量的重要指标，本次通过分析

2017—2019 年全县耕地质量调查与评价平均数据与 1984 年第二次土壤普查以及 2007 2009 年测土配方施肥对比（见表 6-38），耕地质量调查与评价与第二次土壤普查、测土配方施肥耕层有机质平均含量变化量，30 年来隆德县农田耕层土壤有机质含量呈整体上升趋势，从土壤普查土壤有机质含量 15.9 g/kg 上升至耕地质量等级评价土壤有机质平均含量的 19.21 g/kg，耕层土壤有机质含量较第二次土壤普查时期提高3.31 g/kg，即提高 20.82%，再由测土配方施肥耕层有机质平均含量 15.77 g/kg 上升至耕地质量等级评价土壤有机质平均含量的 19.21 g/kg，耕层土壤有机质含量较测土配方施肥时期提高 3.44 g/kg，即提高 21.81%，土壤有机质含量缓慢上升。

表 6-38　隆德县耕地土壤养分含量

特征值	土壤普查	测土配方施肥	耕地质量评价	2017—2019 年与 1984 年相比变化值	2017—2019 年与 1984 年相比变化率 /%	2017—2019 年与 2007—2009 年相比变化值	2017—2019 年与 2007—2009 年相比变化率 /%
有机质/(g·kg⁻¹)	15.90	15.77	19.21	3.31	20.82	3.44	21.81
全氮/(g·kg⁻¹)	0.80	1.03	1.02	0.22	27.50	−0.01	−0.97
有效磷/(mg·kg⁻¹)	7.97	9.73	16.73	8.76	109.91	7.00	71.94
速效钾/(mg·kg⁻¹)	148.00	176.60	182.00	34.00	22.97	5.40	3.06
有效锌/(mg·kg⁻¹)	0.26	0.62	0.53	0.27	103.85	−0.09	−14.52
有效铁/(mg·kg⁻¹)	4.90	7.85	11.86	6.96	142.04	4.01	51.08
有效锰/(mg·kg⁻¹)	4.04	6.89	7.69	3.65	90.35	0.80	11.61
有效铜/(mg·kg⁻¹)	0.69	0.92	0.57	−0.12	−17.39	−0.35	−38.04
有效硼/(mg·kg⁻¹)	0.42	0.62	2.38	1.96	466.67	1.76	283.87

农田耕层土壤有机质整体上升的原因：一是农田土壤有机质主要来源于作物根茬、还田的秸秆、翻压的绿肥以及人畜禽粪便、养殖废弃物、某些轻工业副产品以及部分生活垃圾制成的堆肥等。在自然状态下，影响土壤有机质含量的因素包括气候、植被、母质、地形和时间，而在人类耕作活动影响下，施肥状况和耕作措施则成为短期影响农田土壤有机质含量的主要原因。二是秸秆还田技术的推广是大部分地区土壤有机质含量增加的最主要原因。秸秆作为植物残体是农田有机物料来源的重要组成部分，还田后可积累土壤有机质，长期施用秸秆的积累效果更明显。三是

免耕少耕技术的推广也是近年来土壤有机质含量提升的重要因素，免耕少耕使土壤不稳定碳输入增加，流失减少，意味着土壤汇集碳增加，而损失至大气中的 CO_2 减少，同时，免耕少耕使风雨对土壤的侵蚀作用降低，减少土壤有机质流失。四是堆肥和绿肥的施用是土壤有机质含量提升的另一个原因。堆肥含有丰富的有机物质，当被用于农田或退化土壤时，可增加有机质并改善土壤结构。长期种植绿肥能丰富和平衡土壤中的养分元素，改善土壤理化性状，提高土壤有机质含量。五是川水地交通便利，有利机械收割，留高茬还田面积扩大；川水地普遍距村庄较近，运送农家肥便利，农家肥施用量较多。

1. 土壤有机质分布特点

不同的土壤类型由于其成土母质和人为耕种施肥管理水平的差异，土壤有机质含量也不同（见表 6-39、表 6-40）。

表 6-39　隆德县不同类型耕地土壤有机质及养分含量

土壤类型（亚类）	特征值	有机质/(g·kg⁻¹)	全氮/(g·kg⁻¹)	有效磷/(mg·kg⁻¹)	速效钾/(mg·kg⁻¹)
黄绵土	测土配方施肥	15.66	1.02	9.67	175.62
	耕地质量评价	14.94	0.81	16.70	191.16
	2017—2019 年与 2007—2009 年相比变化值	−0.72	−0.21	7.03	15.54
	2017—2019 年与 2007—2009 年相比变化率/%	−4.60	−20.59	72.70	8.85
典型黑垆土	测土配方施肥	16.21	1.07	9.80	177.45
	耕地质量评价	18.21	0.91	15.92	189.59
	2017—2019 年与 2007—2009 年相比变化值	2.00	−0.16	6.12	12.14
	2017—2019 年与 2007—2009 年相比变化率/%	12.34	−14.95	62.45	6.84
暗灰褐土	测土配方施肥	14.99	1.00	9.77	174.97
	耕地质量评价	22.19	1.08	17.50	193.46
	2017—2019 年与 2007—2009 年相比变化值	7.20	0.08	7.73	18.49
	2017—2019 年与 2007—2009 年相比变化率/%	48.03	8.00	79.12	10.57
典型新积土	测土配方施肥	15.33	1.00	9.87	178.56
	耕地质量评价	21.52	1.29	16.78	153.78
	2017—2019 年与 2007—2009 年相比变化值	6.19	0.29	6.91	−24.78
	2017—2019 年与 2007—2009 年相比变化率/%	40.38	29.00	70.01	−13.88

表 6-40　隆德县各乡镇耕地土壤养分含量

乡镇名称	有机质/(g·kg⁻¹)		全氮/(g·kg⁻¹)		有效磷/(mg·kg⁻¹)		速效钾/(mg·kg⁻¹)	
	测土配方施肥	耕地质量评价	测土配方施肥	耕地质量评价	测土配方施肥	耕地质量评价	测土配方施肥	耕地质量评价
城关镇	19.98	19.94	1.35	1.00	10.23	19.84	182.02	207.75
奠安乡	20.53	18.76	1.31	0.92	10.32	16.52	190.62	204.37
陈靳乡	15.97	21.20	1.03	1.02	10.31	18.13	188.39	207.30
凤岭乡	16.36	21.08	1.10	1.09	9.84	15.62	179.29	183.01
观庄乡	15.18	20.95	1.01	1.23	10.50	18.72	179.39	190.11
好水乡	12.83	20.35	0.83	1.01	8.68	14.90	148.47	152.18
联财镇	14.76	18.98	0.97	0.97	10.08	15.22	180.1	200.05
沙塘镇	14.25	16.20	0.94	0.95	9.67	20.12	170.95	171.56
山河乡	12.48	23.09	0.79	1.21	7.22	14.36	149.00	142.50
神林乡	15.33	14.31	1.01	0.92	9.68	14.20	188.05	178.86
温堡乡	17.53	20.42	1.15	1.03	10.13	16.34	187.42	142.02
杨河乡	13.65	18.89	0.89	0.97	8.97	16.36	168.24	212.26
张程乡	14.30	15.51	0.92	0.89	8.69	17.19	158.71	165.07

（1）不同土壤类型耕地土壤有机质含量变化

从表6-39看出，在全县耕地土壤 4 个亚类中，有机质平均含量最高的为暗灰褐土，平均含量为 22.19 g/kg，有机质平均含量最低的为黄绵土，平均含量为 14.94 g/kg。

不同类型的耕地土壤有机质含量从高到低依次为暗灰褐土、典型新积土、典型黑垆土、黄绵土。暗灰褐土、典型新积土和典型黑垆土有机质平均含量从 2007—2009 年测土配方施肥土壤有机质含量的 14.99 g/kg、15.33 g/kg 和 16.21 g/kg 上升至 2017—2019 年耕地质量等级评价土壤有机质含量的 22.19 g/kg、21.52 g/kg、18.21 g/kg，耕地质量等级评价耕层土壤有机质平均含量较测土配方施肥提高 7.20 g/kg、6.19 g/kg、2.00 g/kg，即提高 48.03%、40.38%、12.34%。黄绵土有机质平均含量从2007—2009年测土配方施肥土壤有机质含量的 15.66 g/kg 下降至 2017—2019 年耕地质量等级评价土壤有机质含量的 14.94 g/kg，绝对值减少 0.72 g/kg，相对下降 4.60%。

（2）隆德县各乡镇耕地土壤有机质及养分平均含量

从表6-40看出，2017—2019 年 3 年数据可知奠安乡、神林乡和城关镇耕地质量等级评价土壤有机质平均含量为 18.76 g/kg、14.31 g/kg 和 19.94 g/kg（测土配方施肥土壤有机质含量是 20.53 g/kg、15.33 g/kg 和 19.98 g/kg），比测土配方施肥土壤有机质含量绝对值减少1.77 g/kg、1.02 g/kg、0.04 g/kg，相对下降为 8.62%、6.65%、0.2%。

山河乡、好水乡、杨河乡、观庄乡、陈靳乡、凤岭乡、联财镇、温堡乡、沙塘镇和张程乡从测土配方施肥土壤有机质含量的 12.48 g/kg、12.83 g/kg、13.65 g/kg、15.18 g/kg、15.97 g/kg、16.36 g/kg、14.76 g/kg、17.53 g/kg、14.25 g/kg 和14.30 g/kg 上升到耕地质量等级调查评价土壤有机质含量的 23.09 g/kg、20.35 g/kg、18.89 g/kg、20.95 g/kg、21.20 g/kg、21.08 g/kg、18.98 g/kg、20.42 g/kg、16.20 g/kg 和 15.51 g/kg，耕层土壤有机质平均含量较测土配方施肥提高10.61 g/kg、7.52 g/kg、5.24 g/kg、5.77 g/kg、5.23 g/kg、4.72 g/kg、4.22 g/kg、2.89 g/kg、1.95 g/kg 和 1.21 g/kg，即提高85.02%、58.61%、38.39%、38.01%、32.75%、28.85%、28.59%、16.49%、13.68%和 8.46%。

2. 土壤有机质评价

参照宁夏主要粮食作物土壤养分分级标准，隆德县耕地质量监测调查与评价土壤有机质含量总体属于高。对土样进行分级，其中 47.78%的属于高；52.22%的属于一般。

3. 增加土壤有机质含量的途径

增加土壤有机质的措施必须从开源和节流两个方面考虑。开源就是要多生产有机质，广辟有机肥来源。节流就是要把土壤本身生产的有机质尽可能多地返还给土壤，并通过耕作措施和合理的作物布局减少土壤有机质的分解和消耗。通俗地说，常用的途径就是种、还、施三结合的手段。种：就是适当种植绿肥作物；还：就是秸秆还田；施：增施有机肥，增施有机粪肥。堆肥、沤肥、饼肥、人畜粪肥等都是良好的有机肥。

种植绿肥既能土壤覆盖，又是增加土壤有机质的有效途径。栽培绿肥可为土壤提供丰富的有机质和氮素，改善农业生态环境及土壤的理化性状。如绿豆 3~6 月可播种，一般每亩用种 3~5 kg，在初花期压青。据资料介绍，无论何种土地，每年每亩翻压 1 t 绿肥鲜草，5 年后土壤有机质增加 0.1%~0.2%，全氮提高 0.011%，总腐殖酸增加 6.1%，活性有机质提高 17.4%。

利用秸秆还田，提高土壤生物产量的返还率。秸秆直接还田比施用等量的沤肥效果更好。小麦收割时，留 20~30 cm 高麦秆，经一个雨季的风吹日晒雨淋，到小麦再播种时，已变成半分解状态，成为上好的有机肥料。秸秆含有丰富的有机质和矿物营养元素，若秸秆不还田，有机质和矿物损失不能归还土壤，长期持续下去，会造成土壤有机质的匮乏，影响作物生长。

（二）耕地土壤全氮含量前期上升后期下降

土壤中的氮素可分为有机态和无机态两大部分，二者之和称为全氮。有机态氮是土壤氮素的主体，其含量约占全氮含量的 98%。绝大部分有机态氮必须经过土壤微生物分解转化为无机态氮素后才能被植物吸收利用，土壤无机态氮主要包括铵态氮和硝态氮，植物能直接吸收利用。全氮水平高的土壤，供氮能力就强；反之，土壤供氮能力相对较差。

1. 耕地土壤全氮变化趋势分析

从表 6-38 看出，2017—2019 年全县耕地质量等级评价平均数据与 1984 年第二次土壤普查以及 2007 年测土配方施肥对比：耕地质量等级评价与第二次土壤普查、测土配方施肥耕层全氮平均含量变化量，30 年来农田耕层土壤全氮含量变化趋势，从土壤普查土壤全氮含量 0.8 g/kg 上升至耕地质量等级评价土壤全氮含量 1.02 g/kg，绝对含量增加 0.22 g/kg，变幅 27.50%；从测土配方施肥土壤全氮含量 1.03 g/kg 下降到耕地质量等级评价土壤全氮含量 1.02 g/kg，绝对含量下降 0.01 g/kg，相对下降 0.97%。

从上面分析可以看出，全县耕地土壤全氮平均含量呈下降趋势，但下降不显著。其原因一是有机肥施用量少；二是绿肥种植面积和秸秆还田面积小。施化肥对土壤有机质和氮素含量有一定（较小）提高作用，坚持施用大量秸秆和厩肥能够显著提高有机质和土壤氮素。耕地全氮下降，其原因是"重用轻养"，山旱地几乎没有机收面积，加之有机肥和氮素化肥施用量不足，是导致全氮下降的主要原因。

2. 土壤全氮分布特点

表 6-39，不同类型的耕地土壤全氮含量从高到低依次为典型新积土、暗灰褐土、典型黑垆土、黄绵土。典型新积土、暗灰褐土平均含量从 2007—2009 年测土

配方施肥土壤全氮含量的 1.00 g/kg 和 1.00 g/kg 上升至 2017—2019 年耕地质量等级评价土壤全氮含量的 1.29 g/kg 和 1.08 g/kg，耕地质量等级评价耕层土壤全氮平均含量较测土配方施肥提高 0.29 g/kg 和 0.08 g/kg，即提高 29.00%和 8.00%。黄绵土、典型黑垆土土壤全氮平均含量从 2007—2009 年测土配方施肥土壤全氮含量的 1.02 g/kg 和 1.07 g/kg 下降至 2017—2019 年耕地质量等级评价土壤全氮含量的 0.81 g/kg 和 0.91 g/kg，耕地质量等级评价耕层土壤全氮平均含量较测土配方施肥降低，绝对含量下降 0.21 g/kg 和 0.16 g/kg，相对下降 20.59%和 14.95%。

从表 6-40 看出，2017—2019 年 3 年数据可知奠安乡、城关镇、温堡乡、神林乡、张程乡、陈靳乡、风岭乡测土配方施肥土壤全氮含量从 1.31 g/kg、1.35 g/kg、1.15 g/kg、1.01 g/kg、0.92 g/kg、1.03　g/kg 和 1.10g/kg 下降到耕地质量等级评价土壤全氮平均含量的 0.92 g/kg、1.00 g/kg、1.03 g/kg、0.92 g/kg、0.89 g/kg、1.02 g/kg 和 1.09 g/kg，绝对含量下降 0.39 g/kg、0.35 g/kg、0.12 g/kg、0.09 g/kg、0.03 g/kg、0.01 g/kg 和 0.01 g/kg，变幅为 29.77%、25.93%、10.43%、8.91%、3.26%、0.97%和 0.91%。山河乡、观庄乡、好水乡、杨河乡和沙塘镇从测土配方施肥土壤全氮含量的 0.79 g/kg、1.01 g/kg、0.83 g/kg、0.89 g/kg 和 0.94 g/kg 上升至耕地质量等级评价土壤全氮含量的 1.21 g/kg、1.23 g/kg、1.01 g/kg、0.97 g/kg 和 0.95 g/kg，耕层土壤全氮平均含量较测土配方施肥上升 0.42 g/kg、0.22 g/kg、0.18 g/kg、0.08 g/kg、0.01 g/kg，变幅为 53.16%、21.78%、21.69%、8.99%、1.06%。联财镇从测土配方施肥土壤全氮含量的 0.97 g/kg 至耕地质量等级评价土壤全氮含量的 0.97 g/kg，无变化。

3. 土壤全氮评价

参照宁夏主要粮食作物土壤养分分级标准，全县耕地全氮含量总体属于一般。对土样分级后，19.44%的属于高，42.22%的属于一般，38.33%的属于低。

4. 增加土壤全氮含量的途径

（1）增施有机肥，调控有机质的平衡。

（2）综合施肥，有机肥与化肥相结合，用地与养地相结合。

（3）改进施肥方法，如深施防止氮的挥发。

（三）土壤有效磷前期上升后期下降

土壤有效磷，也称为速效磷，是土壤中可被植物吸收的磷养分，包括全部水溶性磷、部分吸附态磷及有机态磷，有的土壤中还包括某些沉淀态磷。在化学上，有效磷定义为：能与磷进行同位素交换的或容易被某些化学试剂提取的磷及土壤溶液中的磷酸盐。

在农业生产中一般采用土壤有效磷的指标来指导施用磷肥。土壤有效磷含量是指导施用磷肥数量的主要依据。

1. 耕地土壤有效磷变化趋势及分析

从表 6-38 看出，自 1984 年第二次土壤普查 30 多年来，全县耕地土壤有效磷平均含量呈现上升趋势。全县耕地土壤有效磷平均含量由第二次土壤普查的 7.97 mg/kg 增加到耕地质量等级评价的 16.73 mg/kg，绝对含量增加 8.76 mg/kg，变幅 109.91%。从测土配方施肥的 9.73 mg/kg 增加到耕地质量等级评价的16.73 mg/kg，绝对含量增加 7.00 mg/kg；相对变幅 71.94%。

从表 6-39 看出，不同类型的耕地土壤有效磷含量从高到低依次为暗灰褐土、典型新积土、黄绵土和典型黑垆土。典型黑垆土、典型新积土、黄绵土和暗灰褐土平均含量从 2007—2009 年测土配方施肥土壤有效磷含量的 9.80 mg/kg、9.87 mg/kg、9.67 mg/kg 和 9.77 mg/kg 上升到 2017—2019 年耕地质量等级评价土壤有效磷含量的 15.92 mg/kg、16.78 mg/kg、16.70 mg/kg 和 17.50 mg/kg，耕地质量等级评价耕层土壤有效磷平均含量较测土配方施肥绝对含量增加 6.12 mg/kg、6.91 mg/kg、7.03 mg/kg 和 7.73 mg/kg，相对增加62.45%、70.01%、72.70%和 79.12%。

表 6-40 看出，2017—2019 年测试数据沙塘镇、山河乡、张程乡、城关镇、杨河乡、观庄乡、陈靳乡、好水乡、温堡乡、奠安乡、凤岭乡、联财镇和神林乡从测土配方施肥土壤有效磷平均含量为 9.67 mg/kg、7.22 mg/kg、8.69 mg/kg、10.23 mg/kg、8.97 mg/kg、10.50 mg/kg、10.31 mg/kg、8.68 mg/kg、10.13 mg/kg、10.32 mg/kg、9.84 mg/kg、10.08 mg/kg 和 9.68 mg/kg 上升至耕地质量等级调查评价耕层土壤有效磷平均含量为 20.12 mg/kg、14.36 mg/kg、17.19 mg/kg、19.84 mg/kg、16.36 mg/kg、18.72 mg/kg、18.13 mg/kg、14.90 mg/kg、16.34 mg/kg、16.52 mg/kg、15.62 mg/kg、15.22 mg/kg 和 14.20 mg/kg，耕层土壤有效磷平均含量较测土配方施肥提高 10.45 mg/kg、

7.14 mg/kg、8.50 mg/kg、9.61 mg/kg、7.39 mg/kg、8.22 mg/kg、7.82 mg/kg、6.22 mg/kg、6.21 mg/kg、6.20 mg/kg、5.78 mg/kg、5.14 mg/kg 和 4.52 mg/kg，变幅为 108.07%、98.89%、97.81%、93.94%、82.39%、78.29%、75.85%、71.66%、61.30%、60.08%、58.74%、50.99%和46.69%。

分析全县耕地土壤有效磷的变化原因，耕地后期呈下降趋势，主要是近二十多年来全县磷素化肥种类单一，如只施磷酸二铵，磷素在土壤中数量减少引起。

2. 土壤有效磷评价

参照宁夏主要粮食作物土壤养分分级标准，全县耕地有效磷总体属于低。对土样分级后，3.89%的属于高，17.22%的属于一般，78.89%的属于低。

3. 磷肥合理施用技术

土壤有效磷的含量往往是判断土壤肥力高低的一项重要指标，它反映了该土壤供磷能力的大小，了解土壤有效磷的含量对指导磷肥施用有重要意义。

磷肥利用率不高的主要原因:一是易被固定，在酸性土壤，难溶性的磷酸铁、磷酸铝石灰性土壤，难溶性的磷酸钙盐中调节土壤酸碱性特别是降低酸性土壤的酸度，有利于提高过磷酸钙的利用率。二是在土壤中的移动性很小，一般移动不超过1~3 cm，绝大多数集中在施肥点周围 0.5 cm 范围内，集中施用可以提高肥效。

（1）根据土壤条件合理施用磷肥

根据土壤养分化验结果确定磷肥施用量，根据土壤养分丰缺指标，当土壤有效磷含量低于 10 mg/kg 时（低水平），通过增施磷肥提高作物产量和培肥地力，磷肥施用量为作物带走量的 2 倍；当土壤有效磷含量为 10~20 mg/kg 时（中等水平），磷肥施用目标是维持现有土壤有效磷水平，磷肥施用量等于作物的带走量；当土壤有效磷含量在 20~30 mg/kg 时（一般水平）和 30 mg/kg 以上（较高水平），磷肥用量分别为作物的带走量的 0.5 倍和完全不施，减少大量施用磷肥造成的经济浪费和农业环境污染。一般远离村庄的瘠薄地块，新平整的生土地块，常年不施农家肥的地块，应当优先施用磷肥；肥田、肥地和往年连续大量施用磷肥的地块可适当少施；旱地、黄泥田、冷浸田等施用磷肥增产显著，应重视磷肥施用。

（2）根据作物对磷肥的反应合理施用磷肥

各种作物对磷肥的敏感性和吸收能力都不相同，块根、块茎、豆类、瓜类、果类等作物需磷较多，应注意多施磷肥。应施用于对磷反应敏感的作物上，这些作物主要是水稻、油菜、小麦、花生、豆类、薯类、瓜类等，施用磷肥可以达到以磷增氮的效果。

（3）因土施用磷肥

土壤有效磷含量高的地块施用磷肥效果小，含磷量低的土壤施用磷肥效果显著。石灰性土壤有效磷（P）的标准（mg/kg）是：<6 为低；6~10 为中等；10 为高。当土壤有效磷含量低时，表示土壤缺磷或严重缺磷，增施磷肥有明显或极明显的效果；当土壤有效磷为中等时，说明施磷有一定的效果；当土壤有效磷含量高时，表明土壤含磷丰富，施磷肥的效果往往不明显。

（4）配合施用有机肥、氮肥、钾肥等

磷肥与有机肥混合施用可减少土壤固磷的作用，同时有机肥料能为微生物活动提供能源，微生物活动的旺盛，又有利于土壤中难溶性磷的释放。氮磷结合施用效果好。无论施用水溶性磷肥还是难溶性磷肥，只有在施足氮肥的基础上合理施用，才能发挥其增产作用，磷肥单施的增产效果不如氮肥单施显著。

（5）改进施肥技术

改撒施为集中条施或穴施，磷肥要经过水的溶化和解离后，作物的根或茎叶才能吸收利用，所以施用时如果把磷肥撒在地表上或干燥的土壤里，就会造成浪费和流失。因此，水稻施磷是用磷肥粘秧根，或深施于犁沟中；旱地作物施磷可采用穴施、条施，使磷肥集中在种子或根系周围。实验证明，过磷酸钙集中深施比撒施效果好，即把磷肥施在作物根基部分，便于根系吸收利用。一般采用条施，例如结合春播浅耕溜施、穴施、沟施均可。

（四）土壤速效钾

速效性钾指吸附于土壤胶体表面的代换性钾和土壤溶液中的钾离子。植物主要是吸收土壤溶液中的钾离子。当季植物的钾营养水平主要决定于土壤速效钾的含量。一般速效性钾含量仅占全钾的 0.1%~2%，其含量除受耕作、施肥等影响外，还受土壤缓放性钾贮量和转化速率的控制。

1. 耕地土壤速效钾变化趋势分析

在 2007—2009 年全县速效钾含量高，从表 6-38 看出，自 1984 年第二次土壤普查以来，全县耕地土壤速效钾平均含量呈增加趋势，由1984年的148.00 mg/kg增加到耕地质量等级评价的182.00 mg/kg，绝对含量增加34.00 mg/kg，变幅22.97%。从测土配方施肥的176.60 mg/kg增加到耕地质量等级评价的182.00 mg/kg，绝对含量增加5.40 mg/kg；变幅3.06%。

从表6-40看出，2017—2019年3年数据可知温堡乡、神林乡、山河乡耕地质量等级评价土壤速效钾平均含量为142.02 mg/kg、178.86 mg/kg和142.50 mg/kg，比测土配方施肥土壤速效钾平均含量187.42 mg/kg、188.05 mg/kg和149.00 mg/kg绝对值减少45.40 mg/kg、9.19 mg/kg和6.50 mg/kg，变幅为24.22%、4.89%和4.36%。杨河乡、城关镇、联财镇、陈靳乡、奠安乡、观庄乡、张程乡、好水乡、凤岭乡和沙塘镇从测土配方施肥土壤速效钾含量的168.24 mg/kg、182.02 mg/kg、180.10 mg/kg、188.39 mg/kg、190.62 mg/kg、179.39 mg/kg、158.71 mg/kg、148.47 mg/kg、179.29 mg/kg和170.95 mg/kg上升至耕地质量等级评价土壤速效钾含量的212.26 mg/kg、207.75 mg/kg、200.05 mg/kg、207.30 mg/kg、204.37 mg/kg、190.11 mg/kg、165.07 mg/kg、152.18 mg/kg、183.01 mg/kg和171.56 mg/kg，耕地质量等级评价耕层土壤速效钾平均含量较测土配方施肥提高44.02 mg/kg、25.73 mg/kg、19.95 mg/kg、18.91 mg/kg、13.75 mg/kg、10.72 mg/kg、6.36 mg/kg、3.71 mg/kg、3.72 mg/kg和0.61 mg/kg，即提高26.17%、14.14%、11.08%、10.04%、7.21%、5.98%、4.01%、2.50%、2.07%和0.36%。

从上述看出，全县土壤速效钾含量变化为耕地土壤速效钾呈增加趋势。分析其原因，一是川水地留高茬面积增加，有利于土壤速效钾含量增加；二是近年来各种配方肥（含有钾素）主要应用于生产条件较好的川水地和川旱地，对土壤速效钾含量增加起到了一定的作用。

2. 土壤速效钾评价

参照宁夏主要粮食作物土壤养分分级标准，全县耕地速效钾含量属于高。土样分级后，50.5%的属于高，25.3%的属于一般，24.2%的属于低。在不同类型耕地中，川水地、川旱地土壤速效钾高，山旱地土壤速效钾属于一般。

3. 钾肥的施用技术

钾肥肥效的高低取决于土壤性质、作物种类、肥料配合、气候条件等，因此要经济合理地分配和施用钾肥，就必须了解影响钾肥肥效的有关条件。

（1）十壤条件与钾肥的有效施用

土壤钾素供应水平、土壤的矿物组成和土壤通气性是影响钾肥肥效的主要土壤条件。土壤钾素供应水平：土壤钾素水平是决定钾肥肥效的一个重要因素，钾的指标数值因各地土壤、气候和作物等条件的不同而略有差异。通过多点试验，把钾（K）90 mg（折合 K_2O 108 mg）作为土壤钾素丰缺的临界值。钾含量小于 90 mg，施钾肥效果显著；钾含量在 91~150 mg 时，施钾肥效果不稳定，视作物种类、土壤缓效钾含量、与其他肥料配合情况而定；钾含量大于 150 mg 时，施钾肥无效。需要指出的是，对于钾同样较低，而缓效钾数量很不相同的土壤，单从钾来判断钾的供应水平是不够的，必须同时考虑缓效钾的贮量，方能较合理估计钾的供应水平。钾肥的施用量：钾肥施用量要根据土壤有效钾含量、作物需钾量和各营养元素间的相互平衡而定。一般以玉米每亩施氧化钾为 6~9 kg，水稻每亩施氧化钾为 5~8 kg 为宜。对于喜钾作物可适量增加。

（2）钾肥的有效施肥技巧

土壤缺钾的程度是钾肥有效施用的先决条件，首先要考虑土壤速效钾含量对钾肥肥效的影响。钾肥肥效大小与土壤速效钾丰缺关系密切，即在其他条件相同的情况下，土壤速效钾含量越低，钾肥当季肥效越好。

土壤速效钾含量小于 40 mg/kg 为极缺钾的土壤，钾素已成为作物增产的限制因素，应优先施用，每亩用量（K_2O）5~10 kg，折氯化钾或硫酸钾 10~20 kg，无论什么土壤和作物，增产效果都非常显著。土壤速效钾含量 40~80 mg/kg 时为缺钾土壤，每亩钾肥用量 5 kg 左右，增产效果也很显著。土壤速效钾含量大于 80 mg/kg 时，除一些喜钾的经济作物外，粮食作物可以少施或不施。同时还要考虑土壤缓效钾含量、土壤质地和熟化程度等。

质地粗的砂性土，由于含钾水平低，加之土壤中的速效钾又易淋溶损失，在这类土壤上施钾的效果往往比粘性土壤好，熟化程度高的土壤增施钾肥的肥效一般不如熟化程度低的土壤。因为前者含钾较为丰富，并有良好的土壤理化性状，供钾能力强。

钾肥应早施：通常钾肥做基肥、种肥的比例较大，若将钾肥用作追肥，应以早施为宜。因为多数作物的钾素营养临界期都在作物生育的早期，作物吸钾在中、前期猛烈，后期显著减少，甚至在成熟期部分钾从根部溢出。禾谷类作物在分蘖、拔节期需钾较大，占总需钾量的60%~70%。棉花在现蕾、成铃阶段需钾量最大，蔬菜的茄果类在花蕾期、萝卜在肉质根膨大期为需钾量最大时期。至于多年生果树，则应根据果树特点，选择适宜的施肥时期，如梨在果实发育期、葡萄在浆果着色初期是需钾量最大时期。砂质土壤上，钾肥不宜一次施用量过大，应分次施用，即应遵循少量多次的原则，以防钾的淋失。粘土上则可一次做基肥施用或每次的施用量大些。

钾肥应深施、集中施：钾在土壤中易于被粘土矿物特别是2:1型粘土矿物所固定，将钾肥深施可减少因表层土壤干湿交替频繁所引起的这种晶格固定，提高钾肥的利用率。钾也是一种在土壤中移动性小的元素，因此，将钾肥集中施用可减少钾与土壤的接触面积而减少固定，提高钾的扩散速率，有利于作物对钾的吸收。

钾肥不宜在作物后期施用。钾素具有能从作物基部茎叶转移到顶部细嫩部分再利用的特点，故缺钾症较氮、磷表现晚。因此，钾肥应提前在作物生长前期施用，或一次性作基肥施用。

二、土壤有效性微量元素含量变化

（一）微量元素变化趋势分析

隆德县自2010年耕地地力评价以来，全县耕地有效硼、有效锰含量及有效铁含量有明显增加，有效铜、有效锌含量有明显降低。其中有效硼含量平均值由0.62 mg/kg增加到2.38 mg/kg；有效锰含量平均值由6.89 mg/kg增加到7.69 mg/kg；有效铁含量平均值由7.85 mg/kg增加到11.86 mg/kg；有效铜含量平均值由0.92 mg/kg降低到0.57 mg/kg；有效锌含量平均值由0.62 mg/kg降低到0.53 mg/kg。

从表6-38可知，全县自1984年第二次土壤普查以来，全县耕地土壤微量有效元素含量变化趋势为有效锌由土壤普查的0.26 mg/kg增加到耕地质量等级评价的0.53 mg/kg，绝对含量增加0.27 mg/kg，变幅103.85%；有效锰由土壤普查的4.04 mg/kg增加到耕地质量等级评价的7.69 mg/kg，绝对含量增加3.65 mg/kg，变幅90.35%；有效铜由土壤普查的0.69 mg/kg下降到耕地质量等级评价的0.57 mg/kg，绝对含量降低

0.12 mg/kg，变幅17.39%；有效铁由土壤普查的 4.9 mg/kg 增加到耕地质量等级评价的 11.86 mg/kg，绝对含量增加 6.96 mg/kg，变幅 142.04%；有效硼由土壤普查的 0.42 mg/kg 增加到耕地质量等级评价的 2.38 mg/kg，绝对含量增加 1.96 mg/kg，变幅 466.67%。

2007 年实施测土配方施肥工作以来，全县耕地土壤微量有效元素锌、铜含量下降，铁、锰、硼含量均明显增加。土壤有效锌由测土配方施肥的 0.62 mg/kg 下降到耕地质量等级评价的 0.53 mg/kg，绝对含量减少 0.09 mg/kg，变幅 14.52%；有效锰由测土配方施肥的 6.89 mg/kg 增加到耕地质量等级评价的 7.69 mg/kg，绝对含量增加 0.8 mg/kg，变幅 11.61%；有效铜由测土配方施肥的 0.92 mg/kg 下降到耕地质量等级调查评价的 0.57 mg/kg，绝对含量降低 0.35 mg/kg，变幅 38.04%；有效铁由测土配方施肥的 7.85 mg/kg 增加到耕地质量等级评价的 11.86 mg/kg，绝对含量增加 4.01 mg/kg，变幅 51.08%；有效硼由测土配方施肥的 0.62 mg/kg 增加到耕地质量等级评价的 2.38 mg/kg，绝对含量增加 1.76 mg/kg，增幅 283.87%。

从表6-41 可知，各乡镇土壤微量元素养分中有效铁、硼含量均明显增加；有效

表 6-41　隆德县各乡镇耕地土壤微量元素养分含量

乡镇名称	有效铁/(mg·kg⁻¹)		有效锰/(mg·kg⁻¹)		有效锌/(mg·kg⁻¹)		有效硼/(mg·kg⁻¹)		有效铜/(mg·kg⁻¹)	
	测土配方施肥	耕地质量评价	测土配方施肥	耕地质量评价	测土配方施肥	耕地质量评价	测土配方施肥	耕地质量评价	测土配方施肥	耕地质量评价
城关镇	9.36	10.85	7.26	8.46	0.96	0.54	0.60	2.50	0.90	1.46
奠安乡	8.55	12.82	6.88	6.33	0.77	0.36	0.61	2.33	0.78	0.16
陈靳乡	6.89	8.80	6.07	6.24	0.70	0.57	0.66	3.01	0.90	1.59
凤岭乡	8.40	12.23	7.83	8.33	0.68	0.76	0.70	2.05	1.08	0.18
观庄乡	6.43	10.50	6.20	9.62	0.38	0.37	0.62	2.55	0.75	0.06
好水乡	8.00	13.90	6.94	9.06	0.66	0.55	0.52	2.32	0.99	0.73
联财镇	6.84	11.89	6.19	6.21	0.35	0.54	0.63	3.02	0.78	0.35
沙塘镇	6.10	11.11	5.61	6.33	0.39	0.67	0.61	2.36	0.75	0.23
山河乡	6.38	13.09	5.22	7.54	0.31	0.28	0.60	2.09	0.92	0.16
神林乡	6.83	12.70	6.88	6.93	0.94	0.52	0.61	2.12	0.83	0.64
温堡乡	7.73	11.45	6.76	6.18	0.59	0.42	0.59	2.19	0.84	0.83
杨河乡	6.24	13.05	5.81	9.34	0.30	0.57	0.47	2.84	0.72	0.40
张程乡	6.32	11.79	5.70	9.46	0.54	0.74	0.52	2.06	0.79	0.66

铜：陈靳乡和城关镇耕地质量等级评价与测土配方施肥相比有所上升；有效锰：奠安乡和温堡乡耕地质量等级评价与测土配方施肥相比有所下降；有效锌：除凤岭乡、联财镇、沙塘镇、杨河乡和张程乡外，其余乡镇测土配方施肥与耕地质量等级评价相比均有所下降。

土壤类型主要有暗灰褐土、典型黑垆土、典型新积土和黄绵土等亚类；土壤有效锌：暗灰褐土、典型新积土、黄绵土由测土配方施肥的 0.75 mg/kg、0.57 mg/kg 和 0.59 mg/kg 下降到耕地质量等级评价的0.44 mg/kg、0.50 mg/kg 和 0.56 mg/kg，绝对含量减少 0.31 mg/kg、0.07 mg/kg 和 0.03 mg/kg，变幅为 41.33%、12.28%和5.08%；土壤有效铁：黄绵土由测土配方施肥的7.59 mg/kg 下降到耕地质量等级评价的 7.42 mg/kg，绝对含量减少 0.17 mg/kg，变幅 2.24%；土壤有效铜：暗灰褐土、典型黑垆土、典型新积土和黄绵土耕地质量等级评价与测土配方施肥相比均下降；有效锰：暗灰褐土、典型黑垆土耕地质量等级评价与测土配方施肥相比有所下降（见表 6-42）。

表 6-42　隆德县不同类型耕地土壤微量元素养分含量变化

土壤类型 （亚类）	特征值	有效锌/ (mg·kg⁻¹)	有效铁/ (mg·kg⁻¹)	有效铜/ (mg·kg⁻¹)	有效锰/ (mg·kg⁻¹)	有效硼/ (mg·kg⁻¹)
黄绵土	测土配方施肥	0.59	7.59	0.88	6.64	0.61
	耕地质量评价	0.56	7.42	0.40	7.76	2.14
	2017—2019 年与 2007—2009 年相比变化值	−0.03	−0.17	−0.48	1.12	1.53
	2017—2019 年与 2007—2009 年相比变化率/%	−5.08	−2.24	−54.55	16.87	250.82
典型黑垆土	测土配方施肥	0.62	7.75	0.94	7.04	0.61
	耕地质量评价	0.63	12.70	0.34	7.02	2.38
	2017—2019 年与 2007—2009 年相比变化值	0.01	4.95	−0.6	−0.02	1.77
	2017—2019 年与 2007—2009 年相比变化率/%	1.61	63.87	−63.83	−0.28	290.64
暗灰褐土	测土配方施肥	0.75	7.73	0.99	7.36	0.71
	耕地质量评价	0.44	12.59	0.76	6.71	2.95
	2017—2019 年与 2007—2009 年相比变化值	−0.31	4.86	−0.23	−0.65	2.24
	2017—2019 年与 2007—2009 年相比变化率/%	−41.33	62.87	−23.23	−8.83	315.49

续表

土壤类型 （亚类）	特征值	有效锌/ (mg·kg⁻¹)	有效铁/ (mg·kg⁻¹)	有效铜/ (mg·kg⁻¹)	有效锰/ (mg·kg⁻¹)	有效硼/ (mg·kg⁻¹)
典型新积土	测土配方施肥	0.57	7.35	0.88	6.38	0.61
	耕地质量评价	0.50	14.73	0.81	9.21	2.02
	2017—2019 年与 2007—2009 年相比变化值	−0.07	7.38	−0.07	2.83	1.41
	2017—2019 年与 2007—2009 年相比变化率/%	−12.28	100.41	−7.59	44.36	231.15

（二）微量元素评价

参照表 6-43 宁夏主要粮食作物土壤养分分级标准，全县耕地土壤有效锌总体属于低，土壤有效锌缺乏；对测试样进行分级后，1.67%的属于高，12.5%的属于一般，85.83%的属于低。

有效锰总体属于一般；土样分级后 49.17%的属于高，0.83%的属于一般，50%的属于低。

表 6-43　宁夏主要粮食作物土壤养分分级标准

项目	高	一般	低	
有机质/(g·kg⁻¹)	>18.0	10.0~18.0	<10.0	
全氮/(g·kg⁻¹)	>1.2	0.9~1.2	<0.9	
有效磷/(mg·kg⁻¹)	>35.0	20.0~35.0	<20.0	
速效钾/(mg·kg⁻¹)	>160.0	120.0~160.0	<120.0	
有效锌/(mg·kg⁻¹)	>2.0	1.0~2.0	0.5~1.0	<0.5
有效锰/(mg·kg⁻¹)	>9.0	7.0~9.0	3.0~7.0	<3.0
有效铜/(mg·kg⁻¹)	>2.0	1.0~2.0	0.5~1.0	<0.5
有效铁/(mg·kg⁻¹)	>25.0	10.0~25.0	5.0~10.0	<5.0
有效硼/(mg·kg⁻¹)	>1.0	0.5~1.0	0.25~0.5	<0.25
有效钼/(mg·kg⁻¹)	>0.2	0.15~0.2	0.1~0.15	<0.1

有效硼总体属于高；土样分级后，100%的属于高。

有效铜总体属于低；土样分级后 15.83%的属于高，14.17%的属于一般，70%的属于低。

有效铁总体属于一般；土样分级后，49.17%的属于一般，50.83%的属于低。

有效钼总体属于低；土样分级后，18.33%的属于高，19.17%的属于一般，62.5%的属于低。

（三）微量元素的诊断与施肥技术

目前公认的植物必需微量元素有铁、锌、锰、铜、钼、硼、氯7种。其中氯元素随降水注入，一般土壤不会缺乏，但氯元素含量过多会导致土壤盐化。因此，一般微量元素只讲前6种。在植物体内，必需微量营养元素是酶或辅酶的组成成分，能促进叶绿素和蛋白质的合成，增强光合作用。当土壤缺乏某种必需微量元素时，将导致作物减产，品质下降。

微量元素肥料的施用特别要讲究针对性和施用方法，施用不当不仅浪费肥料资源，而且还可能污染土壤，毒害作物，甚至危害人畜健康。

1. 微量元素肥料的性质

（1）锌

植物主动吸收锌离子，锌在植物体内主要参与生长素的合成，锌还是多种酶的组成元素，参与许多酶系统的活动。因此，能促进作物新陈代谢，提高植物抗逆性，锌参与叶绿素合成，促进光合作用。

对锌敏感的作物有：苹果、桃、玉米、水稻、菜豆、亚麻、马铃薯等。作物缺锌时，影响生长素和叶绿素的合成，植物叶片褪绿黄白化，失绿，脉间变黄，出现黄斑花叶，叶显著变小，而且叶片扭曲，皱褶，常发生小叶丛生（"小叶病"、"簇叶病"），生长缓慢，茎节缩短，甚至停止生长。典型缺锌，苹果发生小叶病，簇叶病；玉米苗期发生白芽病，白苗、花白苗，成长后发生花叶条纹病、白条干叶病。

施磷肥过多的地区，由于磷、锌离子间的拮抗作用，易诱发缺锌，即 $Zn_2 \rightarrow Zn_3(PO_4)_2 \downarrow$。

目前全区常用的锌肥有硫酸锌（$ZnSO_4 \cdot 7H_2O$）和氯化锌（$ZnCl_2$）。

锌肥可以作底肥、追肥、种肥及根外追肥，难溶性锌肥宜作底肥施用，水溶性锌肥作种肥、追肥效果好。

（2）锰

植物主要吸收 2 价锰离子。锰也参与阳离子竞争。在植物体内不易移动，玄参科植物含锰量最多，十字花科最少。同一种作物不同器官中，通常是叶多于茎，茎多于种子。

对锰敏感的作物有：燕麦、小麦、豌豆、大豆。

锰能促进光合作用，作物缺锰，首先新叶叶脉间绿色褪淡发黄，但叶脉及其附近仍保持绿色，脉纹较清晰。严重缺锰时有灰白色或褐色斑点出现，绿色界线不够清晰。严重时病斑枯死，称"黄斑病"或"灰斑病"，可能穿孔。有时叶片发皱，甚至凋萎。

缺锰与缺镁、锌的区别：缺锰新叶先失绿，缺镁首先在老叶；缺锰为老叶黄化部分色差不如缺锌明显。

锰过量，阻碍植物对钼、铁的吸收；锰过多，还可引起植株中毒，症状为老叶边缘和叶尖出现许多焦枯棕褐色小斑，并逐渐扩大。与缺锌不同，不出现失绿现象。

目前常用的锰肥为硫酸锰（$MnSO_4$），水溶性较好，可喷施、浸种、拌种；还有氯化锰（$MnCl_2$）、氯化亚锰、碳酸锰（$MnCO_3$），溶解性较差，作基肥用。锰肥施入土壤后，易转化为难溶性锰而失效，适宜根外追肥、浸种、拌种等。

锰与铁之间存在强烈的拮抗作用，铁抑制锰的吸收和累积；高锰可诱发低铁情况下的缺铁，也能缓解高铁的毒害。

（3）铜

植物吸收铜的形态主要是 2 价铜离子和螯合态铜。铜在植物体内移动性很小，铜在植物体内需求量不多，且多集中在细嫩组织中。

对铜敏感的作物有：燕麦、大麦、小麦、玉米、菠菜、洋葱、番茄、苜蓿、烟草，其中小麦、燕麦是良好的指示作物；其次有白菜、甜菜、苹果、桃。其他有强烈反应的有大麻、亚麻、胡萝卜、李、杏、梨。

植物缺铜，植物顶端枯萎，节间缩短，叶尖变白，叶片变窄、变薄、扭曲，生殖器官发育受阻碍、开裂。麦类上位叶黄化，剑叶尤其明显，扭曲披垂，坏死，不能展开，称"顶端黄化病"；草本植物，在新垦地出现"开垦病"（或称"垦荒病"），病株先端发黄或变褐，凋萎，穗部变形，结实少；柑橘、苹果、桃等果树，发生"枝枯病"或"夏季顶枯病"，果小、易开裂、易脱落；豆科作物新叶失绿，卷曲，老叶枯死，易出现坏死斑点，但不失绿。蚕豆花由正常鲜艳红褐色变为暗淡的浅白色；甜菜和蔬菜中的叶菜类也易发生顶端黄化病。

常用铜肥为硫酸铜（$CuSO_4·5H_2O$），亦称胆矾，水溶性，一般喷施；还有螯合铜，基施、喷施均可。

（4）铁

植物主要吸收 2 价铁离子，也吸收螯合态铁。吸收铁主要发生在能产生生长素的根尖，铁在植物体内流动性很小，故缺铁首先发生在幼叶上。

植物缺铁，叶绿素不能形成，植株表现缺绿症状，叶片失绿黄白化果树发生黄叶病，双子叶植物形成网纹花叶，单子叶植物形成黄绿相间的条纹花叶。

对铁敏感作物有：木本植物中有苹果、桃、李、桑，大田作物有玉米、花生、甜菜，蔬菜有花椰菜、甘蓝、空心菜。还有浆果类、大豆、蚕豆、高粱、梨、杏、葡萄、马铃薯、菠菜、番茄、黄瓜。

缺铁与缺锰、锌症状易混淆，需注意鉴别：缺铁退绿程度较深，黄绿间色界明显，一般无褐斑；缺锰退绿程度较浅，常有褐色斑或褐色条纹；缺锌一般出现黄斑叶，缺铁通常全叶黄白化而呈现清晰网状花纹。

常用铁肥是硫酸亚铁（$FeSO_4$），溶解性较好，但施入土壤立即就被氧化为三价而被土壤固定 [$FeSO_4—Fe_2(SO_4)_3↓$]，应重视采用喷施、注射等方法。还有螯合铁肥，基施、喷施均可。

（5）钼

植物主要吸收钼酸根，钼酸为弱酸。钼在干物质中含量仅 $1×10^{-6}$，低于其他任何矿质元素。在植物体内钼往往与蛋白质结合，形成金属蛋白质而存在于酶中。

对钼敏感的作物主要有十字花科（花椰菜、萝卜等），其次为蔬菜中的叶菜类和黄瓜、番茄。易缺钼的有豆科、十字花科、蔬菜。需钼较多地是甜菜、胡萝卜、油菜、大豆、花椰菜、甘蓝、花生、绿豆、菠菜、番茄、马铃薯、甘薯。

缺钼症状分为：第 1 类型，叶片脉间失绿，甚至变黄，易出现斑点，新叶出现病状较迟；第 2 类型，叶片瘦长畸形，叶片变厚，甚至焦枯。一般叶片会出现黄色或橙色大小不一的斑点，叶缘向上卷曲成杯状，叶肉脱落残缺或发育不全。与缺氮相似，但缺钼叶片易出现斑点，叶缘焦枯，向上卷曲，组织失水而萎蔫。一般症状先在老叶发生。典型是花椰菜的（鞭尾病），大豆缺钼根瘤的数量较少。

常用的钼肥是钼酸铵，易溶于水，可作基肥、种肥、追肥和喷肥。硝态氮促进钼的吸收，铵态氮抑制钼的吸收。

（6）硼

硼以 $B(OH)_3$ 形态被植物吸收，运输到植物各部位的硼几乎不再移动，难以再利用。所以硼不能从衰老组织向活跃生长组织移动，缺硼首先表现为顶芽停止生长。

需硼量高的作物有：苹果、葡萄、硬花球花椰菜、抱子甘蓝、卷心菜、芹菜、花椰菜、甘蓝、大白菜、萝卜、马铃薯、菠菜、油菜（籽）、苜蓿、向日葵、豆科作物等。作物缺硼，主要影响生长点，如作物根端、茎端停止生长，严重时生长点坏死，侧芽、侧根萌生，枝叶丛生。叶片增厚变脆，皱缩歪扭，褪绿萎蔫，叶柄及枝条增粗变短，开裂、木栓化。或出现水渍状斑点或环节状突起。茎节膨大。肉质根内部褐色坏死、开裂。花粉畸形，花、蕾易脱落，受精不正常，果实种子不充实。甘蓝型油菜发生"花而不实"的典型病症。土壤溶液中硼浓度从短缺致毒之间跨度很窄，过多易造成毒害，叶缘最易积累，出现规则黄边，称"金边菜"，老叶中毒更重。

硼与钾之间有拮抗作用。石灰性土壤中，硼肥可沉淀而失效。

2. 微量元素肥料施用方法

如前所述，微量元素肥料施用方法，要着重针对缺素土壤和对其敏感的作物。

（1）土壤微量元素临界值

表 6-44 中的临界值供参考，各地应根据当地情况，需要针对性地做一些试验。植物需要而土壤又缺乏的营养元素，就是我们应该施用的元素肥料。是否需要施用微肥，一是直接观察作物是否出现缺素症状，二是根据土壤微素含量来确定。

表 6-44　微量元素有效态含量缺乏临界值

单位：mg/kg

微量元素	锌（Zn）	锰（Mn）	铜（Cu）	铁（Fe）	硼（B）	钼（Mo）
临界值	0.5	7.0	0.5	5.0，※10.0	0.5	0.1

备注：※指果园。

(2) 微肥施用方法详见表 6-45。

表 6-45　常用的微肥施用方法

微肥	施用方法				
	进入土壤	拌种	浸种	喷施	其他
硫酸锌	亩施 1~2 kg，隔 3~5 年再施	1 kg 种子+2~4 g（种子量 3%的水溶后喷，闷 24 h，晾干，播种）	浓度 0.02%~0.05%，浸 12 h，晾干，播种	浓度 0.05%~0.2%。小麦 0.2%，水稻、玉米 0.1%，果树 0.3%~0.5%	
硫酸，硼砂	亩施 0.5~1 kg。（与其他肥料混施肥），3~5 年施一次	1 kg 种子+0.4~1 g，花生可亩用 0.2~0.5 kg 条施或穴施作种肥	浓度 0.01%~0.1%，浸 6~12 h。蔬菜 0.01%~0.03%，水稻 0.1%	0.1%，拔节—孕穗期喷。果树 0.2%~0.3%，开花和花谢后各喷 1 次	
硫酸亚铁	一般不易施入土壤。若要施（果树），亩施 5~10 kg，必须与有机肥混合施			0.05%~3%，多次（间隔 5~6 d）。农作物中前期、果树闷芽前	果树树干注射（浓度 0.3%~1%）、钻小孔填（1~2 g/颗）
硫酸铜	亩施 1~1.5 kg，3~5 年施一次	1 kg 种子+0.3~0.6 g	0.01%~0.05%	0.02%~0.05%（加少量熟石灰，免药害）	
硫酸锰	亩施 2~3 kg，与农家肥混合施	1 kg 种子+4~8 g，方法同锌肥	0.05%~0.10%，12~24 h	0.05%~0.10%，苗期、生长盛期、花期喷	
钼酸铵	亩施 100~200 g，隔年施	1 kg 种子+3 g（先少量热水溶，再配成 2%~3%溶液，喷种子（薄薄喷一层），阴干，播种	0.05%~0.10%，12 h	0.02%~0.05%（先热水溶），连喷 2 次	

微肥是提供植物微量元素的肥料，主要是一些无机盐类和氧化物，大多数可用来配制成多元果树叶面肥、蔬菜叶面肥以及复合肥料，主要种类包括铜肥、硼肥、钼肥、锰肥、铁肥和锌肥等。

第三节　土壤pH值和容重及水溶性盐

一、土壤pH值

土壤pH值即土壤酸碱度，是土壤溶液中氢离子（H⁺）浓度的负对数，是土壤重要的理化性质之一，是土壤形成和熟化培肥过程的一个动态变化指标。

（一）耕层土壤pH含量及分级

2017—2019年耕地耕层土壤pH最小值为7.60，最大值为8.40，土壤pH平均值为8.16，属碱性土壤（见表6-46）。

表6-46　隆德县耕地土壤pH值、容重、水溶性盐特征值统计

全县特征值	样本数	最小值	最大值	平均值	标准差	变异系数/%
pH	180	7.60	8.40	8.16	0.27	3.31
容重/(g·cm⁻³)	176	1.16	1.47	1.28	0.21	16.41
水溶性盐/(g·kg⁻¹)	180	0.01	1.96	0.26	0.27	103.85

从表6-47看出，不同年度土壤pH变化不大。

表6-47　隆德县耕地土壤pH分级面积统计

年份		2017年	2018年	2019年	平均值
耕地面积/亩		599 265	599 265	599 265	599 265
合计	样品数/个	60	60	60	60
	平均值	7.97	8.30	8.22	8.16
	标准差	0.35	0.12	0.16	0.21
	代表面积/亩	599 264.54	599 264.54	599 264.54	599 264.54
6.6~7.5	样品数/个	3	0	0	1
	代表面积/亩	33 190.84	0	0	11 063.61
7.6~8.5	样品数/个	51	59	57	55.7
	代表面积/亩	513 719.17	592 250.93	569 993.45	558 654.52
8.6~9.0	样品数/个	6	1	3	3.3
	代表面积/亩	52 354.53	7 013.61	29 271.09	29 546.41

续表

乡镇名称	面积	酸碱度分级面积			总计
		7.6~8.5	8.6~9	>9	
合计	亩	5 166.88	593 621.62	476.04	599 265
	%	0.86	99.06	0.08	100.00
陈靳乡	亩	0	23 125.14	0	23 125
	%	0	100.00	0	100.00
城关镇	亩	0	28 914.27	0	28 914
	%	0	100.00	0	100.00
奠安乡	亩	0	29 555.72	0	29 556
	%	0	100.00	0	100.00
凤岭乡	亩	120.76	48 181.95	0	48 303
	%	0.25	99.75	0	100.00
观庄乡	亩	1 226.31	68 764.57	84.09	70 075
	%	1.75	98.13	0.12	100.00
好水乡	亩	551.43	40 295.17	0	40 847
	%	1.35	98.65	0	100.00
联财镇	亩	1 168.91	35 359.42	0	36 528
	%	3.20	96.80	0	100.00
沙塘镇	亩	293.66	57 287.66	0	57 581
	%	0.51	99.49	0	100.00
山河乡	亩	0	20 996.83	0	20 997
	%	0	100.00	0	100.00
神林乡	亩	0	40 200.65	361.00	40 562
	%	0	99.11	0.89	100.00
温堡乡	亩	77.39	70 279.51	0	70 357
	%	0.11	99.89	0	100.00
杨河乡	亩	1 559.68	60 301.72	30.95	61 892
	%	2.52	97.43	0.05	100.00
张程乡	亩	168.74	70 138.82	0	70 308
	%	0.24	99.76	0	100.00

续表

乡镇名称	面积	酸碱度分级面积			总计
		7.6~8.5	8.6~9	>9	
沙塘良种场	亩	0	194.64	0	195
	%	0	100.00	0	100.00
六盘山林场	亩	0	25.55	0	26
	%	0	100.00	0	100.00

2017 年土壤 pH 平均为 7.97，2018 年土壤 pH 平均为 8.30，2019 年土壤 pH 平均为 8.22。

按照全国耕地土壤 pH 值分级标准，有≤4.5（强酸）、4.6~5.5（酸性）、5.6~6.5（微酸）、6.6~7.5（中性）、7.6~8.5（碱性）、8.6~9.0（强碱）和>9.0 7 个级别。隆德县耕地土壤 pH 值主要集中在 7.6~8.5 级别，其所占耕地面积占总调查耕地面积的 93.22%，此区间调查点有 55.7 个，占年度总调查点总数的 93.22%，代表面积 558 654.52 亩；其次是 8.6~9.0 级别，其所占耕地面积占总调查耕地面积的 4.93%，区间调查点 3.3 个，占比 5.5%，代表面积 29 546.41 亩；6.6~7.5 级别，其所占耕地面积占总调查耕地面积的 1.85%，此区间调查点有 1 个，占年度总调查点总数的 1.67%，代表面积 11 063.61 亩（见表 6-47）。

（二）土壤 pH 分布特点

1. 不同土壤类型耕地土壤 pH 值

从表 6-48 看出，在全县耕地土壤亚类中土壤 pH 值高低排序为黄绵土>典型黑垆土>典型新积土>暗灰褐土。最高的为黄绵土，最小值为 7.60，最大值 8.93，平均值 8.28，标准差 0.27，变异系数 3.26%；其次是典型黑垆土，最小值 7.42，最大值为 8.60，平均值 8.21，标准差 0.26，变异系数 3.17%；典型新积土最小值为 7.53，最大值为 8.49，平均值 8.11，标准差 0.33，变异系数 4.07%；暗灰褐土最小值为 7.65，最大值为 8.42，平均值 8.04，标准差 0.29，变异系数 3.61%。

2. 各乡镇耕地土壤 pH 值

由表 6-49 中数据显示，2017—2019 年各乡镇土壤 pH 值高低排序为：张程乡 8.28>奠安乡 8.26>温堡乡 8.22>山河乡 8.20>杨河乡 8.19、神林乡 8.19>观庄乡 8.17、

表 6-48 隆德县耕地不同土壤类型 pH 值和容重及水溶性全盐特征值统计

土壤类型（亚类）	特征数	pH 值	土壤容重/$(g \cdot cm^{-3})$	土壤水溶性全盐/$(g \cdot kg^{-1})$
暗灰褐土	2017 年	7.67	1.35	0.03
	2018 年	8.18	1.19	0.28
	2019 年	8.28	1.30	0.34
	样本数	6	6	6
	最小值	7.65	1.18	0.02
	最大值	8.42	1.43	0.40
	平均值	8.04	1.28	0.21
	标准差	0.29	0.08	0.14
	变异系数/%	3.61	6.25	66.67
典型黑垆土	2017 年	7.99	1.28	0.03
	2018 年	8.39	1.27	0.29
	2019 年	8.24	1.37	0.50
	样本数	66	66	66
	最小值	7.42	1.09	0.01
	最大值	8.60	1.48	1.08
	平均值	8.21	1.31	0.27
	标准差	0.26	0.10	0.27
	变异系数/%	3.17	7.63	100.00
典型新积土	2017 年	7.74	1.20	0.02
	2018 年	8.37	1.18	0.20
	2019 年	8.23	1.36	0.39
	样本数	9	9	9
	最小值	7.53	0.95	0.02
	最大值	8.49	1.52	0.44
	平均值	8.11	1.25	0.20
	标准差	0.33	0.16	0.15
	变异系数/%	4.07	12.80	75.00

续表

土壤类型 （亚类）	特征数	pH 值	土壤容重/ (g·cm⁻³)	土壤水溶性全盐/ (g·kg⁻¹)
黄绵土	2017 年	8.13	1.24	0.04
	2018 年	8.38	1.27	0.33
	2019 年	8.33	1.36	0.43
	样本数	99	99	99
	最小值	7.60	1.01	0.02
	最大值	8.93	1.53	1.96
	平均值	8.28	1.29	0.27
	标准差	0.27	0.09	0.28
	变异系数/%	3.26	6.98	103.70

表 6-49　隆德县各乡镇调查点耕地土壤 pH 值和容重及水溶性全盐特征值统计

乡镇名称	特征值	pH 值	土壤容重/ (g·cm⁻³)	土壤水溶性全盐/ (g·kg⁻¹)
山河乡	2017 年	8.14	1.39	0.02
	2018 年	8.30	1.30	0.20
	2019 年	8.17	1.47	0.36
	样本数/个	6	6	6
	平均值	8.20	1.39	0.19
	最小值	8.13	1.28	0.02
	最大值	8.51	1.52	0.40
	标准差	0.12	0.08	0.14
奠安乡	2017 年	8.29	1.31	0.02
	2018 年	8.35	1.22	0.18
	2019 年	8.14	1.37	0.28
	样本数/个	9	9	9
	平均值	8.26	1.30	0.16
	最小值	8.15	1.09	0.02
	最大值	8.59	1.42	0.30
	标准差	0.14	0.10	0.11

续表

乡镇名称	特征值	pH 值	土壤容重/ $(g \cdot cm^{-3})$	土壤水溶性盐/ $(g \cdot kg^{-1})$
温堡乡	2017 年	8.27	1.30	0.02
	2018 年	8.34	1.27	0.27
	2019 年	8.05	1.39	0.42
	样本数/个	15	15	15
	平均值	8.22	1.32	0.24
	最小值	8.13	1.20	0.02
	最大值	8.82	1.47	0.50
	标准差	0.20	0.08	0.18
凤岭乡	2017 年	7.93	1.33	0.02
	2018 年	8.30	1.21	0.18
	2019 年	8.23	1.38	0.38
	样本数/个	21	21	21
	平均值	8.15	1.31	0.19
	最小值	7.61	1.08	0.02
	最大值	8.68	1.49	0.50
	标准差	0.22	0.11	0.15
神林乡	2017 年	7.96	1.32	0.02
	2018 年	8.38	1.27	0.21
	2019 年	8.24	1.37	0.50
	样本数/个	12	12	12
	平均值	8.19	1.32	0.24
	最小值	7.86	1.14	0.02
	最大值	8.70	1.53	0.94
	标准差	0.26	0.10	0.25
联财镇	2017 年	7.86	1.24	0.04
	2018 年	8.31	1.30	0.27
	2019 年	8.12	1.36	0.64
	样本数/个	9	9	9

续表

乡镇名称	特征值	pH 值	土壤容重/(g·cm⁻³)	土壤水溶性盐/(g·kg⁻¹)
联财镇	平均值	8.10	1.30	0.32
	最小值	7.88	1.15	0.02
	最大值	8.46	1.37	1.08
	标准差	0.21	0.07	0.31
沙塘镇	2017 年	7.79	1.17	0.02
	2018 年	8.38	1.29	0.22
	2019 年	8.32	1.37	0.37
	样本数/个	18	18	18
	平均值	8.17	1.28	0.21
	最小值	7.54	1.01	0.02
	最大值	8.60	1.43	0.44
	标准差	0.32	0.11	0.14
杨河乡	2017 年	7.95	1.22	0.07
	2018 年	8.35	1.36	0.44
	2019 年	8.27	1.36	0.56
	样本数/个	21	21	21
	平均值	8.19	1.31	0.36
	最小值	7.69	1.12	0.02
	最大值	8.66	1.48	1.14
	标准差	0.26	0.10	0.28
张程乡	2017 年	8.38	1.25	0.07
	2018 年	8.22	1.26	0.64
	2019 年	8.24	1.35	0.57
	样本数/个	24	24	24
	平均值	8.28	1.29	0.42
	最小值	7.67	1.16	0.02
	最大值	8.93	1.42	1.96
	标准差	0.30	0.07	0.47

续表

乡镇名称	特征值	pH 值	土壤容重/ (g·cm⁻³)	土壤水溶性盐/ (g·kg⁻¹)
城关镇	2017 年	7.63	1.24	0.02
	2018 年	8.38	1.18	0.42
	2019 年	8.36	1.37	0.39
	样本数/个	9	9	9
	平均值	8.12	1.26	0.28
	最小值	7.61	1.13	0.02
	最大值	8.60	1.37	0.62
	标准差	0.36	0.08	0.21
陈靳乡	2017 年	7.65	1.43	0.02
	2018 年	7.99	1.18	0.35
	2019 年	8.11	1.32	0.28
	样本数/个	3	3	3
	平均值	7.92	1.31	0.22
	最小值	7.72	1.18	0.02
	最大值	8.18	1.43	0.35
	标准差	0.10	0.19	0.14
观庄乡	2017 年	7.82	1.16	0.03
	2018 年	8.36	1.23	0.22
	2019 年	8.32	1.30	0.46
	样本数/个	21	21	21
	平均值	8.17	1.23	0.24
	最小值	7.53	0.95	0.02
	最大值	8.58	1.43	0.60
	标准差	0.30	0.11	0.19
好水乡	2017 年	7.78	1.23	0.02
	2018 年	8.40	1.24	0.17
	2019 年	8.32	1.33	0.35
	样本数/个	9	9	9

续表

乡镇名称	特征值	pH 值	土壤容重/ (g·cm⁻³)	土壤水溶性盐/ (g·kg⁻¹)
好水乡	平均值	8.17	1.27	0.18
	最小值	7.42	1.13	0.01
	最大值	8.58	1.41	0.40
	标准差	0.09	0.35	0.14

好水乡 8.17、沙塘镇 8.17>凤岭乡 8.15>城关镇 8.12>联财镇 8.10>陈靳乡 7.92。

（三）土壤 pH 值变化不明显

由表 6-49 中数据显示，2017—2019 年各乡镇土壤 pH 平均值高低排序为：张程乡、奠安乡、温堡乡、山河乡、神林乡、杨河乡、沙塘镇、观庄乡、好水乡、凤岭乡、城关镇、联财镇和陈靳乡，自 1984 年土壤普查以来，全县耕地土壤 pH 值变化不明显。

据《隆德县土壤普查报告》记载，全县 20 个乡镇耕地土壤 pH 值平均为 8.27，其中最高的为联财镇，平均值为 8.39，最低的为崇安乡，平均值为 7.91。2007—2009 年测土配方施肥耕地土壤 pH 最小值为 6.7，最大值为 9.0，平均值为 8.39。2017—2019 年耕地质量等级评价土壤 pH 最小值为 7.60，最大值为 8.40，平均值为 8.16。全县土壤 pH 平均值前期由 1984 年的 8.27，增加到测土配方施肥的 8.39，绝对值增加0.12，相对增加 1.45%，后期由 2007—2009 年测土配方施肥的 8.39，减少到耕地质量等级评价的 8.16，绝对值减少 0.23，相对下降2.74%（见表 6-50）。

表 6-50　隆德县不同类型耕地土壤养分含量变化

年度	1984 年第二次土壤普查	2007—2009 年测土配方施肥	2017—2019 年耕地质量评价	2017—2019 年与 1984 年相比		2017—2019 年与 2007—2009 年相比	
				变化值	变化率/%	变化值	变化率/%
pH 值	8.27	8.39	8.16	−0.11	−1.33	−0.23	−2.74
水溶性盐/(g·kg⁻¹)	川水地 0.38 川旱地 0.406 梯田 0.337	川水地 0.26 川旱地 0.26 梯田 0.25	0.26			0	0

二、土壤容重

土壤容重又叫土壤的假比重，是指田间自然状态下，每单位体积土壤的干重，通常以克/立方厘米来表示。土壤容重的数值可以用来计算土壤总孔隙度，空气含量和每亩地一定深度的耕层中的土壤重量等，还可用于估计土壤的松紧和结构状况。

土壤容重是土壤的一个基本物理性质，对土壤透水性、透气性、入渗性能、持水性能、溶质迁移特性以及土壤的抗侵蚀能力都有非常大的影响。土壤容重综合反映了土壤固体颗粒和土壤孔隙的状况，一般讲，土壤容重小，表明土壤比较疏松，孔隙多，反之，土粒密度大，表明土体比较紧实，结构性差，孔隙少，土壤容重大反映土壤结构、透气、透水性能以及保水能力的高低。一般耕作土壤容重 1~1.3 g/cm³，层越深则容重越大，达到 1.4~1.6 g/cm³，土壤越疏松（特别是翻耕后），或是土壤中有大量的根孔、小动物穴或裂隙，则孔度大而容重小；反之，土壤越紧实则容重越大。土壤容重越小说明土壤结构、透气透水性能越好。

（一）耕层土壤容重值及分级

2017—2019 年耕地耕层土壤容重删除小于 1.1 g/cm³ 的点，最小值为 1.16 g/cm³，最大值为 1.47 g/cm³，平均值为 1.28 g/cm³（见表 6-46）。

按照耕地土壤容重等级分级标准，<1.00 g/cm³（过松）；1.00~1.25 g/cm³（适宜）；1.25~1.35 g/cm³（偏紧）；1.35~1.45 g/cm³（紧实）；1.45~1.55 g/cm³（过紧实）；>1.55 g/cm³（坚实）。隆德县耕地土壤容重主要集中在 1.25~1.35 g/cm³（偏紧），其所占耕地面积占总调查耕地面积的 42.36%，此区间调查点有24.3 个，占年度总调查点总数的 40.5%，代表面积 253 844.59 亩；其次是1.00~1.25 g/cm³（适宜），区间调查点19.7 个，占比 31.85%，其所占耕地面积占总调查耕地面积的 30.43%，代表面积190 856.58 亩；1.35~1.45 g/cm³（紧实），其所占耕地面积占总调查耕地面积的22.22%，此区间调查点有 13.3 个，占年度总调查点总数的 22.17%，代表面积133 145.67 亩；1.45~1.55 g/cm³（过紧实）占年度总调查点总数的 3.57%（见表6-51）。

土壤容重属数值型指标是根据调查采样点数据利用空间插值分析获取全域范围数据，然后用区域统计分析工具提取各评价单元数值，利用反距离权重插值分析按采样点数据插值隆德县全域检测数据。

表 6-51　隆德县耕地土壤容重分级面积统计

单位：g/cm³

年份		2017 年	2018 年	2019 年	平均值
耕地面积/亩		599 264.54	599 264.54	599 264.54	599 265
合计	样品数/个	56	58	60	57.3
	平均值	1.19	1.28	1.37	1.28
	标准差	0.33	0.09	0.07	0.21
	代表面积/亩	599 264.54	599 264.54	599 264.54	599 264.54
1.00~1.25	样品数/个	24	25	5	19.7
	代表面积/亩	264 527.15	263 543.88	44 498.70	190 856.58
1.25~1.35	样品数/个	25	25	23	24.3
	代表面积/亩	250 957.62	265 286.50	245 289.66	253 844.59
1.35~1.45	样品数/个	6	7	27	13.3
	代表面积/亩	76 879.39	61 592.40	260 965.21	133 145.67
1.45~1.55	样品数/个	1	1	5	2.3
	代表面积/亩	6 900.38	8 841.76	48 510.97	21 417.70

乡镇名称	面积	容重分级面积				总计
		1.00~1.25	1.25~1.35	1.35~1.45	1.45~1.47	
合计	亩	151 371.05	340 380.29	100 460.34	7052.86	599 265
	%	25.26	56.80	16.76	1.18	100.00
陈靳乡	亩	1 916.73	7 522.77	13 685.64	0	23 125
	%	8.29	32.53	59.18	0	100.00
城关镇	亩	15 144.23	13 770.04	0	0	28 914
	%	52.38	47.62	0	0	100.00
奠安乡	亩	2 573.70	25 194.75	1 787.27	0	29 556
	%	8.71	85.24	6.05	0	100.00
凤岭乡	亩	14 025.10	24 011.51	10 266.10	0	48 303
	%	29.04	49.71	21.25	0	100.00
观庄乡	亩	47 369.17	22 705.80	0	0	70 075
	%	67.60	32.40	0	0	100.00

续表

乡镇名称	面积	容重分级面积				总计
		1.00~1.25	1.25~1.35	1.35~1.45	1.45~1.47	
好水乡	亩	18 786.32	17 884.09	4 176.19	0	40 847
	%	45.99	43.79	10.22	0	100.00
联财镇	亩	17 606.42	18 185.07	736.84	0	36 528
	%	48.20	49.78	2.02	0	100.00
沙塘镇	亩	9 069.38	47 258.63	1 253.30	0	57 581
	%	15.75	82.07	2.18	0	100.00
山河乡	亩	0	157.25	20 839.59	0	20 997
	%	0	0.75	99.25	0	100.00
神林乡	亩	14 150.70	26 166.87	244.08	0	40 562
	%	34.89	64.51	0.60	0	100.00
温堡乡	亩	29.01	21 542.87	41 780.88	7 004.14	70 357
	%	0.04	30.62	59.38	9.96	100.00
杨河乡	亩	10 226.73	48 399.81	3 217.09	48.72	61 892
	%	16.52	78.20	5.20	0.08	100.00
张程乡	亩	473.56	67 386.19	2 447.81	0	70 308
	%	0.68	95.84	3.48	0	100.00
沙塘良种场	亩	0	194.64	0	0	195
	%	0	100.00	0	0	100.00
六盘山林场	亩	0	0	25.55	0	26
	%	0	0	100.00	0	100.00

耕地土壤容重大部分分布在分级 1.25~1.35 g/cm³ 级别，张程乡 67 386.19 亩，占该乡耕地面积的 95.84%；奠安乡 25 194.75 亩，占该乡耕地面积的 85.24%；沙塘镇 47 258.63 亩，占该镇耕地面积的 82.07%；1.35~1.45 g/cm³ 级别，山河乡 20 839.59 亩，占该乡耕地面积的 99.25%。

从表 6-51 看出，不同年度土壤容重变化不大，2017 年平均为 1.19 g/cm³，2018 年平均为 1.28 g/cm³，2019 年平均为 1.37 g/cm³。

（二）土壤容重分布特点

1. 不同土壤类型耕地容重含量

从表6-48看出，土壤容重最高的为典型黑垆土，平均值为 1.31 g/cm³；最低的为典型新积土，平均值为 1.25 g/cm³。

2. 各等级耕地土壤容重分级

从表6-52看出，三等地土壤容重含量主要分布在 1.00~1.25 g/cm³ 级别，占三等地总面积的99.72%，四、五等地土壤容重含量主要分布在 1.00~1.25 g/cm³ 和 1.25~1.35 g/cm³ 2个级别，六、七、八、九等地土壤容重含量主要分布在 1.25~1.35 g/cm³ 级别，十等地土壤容重含量主要分布在 1.25~1.35 g/cm³ 和 1.35~1.45 g/cm³ 2个级别，分别占十等地总面积的47.71%和46.06%。

3. 各乡镇耕地土壤容重含量

从表6-49看出，土壤容重最高的为山河乡，平均值为 1.39 g/cm³；最低的为观庄乡，平均值为 1.23 g/cm³。

表 6-52　隆德县各等级耕地土壤容重含量分级面积统计

单位：g/cm³

耕地等级	面积	容重分级面积				总计
		1.00~1.25	1.25~1.35	1.35~1.45	1.45~1.47	
合计	亩	151 371.07	340 380.28	100 460.33	7 052.86	599 265
	%	25.26	56.80	16.76	1.18	100.00
三等地	亩	11 328.07	31.95	0	0	11 360.02
	%	99.72	0.28	0	0	100.00
四等地	亩	17 481.86	17 066.95	7 564.36	2 468.15	44 581.32
	%	39.21	38.28	16.97	5.54	100.00
五等地	亩	39 218.09	53 710.28	5 258.49	9.34	98 196.19
	%	39.94	54.70	5.36	0.01	100.00
六等地	亩	22 105.95	78 007.78	15 795.76	279.84	116 189.32
	%	19.03	67.14	13.59	0.24	100.00
七等地	亩	35 172.81	101 652.26	45 958.09	1 399.22	184 182.38
	%	19.10	55.19	24.95	0.76	100.00

续表

耕地等级	面积	容重分级面积				总计
		1.00~1.25	1.25~1.35	1.35~1.45	1.45~1.47	
八等地	亩	25 551.16	71 824.15	21 711.56	2 896.30	121 983.18
	%	20.95	58.88	17.80	2.37	100.00
九等地	亩	298.25	16 441.30	2 583.50	0	19 323.05
	%	1.54	85.09	13.37	0	100.00
十等地	亩	214.89	1 645.60	1 588.58	0	3 449.07
	%	6.23	47.71	46.06	0	100.00

三、土壤水溶性盐含量

土壤水溶性盐离子的组成：阳离子有 Ca^{2+}、Mg^{2+}、K^+、Na^+；阴离子有 HCO_3^-、Cl^-。全盐量通常是指盐分中阴、阳离子的总和，当 Na^+ 离子进入土壤胶体表面，很大程度上改变了土壤理化性质，如 pH 值的增高，不利于植物的生长。土壤水溶性全盐，对绿化植物的成活率有直接影响，了解水溶性盐动态及其对作物的危害，为土壤盐分的预测、预报提供参考，以便采取有力措施，保证作物正常生长。

（一）耕层土壤水溶性盐含量

从表 6-46 看出，全县耕地土壤水溶性全盐最小值为 0.01 g/kg，最大值为 1.96 g/kg，耕地土壤水溶性全盐平均为 0.26 g/kg，为非盐渍化。盐分<1.00 g/kg 为非盐渍化，对作物不产生盐害；盐分 1.00~3.00 g/kg 为轻盐渍化，对盐分极敏感的作物产量可能受到影响，如百合对盐极敏感，土壤中盐浓度过高对根吸收水分有抑制作用，会影响茎的长度（见表 6-53）。

表6-53　土壤盐分（%）和作物生长关系

盐分/(g·kg⁻¹)	盐渍化程度	植物反应
<1.00	非盐渍化土壤	对作物不产生盐害
1.00~3.00	轻盐渍化土壤	对盐分极敏感的作物产量可能受到影响

（二）土壤水溶性盐分布特点

1. 不同土壤类型耕地土壤水溶性盐含量

从表6-48看出，不同土壤类型全盐含量由高到低依次为：典型黑垆土 0.27 g/kg、黄绵土 0.27 g/kg、暗灰褐土 0.21 g/kg、典型新积土 0.20 g/kg。

2. 各乡镇耕地土壤水溶性盐含量

从表 6-49 看出，各乡镇耕地全盐含量由高到低依次为：张程乡 0.42 g/kg、杨河乡 0.36 g/kg、联财镇 0.32 g/kg、城关镇 0.28 g/kg、神林乡 0.24 g/kg、温堡乡 0.24 g/kg、观庄乡 0.24 g/kg、陈靳乡 0.22 g/kg、沙塘镇 0.21 g/kg、凤岭乡 0.19 g/kg、山河乡 0.19 g/kg、好水乡 0.18 g/kg、奠安乡 0.16 g/kg。

（三）土壤盐分变化

全县耕地土壤水溶性盐含量自第二次土壤普查以来呈下降趋势。测土配方施肥时期川水地由土壤普查 0.38 g/kg 下降到 0.26 g/kg，绝对含量下降 0.12 g/kg，相对下降31.58%；川旱地由 0.406 g/kg 下降到 0.26 g/kg，绝对含量下降 0.146g/kg，相对下降 35.96%；梯田由 0.337 g/kg 下降到 0.25 g/kg，绝对含量下降 0.087 g/kg，相对下降25.82%（见表 6-50）。2017—2019 年耕地质量等级评价平均值 0.26 g/kg 与2007—2009 年测土配方施肥平均值 0.26 g/kg 相比耕地土壤水溶性盐含量无变化。

第四节　耕地土壤物理性状

一、耕地土壤耕层厚度

有效土层厚度指作物能够利用的母质层以上的土体总厚度；当有障碍层时，为障碍层以上的土层厚度。有效土层厚度是土壤肥力的重要载体，影响作物根系生长及养分吸收。

耕层厚度在一定程度上反映养分储存量。

从表6-54看出，全县薄耕层耕地土壤的耕层厚度≤17 cm，平均值 16.65 cm，薄耕层分布 17 个调查点位。中耕层厚度 18~20 cm，平均值 19.19 cm，中耕层耕地分布21 个调查点位。厚耕层厚度 21~25 cm，平均值 23.05 cm，厚耕层耕地主要分布21 个调查点位。

表 6-54 隆德县耕地土壤耕层厚度

村	有效土层厚度/cm	村	耕层厚度/cm
王庄村	30	于河村	17
二滩村	44	齐兴村	17
联财村	48	神林村	17
张银村	42	杨河村	17
杨河村	50	穆沟村	17
杨河村	50	杨河村	17
红崖村	48	张程村	15
前庄村	42	李哈拉村	16
姚套村	42	崔家湾村	17
杨河村	56	红崖村	17
星火村	60	姚套村	16
峰台村	55	前庄村	17
旧街村	58	大庄村	17
景林村	53	红堡村	17
老庄村	54	田滩村	17
张楼村	56	水磨村	16
神林村	60	峰台社区	16
30~60 cm 平均值	49.88	≤17 cm 平均值	16.65
田柳沙村	76	薛岔村	20
齐岔村	70	双村	20
齐岔村	62	联合村	19
齐兴村	80	太联村	20
红旗村	70	张树村	20
赵北孝村	80	张银村	20
马河村	64	中台村	18
光联村	63	杨河村	18
红堡村	80	杨河村	19
水磨村	70	杨河村	20
民联村	62	桃园村	18

续表

村	有效土层厚度/cm	村	耕层厚度/cm
大庄村	67	崔家湾村	20
田滩村	100	街道村	19
梁堡村	95	和平村	20
前进村	90	马河村	20
齐岔村	86	锦屏村	18
吕梁村	81	光联村	18
卜岔村	90	星火村	18
薛岔村	85	民联村	18
双村	90	大庄村	20
杨野河村	100	红堡村	20
联合村	100	18~20 cm 平均值	19.19
庞庄村	90	二滩村	25
张树村	90	王庄村	24
中台村	93	旧街村	25
串河村	81	梁堡村	23
穆沟村	90	景林村	22
张程村	90	前进村	22
崔家湾村	96	温堡村	24
桃园村	100	田柳沙村	25
张程村	91	齐岔村	23
李哈拉村	92	齐岔村	21
崔家湾村	97	吕梁村	23
崔家湾村	93	齐岔村	25
锦屏村	93	卜岔村	25
红堡村	100	张楼村	24
60~100 cm 平均值	84.92	联财村	21
温堡村	101	庞庄村	21
于河村	110	串河村	21
太联村	120	杨河村	21

续表

村	有效土层厚度/cm	村	耕层厚度/cm
杨河村	110	杨河村	22
街道村	110	杨河村	23
和平村	120	杨河村	24
大庄村	110	21~25 cm 平均值	23.05
>100 cm 平均值	111.57	>25 cm 平均值老庄村	26

从表 6-54 和表 6-55 可知：全县耕地土壤有效土层厚度 30~60 cm 平均值 49.88 cm，面积较大的凤岭乡 2 227.82 亩、观庄乡 3 606.56 亩、山河乡 2 464.51 亩，分别占该乡耕地总面积的 4.61%、5.15%、11.74%；耕地土壤有效土层厚度 60~100 cm 平均值 84.92 cm，面积较大的陈靳乡 12 705.86 亩、山河乡 7 266.59 亩，分别占该乡耕地总面积的 54.94% 和 34.61%；耕地土壤有效土层厚度 >100 cm 平均值 111.57 cm，杨河乡面积 61 892.35 亩、张程乡 70 307.56 亩，神林乡 40 561.65 亩，均占该乡耕地总面积的 100.00%，沙塘镇 56 952.56 亩、联财镇 36 073.01 亩、温堡乡 67 551.52 亩、奠安乡 28 150.85 亩，分别占该乡镇耕地总面积的 98.91%、98.75%、96.01%、95.25%。

隆德县耕地有效土层厚度分为 3 个等级，分别是：30~60 cm、60~100 cm 及 >100 cm，有效土层厚度主要为 >100 cm，占耕地总面积的 90.03%。

表 6-55　隆德县各乡镇耕地有效土层厚度面积统计

乡镇名称	面积	有效土层厚度/cm			总计
		30~60	60~100	>100	
合计	亩	9 532.29	50 226.02	539 506.23	599 265
	%	1.59	8.38	90.03	100.00
陈靳乡	亩	53.43	12 705.86	10 365.85	23 125
	%	0.23	54.94	44.83	100.00
城关镇	亩	701.10	5 315.32	22 897.85	28 914
	%	2.42	18.38	79.20	100.00
奠安乡	亩	319.62	1 085.24	28 150.85	29 556
	%	1.08	3.67	95.25	100.00

续表

乡镇名称	面积	有效土层厚度/cm			总计
		30~60	60~100	>100	
凤岭乡	亩	2 227.82	5 368.21	40 706.68	48 303
	%	4.61	11.11	84.28	100.00
观庄乡	亩	3 606.56	12 395.94	54 072.46	70 075
	%	5.15	17.69	77.16	100.00
好水乡	亩	0	2 333.07	38 513.53	40 847
	%	0	5.71	94.29	100.00
联财镇	亩	0	455.32	36 073.01	36 528
	%	0	1.25	98.75	100.00
沙塘镇	亩	0	628.77	56 952.56	57 581
	%	0	1.09	98.91	100.00
山河乡	亩	2 464.51	7 266.59	11 265.73	20 997
	%	11.74	34.61	53.65	100.00
神林乡	亩	0	0	40 561.65	40 561
	%	0	0	100.00	100.00
温堡乡	亩	151.69	2 653.70	67 551.52	70 357
	%	0.22	3.77	96.01	100.00
杨河乡	亩	0	0	61 892.35	61 892
	%	0	0	100.00	100.00
张程乡	亩	0	0	70 307.56	70 308
	%	0	0	100.00	100.00
沙塘良种场	亩	0	0	194.64	195
	%	0	0	100.00	100.00
六盘山林场	亩	7.56	17.99	0	26
	%	29.58	70.42	0	100.00

隆德县不同等级耕地有效土层厚度面积见表 6-56。

表 6-56 隆德县不同等级耕地有效土层厚度面积统计

耕地等级	单位	有效土层厚度/cm			总计
		30~60	60~100	>100	
三等地	亩			11 693	11 693
	%			100.00	100.00
四等地	亩		811	43 449	44 260
	%		1.83	98.17	100.00
五等地	亩		6 331	92 232	98 563
	%		6.42	93.58	100.00
六等地	亩	1 072	12 273	102 466	115 810
	%	0.93	10.60	88.48	100.00
七等地	亩	3 464	22 263	158 456	184 182
	%	1.88	12.09	86.03	100.00
八等地	亩	3 920	6 221	111 843	121 983
	%	3.21	5.10	91.69	100.00
九等地	亩	127	1 567	17 629	19 323
	%	0.66	8.11	91.23	100.00
十等地	亩	950	760	1 738	3 449
	%	27.55	22.05	50.40	100.00
总计	亩	9 532	50 226	539 506	599 265
	%	1.59	8.38	90.03	100.00

二、耕地土壤质地构型及耕作层障碍

(一) 耕地土壤质地构型

土壤质地构型是指土壤上下层质地层次的排列（即土体构型），质地构型决定了土壤剖面垂直方向上的质地层次排列，影响土壤水肥气热的协调。

隆德县耕地土壤质地构型在人为及自然条件下形成以下几种土体构型：从表 6-57 可知，海绵型 586 187.84 亩，占耕地总面积的 97.82%，夹层型 7 454.18 亩，占耕地总面积的 1.24%，紧实型 4 071.28 亩，占耕地总面积的 0.68%，松散型 1 551.24 亩，占耕地总面积的 0.26%。

表6-57　隆德县各乡镇耕地质地构型面积统计

乡镇名称	面积	质地构型				总计
		夹层型	紧实型	松散型	海绵型	
合计	亩	7 454.18	4 071.28	1 551.24	586 187.84	599 265
	%	1.24	0.68	0.26	97.82	100.00
陈靳乡	亩	299.22	0	0	22 825.92	23 125
	%	1.29	0	0	98.71	100.00
城关镇	亩	86.70	47.98	467.15	28 312.44	28 914
	%	0.30	0.16	1.62	97.92	100.00
奠安乡	亩	378.32	0	0	29 177.39	29 556
	%	1.28	0	0	98.72	100.00
凤岭乡	亩	1 858.86	966.70	0	45 477.16	48 303
	%	3.85	2.00	0	94.15	100.00
观庄乡	亩	1 476.30	30.34	0	68 568.32	70 075
	%	2.11	0.04	0	97.85	100.00
好水乡	亩	591.57	1 911.30	0	38 343.73	40 847
	%	1.45	4.68	0	93.87	100.00
联财镇	亩	0	0	455.32	36 073.01	36 528
	%	0	0	1.25	98.75	100.00
沙塘镇	亩	1 723.76	0	628.77	55 228.79	57 581
	%	2.99	0	1.09	95.92	100.00
山河乡	亩	0	31.61	0	20 965.23	20 997
	%	0	0.15	0	99.85	100.00
神林乡	亩	15.80	0	0	40 545.86	40 562
	%	0.04	0	0	99.96	100.00
温堡乡	亩	1 023.64	1 015.19	0	68 318.07	70 357
	%	1.45	1.44	0	97.11	100.00
杨河乡	亩	0	68.16	0	61 824.19	61 892
	%	0	0.11	0	99.89	100.00
张程乡	亩	0	0	0	70 307.56	70 308
	%	0	0	0	100.00	100.00

续表

乡镇名称	面积	质地构型				总计
		夹层型	紧实型	松散型	海绵型	
沙塘良种场	亩	0	0	0	194.64	195
	%	0	0	0	100.00	100.00
六盘山林场	亩	0	0	0	25.55	26
	%	0	0	0	100.00	100.00

隆德县不同等级耕地质地构型面积见表6-58。

表6-58　隆德县不同等级耕地质地构型面积统计

耕地等级	单位	质地构型				总计
		海绵型	紧实型	夹层型	松散型	
三等地	亩	11 693				11 693
	%	100.00				100.00
四等地	亩	44 034			226	44 260
	%	99.49			0.51	100.00
五等地	亩	98 455		24	84	98 563
	%	99.89		0.02	0.09	100.00
六等地	亩	115 413		63	334	115 810
	%	99.66		0.05	0.29	100.00
七等地	亩	181 178	989	1 972	44	184 182
	%	98.37	0.54	1.07	0.02	100.00
八等地	亩	116 861	606	3 655	861	121 983
	%	95.80	0.50	3.00	0.71	100.00
九等地	亩	17 029	969	1 326		19 323
	%	88.13	5.01	6.86		100.00
十等地	亩	1 525	1 507	416	1	3 449
	%	44.21	43.70	12.05	0.04	100.00
总计	亩	586 188	4 071	7 454	1 551	599 265
	%	97.82	0.68	1.24	0.26	100.00

（二）耕地土壤障碍因素

障碍因素是反应土体中妨碍农作物正常生长发育、对农产品产量和品质造成不良影响的因素，按对植物生长构成障碍的类型来确定。野外调查结果表明，耕地存在的障碍层类型主要包括砂石、红胶土和乳胶状白石头等。

隆德县耕地障碍因素分为无、瘠薄、障碍层次 3 种，96.28% 的耕地为无障碍因素；1.54% 的耕地障碍因素为瘠薄，面积 9 243 亩，主要分布在九等地和十等地，分别占九、十等地总面积的 30.11% 和 44.21%；2.18% 的耕地障碍因素为障碍层次、面积为 13 077 亩，主要分布在十等地，占十等地总面积的 55.79%，其次是九等地，占九等地总面积的 11.87%（见表 6-59、表 6-60）。

表 6-59　隆德县各乡镇耕地障碍因素类型面积统计

乡镇名称	面积	障碍因素			总计
		瘠薄	障碍层次	无	
合计	亩	9 242.67	13 076.70	576 945.18	599 265
	%	1.54	2.18	96.28	100.00
陈靳乡	亩	0	299.22	22 825.92	23 125
	%	0	1.29	98.71	100.00
城关镇	亩	0	601.83	28 312.44	28 914
	%	0	2.08	97.92	100.00
奠安乡	亩	0	378.32	29 177.39	29 556
	%	0	1.28	98.72	100.00
凤岭乡	亩	0	2 825.56	45 477.16	48 303
	%	0	5.85	94.15	100.00
观庄乡	亩	0	1 506.64	68 568.32	70 075
	%	0	2.15	97.85	100.00
好水乡	亩	0	2 502.87	38 343.73	40 847
	%	0	6.13	93.87	100.00
联财镇	亩	0	455.32	36 073.01	36 528
	%	0	1.25	98.75	100.00
沙塘镇	亩	21.12	2 352.53	55 207.67	57 581
	%	0.04	4.09	95.87	100.00

续表

乡镇名称	面积	障碍因素			总计
		瘠薄	障碍层次	无	
山河乡	亩	0	31.61	20 965.23	20 997
	%	0	0.15	99.85	100.00
神林乡	亩	5 615.15	15.80	34 930.71	40 562
	%	13.84	0.04	86.12	100.00
温堡乡	亩	0	2 038.83	68 318.07	70 357
	%	0	2.90	97.10	100.00
杨河乡	亩	0	68.16	61 824.19	61 892
	%	0	0.11	99.89	100.00
张程乡	亩	3 606.41	0	66 701.15	70 308
	%	5.13	0	94.87	100.00
沙塘良种场	亩	0	0	194.64	195
	%	0	0	100.00	100.00
六盘山林场	亩	0	0	25.55	26
	%	0	0	100.00	100.00

表 6 60　隆德县不同等级耕地障碍因素类型面积统计

耕地等级	单位	障碍因素			总计
		无	瘠薄	障碍层次	
三等地	亩	11 693			11 693
	%	100.00			100.00
四等地	亩	44 034		226	44 260
	%	99.49		0.51	100.00
五等地	亩	98 455		108	98 563
	%	99.89		0.11	100.00
六等地	亩	115 413		397	115 810
	%	99.66		0.34	100.00
七等地	亩	181 178		3 004	184 182
	%	98.37		1.63	100.00

续表

耕地等级	单位	障碍因素			总计
		无	瘠薄	障碍层次	
八等地	亩	114 960	1 900	5 123	121 983
	%	94.24	1.56	4.20	100.00
九等地	亩	11 211	5 818	2 294	19 323
	%	58.02	30.11	11.87	100.00
十等地	亩		1 525	1 924	3 449
	%		44.21	55.79	100.00
总计	亩	576 945	9 243	13 077	599 265
	%	96.28	1.54	2.18	100.00

三、耕地土壤耕层质地

耕层质地指耕层土壤颗粒的大小及组合情况，土壤质地是土壤物理性质之一，指土壤中不同大小直径的矿物颗粒的组合状况。

隆德县土壤质地主要是壤土类，轻壤土面积 1 551.24 亩，占耕地总面积的 0.26%，分布于城关镇、沙塘镇和联财镇；中壤土面积 593 642.02 亩，占耕地总面积的 99.06%，分布全县各乡镇；重壤土面积 4 071.28 亩，占耕地总面积的 0.68%，主要分布于凤岭乡、好水乡和温堡乡，在城关镇、观庄乡、山河乡、杨河乡分布面积较小（见表 6-61）。

表 6-61　隆德县各乡镇耕地耕层质地类型面积统计

乡镇名称	面积	耕层质地			总计
		中壤土	轻壤土	重壤土	
合计	亩	593 642	1 551.24	4 071.28	599 265
	%	99.06	0.26	0.68	100.00
陈靳乡	亩	23 125.14	0	0	23 125
	%	100.00	0	0	100.00
城关镇	亩	28 399.13	467.15	47.98	28 914
	%	98.22	1.62	0.16	100.00

续表

乡镇名称	面积	耕层质地			总计
		中壤土	轻壤土	重壤土	
奠安乡	亩	29 555.72	0	0	29 556
	%	100.00	0	0	100.00
凤岭乡	亩	47 336.02	0	966.70	48 303
	%	98.00	0	2.00	100.00
观庄乡	亩	70 044.63	0	30.34	70 075
	%	99.96	0	0.04	100.00
好水乡	亩	38 935.30	0	1 911.30	40 847
	%	95.32	0	4.68	100.00
联财镇	亩	36 073.01	455.32	0	36 528
	%	98.75	1.25	0	100.00
沙塘镇	亩	56 952.55	628.77	0	57 581
	%	98.91	1.09	0	100.00
山河乡	亩	20 965.23	0	31.61	20 997
	%	99.85	0	0.15	100.00
神林乡	亩	40 561.65	0	0	40 562
	%	100.00	0	0	100.00
温堡乡	亩	69 341.71	0	1 015.19	70 357
	%	98.56	0	1.44	100.00
杨河乡	亩	61 824.19	0	68.16	61 892
	%	99.89	0	0.11	100.00
张程乡	亩	70 307.56	0	0	70 308
	%	100.00	0	0	100.00
沙塘良种场	亩	194.64	0	0	195
	%	100.00	0	0	100.00
六盘山林场	亩	25.55	0	0	26
	%	100.00	0	0	100.00

隆德县土壤耕层质地主要是中壤土，其次是重壤土和轻壤土，其中中壤土面积
593 642 亩，占耕地总面积的 99.06%，三等至十等地均有分布，轻壤土分布在四等
至八等地，重壤土分布在七等至十等地（表 6-62）。

表 6-62　隆德县不同等级耕地耕层质地类型面积统计

耕地等级	单位	耕层质地			总计
		中壤土	轻壤土	重壤土	
三等地	亩	11 693			11 693
	%	100.00			100.00
四等地	亩	44 034	226		44 260
	%	99.49	0.51		100.00
五等地	亩	98 479	84		98 563
	%	99.91	0.09		100.00
六等地	亩	115 476	334		115 810
	%	99.71	0.29		100.00
七等地	亩	183 150	44	989	184 182
	%	99.44	0.02	0.54	100.00
八等地	亩	120 515	861	606	121 983
	%	98.80	0.71	0.50	100.00
九等地	亩	18 354		969	19 323
	%	94.99		5.01	100.00
十等地	亩	1 940	1	1 507	3 449
	%	56.26	0.04	43.70	100.00
总计	亩	593 642	1 551	4 071	599 265
	%	99.06	0.26	0.68	100.00

第七章 耕地质量建设和成果应用

第一节 耕地质量存在的问题及提升途径

一、耕地质量存在的问题和不足

(一) 土壤肥力水平不够

土壤肥力水平虽有所提高，但还不能满足当前作物高产对耕地质量的要求，虽与实施测土配方施肥技术之前相比较，土壤有机质、全氮、有效磷、速效钾等含量普遍提高，但近几年调查点耕层土壤养分平均含量呈现出起伏波动状况，且呈现有下降趋势，而且土壤养分间含量差异幅度较大，导致土壤肥力综合质量提高不大。

(二) 施肥结构不合理

不合理施肥现象仍然存在，农民重化肥轻有机肥，重大量元素肥轻中微量元素肥等现象较为普遍。虽然近年来大力推广测土配方施肥技术，但随着作物单产和生物产量持续提高，而大量带走土壤中养分，加上投肥水平、结构和比例还不尽合理，有机肥投入较少，土壤磷肥虽有一定程度地增加，但离平衡配套施肥投肥要求还有一定差距。

(三) 长年旋耕，土壤耕层逐渐变浅

土壤肥力不能满足作物需求，长年进行旋耕机械作业，土壤耕层逐渐变浅，土壤主要养分含量增长不均衡，土壤肥力提高的速度还不能满足作物高产优质对耕地质量的新要求。近年来，作物单产的提高速度很快，高产更高产，优质更优质，对土壤肥力的要求越来越高。

（四）秸秆还田和种植绿肥

秸秆还田和种植绿肥推广面积仍然偏小，残膜回收率偏低造成耕地质量下降，技术层面的最大问题是缺少适合我国农村和农民使用的耕地保育技术，由于多年来对耕地保育技术研究重视不够，尤其是用于了解各项技术在不同地区应用效果和条件所必需的田间试验欠缺，因而至今难以为农民或基层农业技术推广部门提供科学性强而又易于操作的区域性技术措施与规范，如农田土壤培肥与养分管理，免耕、秸秆还田等土壤耕作技术，农田轮作、中低产田综合改良技术，复垦、土壤污染防治与修复技术。农民主要靠自己摸索，造成耕地管理方式与技术措施不合理现象普遍。秸秆还田和种植绿肥受经济效益、地域条件、还田机械、还田技术、耕作制度等影响，推广面积仍然偏小。残膜回收率偏低，滞留量仍然较高。因此耕地质量建设要围绕这些问题展开。其中就不合理施肥这一现象，大力推广测土配方施肥，通过科学施肥，来提高化肥利用率，降低化肥投入，降低过量施肥对农田、水源和空气等环境污染，同时达到培肥地力，改善农作物品质的效果。

二、提升耕地质量水平的途径

（一）优化耕作制度和耕作方式

在健全浅旋耕等轻型栽培制度的同时，每2~3年深翻1次，有利于作物生长及土壤养分的充分利用。尤其是玉米收获后深耕、深松，改善土壤理化性能，从而解决土壤容重增加、耕作层变浅的问题，提高土壤物理性状，充分利用作物的生长和土壤养分，以达到提高耕地质量的目的，减轻病虫草的危害。加快高标准农田建设，以加强中低产田改造为重点，通过实行田、水、林、路综合治理，进一步改善农业生产条件。设立土壤墒情监测点，及时发布旱情信息。组织实施国家测土配方施肥补贴资金项目，扩大测土配方施肥、土壤有机质提升补贴规模和范围，不断提高耕地地力。

（二）增施有机肥料，培肥地力，提高耕地肥力水平

有机肥料富含有机物质和作物所需的各种养分，不但能提高产量、改善品质，而且能激活微生物活性，活化土壤养分，改善和提高土壤肥力，具有化肥不可替代的作用。因此，应加快畜禽粪便等农业废弃物无害化处理和资源化利用，促进商品

有机肥推广应用，减少化肥使用量，促进肥料使用，向有机无机相结合的方向转变，培肥地力。

（三）搞好秸秆还田，推广测土配方施肥技术

秸秆问题是当前农业生产所面临的一个难题，焚烧一方面造成了秸秆资源的浪费，另一方面也对环境造成了污染。秸秆还田方式主要包括秸秆粉碎旋耕还田、覆盖还田、翻压还田以及堆沤还田和动物过腹还田等。大力推广秸秆还田和有机肥的施用，充分发挥有机肥对耕地的持续培肥作用，加大无机钾肥的投入，提高农产品品质，增强市场竞争力，促进农业可持续发展。提高农业机械化水平。引导、支持农机合作社建设，农机购置补贴、农机作业补贴等政策要向农机专业合作社等农机服务组织倾斜。积极宣传示范，大力推广先进适用的农机新机具、新技术。加强保护性耕作技术的推广应用。加大玉米机械化收获，力争使玉米机收率有较大幅度的提高。深入开展测土配方施肥技术工作，因地制宜建立示范村和示范镇，建立"定地、定时、定作物、定化肥量"。科学施肥示范村发挥示范带头作用，提高肥料利用率。加快构建配方施肥供施网络，逐步形成以科学配方引导肥料生产，以连锁配送方便农民购肥，以规范服务指导农民施肥机制，及时发布面向农民的配方施肥信息，因地、因时、因苗判定科学施肥技术方案，促进农民按方施肥。

（四）因地制宜，选择合适作物进行种植

不同的土壤类型，适宜种植不同的作物，不同的作物也需要不同的土壤类型与之相适应，种植何种作物，一定要把农业生产与耕地保护相结合，防止因耕作而对土壤造成损伤。

（五）测土施肥，增施农肥，实现化肥减量增效

投肥量过大、肥料利用率低是当前我国施肥上的主要问题和亟待解决的难题，三大元素的利用率偏低，特别是磷肥利用率一直在20%左右，而氮肥利用率也只在30%左右，钾肥利用率在40%左右，在如此低的肥料利用率基础上，可从提高肥料利用率入手来实现化肥减量增效。当然，施肥不科学，肥料施用量不均衡也是造成肥料利用率低的另一个重要原因，因此要测土施肥，实现肥料的有效供给，减少浪费，实现化肥减量增效。随着养殖业的发展，农家肥的资源也日趋丰富，施用有机肥，做到有机无机配施，既减轻了环境污染，也减少了化肥的投入量，同时防止了

长期施用化肥对土壤造成的板结与酸化，更起到了培肥地力的作用。

（六）科学防治病虫草害，减轻减少对耕地污染与损伤

在当前的现代农业生产情况下，劳动力的投入日趋减少，取而代之的是全程机械化与大量的农药使用，这就产生了农机具对耕地的严重碾压及农药对土壤污染与破坏，造成土壤理化性状严重恶化，可耕性愈来愈差。因此，紧紧围绕农业绿色发展，大力推广化肥机械深施、机械追肥、化肥农药减量增效，推进统防统治与绿色防控融合；同时加大新型肥料、农药的研发力度，减少化肥农药投入，提高农产品质量，增加农民收入，推动农业高质量发展，科学合理地防治病虫害，最大限度地减少各种农药的投放，减轻土壤承载，对耕地保护是极其重要的措施。

（七）适当进行有效深松，防止土壤板结

耕地在经过多年的耕作后，大多数耕地表现出犁底层上移、耕层变薄、土壤板结等问题，为改变这一现状，3~5年进行一次深松或深翻尤其重要，深松深度以25 cm以上为宜。

（八）实施合理轮作，实现种养结合

实施合理的、必要的轮作，能够改善土壤的理化性状，提高土壤肥力，提升耕地质量。

（九）防止环境污染

保护和提升耕地质量，还要防止环境带来的土壤污染，主要包括防止农业污染、工业污染和生活污染。

三、提高土壤质量的对策措施

（1）综合治理，改善土壤质量环境。

（2）通过土地整理，以及山、水、田、林、路综合治理，尤其要切实抓好退耕还林，治理水土流失，保护生态环境，加强耕地质量建设。

（3）通过加强化肥农药施用管理，治理工业"三废"污染和生活污染等，严格控制污染源。

（4）建立耕地质量监测网络，加强耕地质量监测，为耕地质量建设提供依据。

（5）加快推进"净土保卫战"，提高耕地肥力。

（6）大力提倡施用农家肥等有机肥料，通过发展畜牧业，推广作物秸秆还田，扩大绿肥面积，开发和推广应用生物有机复合肥等，增加土壤有机质、有效磷、速效钾含量，提高土壤养分协调供给能力。

（7）大力改造中低产田，提高耕地质量。

通过全面规划，采取工程、生物、农艺等综合措施加以改造，逐步提高耕地质量。采取合理的种植结构和耕作制度，培肥地力。健全合理的种植结构和耕作制度，因地因时制宜推行水旱轮作、间种或套种绿肥、豆科作物，改善土壤结构，协调土壤养分，培肥地力，促进用地与养地的有机结合。

四、耕地质量评价成果应用

耕地是农业发展之要、粮食安全之基、农民立命之本。党中央、国务院始终高度重视耕地质量保护工作。在工业化、城镇化深入推进的大背景下，在人民群众对生态环境期盼越来越高的大趋势下，加强耕地保护越来越成为保障国家粮食安全、促进农业可持续发展的大战略。一方面，必须守住耕地数量红线，落实最严格的耕地保护制度；另一方面，必须守住耕地质量底线，加快实施"藏粮于地、藏粮于技"战略，加大旱涝保收高标准农田建设力度，深入推进耕地质量保护与提升行动，加强耕地土壤改良、地力培肥和治理修复，全面提升耕地质量。

（一）应用于局部耕地土壤的改良护理

通过对耕地等别渐变情况的分析，确定耕地等别渐变类型和耕地等别渐变主导因素，对区域内耕地质量变化情况有充分地了解，在了解区域内耕地变化情况的基础上，提供改善耕地质量的方法和建议，如需改良沙化型区域内的沙土，应深施有机肥，且沙土地宜用牛粪、猪粪等冷性肥料做基肥；如瘠薄黏土的改良则需要掺入适量河沙，改良土壤结构及黏性；对使用高度集约化的耕地进行休养退耕护理，改善耕地的质量。

（二）应用于耕地污染治理

实施耕地污染状况年度监测，可以较好掌握耕地质量状况，实施土壤污染控制防治和质量管理。年度污染监测评价根据污染源的分布和传播机理进行监测单元布设，然后得出监测单元地污染超标金属值，并可以根据对应值来选择合适的土壤修复方式和作物种植。如在重金属污染严重的酸性土壤上，可以施用石灰等碱性物质，提高土壤的酸碱度，降低重金属的溶解性，从而有效降低植物体的重金属浓度。在镉（Cr）污染比较严重的区域，在作物种植的选择上，就应该选择种植水稻、玉米（玉米籽粒中镉含量在 0.004~0.019 mg/kg，水稻籽粒中镉含量在 0.035~0.128 mg/kg）吸镉较少，而不宜选择种植菠菜、大豆和小麦等吸镉量多的作物。

（三）应用于土地整治规划

通过耕地质量等别年度监测，可比较不同监控区域的单产和总产潜力，同时通过监测的实地调查，可以比较直观了解坡度、土壤质地、有效土层厚度等自然条件，通过指标化验，也可以发现有机质含量及土壤酸碱度的含量指标。土地整治规划可以通过监测的数据，有目的性地选择土地整治潜力大的区域进行政策倾斜，加大这部分地区土地整治及改造力度，实现资源的有效配置。

（四）应用于土地规划

通过耕地质量年度监测，摸清了农用地综合生产能力及其分布，了解了监控渐变区域的地质条件、生态条件以及重金属含量等，为确定耕地保护区域、粮食主生产功能区以及土地整理等区域的划定提供依据，为永久基本划定和耕地补划工作奠定基础。如对于监控区内土地肥沃，地力优良的可调整耕地也可以考虑划入永久基本农田保护区；重金属超标比较严重的区域，就不应该划入基本农田保护区；或者对于污染较为严重的监测区域，尽可能调整其规划用途。

（五）应用于耕地质量相关的科学研究

通过耕地质量等别监测评价，可以发现现有使用存在问题的图斑参数，如地块田面坡度大于地形坡度、部分水田灌溉条件出现 3 级、4 级情况，部分旱地排水条件出现 4 级等情况，以及光温/气候潜力指数和经济及利用系数使用不合理的问题。针对这种情况可以及时对异常参数进行研究论证，并及时更正不合理的分等参数。另外，通过常规化的耕地质量等别监测评价，可以监测历年的土壤数据，建立详尽的土壤监测数字档案，为多个部门提供数据参考，提升区域土壤研究水平。

评价表明不同等级耕地中存在主导障碍因素。这样的评价结果可直接应用于指导实际的农业生产。如针对障碍因素，开展中低产田土壤的改良；依据土壤特性，安排种植最适宜生长的作物类型；根据土壤养分的丰缺状况，指导农民进行配方施肥等。分析隆德县耕地土壤养分现状及其丰缺状况，结果表明:土壤有机质、全氮含量属中等水平，速效钾、有效硫含量总体较丰富，有效磷含量属低等水平、有效锌总体呈缺乏状态；并有针对性地提出施肥建议，合理利用和保护有限的耕地资源，促进耕地资源可持续利用，需要进行耕地质量评价，这对评估耕地综合生产能力，推动耕地资源的合理配置，优化农业生产结构，提高产品竞争力将起到积极的作用。通过土壤养分对耕地质量进行评价，参考测土配方数据，结合土地取样的检测数据分析，可以有效地掌握耕地质量状态，逐步完善耕地质量的动态监测，对不同区域的耕地土壤肥力演变规律进行研究。通过土壤分析测定法，根据不同区域土壤肥力动态变化特征以及时空分布规律，构建耕地质量评价指标体系，结合农用地分等法，对耕地质量进行地力分等定级，进而达到对耕地质量的评价，对提高耕地质量建设具有重要意义。评价结果表明：（1）根据采样数据分析表明，隆德县 pH 值平均为 8.16，土壤属偏碱性；按分级标准有机质含量平均为19.21 g/kg，属高水平；全氮含量平均为 1.02 g/kg，属一般水平；速效磷含量平均为 16.73 mg/kg，按分级标准含量属低水平；速效钾含量平均为 182 mg/kg，按分级标准含量属高水平。（2）通过对各个评价因子进行分析，发现耕地质量主要限制因素是有机质、速效磷。结果显示，隆德县耕地要大量增加有机肥、磷肥的施入，在农业生产中应采用测土施肥技术，合理、科学施肥，做到肥力均衡。

（六）科学施肥建议

1. 增施有机肥

目前耕地土壤有机质含量依然不足，在小麦、玉米留高茬秸秆还田的基础上，应适当增施商品有机肥、畜禽粪便等农业有机废弃物堆沤肥等。

2. 稳定氮肥施肥水平

由于作物所需氮素数量大，而且损失量又大，土壤中氮素积累缓慢，目前全县土壤氮素水平不高，当前施氮肥仍有较大的增产空间。

3. 降低磷肥使用量

经过多年施磷肥，当前多数农田土壤磷素明显偏高，有的达到显著积累。由于土壤对磷素的吸附能力较强，需适当施用磷肥，可采取间期施用或者叶面喷施。

参考文献

[1] 章丽丽，段业恒.广德县耕地质量等级评价 [J] .安徽农学通报，2017.

[2] 谢培.浅谈如何开展县级耕地质量调查监测与评价工作 [J] .新疆农业科技，2016.

[3] 赵莉莉.浅谈县级耕地质量等别年度更新评价工作——以汾阳市为例 [D] .华
北国土资源，2017.

[4] 农业农村部耕地质量监测保护中心.国家耕地质量长期定位监测评价报告
（2017 年度） [R] .中国农业出版社，2018（12）.

[5] 耕地质量等级（GB/T 33469—2016） [S] .2016，12（30）.

[6] 李坤.顺昌县耕地质量评价研究 [D] .华中农业大学，2011.

[7] 饶晨曦.土壤汞污染治理方法研究现状 [J] .广东化工，2018，45（1）.

[8] 张季惠，王黎虹，张建奎.土壤中镉的形态转化、影响因素及生物有效性研究
进展 [J] .广东农业科学，2013（6）.

[9] 马玉兰.宁夏测土配方施肥技术 [M] .银川：宁夏人民出版社，2012.

[10] 马银香，李华宪，王锐.宁夏隆德县地力评价与测土配方施肥 [M] .银川：阳
光出版社，2013.

[11] 叶嗣宗，罗海林.土壤环境质量分级评价 [J] .上海环境科学，1992（6）.

[12] 王登峰，魏志远，漆智平.土壤元素背景值确定方法评述 [C] .中国土壤学会
第十二次全国会员代表大会暨第九届海峡两岸土壤肥料学术交流研讨会，
2012.

[13] 孙志国.康县耕地质量评价 [M] .兰州：甘肃科学技术出版社，2015.

固原市隆德县 2020 年耕地质量等级评价技术报告

诺力泰国际建设集团有限公司

一、总体情况

仓廪实，天下安。耕地是农业生产最重要的资源，是人类赖以生存的基础和保障。耕地质量的好坏直接影响到农业的可持续发展和粮食安全。我国是一个人口众多的农业大国，但是人均耕地数量少，耕地的后备资源不足，为了稳固农业基础，解决 14 亿人口的粮食问题，必须坚守严格的耕地保护制度，实施"藏粮于地、藏粮于技"战略，以绿色发展为导向，以保障国家粮食安全、农产品质量安全与农业生态安全为目标，紧紧围绕农业供给侧结构性改革这一工作主线，强化耕地质量监测保护，坚持科学布点、持续调查、规范评价，建立健全耕地质量等级调查评价及信息发布制度，及时开展耕地土壤改良、地力培肥与治理修复工作，促进耕地质量提升和资源可持续利用，筑牢国家粮食安全基石。

（一）工作目的

开展耕地质量等级更新评价，摸清耕地质量及其影响因素，是加强耕地质量建设和合理利用土地的重要基础。固原市隆德县为更加直观地了解区域耕地质量现状，以采取相应的对策措施来提升耕地质量，特此开展隆德县耕地质量更新评价工作。这对相关部门把握耕地实地情况，保护区域耕地和提升耕地质量具有重要意义。

（1）开展耕地质量等级评价有利于推进耕地质量动态监测和信息化监管。在收集测土配方施肥与土样测试数据的基础上，通过开展耕地质量等级评价，及时对耕地情况进行调查评价，实现数据的动态更新，逐步建立健全隆德县耕地监测评价体系，从而加强对耕地质量变化情况的动态监测和信息化监管。

（2）开展耕地质量等级评价有利于提高农业生产力，保证当地粮食安全。农业生产力提升能够增加农作物产量进而实现增产增收，同时能够促进农村居民生活水平提升。长期以来，由于人类采取了一些不合理的生产方式致使耕地等农业资源以及生态遭到破坏，开展耕地质量等级评价有助于合理利用耕地资源，开展耕地保护，有助于隆德县有针对地开展生产工作，提高农业生产力，保证粮食安全。

（3）合理调整土地利用方式，实现资源优化配置耕地质量等级评价成果能真实准确地反映区域内农用地实际利用情况，充分了解耕地质量等别和耕地质量分布格局，有利于科学管理耕地资源，统筹规划、整合资金，发挥对土地资源各种投入的最大效力，合理调整土地利用方式，实现资源的优化配置。

（二）工作任务

根据隆德县 2018 年土地利用现状数据，确定隆德县耕地面积为 599 264.54 亩，结合宁夏回族自治区农业农村厅关于《宁夏耕地质量监测调查与评价技术方案》（宁农（种）发〔2019〕20 号）和宁夏回族自治区农业技术推广总站关于《宁夏耕地质量等级评价指标体系》（宁农技发〔2019〕41 号），开展隆德县耕地质量等级评价。

（三）工作依据

（1）中国土壤分类与代码（GB/T 17296—2009）。

（2）耕地质量等级（GB 33469—2016）。

（3）宁夏耕地质量监测调查与评价技术方案〔宁农（种）发〔2019〕20 号〕。

（4）宁夏耕地质量等级评价指标体系（宁农技发〔2019〕41 号）。

（5）耕地质量监测调查与评价办法（农业部令 2016 年第 2 号）。

（6）土地利用现状分类（GB/T 21010—2007）。

二、研究区域概况

隆德县位于六盘山西麓，隶属宁夏回族自治区固原市，行政区域面积 985 平方公里，辖 13 个乡镇，耕地面积 59.93 万亩，总人口 15.6 万人。

（一）地理位置

隆德县地处宁夏回族自治区南部，地理坐标为东经 105°48′~106°15′，北纬 35°21′~35°47′之间，东北、东南、西北分别与固原市的原州区、泾源县和西吉县相连，南部、西部分别与甘肃省的庄浪县和静宁县接壤。312 国道东西纵贯隆德县，青兰高速穿境而过，县西北处有 202 省道。

（二）地形地貌

隆德县地处黄土高原西部，系祁连山地槽与华北地台的过渡带。境内群山绵亘，峰峦叠嶂，沟壑纵横，山势错落。地形东高西低，十山九沟，六盘山东峙，7条河西流，形成谷地，丘陵插嵌众水之间。最高海拔 2 942 m，最低海拔 1 900 m。地貌类型分为山地（占 13.1%）、土石丘陵（占 17.18%）、黄土丘陵（占 45.8%）、河谷冲积平原（占 14.2%）。除六盘山外，散处于全县较为有名的山脉是凤太山、峰台梁、清凉山、北象山等。沟道 138 条，山峰 115 座，峡谷 5 条，湾 296 个，滩 15个，梁 104 个。

（三）气候及土壤

隆德县气候属中温带季风区半湿润向半干旱过渡性气候，春低温少雨，夏短暂多雹，秋阴涝霜旱，冬严寒绵长，素有"溽暑有风还透骨，芳春积雪不开花"之说。年平均气温 5.6℃，为全区最低。1 月份最低，极值为 -27.3℃；7 月份最高，极值为 32.4℃。年平均日照时数 2 303.5 h，平均无霜期 125 d，最少 94 d。年均降水量 661.25 mm，多集中在夏、秋两季，尤以 7、8 两个月降水集中。灾害性天气主要有大风、干旱、冰雹、霜冻等。河谷川道农牧区属湿润干旱过渡地带，气候温暖干燥，黄土丘陵农林区气候干燥温热。

隆德县土壤类型分为黄绵土、黑垆土、灰褐土、新积土、潮土五大类，其中以黄绵土面积最大，占土壤面积的 56.77%；其次为黑垆土，占土壤面积 29.74%。

（四）农业生产和经济概况

隆德县第一产业种类丰富，其中农作物种植占比最大。粮食作物主要有冬小麦、玉米、马铃薯等，经济作物主要有油料、蔬菜、中药材等。2020 年 1 月—2020年 10 月，全县已接待游客 20.74 万人（次），直接性营业收入 150 万元，实现旅游总收入 8 300 万元。

三、工作内容与资料收集

（一）工作内容

按照宁夏回族自治区农业农村厅关于《宁夏耕地质量监测调查与评价技术方案》［(宁农（种）发〔2019〕20号)〕的要求，完成隆德县农业农村局登记备案的118个行政村管辖耕地的质量评价，评价耕地总面积599 264.54亩。评价采用宁夏回族自治区农业技术推广总站关于《宁夏耕地质量等级评价指标体系》（宁农技发〔2019〕41号）的评价指标、隶属函数及耕地质量等级划分指数，开展隆德县耕地质量等级评价工作，并提交以下成果。

隆德县耕地质量等级空间数据库和属性数据库，包括最新土壤类型图、行政区划图、土地利用现状图、耕地质量等级评价单元图等耕地质量评价过程中形成的所有矢量图件和相应的属性数据表，隆德县耕地质量等级评价成果有行政区划图、土壤类型图、土地利用现状图、灌溉水系图、耕地质量监测调查点位图、耕地质量等级图、有机质分级图、全氮分级图、碱解氮分级图、有效磷分级图、速效钾分级图、微量元素分级图、县域耕地质量等级评价空间数据库和属性数据库，隆德县耕地质量等级评价成果技术报告和工作报告。

（二）数据资料收集整理

（1）数字高程模型数据（DEM）下载90米分辨率DEM数据，用于提取隆德县高程数据。

（2）土壤图沿用上一轮评价成果中的土壤类型图。

（3）耕地现状数据，采用隆德县农村土地承包经营权确权数据中的耕地，并结合2018年隆德县土地利用现状数据中的耕地，形成更新评价区域。

（4）地貌类型分区图，参照宁夏地貌类型图并结合隆德县实地情况细化。

（5）灌排分区图，参照隆德县最新灌溉排水分区图。

（6）行政区划图，采用2018年隆德县土地利用现状数据库中行政区划数据。

（7）耕地质量监测调查采样点数据，采用隆德县2017—2019年共3年监测点检测数据，根据经纬度坐标矢量化形成采样点位置图。

（8）2010年隆德县耕地质量等级评价数据库成果。

（9）隆德县地形地貌及地方介绍。

四、技术路线及评价方法

（一）技术路线

详见第四章第一节。

（二）区域划分

根据《耕地质量等级》国家标准，全国划分为九大农业分区，包括：东北区、内蒙古及长城沿线区、黄淮海区、黄土高原区、长江中下游区、西南区、华南区、甘新区、青藏区。宁夏从南到北划分为两个区域，即国家一级农业区域黄土高原区和甘新区（详见第四章第一节），隆德县耕地质量等级评价划分在国家一级农业区黄土高原区。

（三）区域划分及评价指标

宁夏耕地质量评价与全国耕地质量等级区域划分标准确定的评价指标保持一致，根据《耕地质量等级》国家标准确定的评价指标，宁夏耕地质量等级评价指标划分为基础性指标和补充性指标。基础性指标从《耕地质量等级》国家标准中确定的 13 个指标中结合宁夏耕地质量现状确定，具体的基础性指标包括地形部位、有效土层厚度、土壤有机质含量、耕层质地、土壤容重、质地构型、土壤养分状况、障碍因素、灌溉能力、排水能力、农田林网化率 11 个指标；区域补充性指标结合国家标准耕地质量等级补充性指标和宁夏实际，宁夏南部旱作农业区补充性指标主要包括田面坡度、多年平均降水量、海拔高度、土壤有效磷含量 4 个指标。由自治区农业技术推广总站按照基础性指标和补充性指标相结合的原则选定了宁夏所辖甘新区和黄土高原区的评价指标，建立了各指标权重和隶属函数，明确了耕地质量等级划分指数，形成了《宁夏耕地质量等级评价指标体系》。本次隆德县耕地质量等级评价严格按照《宁夏耕地质量等级评价指标体系》内黄土高原区指标进行评价（详见第四章第一节）。

（四）评价方法

详见第四章第二节。

五、评价流程

隆德县耕地质量等级评价流程（详见第四章第五节）。

六、耕地质量分析

（一）耕地质量等级数量及空间分布

1. 总面积统计

本次耕地质量评价隆德县耕地总面积 599 265 亩（详见第五章第一节）。按土壤类型划分：潮土 51 亩，占全县耕地总面积的 0.01%，均为典型潮土；黑垆土 178 196 亩，占全县耕地总面积的 29.74%，有潮黑垆土、典型黑垆土、黑麻土 3 个亚类，其中潮黑垆土 882 亩，典型黑垆土 177 135 亩，占全县耕地总面积的 29.56%，黑麻土仅 50.61 亩；黄绵土 340 230 亩，占全县耕地总面积的 56.77%；灰褐土 51 355 亩，占全县耕地总面积的 8.57%，仅有暗灰褐土 1 个亚类；新积土 29 433 亩，占全县耕地总面积的 4.91%，分为冲积土和典型新积土 2 个亚类，冲积土 627 亩，典型新积土 28 806 亩。

2. 耕地质量等级面积

隆德县 599 265 亩耕地分为 8 个等级，加权平均后隆德县耕地质量等级为 6.46。其中，三等地面积 11 693 亩，占全县耕地总面积的 1.95%；四等地面积 44 260 亩，占全县耕地总面积的 7.39%；五等地面积 98 563 亩，占全县耕地总面积的 16.45%；六等地面积 115 810 亩，占全县耕地总面积的 19.33%；七等地面积 184 182 亩，占全县耕地总面积的 30.8%；八等地面积 121 983 亩，占全县耕地总面积的 20.36%；九等地面积 19 323 亩，占全县耕地总面积的 3.22%；十等地面积 3 449 亩，占全县耕地总面积的 0.58%。

3. 耕地质量等级分布

（1）各乡镇耕地质量等级分布

隆德县各乡镇耕地质量等级（详见第五章第一节）。

（2）不同土壤类型耕地质量等级分布

详见第五章隆德县各乡镇不同等级耕地面积统计和隆德县不同等级耕地土壤类型面积统计。三等地分布在典型黑垆土及黄绵土 2 个土壤亚类中，面积分别为 2 497 亩、9 196 亩，分别占三等地总面积的 21.36% 和 78.65%。

四等地分布在典型黑垆土、黑麻土、黄绵土、暗灰褐土、典型新积土 5 个亚类中，其中黄绵土面积最大，为 22 312 亩，占四等地总面积的 50.41%，黑麻土 70

亩，占四等地总面积的 0.16%。

五等地分布在典型潮土、典型黑垆土、黑麻土、黄绵土、暗灰褐土、典型新积土 6 个亚类中，在黄绵土及典型黑垆土中分布面积较大，在典型潮土上分布面积最小，仅 51 亩。

六等地分布在潮黑垆土、典型黑垆土、黄绵土、暗灰褐土、典型新积土 5 个亚类中。在黄绵土上分布面积最大，为 49 433 亩，占六等地总面积的 42.68%；在典型黑垆土上分布较多，为 45 086 亩；在潮黑垆土上分布最少，仅 27 亩。

七等地分布在潮黑垆土、典型黑垆土、黑麻土、黄绵土、暗灰褐土、典型新积土 6 个亚类中。在黄绵土上分布面积最大，有 107 743 亩，占七等地总面积的 58.50%；在黑麻土上分布面积最小，仅 29 亩，占七等地总面积的 0.02%。

八等地分布在典型黑垆土、黄绵土、暗灰褐土、冲积土、典型新积土 5 个亚类中，在这 5 个亚类的分布面积分别为：17 373 亩、92 076 亩、9 920 亩、627 亩、1 986 亩。

九等地分布在典型黑垆土、黄绵土、暗灰褐土、典型新积土 4 个亚类中。其中，典型黑垆土 4 129 亩，占九等地总面积的 21.37%；黄绵土面积最大，12 970 亩，占九等地总面积的 67.12%；暗灰褐土 1 833 亩，占九等地总面积的 9.49%；典型新积土 391 亩，占九等地总面积的 2.03%。

十等地分布在典型黑垆土、黄绵土、暗灰褐土、典型新积土 4 个亚类中。其中，暗灰褐土面积最大，1 366 亩，占十等地总面积的 39.60%，典型新积土面积最小，345 亩，占十等地总面积的 10%。

(3) 耕地质量空间分布

三等地分布在全县 4 个乡镇：陈靳乡、观庄乡、联财镇、神林乡，集中分布在联财镇与神林乡交界处渝河流域。四等地分布在沙塘镇、山河乡除外的 11 个乡镇，多沿串河、魏子河等河流分布，其中温堡乡面积最大，有 9 961 亩。五等地、六等地、七等地、八等地在全县 13 个乡镇均有分布。五等地在观庄乡、沙塘镇、杨河乡分布面积较大。六等地在凤岭乡及观庄乡分布面积较大。七等地在温堡乡分布面积最大，有 28 266 亩。八等地在好水乡分布面积最大。九等地分布在城关镇、凤岭乡、好水乡、联财镇、沙塘镇、神林乡、温堡乡及杨河乡 8 个乡镇，其中张程乡面积最大，10 036 亩，占九等地总面积的 51.94%，其次为神林乡 6 371 亩，占九等地总面积的 32.97%。十等地分布在凤岭乡、好水乡、联财镇、沙塘镇、神林乡、温堡乡及杨河乡 7 个乡镇，在张程乡分布面积最大，在沙塘镇及神林乡有少量分布。

（二）耕地质量等级分述

1. 三等地

（1）评价属性分析

（详见第六章）本次耕地质量评价三等地综合指数为 0.792 9~0.999 8，隆德县三等地综合指数范围为 0.792 8~0.844 9，平均指数为 0.822 6。三等地与其他等地的主要区别是：有机质含量均大于 15 g/kg，有效磷含量均大于 20 mg/kg，速效钾含量均大于 200 mg/kg；地形部位均为山间盆地；灌溉能力均为基本满足；有效土层厚度均大于 100 cm；土壤均无障碍因素；质地构型均为海绵型；均为中壤土；生物多样性程度均为丰富。

（2）土壤养分分析

可以看出隆德县三等地土壤有机质最大值为 28.2 g/kg，最小值为 18.1 g/kg，平均值为 23.73 g/kg，按土壤有机质分级标准，三等地有机质含量主要分布在 ≥20 g/kg 级别，占三等地总面积的 66.55%。耕地土壤有效磷含量最大值为 54.3 mg/kg，最小值为 20.7 mg/kg，平均值为 37.75 mg/kg，按土壤有效磷分级标准，三等地有效磷含量主要分布在 20~30 mg/kg 级别，占三等地总面积的 60.39%。土壤速效钾含量最大值为 349 mg/kg，最小值为 213 mg/kg，平均值为 285 mg/kg。土壤全氮最大值为 1.32 g/kg，最小值为 0.68 g/kg，平均值为 0.89 g/kg（见表 1）。

表 1 隆德县三等地土壤养分特征值统计

项目	有机质/(g·kg⁻¹)	有效磷/(mg·kg⁻¹)	速效钾/(mg·kg⁻¹)	全氮/(g·kg⁻¹)	有效铜/(mg·kg⁻¹)	有效锌/(mg·kg⁻¹)	有效铁/(mg·kg⁻¹)	有效锰/(mg·kg⁻¹)	有效硼/(mg·kg⁻¹)
平均值	23.73	37.75	285	0.89	0.75	0.62	11.36	10.78	2.87
最大值	28.20	54.30	349	1.32	1.62	0.97	21.40	16.20	3.43
最小值	18.10	20.70	213	0.68	0.11	0.28	5.30	2.90	1.92
标准差	3.18	11.65	43.67	0.12	0.24	0.25	4.90	2.41	0.30

微量元素含量情况：有效铜含量最大值为 1.62 mg/kg，最小值为 0.11 mg/kg，

平均值为 0.75 mg/kg；有效锌含量最大值为 0.97 mg/kg，最小值为 0.28 mg/kg，平均值为0.62 mg/kg；有效铁含量最大值为 21.4 mg/kg，最小值为 5.3 mg/kg，平均值为 11.36 mg/kg；有效锰含量最大值为 16.2 mg/kg，最小值为 2.9 mg/kg，平均值为 10.78 mg/kg；有效硼含量最大值为 3.43 mg/kg，最小值为 1.92 mg/kg，平均值为 2.87 mg/kg。

（3）立地条件分析

三等地地形部位均为山间盆地；农田林网化程度均为高；海拔最高 2 197 m，最低 1 718.9 m，平均值为 1 781.88 m。

（4）土壤管理分析

三等地灌溉能力均为基本满足，排水能力均为充分满足。

（5）剖面性状分析

三等地土壤有效土层厚度均大于 100 cm，均无障碍因素，质地构型均为海绵型。

（6）耕层理化分析

耕层质地均为中壤，土壤容重最大值为 1.28 g/cm³，最小值为 1.17 g/cm³，平均值为 1.22 g/cm³，pH 最大值为 8.3，最小值为 7.7，平均值为 8.1。

（7）健康状况分析

生物多样性均为丰富，清洁程度均为清洁。

（8）评定结果概述

地势平坦，灌溉条件较好、适合机械作业。三等地主要依渝河分布，地类均为水浇地，灌溉能力均为基本满足，灌溉设施配套，便于机械作业，宜种性广。

日照较长、光热条件好。三等地分布的地形部位均为山间盆地，地形部位较低，小气候条件好，有利于多种作物生长发育，是隆德县高产稳产良田。

交通便利，电力充足。三等地主要分布在国道 312 公路两侧，交通方便，车辆机械均可通行。高压线沿路设置，为开展多种经营、实现农业机械化及物资运输提供了有利条件。

（9）存在的问题

三等地存在的主要问题有：重用轻养，耕作粗放，造成耕地保水保肥性差，产出率不高。

（10）改良措施

深耕细作，疏松土壤，增厚活土层。精耕松土不仅可以促进土壤熟化，释放土壤养分，提高土壤肥力，而且能蓄水保墒，减少蒸发，增加土壤抗旱能力。

2. 四等地

（1）评价指数分析

本次耕地质量等级评价四等地综合指数为 0.734 7~0.792 9，隆德县四等地综合指数范围为 0.734 8~0.791 8，平均值为 0.757 9。与其他等级耕地的主要区别是：有机质、有效磷、速效钾含量较高，地形部位条件较好，大部分具有灌溉条件。

（2）土壤养分分析

四等地有机质含量最大值为 28.1 g/kg，最小值为 13.6 g/kg，平均值为 20.18 g/kg。按土壤有机质分级标准，隆德县四等地有机质含量在≥20 g/kg，这一级别分布最多。土壤有效磷含量最大值为 63.8 mg/kg，最小值为 6.5 mg/kg，平均值为 25.07 mg/kg，按土壤有效磷分级标准，隆德县有效磷多分布在 10~20 mg/kg 这一级别。土壤速效钾最大值为 388 mg/kg，最小值为 98 mg/kg，平均值为 216.08 mg/kg，按土壤速效钾分级标准，速效钾在 150~200 mg/kg 及 200~250 mg/kg 这两个级别分布较多，分别占四等地总面积的27.40%及27.11%。土壤全氮含量最大值为 1.59 g/kg，最小值为 0.62 g/kg，平均值为 0.97 g/kg，按土壤全氮分级标准，隆德县四等地全氮含量主要分布在 0.75~1 g/kg 这一级别（见表2）。

微量元素含量情况：有效铜含量最大值为 2.63 mg/kg，最小值为 0.11 mg/kg，平均值为 0.61 mg/kg；有效锌含量最大值为 1.33 mg/kg，最小值为 0.24 mg/kg，平均值为 0.47 mg/kg；有效铁含量最大值为 22.8 mg/kg，最小值为 1.7 mg/kg，平均值为10.18 mg/kg；

表 2　隆德县四等地土壤养分特征值统计

项目	有机质/ (g·kg⁻¹)	有效磷/ (mg·kg⁻¹)	速效钾/ (mg·kg⁻¹)	全氮/ (g·kg⁻¹)	有效铜/ (mg·kg⁻¹)	有效锌/ (mg·kg⁻¹)	有效铁/ (mg·kg⁻¹)	有效锰/ (mg·kg⁻¹)	有效硼/ (mg·kg⁻¹)
平均值	20.18	25.07	216.08	0.97	0.61	0.47	10.18	7.42	2.45
最大值	28.10	63.80	388.00	1.59	2.63	1.33	22.80	18.79	3.89
最小值	13.60	6.50	98.00	0.62	0.11	0.24	1.70	1.00	1.41
标准差	3.47	13.57	60.10	0.17	0.51	0.23	5.58	5.24	0.45

有效锰含量最大值为 18.79 mg/kg，最小值为 1 mg/kg，平均值为 7.42 mg/kg；有效硼含量最大值为3.89 mg/kg，最小值为 1.41 mg/kg，平均值为 2.45 mg/kg。

（3）立地条件分析

四等地地形部位 66.31%为山间盆地，30.34%为山地坡中；农田林网化程度均为高；海拔最高 2 293.6 m，最低 1 720.7 m，平均值为 1 980.4 m。

（4）土壤管理分析

四等地灌溉能力 66.31%为基本满足，其余为不满足。排水能力均为充分满足。

（5）剖面性状分析

四等地土壤有效土层厚度 98.17%大于 100 cm；99.49%的土壤无障碍因素；质地构型 99.49%为海绵型，0.51%为松散型。

（6）耕层理化分析

耕层质地 99.49%为中壤，0.51%为轻壤。土壤容重最小值为 1.16 g/cm³，最大值为 1.47 g/cm³，平均值为 1.28 g/cm³；pH 最小值为 7.6，最大值为 8.5，平均值为 8.16。

（7）健康状况分析

生物多样性 86.20%为丰富，其余为一般；清洁程度均为清洁。

（8）评定结果概述

四等地光热条件好，热量较丰富。四等地分布的地形部位较低，小气候条件好，光照充足，有利于多种作物生长发育。土质良好，肥力较高。四等地以典型黑垆土和黄绵土为主，土壤质地构型以海绵型为主，土壤耕层质地以中壤土为主，保水保肥性能强。四等地有机质、有效磷、速效钾、全氮平均含量较高。

（9）存在的问题

存在的主要问题：部分四等地无灌溉条件，不能满足灌溉要求。

（10）改良措施

四等地是极其宝贵的资源，应当多方寻找水源，提高灌溉保证率，健全灌溉体系，引进先进的节水管理技术，提高灌溉效率。

3. 五等地

（1）评价指数分析

本次耕地质量等级评价五等地综合指数为 0.707 4~0.734 7，隆德县五等地综合指数范围为 0.707 4~0.734 6，平均指数为 0.719 5。与其他等地的主要区别是：土壤有机质、有效磷、速效钾含量较高；地形部位及灌溉条件较好；生物多样性程度尚可。

（2）土壤养分分析

五等地有机质含量最大值为 34.1 g/kg，最小值为 10.8 g/kg，平均值为 19.65 g/kg，有机质含量在 15~20 g/kg 这一级别分布最多。土壤有效磷含量最大值为 50.7 mg/kg，最小值为 4.4 mg/kg，平均值为 19.98 mg/kg，有效磷含量在 10~20 mg/kg 这一级别分布较多，占五等地总面积的 56.92%。土壤速效钾含量最大值为 371 mg/kg，最小值为 106 mg/kg，平均值为 194.72 mg/kg。五等地土壤全氮含量最大值为 1.6 g/kg，最小值为 0.65 g/kg，平均值为 1.07 g/kg，全氮含量在 0.75~1 g/kg 这一级别分布最多，占五等地总面积的 58.68%（见表 3）。

微量元素含量情况：五等地有效铜含量最大值为 2.65 mg/kg，最小值为 0.11 mg/kg，平均值为 0.59 mg/kg；有效锌含量最大值为 1.52 mg/kg，最小值为 0.22 mg/kg，平均值为 0.48 mg/kg；有效铁含量最大值为 23.29 mg/kg，最小值为 1.4 mg/kg，平均值为 13.18 mg/kg；有效锰含量最大值为 19.7 mg/kg，最小值为 0.8 mg/kg，平均值为 8.34 mg/kg；有效硼含量最大值为 3.95 mg/kg，最小值为 1.55 mg/kg，平均值为 2.47 mg/kg。

表 3　五等地土壤养分特征值统计

项目	有机质/(g·kg⁻¹)	有效磷/(mg·kg⁻¹)	速效钾/(mg·kg⁻¹)	全氮/(g·kg⁻¹)	有效铜/(mg·kg⁻¹)	有效锌/(mg·kg⁻¹)	有效铁/(mg·kg⁻¹)	有效锰/(mg·kg⁻¹)	有效硼/(mg·kg⁻¹)
平均值	19.65	19.98	194.72	1.07	0.59	0.48	13.18	8.34	2.47
最大值	34.10	50.70	371.00	1.60	2.65	1.52	23.29	19.70	3.95
最小值	10.80	4.40	106.00	0.65	0.11	0.22	1.40	0.80	1.55
标准差	4.77	10.51	54.16	0.21	0.46	0.27	5.34	5.97	0.51

（3）立地条件分析

五等地地形部位 61.60% 为山地坡中，31.16% 为山间盆地；农田林网化程度均为高；海拔最高 2 418.5 m，最低 1 722.8 m，平均值为 2 064.77 m。

（4）土壤管理分析

五等地灌溉能力 31.16% 为基本满足，其余为不满足。排水能力均为充分满足。

（5）剖面性状分析

五等地土壤有效土层厚度 93.58% 大于 100 cm；99.89% 的土壤无障碍因素，0.11% 为障碍层次；质地构型 99.89% 为海绵型，0.09% 为松散型，另有 0.02% 为夹层型。

（6）耕层理化分析

五等地土壤耕层质地 99.91% 为中壤，其余为轻壤土。土壤容重最大值为 1.47 g/cm³，最小值为 1.16 g/cm³，平均值为 1.26 g/cm³。pH 最大值为 8.6，最小值为 7.6，平均值为 8.14。

（7）健康状况分析

生物多样性 63.54% 为丰富，其余为一般；清洁程度均为清洁。

（8）评定结果概述

五等地土质良好，五等地土壤类型以典型黑垆土和黄绵土为主，质地构型多为海绵型，耕层质地 99.91% 为中壤土，土层深厚。

（9）存在的问题

五等地存在的主要问题是抗旱节水技术利用效率低，作物产量较低。

（10）改良措施

推广高效节水灌溉技术，改变传统的农田水利建设方式，在大幅提高水的利用率的同时，提高土地利用率，降低作业成本，提高劳动生产率。

4. 六等地

（1）评价指数分析

本次耕地质量等级评价六等地综合指数为 0.685 9~0.707 4，隆德县六等地综合指数为 0.685 9~0.707 4，平均值为 0.696 9。与其他等地的主要区别为有效磷含量在各等级区间均有分布，地形部位为山地坡中的耕地占比较大，质地构型无紧实型。

（2）土壤养分分析

六等地有机质含量最大值为 35.4 g/kg，最小值为 13.6 g/kg，平均值为 21.24 g/kg。隆德县六等地有机质在 ≥20 g/kg 这一级别分布最多，占六等地总面积的 52.88%；六等地有效磷含量最大值为 50.5 mg/kg，最小值为 2.7 mg/kg，平均值为 16.69 mg/kg，57.21% 的六等地有效磷含量为 10~20 mg/kg，有 2 055 亩六等地有效磷含量小于

5 mg/kg，占六等地总面积的 1.77%。六等地速效钾含量最大值为 380 mg/kg，最小值为98 mg/kg，平均值为 178.64 mg/kg，六等地速效钾含量多在 100~200 mg/kg 这一级别。六等地全氮含量最大值为 1.65 g/kg，最小值为 0.62 g/kg，平均值为 1.08 g/kg，按土壤全氮分级标准，六等地全氮在 1~1.25 g/kg 这一级别分布较多（见表4）。

土壤微量元素含量情况：六等地有效铜含量最大值为 2.97 mg/kg，最小值为 0.11 mg/kg，平均值为 0.63 mg/kg；耕地土壤有效锌含量最大值为 1.88 mg/kg，最小值为 0.2 mg/kg，平均值为 0.51 mg/kg；有效铁含量最大值为 23.2 mg/kg，最小值为 1.4 mg/kg，平均值为11.76 mg/kg；有效锰含量最大值为 19.2 mg/kg，最小值为 1 mg/kg，平均值为 8.38 mg/kg；有效硼含量最大值为 3.98 mg/kg，最小值为 1.47 mg/kg，平均值为 2.30 mg/kg。

表4　隆德县六等地土壤养分特征值统计

项目	有机质/ (g·kg⁻¹)	有效磷/ (mg·kg⁻¹)	速效钾/ (mg·kg⁻¹)	全氮/ (g·kg⁻¹)	有效铜/ (mg·kg⁻¹)	有效锌/ (mg·kg⁻¹)	有效铁/ (mg·kg⁻¹)	有效锰/ (mg·kg⁻¹)	有效硼/ (mg·kg⁻¹)
平均值	21.24	16.69	178.64	1.08	0.63	0.51	11.76	8.38	2.30
最大值	35.40	50.50	380.00	1.65	2.97	1.88	23.20	19.20	3.98
最小值	13.60	2.70	98.00	0.62	0.11	0.20	1.40	1.00	1.47
标准差	3.99	7.06	53.50	0.18	0.53	0.29	5.81	5.19	0.46

（3）立地条件分析

六等地地形部位 87.49% 为山地坡中，11.83% 为山地坡上；农田林网化程度均为高；海拔最高 2 438.2 m，最低 1 722 m，平均值为 2 103.2 m。

（4）土壤管理分析

六等地灌溉能力 99.66% 为不满足。排水能力均为充分满足。

（5）剖面性状分析

六等地土壤有效土层厚度 88.48% 大于 100 cm，10.6% 为 60~100 cm；99.66% 的土壤无障碍因素，0.34% 为障碍层次；质地构型 99.66% 为海绵型，0.29% 为松散型，另有 0.05% 为夹层型。

（6）耕层理化分析

六等地土壤耕层质地 99.71% 为中壤，0.29% 为轻壤。土壤容重最大值为 1.47 g/cm³，最小值为 1.16 g/cm³，平均值为 1.30 g/cm³。pH 最大值为 8.7，最小值为 7.6，平均值为 8.2。

（7）健康状况分析

生物多样性 86.23% 为丰富，13.71% 为一般；清洁程度均为清洁。

（8）评定结果概述

六等地排水能力强，耕地障碍因素少，质地构型多为海绵型，土壤健康状况好。

（9）存在的问题

一是施肥量不足，施肥结构不合理，导致土壤养分不足、不平衡；二是抗旱节水技术利用率低。

（10）改良措施

农家肥、化肥秋施与种肥相结合。隆德县早春气温低，致使养分释放慢，加之秋施肥深度在 15~20 cm，不能满足作物幼苗生长发育对养分的需求，故在秋施肥的基础上再带种肥，既能满足作物苗期对养分的需要，又能满足作物整个生育期对营养的需要。

5. 七等地

（1）评价指数分析

本次耕地质量等级评价七等地综合指数为 0.658 1~0.685 9，隆德县七等地综合指数范围为 0.658 1~0.685 9，平均值为 0.672 6。七等地占比最大为 30.73%，共 184 182.38 亩，在各乡镇均有分布。与其他等地的主要区别是：七等地生物多样性多为丰富，少数为一般；有机质含量均大于 10 g/kg。

（2）土壤养分分析

七等地有机质含量最大值为 35.3 g/kg，最小值为 10.5 g/kg，平均值为 19.25 g/kg。67 015 亩七等地有机质含量为 10~15 g/kg，占七等地总面积的 54.94%；有 1.56% 的七等地有机质含量小于 10 g/kg。七等地有效磷含量最大值为 38.3 mg/kg，最小值为 2.9 mg/kg，平均值为 14.55 mg/kg；有 73.88% 的七等地有效磷含量在 10~20 mg/kg 这一级别。七等地速效钾含量最大值为 400 mg/kg，最小值为 98 mg/kg，平均值为 177.42 mg/kg，七等地速效钾含量多在 100~250 mg/kg 这一级别，仅有 61 亩的七等地速效钾含量小于 100 mg/kg，占七等地耕地总面积的 0.03%。七等地全氮含量最大值为 1.61 g/kg，最小值为 0.61 g/kg，平均值为 1.02 g/kg。

土壤微量元素含量情况：七等地有效铜含量最大值为 2.98 mg/kg，最小值为 0.11 mg/kg，平均值为 0.55 mg/kg；有效锌含量最大值为 2.02 mg/kg，最小值为 0.21 mg/kg，平均值为 0.5 mg/kg；有效铁含量最大值为 23 mg/kg，最小值为 1.3 mg/kg，平均值为 11.42 mg/kg；有效锰含量最大值为 19.7 mg/kg，最小值为 0.6 mg/kg，平均值为 7.67 mg/kg；有效硼含量最大值为 4.17 mg/kg，最小值为 1.1 mg/kg，平均值为 2.37 mg/kg（表 5）。

表 5　隆德县七等地土壤养分特征值统计

项目	有机质/(g·kg⁻¹)	有效磷/(mg·kg⁻¹)	速效钾/(mg·kg⁻¹)	全氮/(g·kg⁻¹)	有效铜/(mg·kg⁻¹)	有效锌/(mg·kg⁻¹)	有效铁/(mg·kg⁻¹)	有效锰/(mg·kg⁻¹)	有效硼/(mg·kg⁻¹)
平均值	19.25	14.55	177.42	1.02	0.55	0.50	11.42	7.67	2.37
最大值	35.30	38.30	400.00	1.61	2.98	2.02	23.00	19.7	4.17
最小值	10.50	2.90	98.00	0.61	0.11	0.21	1.30	0.60	1.10
标准差	3.86	5.01	49.51	0.16	0.42	0.30	5.87	5.39	0.43

（3）立地条件分析

七等地地形部位 60.29% 为山地坡中，38.95% 为山地坡上；农田林网化程度均为高；海拔最高为 2 464.2 m，最低为 1 740.7 m，平均值为 2 081.1 m。

（4）土壤管理分析

七等地灌溉能力仅 0.58% 为基本满足，其余均为不满足。排水能力均为充分满足。

（5）剖面性状分析

七等地土壤有效土层厚度 86.03% 大于 100 cm，12.09% 为 60~100 cm；98.37% 的土壤无障碍因素，另 1.63% 为障碍层次；质地构型 98.37% 为海绵型，0.54% 为紧实型，0.02% 为松散型，另有 1.07% 为夹层型。

（6）耕层理化分析

七等地土壤耕层质地 99.44% 为中壤，0.02% 为轻壤，0.54% 为重壤。土壤容重最大值 1.47 g/cm³，最小值 1.16 g/cm³，平均值 1.31 g/cm³。pH 最大值 8.8，最小值 7.8，平均值 8.21。

（7）健康状况分析

生物多样性 61.64% 为丰富，38.36% 为一般；清洁程度均为清洁。

（8）评定结果概述

七等地农田林网化程度高，土壤健康状况良好，土壤耕层质地均为中壤。

（9）存在的问题

施肥量不足，施肥结构不合理，导致土壤养分不平衡。

（10）改良措施

推广测土配方施肥技术，平衡土壤养分，达到节本增产增效。测土配方施肥就是以土壤测试和肥料田间试验为基础，根据土壤供肥性能、作物需肥规律和肥料效应，在合理施用有机肥的基础上，提出氮磷钾和中微量元素的适宜比例、用量，以及相应的施肥技术。

6. 八等地

（1）评价指数分析

本次耕地质量等级评价八等地综合指数为 0.620 9~0.658 1，隆德县八等地综合指数范围为 0.621 1~0.658 1，平均值为 0.643 7。八等地与其他等地的主要区别是：有效磷含量均小于 40 mg/kg；地形部位多为山地坡上；障碍因素同时含无、瘠薄、障碍层次 3 种类型。

（2）土壤养分分析

八等地有机质含量最大值为 34.2 g/kg，最小值为 9.5 g/kg，平均值为 16.85 g/kg；有 1.56% 的八等地有机质含量小于 10 g/kg，有 54.94% 的八等地有机质含量为 10~15 g/kg。八等地有效磷含量最大值为 39.1 mg/kg，最小值为 2.7 mg/kg，平均值为 13.07 mg/kg；八等地有效磷含量多为 10~20 mg/kg，有效磷含量为 10~20 mg/kg 的八等地 73 971 亩，占八等地总面积的 60.64%。八等地速效钾含量最大值为 358 mg/kg，最小值为 88 mg/kg，平均值为 163.8 mg/kg，按土壤速效钾分级标准，八等地速效钾含量多为 100~200 mg/kg。八等地全氮含量最大值为 1.52 g/kg，最小值为 0.64 g/kg，平均值为 0.95 g/kg，按土壤全氮分级标准，八等地全氮含量多在 0.75~1 g/kg 这一级别（表 6）。

土壤微量元素分析：八等地有效铜含量最大值为 2.79 mg/kg，最小值为 0.11 mg/kg，平均值为 0.51 mg/kg；有效锌含量最大值为 2.14 mg/kg，最小值为 0.21 mg/kg，平均值为 0.64 mg/kg；有效铁含量最大值为 23.9 mg/kg，最小值为 1.3 mg/kg，平均值为11.83 mg/kg；有效锰含量最大值为 19.7 mg/kg，最小值为 0.8 mg/kg，平均值为 6.81 mg/kg；有效硼含量最大值为 3.66 mg/kg，最小值为 1.55 mg/kg，平均值为 2.38 mg/kg。

表6　隆德县八等地土壤养分特征值统计

项目	有机质/ (g·kg⁻¹)	有效磷/ (mg·kg⁻¹)	速效钾/ (mg·kg⁻¹)	全氮/ (g·kg⁻¹)	有效铜/ (mg·kg⁻¹)	有效锌/ (mg·kg⁻¹)	有效铁/ (mg·kg⁻¹)	有效锰/ (mg·kg⁻¹)	有效硼/ (mg·kg⁻¹)
平均值	16.85	13.07	163.8	0.95	0.51	0.64	11.83	6.81	2.38
最大值	34.20	39.10	358.00	1.52	2.79	2.14	23.90	19.70	3.66
最小值	9.50	2.70	88.00	0.64	0.11	0.21	1.30	0.80	1.55
标准差	4.35	5.55	39.10	0.15	0.38	0.41	5.57	5.42	0.41

（3）立地条件分析

八等地地形部位 69.91% 为山地坡上，29.54% 为山地坡中；农田林网化程度均为高；海拔最高为 2 494 m，最低为 1 726.7 m，平均值为 2 034.28 m。

（4）土壤管理分析

八等地灌溉能力仅 0.52% 为基本满足，其余均为不满足。排水能力均为充分满足。

（5）剖面性状分析

八等地土壤有效土层厚度 91.69% 大于 100 cm，5.1% 为 60~100 cm；94.24% 的土壤无障碍因素，1.56% 为瘠薄，另 4.20% 为障碍层次；质地构型 95.8% 为海绵型，0.50% 为紧实型，0.71% 为松散型，另有 3% 为夹层型。

（6）耕层理化分析

八等地土壤耕层质地 98.8% 为中壤，0.7% 为轻壤，0.5% 为重壤。土壤容重最大值为 1.47 g/cm³，最小值为 1.16 g/cm³，平均值为 1.31 g/cm³。pH 最大值为 8.8，最小值为 7.7，平均值为 8.24。

（7）健康状况分析

八等地生物多样性 21.06% 为丰富，77.38% 为一般，其余为不丰富；清洁程度均为清洁。

（8）评定结果概述

农田林网化程度高，土壤健康状况良好，土壤耕层质地均为中壤。

（9）存在的问题

相对海拔高，热量不够，无霜期短。八等地分布范围广，海拔相对高，地形复杂，沟壑密布，地形部位多为山地坡上，热量不够，且气候不好，水源缺乏。

（10）改良措施

实施坡改梯工程，加强田间道路整治。对宽度不足 10 m，长度不足 50 m 的梯田进行再开发，设计田块最小长度不小于 100 m，宽度按 15~20 m 进行整治，达到机械化耕作要求。通过牛羊养殖为土壤培肥，对田间道路进行拓宽处理，降低坡度，路面铺设粗粒砂石，方便田间耕作。

7. 九等地

（1）评价指数分析

本次耕地质量等级评价九等地综合指数为 0.592 9~0.620 9，隆德县九等地综合指数范围为 0.593 8~0.620 7，平均值为 0.612 5。九等地与其他耕地的区别是无轻壤土，土壤质地构型无松散型，灌溉能力均为不满足，速效钾含量均小于 300 mg/kg。

（2）土壤养分分析

九等地有机质最大值为 29 g/kg，最小值为 6.1 g/kg，平均值为 14.39 g/kg，30.15%的九等地有机质含量小于 10 g/kg，有 57.92%的九等地有机质含量为 10~15 g/kg，其余 11.93%的九等地有机质含量大于 15 g/kg。九等地有效磷含量最大值为 25.1 mg/kg，最小值为 3 mg/kg，平均值为 8.68 mg/kg，60.07%的九等地有效磷含量为 5~10 mg/kg，仅 0.01%的九等地有效磷含量大于 20 mg/kg。九等地速效钾含量最大值为 253 mg/kg，最小值为 86 mg/kg，平均值为 144.04 mg/kg；72.58%的九等地速效钾含量为 100~150 mg/kg，26.45%的九等地速效钾含量为 50~200 mg/kg。九等地全氮含量最大值为 1.36 g/kg，最小值为 0.65 g/kg，平均值为 1.03 g/kg；按土壤全氮分级标准，九等地全氮含量多在 0.75~1 g/kg 及 1~1.25 g/kg 这两个级别分布（表7）。

土壤微量元素分析：九等地有效铜含量最大值为 1.33 mg/kg，最小值为 0.12 mg/kg，平均值为 0.5 mg/kg；有效锌含量最大值为 2 mg/kg，最小值为 0.23 mg/kg，平均值为

0.88 mg/kg；有效铁含量最大值为 23.5 mg/kg，最小值为 1.9 mg/kg，平均值为

14.17 mg/kg；有效锰含量最大值为 19.4 mg/kg，最小值为 0.6 mg/kg，平均值为

6.3 mg/kg；有效硼含量最大值为 3.15 mg/kg，最小值为 1.59 mg/kg，平均值为

2.18 mg/kg。

表7　隆德县九等地土壤养分特征值统计

项目	有机质/ (g·kg⁻¹)	有效磷/ (mg·kg⁻¹)	速效钾/ (mg·kg⁻¹)	全氮/ (g·kg⁻¹)	有效铜/ (mg·kg⁻¹)	有效锌/ (mg·kg⁻¹)	有效铁/ (mg·kg⁻¹)	有效锰/ (mg·kg⁻¹)	有效硼/ (mg·kg⁻¹)
平均值	14.39	8.68	144.04	1.03	0.50	0.88	14.17	6.30	2.18
最大值	29.00	25.10	253.00	1.36	1.33	2.00	23.50	19.40	3.15
最小值	6.10	3.00	86.00	0.65	0.12	0.23	1.90	0.60	1.59
标准差	6.06	3.63	29.35	0.16	0.31	0.56	4.22	5.30	0.34

（3）立地条件分析

九等地地形部位 68.93%为山地坡上，31.07%为山地坡中；农田林网化程度均为高；海拔最高为 2 304 m，最低为 1 764.7 m，平均值为 1 980.51 m。

（4）土壤管理分析

九等地灌溉能力均为不满足。排水能力均为充分满足。

（5）剖面性状分析

九等地土壤有效土层厚度 91.23%大于 100 cm，8.11%为 60~100 cm；58.02%的土壤无障碍因素，30.11%为瘠薄，其余为障碍层次；质地构型 88.13%为海绵型，5.01%为紧实型，有 6.86%为夹层型。

（6）耕层理化分析

九等地土壤耕层质地 94.99%为中壤，5.01%为重壤。土壤容重最大值为 1.44 g/cm³，最小值为 1.24 g/cm³，平均值为 1.33 g/cm³。pH 最大值为 8.7，最小值为 7.9，平均值为 8.3。

（7）健康状况分析

九等地生物多样性 10.6%为丰富，59.29%为一般，其余为不丰富；清洁程度均为清洁。

（8）存在的问题

九等地存在的主要问题有：一是海拔相对较高，热量不够；二是施肥量严重不足，施肥结构不合理；三是抗旱节水技术利用率低，作物产量低而不稳。

（9）改良措施

实施坡改梯工程，加强田间道路整治。对宽度不足 10 m，长度不足 50 m 的梯田进行再开发，设计田块最小长度不小于 100 m，宽度按 15~20 m 进行整治，达到机械化耕作要求。通过牛羊养殖为土壤培肥，对田间道路进行拓宽处理，降低坡度，路面铺设粗粒砂石，方便田间耕作。

改进施肥方法，减少水分消耗，提高水肥利用率。如改春施肥为秋施肥，农家肥、化肥秋施与种肥相结合。

8. 十等地

（1）评价指数分析

本次耕地质量等级评价十等地综合指数小于 0.592 9，隆德县十等地综合指数范围为 0.557 1~0.592 8，平均值为 0.580 4。十等地与其他等地的主要区别是：灌溉能力均为不满足，速效钾含量在 100~200 mg/kg 之间。

（2）土壤养分分析

十等地有机质含量最大值为 29.3 g/kg，最小值为 5.6g/kg，平均值为 17.75 g/kg。按土壤有机质含量分级标准分级后，44.21%的十等地有机质含量小于 10 g/kg，33.65%的十等地有机质含量≥20 g/kg。十等地有效磷含量最大值为 20.6 mg/kg，最小值为 4 mg/kg，平均值为 9.96 mg/kg；有 89 亩十等地有效磷含量在 20~30 mg/kg，占十等地总面积的 2.57%。十等地速效钾含量最大值为 194 mg/kg，最小值为 109 mg/kg，平均值为 144.35 mg/kg；按土壤速效钾分级标准，十等地 77.9%的速效钾含量在 100~150 mg/kg 这一级别，其余在 150~200 mg/kg 之间。十等地全氮最大值为 1.36 g/kg，最小值为 0.57 g/kg，平均值为 1.1 g/kg；十等地全氮含量多在 1~1.25 g/kg 这一级别（表 8）。

土壤微量元素分析：十等地有效铜含量最大值为 1.98 mg/kg，最小值为 0.12 mg/kg，平均值为 0.38 mg/kg；有效锌含量最大值为 1 mg/kg，最小值为 0.2 mg/kg，平均值为 0.43 mg/kg；有效铁含量最大值为 21.6 mg/kg，最小值为 4.7 mg/kg，平均值为

12.71 mg/kg；有效锰含量最大值为 19.2 mg/kg，最小值为 0.5 mg/kg，平均值为 4.75 mg/kg；有效硼含量最大值为 2.59 mg/kg，最小值为 1.56 mg/kg，平均值为 2.14 mg/kg。

表8　隆德县十等地土壤养分特征值统计

项目	有机质/ (g·kg⁻¹)	有效磷/ (mg·kg⁻¹)	速效钾/ (mg·kg⁻¹)	全氮/ (g·kg⁻¹)	有效铜/ (mg·kg⁻¹)	有效锌/ (mg·kg⁻¹)	有效铁/ (mg·kg⁻¹)	有效锰/ (mg·kg⁻¹)	有效硼/ (mg·kg⁻¹)
平均值	17.75	9.96	144.35	1.10	0.38	0.43	12.71	4.75	2.14
最大值	29.30	20.60	194.00	1.36	1.98	1.00	21.60	19.20	2.59
最小值	5.60	4.00	109.00	0.57	0.12	0.20	4.70	0.50	1.56
标准差	7.59	4.93	20.74	0.12	0.35	0.17	4.93	5.63	0.36

（3）立地条件分析

十等地地形部位 99.96% 为山地坡上，0.04% 为山地坡中；农田林网化程度均为高；海拔最高为 2 334.6 m，最低为 1 895.6 m，平均值为 2 118.63 m。

（4）土壤管理分析

十等地灌溉能力均为不满足。排水能力均为充分满足。

（5）剖面性状分析

十等地土壤有效土层厚度 50.4% 大于 100 cm，22.05% 为 60~100 cm，27.55% 为 30~60 cm；土壤障碍因素 44.21% 为瘠薄，其余为障碍层次；土壤质地构型 44.21% 为海绵型，43.7% 为紧实型，有 12.05% 为夹层型，0.04% 为松散型。

（6）耕层理化分析

十等地土壤耕层质地 56.26% 为中壤，43.7% 为重壤，0.04% 为轻壤。土壤容重最大值为 1.42 g/cm³，最小值为 1.23 g/cm³，平均值为 1.37 g/cm³。pH 最大值为 8.4，最小值为 7.9，平均值为 8.2。

（7）健康状况分析

十等地生物多样性 36.51% 为丰富，19.28% 为一般，其余为不丰富；清洁程度均为清洁。

（8）存在的问题

十等地存在的主要问题有：一是海拔相对较高，热量不够；二是施肥量严重不足，施肥结构不合理；三是地形复杂，水土流失严重，交通不便。

（9）改良措施

实施坡改梯工程，加强田间道路整治。对宽度不足 10 m，长度不足 50 m 的梯田进行再开发，设计田块最小长度不小于 100 m，宽度按 15~20 m 进行整治，达到机械化耕作要求，通过牛羊养殖为土壤培肥，对田间道路进行拓宽处理，降低坡度，路面铺设粗粒砂石，方便田间耕作。推广测土配方施肥技术，平衡土壤养分，达到节本增产增效。

七、耕地土壤属性分析

（一）有机质及大量元素

1. 土壤有机质

广义上，土壤有机质是指以各种形态存在于土壤中的所有含碳的有机物质，包括土壤中的各种动、植物残体、微生物及其分解和合成的各种有机物质。狭义上，土壤有机质一般是指有机残体经微生物作用形成的一类特殊、复杂、性质比较稳定的高分子有机化合物（腐殖酸）。

土壤有机质是土壤固相部分的重要组成成分，是植物营养的主要来源之一，能促进植物的生长发育，改善土壤的物理性质，促进微生物和土壤生物的活动，促进土壤中营养元素的分解，提高土壤的保肥性和缓冲性。它与土壤的结构性、通气性、渗透性和吸附性、缓冲性有密切的关系，通常在其他条件相同或相近的情况下，在一定含量范围内，有机质的含量与土壤肥力水平呈正相关（表 9）。

（1）有机质含量及分级，从表中可以看出，隆德县耕地土壤有机质含量最大值

表 9　隆德县耕地土壤养分特征值统计

项目	有机质/ (g·kg⁻¹)	有效磷/ (mg·kg⁻¹)	速效钾/ (mg·kg⁻¹)	全氮/ (g·kg⁻¹)	有效铜/ (mg·kg⁻¹)	有效锌/ (mg·kg⁻¹)	有效铁/ (mg·kg⁻¹)	有效锰/ (mg·kg⁻¹)	有效硼/ (mg·kg⁻¹)
平均值	19.21	16.73	182.00	1.02	0.57	0.53	11.86	7.69	2.38
最大值	35.40	63.80	400.00	1.65	2.98	2.14	23.90	19.70	4.17
最小值	5.60	2.70	86.00	0.61	0.11	0.20	1.30	0.50	1.10
标准差	4.57	9.14	53.72	0.18	0.45	0.33	5.69	5.48	0.45

为 35.4 g/kg，最小值为 5.6 g/kg，平均值为 19.21 g/kg。

按土壤有机质分级标准，隆德县耕地土壤有机质主要分布在 15~20 g/kg 及 ≥ 20 g/kg 2 个级别，分别占耕地总面积的 44.20% 和 33.63%。

（2）不同土壤类型耕地有机质含量及分级

典型潮土有机质含量均 ≥ 20 g/kg；潮黑垆土有机质含量分布在 15~20 g/kg 及 ≥ 20 g/kg 2 个级别，分别占该亚类总面积的 69.74%、30.26%；典型黑垆土有机质含量在 15~20 g/kg 这一级别分布较多，占该亚类总面积的 41.80%；黑麻土有机质含量 69.74% 分布在 15~20 g/kg 这一级别，38.89% 分布在 ≥ 20 g/kg 这一级别；黄绵土有机质含量在 15~20 g/kg 这一级别分布较多，在 <10 g/kg 这一级别分布最少；暗灰褐土有机质含量多分布在 ≥ 20 g/kg 这一级别，占该亚类的 77.54%；冲积土有机质含量主要分布在 10~15 g/kg 这一级别；典型新积土中的 0.01% 有机质含量分布在 10~15 g/kg 这一级别，34.04% 分布在 15~20 g/kg 这一级别，65.95% 则分布在 ≥ 20 g/kg 这一级别。

（3）不同等级耕地有机质含量及分级

不同等级耕地土壤有机质含量为：三等地>六等地>四等地>五等地>七等地>十等地>八等地>九等地，有机质含量平均值依次分别为：23.73 g/kg、21.24 g/kg、20.18 g/kg、19.65 g/kg、19.25 g/kg、17.75 g/kg、16.85 g/kg、14.39 g/kg。

按土壤有机质含量分级标准，三等地 ≥ 20 g/kg 级别面积最大，占三等地总面积的 66.55%；四等地有机质含量主要分布在 15~20 g/kg 及 ≥ 20 g/kg 级别，分别占四等地总面积的 40.90%、57.53%；五等地有机质含量在 15~20 g/kg 级别分布较多，占五等地总面积的 48.49%；六等地有机质含量在 ≥ 20 g/kg 级别分布较多，其次为 15~20 g/kg 级别；七等地有机质含量在 15~20 g/kg 级别分布最多，占七等地总面积的 57.86%；八等地有机质含量在 10~15 g/kg 级别分布最多，在 <10 g/kg 级别分布最少，面积分别为 67 015 亩、1 900 亩；九等地有机质含量多分布在 10~15 g/kg 及 <10 g/kg 2 个级别；十等地有机质含量在 <10 g/kg 级别分布最多。

（4）不同乡镇耕地有机质含量及分级

有机质含量小于 10 g/kg 的耕地分布在沙塘镇、神林乡、张程乡，在神林乡分布面积最大；有机质含量为 10~15 g/kg 的耕地分布在城关镇、凤岭乡、好水乡、联财镇、沙塘镇、神林乡、杨河乡、张程乡，在张程乡分布面积最大，其次为神林乡；有机质含量为 15~20 g/kg 的耕地在除山河乡外的其他乡镇均有分布，在沙塘镇及杨河乡分布面积较大；有机质含量≥20 g/kg 的耕地在各乡镇均有分布。

（5）有机质变化趋势分析

相比于 2010 年耕地地力评价结果，近几年隆德县耕地有机质含量有所增加，具体表现为：最大值由 35 g/kg 增加到 35.4 g/kg；最小值由 5 g/kg 增加到 5.6 g/kg；平均值由 15.77 g/kg 增加到 19.21 g/kg；2010 年隆德县有机质主要分布在 15~20 g/kg 及 10~15 g/kg，分别占耕地总面积的 45.58% 和 42.55%。本次耕地质量评价有机质主要分布在 15~20 g/kg 及≥20 g/kg 2 个级别，分别占耕地总面积的 44.20% 和 33.63%。

2. 土壤有效磷

耕地土壤有效磷是土壤中可被植物吸收的磷组分，包括全部水溶性磷、部分吸附态磷及有机态磷，有的土壤中还包括某些沉淀态磷。在化学上有效磷定义为：能与磷进行同位素交换的或容易被某些化学试剂提取的磷及土壤溶液中的磷酸盐。

（1）有效磷含量及分级

隆德县土壤有效磷含量最大值为 63.8 mg/kg，最小值为 2.7 mg/kg，平均值为 16.73 mg/kg，按照耕地土壤有效磷分级标准，隆德县耕地土壤有效磷主要分布在 10~20 mg/kg 这一级别，有效磷含量 10~20 mg/kg 的耕地 355 983 亩，占全县耕地总面积的 59.40%。

（2）不同土壤类型耕地有效磷含量及分级

按土壤有效磷分级标准，典型潮土及潮黑垆土有效磷含量均在 10~20 mg/kg 这一级别；典型黑垆土有效磷含量多在 10~20 mg/kg 这一级别，占该亚类总面积的 57.51%，在 30~40 mg/kg 这一级别分布最少，有 1 705 亩，占该亚类总面积的 0.96%；黑麻土有效磷含量主要在 30~40 mg/kg 及 40~50 mg/kg 这两个级别，分别占该亚类总面积的 44.71%、38.89%；黄绵土有效磷含量主要分布在 10~20 mg/kg 这一级别，占该亚类总面积的 58.36%；暗灰褐土有效磷含量在 10~20 mg/kg 级别分布较多，在<5 mg/kg 及 30~40 mg/kg 级别分布较少；冲积土有效磷含量分布在 5~10 mg/kg 及 10~20 mg/kg 两个级别，分别占该亚类总面积的 21.31%、78.69%；典型新积土有效磷含量主要分布在 10~20 mg/kg 这一级别，占该亚类总面积的 73.04%。

(3) 不同等级耕地有效磷含量及分级

不同等级耕地土壤有效磷含量大小依次为：三等地>四等地>五等地>六等地>七等地>八等地>十等地>九等地，有效磷含量平均值分别为：37.75 mg/kg、25.07 mg/kg、19.98 mg/kg、16.69 mg/kg、14.55 mg/kg、13.07 mg/kg、9.96 mg/kg、8.68 mg/kg。

三等地有效磷含量均大于等于 20 mg/kg 且主要分布在 20~30 mg/kg 级别，有效磷含量在这一级别的三等地 7 061 亩，占三等地总面积的 60.39%；四等地有效磷均大于等于 5 mg/kg，在 10~20 mg/kg 这一级别分布较多，占四等地总面积的 41.11%；五等地、六等地有效磷含量在各级别均有分布，且均在 10~20 mg/kg 分布最多，占比分别为 56.92 mg/kg、57.07 mg/kg；七等地、八等地有效磷含量均小于 40 mg/kg，且均在 10~20 mg/kg 级别分布最多，在 30~40 mg/kg 分布最少；九等地、十等地有效磷含量均小于 30 mg/kg，九等地有效磷含量在 20~30 mg/kg 仅 2 亩，占九等地总面积的 0.01%。

(4) 不同乡镇耕地有效磷含量及分级

有效磷含量小于 5 mg/kg 的耕地分布在凤岭乡、联财镇、山河乡、神林乡、温堡乡及张程乡，在神林乡分布面积最大，有 5 841 亩，在联财镇分布面积最小，仅 23 亩；有效磷含量在 5~10 mg/kg 的耕地在除奠安乡以外的 12 个乡镇均有不同程度的分布，在张程乡分布面积最大，有 28 281 亩，占张程乡耕地总面积的 40.22%；有效磷含量在 10~20 mg/kg 级别的耕地在全县 13 个乡镇均有分布；有效磷含量在 20~30 mg/kg 级别的耕地在除山河乡外的其余 12 个乡镇均有分布，在城关镇分布最多，有 12 944 亩，占城关镇耕地总面积的 44.77%；有效磷含量在 30~40 mg/kg 级别的耕地分布在陈靳乡、城关镇、联财镇、神林乡及杨河乡；有效磷含量在 40~50 mg/kg 级别的耕地分布在陈靳乡、城关镇、联财镇及杨河乡，在城关镇分布面积最大，有 5 637 亩；有效磷含量≥50 mg/kg 级别的耕地分布在城关镇、联财镇及杨河乡，面积分别为 507 亩、3 303 亩、1 981 亩。

(5) 有效磷变化趋势分析

相比于 2010 年耕地地力评价结果，近年隆德县耕地土壤有效磷含量有明显提升，表现在：有效磷含量最大值由 30.96 mg/kg 提升到 63.8 mg/kg，平均值由 9.73 mg/kg 提升到了 16.73 mg/kg；2010 年有效磷含量多分布在 5~10 mg/kg 级别，本次评价结果显示有效磷含量主要分布在 10~20 mg/kg 级别；2010 年有效磷含量大于 20 mg/kg 的耕地仅占全县耕地总面积的 0.1%，本次评价有效磷含量大于 20 mg/kg 的耕地占全县耕地总面积的 17.79%。

3. 土壤速效钾

土壤速效钾，是指土壤中易被作物吸收利用的钾素，包括土壤溶液钾及土壤交换性钾。

（1）土壤速效钾含量及分级

隆德县土壤速效钾最大值为 400 mg/kg，最小值为 86 mg/kg，平均值为 182 mg/kg。按照耕地土壤速效钾分级标准，隆德县耕地土壤速效钾主要分布在 100~150 mg/kg 及 150~200 mg/kg 两个级别，速效钾含量为 100~150 mg/kg 的耕地 180 303 亩，占全县耕地总面积的 30.09%，速效钾含量 150~200 mg/kg 的耕地 226 206 亩，占全县耕地总面积的37.75%。

（2）不同土壤类型耕地速效钾含量及分级

按土壤速效钾分级标准，典型潮土及潮黑垆土速效钾含量均在 150~200 mg/kg 级别；典型黑垆土速效钾含量主要分布在 100~150 mg/kg 及 150~200 mg/kg 两个级别，速效钾含量在这两个级别的耕地分别有 68 508 亩、55 916 亩，分别占该亚类总面积的 38.68%、31.57%；黑麻土速效钾含量多分布在 250~300 mg/kg 级别及 ≥300 mg/kg 级别；黄绵土速效钾含量在 150~200 mg/kg 级别分布较多，在 50~100 mg/kg 级别分布较少；暗灰褐土速效钾含量多分布在 150~200 mg/kg 级别，占该亚类总面积的 54.65%；冲积土速效钾含量在 50~100 mg/kg 级别分布较多，有 394 亩，占该亚类总面积的 62.77%；典型新积土速效钾在100~150 mg/kg 及 150~200 mg/kg 两个级别分布较多。

（3）不同等级耕地速效钾含量及分级

不同等级耕地土壤速效钾含量大小依次为：三等地>四等地>五等地>六等地>七等地>八等地>十等地>九等地，速效钾含量平均值分别为：285 mg/kg、216.08 mg/kg、194.72 mg/kg、178.64 mg/kg、177.42 mg/kg、163.8 mg/kg、144.35 mg/kg、144.04 mg/kg。

三等地速效钾含量 21.52% 分布在 200~250 mg/kg 级别，41.11% 分布在 250~300 mg/kg 级别，其余 37.37% 分布在 ≥300 mg/kg 级别；四等地速效钾含量主要在

150~200 mg/kg 级别及 200~250 mg/kg 级别，分别占四等地总面积的 27.40%、27.11%；五、六、七、八等地的速效钾含量均在 150~200 mg/kg 级别分布较多；九等地速效钾含量均小于 300 mg/kg，且在 100~150 mg/kg 级别分布面积最大，为 14 024 亩，占九等地总面积的 72.58%，九等地仅 20 亩速效钾含量在 50~100 mg/kg 级别，占九等地总面积的 0.1%；十等地速效钾含量 77.9% 在 100~150 mg/kg 级别，其余在 150~200 mg/kg 级别。

(4) 不同乡镇耕地速效钾含量及分级

陈靳乡 76.56% 的耕地速效钾含量为 150~200 mg/kg，其余 23.48% 耕地速效钾含量为 200~250 mg/kg。城关镇、好水乡耕地速效钾含量在 100~250 mg/kg。奠安乡、观庄乡、沙塘镇、神林乡、杨河乡耕地速效钾含量均 ≥100 mg/kg。温堡乡没有速效钾含量大于 300 mg/kg 的耕地，凤岭乡、联财镇耕地速效钾含量分布在 <100 mg/kg、100~150 mg/kg、150~200 mg/kg、200~250 mg/kg、250~300 mg/kg、≥ 300 mg/kg 六个等级。

(5) 速效钾含量变化趋势分析

相比 2010 年耕地地力评价结果，近年隆德县耕地速效钾含量变化不大：最大值由 494 mg/kg 降低到 400 mg/kg，最小值由 53 mg/kg 提升为 86 mg/kg，平均值由 176.6 mg/kg 提升为 182 mg/kg。2010 年隆德县耕地土壤速效钾含量主要分布在 100~150 mg/kg 及 150~200 mg/kg 两个级别，分别占全县耕地总面积的 35.0%、38.8%。本次评价结果显示隆德县耕地速效钾含量仍主要分布在 100~150 mg/kg 及 150~200 mg/kg 级别，速效钾含量为 100~150 mg/kg 的耕地 180 303 亩，占全县耕地总面积的 30.09%，速效钾含量 150~200 mg/kg 的耕地 226 206 亩，占全县耕地总面积的 37.75%。因此，近几年隆德县耕地速效钾含量变化不大。

4. 土壤全氮

土壤全氮，是指土壤中各种形态氮素含量之和，包括有机态氮和无机态氮，但不包括土壤空气中的分子态氮。土壤全氮含量随土壤深度的增加而急剧降低。土壤全氮含量处于动态变化之中，它的消长取决于氮的积累和消耗的相对多少，特别是取决于土壤有机质的生物积累和水解作用。对于自然土壤来说，达到稳定水平时，其全氮含量的平衡值是气候、地形或地貌、植被和生物、母质以及成土年龄或时间的函数。

（1）全氮含量及分级

隆德县耕地全氮含量最大值为 1.65 g/kg，最小值为 0.61 g/kg，平均值为 1.02 g/kg，根据耕地土壤全氮分级标准隆德县耕地全氮主要分布在 0.75~1 g/kg 级别，其中全氮含量在0.75~1 g/kg 这一级别的耕地有 302 654 亩，占全县耕地总面积的 50.50%。

（2）不同土壤类型耕地全氮含量及分级

典型潮土全氮含量均在 ≥1.25 g/kg 这一级别；潮黑垆土 82.95%全氮含量分布在 0.75~1 g/kg 级别，17.05%分布在 1~1.25 g/kg 级别；典型黑垆土全氮含量主要分布在 0.75~1 g/kg 级别及 1~1.25 g/kg 级别，占比分别为 46.26%、42.54%；黑麻土全氮含量均分布在 0.75~1g/kg 级别；黄绵土全氮含量多分布在 0.75~1 g/kg 级别，在 ≥1.25 g/kg 这一级别分布最少，仅占该亚类总面积的 3.75%；暗灰褐土全氮含量均大于 0.75 g/kg，且在 1~1.25 g/kg 级别及 ≥1.25 g/kg 级别分布较多；冲积土全氮含量主要分布在0.75~1 g/kg 级别，有 619 亩冲积土全氮含量在该级别，占冲积土总面积的 98.76%；典型新积土全氮含量分布在 0.5~0.75 g/kg、0.75~1 g/kg、1~1.25 g/kg、≥1.25 g/kg 4 个级别，主要分布在0.75~1 g/kg、1~1.25 g/kg 2 个级别。

（3）不同等级耕地全氮含量及分级

不同等级耕地全氮含量大小依次为：十等>六等>五等>九等>七等>四等>八等>三等，平均值依次分别为 1.1 g/kg、1.08 g/kg、1.07 g/kg、1.03 g/kg、1.02 g/kg、0.97 g/kg、0.95 g/kg、0.89 g/kg。除十等地外，其他等地全氮含量均分布在 0.5~0.75 g/kg、0.75~1 g/kg、1~1.25 g/kg、≥1.25 g/kg 4 个级别。三等地、四等地、五等地全氮含量均在0.75~1 g/kg 这一级别分布最多，占比分别为 54.18%、65.29%、58.86%；六等地全氮含量在 1~1.25 g/kg 这一级别分布较多，有 66 042 亩，占六等地总面积的 57.03%；七等地、八等地、九等地全氮含量在 0.75~1 g/kg、1~1.25 g/kg 这 2 个级别分布较多，且均在 0.75~1 g/kg 级别的占比大于在 1~1.25 g/kg 级别的占比；十等地全氮含量分布在 0.75~1 g/kg、1~1.25 g/kg、≥1.25 g/kg 3 个级别，主要分布在1~1.25 g/kg 级别，占比为 77.87%。

（4）不同乡镇耕地全氮含量及分级

全氮含量 0.5~0.75 g/kg 的耕地分布在奠安乡、观庄乡、好水乡、联财镇、沙塘镇、神林乡、温堡乡、张程乡 8 个乡镇，在张程乡分布面积最大，有 17 592 亩，在温堡乡分布面积最小仅 351 亩；全氮含量 0.75~1 g/kg 的耕地在全县 13 个乡镇均有分布，在沙塘镇分布面积最大，有 54 709 亩，占沙塘镇耕地总面积的 51.67%，在山河乡分布面积最小，有 301 亩；全氮含量 1~1.25 g/kg 的耕地在全县 13 个乡镇均有分布，主要分布在凤岭乡、观庄乡、沙塘镇、杨河乡及张程乡；全氮含量 ≥1.25 g/kg 的耕地主要分布在城关镇、观庄乡、好水乡，在凤岭乡、神林乡、杨河乡及张程乡也有少量分布。

（5）全氮变化趋势分析

相比 2010 年耕地地力评价结果，近年隆德县耕地全氮含量略有下降，表现为：全氮含量最大值由 2.5 g/kg 降低为 1.65 g/kg，平均值由 1.03 g/kg 降低为 1.02 g/kg；2010 年隆德县全氮含量 ≥1.25 g/kg 的耕地占耕地总面积的 11.8%，本次耕地质量评价隆德县全氮含量 ≥1.25 g/kg 的耕地占全县耕地总面积的 8.86%；隆德县全氮含量在 1~1.25 g/kg 的耕地由 2010 年的 37.7% 降为 36.10%。

（二）微量元素

1. 土壤有效锌

（1）土壤有效锌含量及分级

隆德县耕地有效锌含量最大值 2.14 mg/kg，最小值 0.2 mg/kg，平均值 0.53 mg/kg。按照耕地土壤有效锌含量分级标准，隆德县耕地土壤有效锌含量分布在 ≤0.3 mg/kg、0.30~0.50 mg/kg、0.50~1.00 mg/kg、1.00~2.00 mg/kg、2.00~3.00 mg/kg 5 个级别，在 0.50~1.00 mg/kg 级别分布最多，占全县耕地总面积的 35.64%，在 2.00~3.00 mg/kg 级别分布最少，仅 136 亩，占耕地总面积的 0.02%。

（2）不同土壤类型有效锌分布

典型潮土有效锌含量均在 ≤0.30 mg/kg 级别；潮黑垆土有效锌含量主要在 ≤0.30 mg/kg 级别，占该亚类总面积的 91.01%；典型黑垆土有效锌含量在 0.30~0.50 mg/kg 及 0.50~1.00 mg/kg 级别分布较多；黑麻土有效锌含量均在 1.00~2.00 mg/kg 级别；黄绵土有效锌含量在 0.30~0.50 mg/kg 及 0.50~1.00 mg/kg 级别分布较多，分别占该亚类面积的 27.45%、39.81%；暗灰褐土有效锌含量主要分布在 0.30~0.50 mg/kg 级别；冲积土有效锌含量在 0.50~1.00 mg/kg 级别分布较多，在 ≤0.30 mg/kg 级别分布较少；典型新积土有效锌含量在≤0.30 mg/kg 级别分布最多，有 19 721 亩，占该亚类总面积的 68.46%。

2. 土壤有效铁

（1）土壤有效铁含量及分级

隆德县耕地有效铁含量最大值为 23.8 mg/kg，最小值为 1.3 mg/kg，平均值为 11.86 mg/kg。按土壤有效铁含量分级标准，隆德县耕地土壤有效铁含量分布在≤ 2.5 mg/kg、2.5~4.5 mg/kg、4.5~10.0 mg/kg、10.0~20.0 mg/kg、20.0~30.0 mg/kg 5 个等级，主要分布在 10.0~20.0 mg/kg 这一级别，占全县耕地的 53.79%。

（2）不同土壤类型有效铁分布

典型潮土有效铁含量均分布在 20.0~30.0 mg/kg；潮黑垆土有效铁含量 72.81%分布在 10.0~20.0 mg/kg 级别，27.19%的面积分布在 4.5~10.0 mg/kg 级别；典型黑垆土及黄绵土有效铁含量在≤2.5 mg/kg、2.5~4.5 mg/kg、4.5~10.0 mg/kg、10.0~20.0 mg/kg、20.0~30.0 mg/kg 5 个等级均有分布，且均在 10.0~20.0 mg/kg 级别分布最多，在20.0~30.0 mg/kg 级别分布最少；黑麻土有效铁含量 16.40%的面积分布在 10.0~20.0 mg/kg 级别，83.60%的面积分布在 4.5~10.0 mg/kg 级别；暗灰褐土及典型新积土有效铁含量分布在 4.5~10.0 mg/kg、10.0~20.0 mg/kg、20.0~30.0 mg/kg 3 个等级，且均在 10.0~20.0 mg/kg 级别分布最多；冲积土有效铁含量 46.04%的面积分布在 10.0~20.0 mg/kg 级别，53.96%的面积分布在 4.5~10.0 mg/kg 级别。

3. 土壤有效硼

（1）土壤有效硼含量及分级

隆德县耕地有效硼含量最大值为 4.17 mg/kg，最小值为 1.1 mg/kg，平均值为 2.38 mg/kg。按土壤有效硼含量分级标准，隆德县耕地有效硼含量分布在 1.00~1.50 mg/kg、1.50~2.00 mg/kg、2.00~3.00 mg/kg、≥3.00 mg/kg 4 个级别，主要分布在 2.00~3.00 mg/kg 级别，面积为 440 299 亩，占全县耕地总面积的 73.47%。

（2）不同土壤类型有效硼分布

典型潮土有效硼含量均在≥3.00 mg/kg 级别；潮黑垆土有效硼含量主要在 1.50~2.00 mg/kg 级别，占该亚类总面积的 72.81%；典型黑垆土、黄绵土有效硼含量在 4 个级别均有分布，且多分布在 2.00~3.00 mg/kg 级别，占比分别为 77.62%、

77.12%；黑麻土有效硼含量均在 2.00~3.00 mg/kg 级别；暗灰褐土及典型新积土有效硼含量主要分布在 1.50~2.00 mg/kg 及 2.00~3.00 mg/kg 2 个级别；冲积土有效硼含量主要分布在 2.00~3.00 mg/kg 级别，占该亚类总面积的 84.08%。

4. 土壤有效铜

（1）土壤有效铜含量及分级

隆德县耕地有效铜含量最大值为 2.98 mg/kg，最小值为 0.11 mg/kg，平均值为 0.57 mg/kg。按土壤有效铜含量分级标准，隆德县有效铜含量分布在 0.1~0.2 mg/kg、0.2~1.0 mg/kg、1.0~1.8 mg/kg、1.8~2.6 mg/kg 、2.6~3.4 mg/kg 5 个级别，主要分布在 0.2~1.0 mg/kg 级别。

（2）不同土壤类型有效铜分布

典型潮土及黑麻土有效铜含量均在 0.2~1.0 mg/kg 级别；潮黑垆土有效铜含量 72.81% 的面积在 0.1~0.2 mg/kg 级别，27.19% 的面积在 0.2~1.0 mg/kg 级别；典型黑垆土及黄绵土有效铜含量在 5 个级别均有不同程度的分布，且在 0.2~1.0 mg/kg 级别分布最多，占比分别为 59.74%、79.10%；暗灰褐土有效铜含量分布在 0.1~0.2 mg/kg、0.2~1.0 mg/kg、1.0~1.8 mg/kg 3 个级别，有 33 102 亩，占暗灰褐土总面积的 64.46%；冲积土有效铜含量主要分布在 0.2~1.0 mg/kg 级别。

5. 土壤有效锰

（1）土壤有效锰含量及分级

隆德县耕地有效锰含量最大值为 19.7 mg/kg，最小值为 0.5 mg/kg，平均值为 7.69 mg/kg。按土壤有效锰含量分级标准，隆德县有效锰含量分布在 ≤1.0 mg/kg、1.0~5.0 mg/kg、5.0~15.0 mg/kg、15.0~30.0 mg/kg 4 个级别，主要分布在 5.0~15.0 mg/kg 级别，占总面积的 50.50%。

（2）不同土壤类型有效锰分布

典型潮土有效锰含量均在 15.0~30.0 mg/kg 级别；潮黑垆土有效锰含量均在 5.0~15.0 mg/kg 级别；典型黑垆土有效锰含量主要分布在 1.0~5.0 mg/kg 及 5.0~15.0 mg/kg 2 个级别；黑麻土有效锰主要分布在 1.0~5.0 mg/kg 级别，占该亚类总面积的 83.60%；黄绵土在 4 个级别均有分布，在 5.0~15.0 mg/kg 级别分布最多；暗灰褐土及典型新积土有效锰含量分布在 1.0~5.0 mg/kg、5.0~15.0 mg/kg、15.0~30.0 mg/kg

3个级别，均在5.0~15.0 mg/kg 级别分布最多，在 15.0~30.0 mg/kg 级别分布最少；冲积土有效锰含量多分布在 1.0~5.0 mg/kg 级别，占该亚类总面积的67.35%。

6. 微量元素变化趋势分析

隆德县自 2010 年耕地地力评价以来，全县耕地有效硼、有效锰及有效铁含量有明显增加，有效铜、有效锌含量有明显降低。其中，有效硼含量平均值由 0.62 mg/kg 增加到 2.38 mg/kg，有效锰含量平均值由 6.89 mg/kg 增加到 7.69 mg/kg，有效铁含量平均值由 7.85 mg/kg 增加到 11.86 mg/kg；有效铜含量平均值由 0.92 mg/kg 降低到0.57 mg/kg，有效锌含量平均值由 0.62 mg/kg 降低到 0.53 mg/kg。

（三）立地条件

1. 地形部位

地形部位是指具有特定形态特征和成因的中小地貌单元，隆德县耕地地形部位分为山间盆地、山地坡下、山地坡中、山地坡上 4 种类型。全县 12.32%的耕地地形部位为山间盆地，三、四等地地形部位主要为山间盆地；0.35%的耕地地形部位为山地坡下，四、五等地山地坡下较多；山地坡中共 328 543 亩，占耕地总面积的54.82%。

2. 农田林网化程度

农田林网化程度指农田四周的林带保护面积与农田面积之比。比值<3%则农田林网化程度为低，比值为 3%~8%则农田林网化程度为中，比值>8%则农田林网化程度均为高，隆德县耕地农田林网化程度均为高。

3. 海拔

隆德县耕地海拔最高为 2 494 m，最低为 1 718.9 m，平均值为 2 057 m。

（四）土壤管理

土壤管理包括耕地灌溉能力及排水能力，隆德县耕地灌溉能力 12.32%为基本满足，这部分耕地均为水浇地，87.68%为不满足，耕地排水能力均为充分满足。

（五）剖面性状

1. 耕地有效土层厚度分为 30~60 cm、60~100 cm，有效土层厚度主要为>100 cm，占耕地总面积的90.03%。

2. 耕地障碍因素分为无、瘠薄、障碍层次 3 种，96.28%的耕地无障碍因素，

1.54%的耕地障碍因素为瘠薄，2.18%的耕地障碍因素为障碍层次。

耕地质地构型分为海绵型、紧实型、夹层型及松散型4种类型。其中海绵型总面积586 188亩，占耕地总面积的97.82%；紧实型总面积4 071亩，占耕地总面积的0.68%；夹层型总面积7 454亩，占耕地总面积的1.24%；松散型总面积1 551亩，占耕地总面积的0.26%。

（六）耕层理化

1. 耕层质地指耕层土壤颗粒的大小及组合情况，隆德县耕地耕层质地分为中壤、轻壤及重壤3种类型，中壤总面积593 642亩，占全县耕地总面积的99.06%，轻壤总面积1 551亩，占全县耕地总面积的0.26%，重壤总面积4 071亩，占全县耕地总面积的0.68%。

2. 耕地土壤容重最小值为1.16 g/cm³，最大值为1.47 g/cm³，平均值为1.28 g/cm³。

3. 耕地土壤pH最小值为7.6，最大值为8.4，平均值为8.16。

（七）健康状况

健康状况包括土壤清洁程度及生物多样性，隆德县耕地清洁程度均为清洁，生物多样性分为丰富、一般、不丰富3种类型，其中生物多样性为丰富的耕地总面积354 855亩，占耕地总面积的59.22%，生物多样性为一般的耕地总面积235 166亩，占耕地总面积的39.24%，生物多样性为不丰富的耕地总面积9 243亩，占耕地总面积的1.54%。

八、经验和建议

（一）工作经验

1. 依托GIS技术，科学布设调查采样点

通过本次评价发现，隆德县调查采样点数据数量较多，但分布不均，部分耕地区域无采样点，部分区域采样点分布较集中。采样点分布不均，对于评价指标赋值，尤其是有机质、有效磷等检测指标的赋值有一定影响。

在后续工作中可以通过GIS技术，在隆德县耕地分布图上，通过建立标准方格网，覆盖全县所有耕地范围，提取方格网中心点坐标作为采样点的方法建立采样点坐标数据集，再将坐标导入RTK测量设备内，最后通过实地测量放样的方法布设采

样点，可保证采样点均匀分布。

2. 组织专家共同对工作重点、难点进行剖析

通过对本次评价工作的实施，确定耕地质量等级评价工作的重点和难点。难点是基础资料较少，地形部位、耕层质地等指标的判断专业性强，单纯依靠调查采样点记录的相关指标进行判断，无法满足实际情况，重点主要是 16 项评价指标的划分。

针对此次评价的重点和难点，此次评价工作聘请了相关方面的专家，对 16 项评价指标，通过实地调查研判，查找大量资料，对每一个地块进行深入分析，最终确定隆德县耕地质量等级评价指标分布区域。

3. 对比分析评价成果，查找耕地质量提升措施

通过将隆德县 16 项评价指标结果的指标权重范围与国家的指标范围对比分析，确定隆德县耕地质量薄弱项指标，由此在日后的工作中根据具体指标有针对性地开展耕地质量提升工作，如增施有机肥、增加灌溉设施、综合治理退化耕地等。

（二）建议

在本次评价工作中还有一些不足之处，在今后需要加强和改进耕地质量提升工作。针对隆德县耕地质量等级评价成果，提出三点提升隆德县耕地质量的建议。

（1）调查采样点的最佳位置选取，可有力调高评价指标数据确定的精度。

（2）加大对耕地生态保护，促进耕地生态保护政策的实施；加大对耕地生态保护的宣传，从而切实保护好耕地生态环境。

（3）采用合理农业耕种方式，合理施肥，拒绝污染，优化农业产业结构，促进资源的最大化利用。

附件二

隆德县2020年耕地质量等级公报

隆德县自2017年起，农业技术推广服务中心开展耕地质量等级调查评价工作，于2020年完成了隆德县耕地质量等级调查评价。宁夏耕地质量等级调查评价专家指导组及有关农业推广单位专家对隆德县耕地质量等级调查评价成果进行论证，专家组认为，评价方法依据充分，数据来源翔实，结果符合本地实际，客观反映了党中央、国务院大力实施"藏粮于地、藏粮于技"战略的成效。

2020年，隆德县依据《耕地质量调查监测与评价办法》（农业部令2016年第2号）和《耕地质量等级》（GB/T33469—2016）国家标准，组织完成了耕地质量等级评价工作。评价以59万亩耕地（2018年土地利用现状库）为基数，第三方采用宁夏回族自治区农业技术推广总站关于《宁夏耕地质量等级评价指标体系》（宁农技发〔2019〕41号）的评价指标、隶属函数及耕地质量等级划分指数，选取了立地条件、耕层理化性状、障碍因素和土壤管理等方面指标对耕地质量进行综合评价，完成了隆德县耕地质量等级评价工作，现将结果公布如下：

一、耕地质量总体情况

隆德县耕地总面积599 265亩，共分为8个等级，纳入全国耕地等级体系为三等地、四等地、五等地、六等地、七等地、八等地、九等地、十等地（见表1），较2010年以来测土配方施肥耕地地力增加3个等级。

评价为三等地的耕地面积为11 693.02亩，占耕地总面积的1.95%，这部分耕地基础地力较高，基本不存在障碍因素，应按照用养结合方式开展农业生产，确保耕地质量稳中有升。

评价为四至六等地的耕地面积为258 633.83亩，占耕地总面积的43.16%，这部

表 1　隆德县各等级耕地面积比例及主要分布区域

耕地等级	面积/亩	比例/%	主要分布区域
三等地	11 693.02	1.95	神林乡、联财镇
四等地	44 260.32	7.39	陈靳乡、城关镇、联财镇、神林乡、温堡乡、奠安乡、观庄乡、凤岭乡、杨河乡
五等地	98 563.19	16.45	13 个乡镇
六等地	115 810.32	19.33	13 个乡镇
七等地	184 182.38	30.73	13 个乡镇
八等地	121 983.18	20.36	13 个乡镇
九等地	19 323.05	3.22	凤岭乡、好水乡、联财镇、神林乡、温堡乡、张程乡
十等地	3 449.07	0.58	凤岭乡、好水乡、温堡乡、张程乡

分耕地所处环境气候条件基本适宜，农田基础设施建设具备一定基础，障碍因素不明显，是今后粮食增产的重点区域和重要突破口。

评价为七至十等地的耕地面积为 328 937.68 亩，占耕地总面积的 54.89%，这部分耕地基础地力相对较差，生产障碍因素突出，短时间内较难得到根本改善，应持续开展农田基础设施和耕地内在质量建设。

二、不同区域耕地质量情况

参照全国农业区划，结合宁夏不同区域耕地特点、土壤类型分布特征，将全区划分为宁夏南部旱作农业区和宁夏北部引黄灌区绿洲农业区，按照宁夏耕地质量等级评价体系，隆德县隶属南部黄土高原区，总耕地面积 599 265 亩，分为 8 个等级。

三等地的耕地面积为 11 693.02 亩，占耕地总面积的 1.95%。三等地分布在渝河流域的神林、联财，这部分耕地有稳定的灌溉水源和充足的光热。

四等地分布在清凉河陈靳，渝河流域的城关、联财、神林，甘渭河流域的温堡；庄浪河流域的奠安，什字河流域的观庄，朱庄河流域的凤岭，中西部的杨河 9 个乡镇的河谷川道区。这部分耕地有稳定的灌溉水源和充足的光热，有机质含量高，以黑垆土、黄绵土为主，没有明显的障碍因素。

五等、六等地的耕地在全县 13 个乡镇川旱地、低阶地均有分布，以中部的城关、沙塘，西南部的温堡、凤岭，北部观庄，西北部张程、杨河 7 个乡镇面积较大。这部分耕地所处环境气候条件基本适宜，障碍因素不明显，是今后粮食增产的重点区域和重要突破口。

七等、八等地的耕地在 13 个乡镇均有分布，主要分布于黄土丘陵、土石丘陵等地形区域，以东北部的好水，中西部的神林、沙塘，南部的温堡，西北部张程、杨河 6 个乡镇面积较大。这部分耕地以黄绵土为主，生产力水平不高，存在风蚀、水土流失、瘠薄等障碍因素。针对耕层浅、养分贫瘠、保水保肥能力差等障碍因素，因地制宜开展秸秆粉碎翻压还田、秸秆免耕覆盖还田，提高耕地质量。

九等、十等地的耕地主要分布于山地，以中西部的神林，东北部的好水，南部的温堡，北部的张程 4 个乡为主，这部分耕地海拔高、积温低，且土层较薄、土壤养分贫瘠，灌溉能力差，耕地生产能力较低，应持续开展农田基础设施和耕地内在质量建设。

三、取得的成效

（一）实施耕地质量提升和化肥减量增效项目

2018—2019 年，通过开展耕地质量提升和化肥减量增效项目，实施测土配方施肥面积和有机肥替代行动，有效地控制了化肥的施肥，达到了减肥增效的目的，化肥使用量为 18 265.81 t（折纯），比上年 18 930.25 t（折纯）减少 664.44 t（折纯），减少比例为 3.51%。

（二）推广秸秆还田

2017—2019 年留高茬还田 27.8 万亩。

（三）实施推广有机肥替代化肥减量项目

推广有机肥面积 2.5 万亩。

四、耕地质量提升情况

土壤养分状况和土壤肥力变化：通过开展测土配方施肥、秸秆还田、推广商品有机肥等措施，生产条件得到巨大改善，在生产力、生产水平提高的同时，土壤养分也得到改善和提高，全县土壤有机质和速效钾含量都有所上升，全氮和有效磷下降，中微量元素有效锌缺乏，而缓效钾、硼、锰比较充足。

（一）土壤有机质

土壤有机质含量变化是农田土壤用养管理的综合结果和肥力演变的主要标志。土壤有机质是土壤肥力的核心，土壤的耕作性、保肥性、供肥性等各方面与有机质密切相关。

30 年来隆德县农田耕层土壤有机质含量呈整体上升趋势，耕地质量评价相比于 2010 年耕地地力评价最大值由 35 g/kg 增加到 35.4 g/kg；最小值由 5 g/kg 增加到 5.6 g/kg；平均值由 15.77 g/kg 增加到 19.21 g/kg。一是从土壤普查土壤有机质含量由 15.90 g/kg 上升至耕地质量等级评价土壤有机质平均含量的 19.21 g/kg，耕层土壤有机质含量较第二次土壤普查时期土壤有机质含量提高 3.31 g/kg，即提高 20.82%，耕层有机质主要分布在 15~20 g/kg 及 10~15 g/kg 2 个级别，分别占耕地总面积的 45.58% 和 42.55%；二是测土配方施肥土壤有机质平均含量由 15.77 g/kg 上升至耕地质量等级评价土壤有机质平均含量的 19.21 g/kg，土壤有机质主要分布在 15~20 g/kg 及 ≥20 g/kg 2 个级别，分别占耕地总面积的 44.20% 和 33.63%，土壤有机质含量缓慢上升。这与近年来加大商品有机肥推广和秸秆还田力度有很大关系。

（二）土壤全氮

30 年来农田耕层土壤全氮含量变化趋势前期上升，后期下降。耕地质量评价相比于 2010 年耕地地力评价全氮含量最大值由 2.5 g/kg 降低为 1.65 g/kg，平均值由 1.03 g/kg 降低为 1.02 g/kg。从土壤普查土壤全氮含量 0.8 g/kg 上升至耕地质量等级评价土壤全氮含量 1.02 g/kg，绝对含量增加 0.22 g/kg，增幅 27.50%。从测土配方施肥全氮含量 ≥1.25 g/kg 的耕地占耕地总面积的 11.8%，下降到耕地质量等级评价全氮含量 ≥1.25 g/kg 的耕地占耕地总面积的 8.86%；绝对含量下降 0.01 g/kg，相对含量下降 0.97%，隆德县全氮含量在 1~1.25 g/kg 的耕地由 2010 年的 37.7% 降为 36.10%。其主要表现为"重用轻养"。

（三）土壤有效磷

自 1984 年第二次土壤普查 30 多年来，耕地土壤有效磷含量明显提升，耕地质量评价相比于 2010 年耕地地力评价有效磷含量最大值由 30.96 mg/kg 提升到 63.8 mg/kg，平均值由 9.73 mg/kg 提升到了 16.73 mg/kg，全县耕地土壤有效磷平均含量由第二次土壤普查的 7.97 mg/kg 增加到耕地质量等级评价的 16.73 mg/kg，绝对含量增加 8.76 mg/kg，变幅 109.91%。测土配方施肥有效磷含量多分布在5~10 mg/kg 级别，大于 20 mg/kg 的耕地仅占全县耕地总面积的 0.1%，有效磷含量从 9.73 mg/kg 上升到耕地质量等级评价的 16.73 mg/kg，绝对含量上升 7.0 mg/kg；相对含量上升 71.94%，有效磷含量大于 20 mg/kg 的耕地占全县耕地总面积的 17.79%。

耕地土壤有效磷的上升，主要是近二十多年来全县磷素化肥施入，如磷酸二铵，磷素在土壤中数量增加引起。

（四）土壤速效钾

自 1984 年第二次土壤普查以来，耕地速效钾含量变化不大，耕地质量评价相比于2010 年耕地地力评价最大值由 494 mg/kg 降低到 400 mg/kg，最小值由 53 mg/kg 提升为 86 mg/kg，平均值由 176.6 mg/kg 提升为 182 mg/kg；全县耕地土壤速效钾平均含量由1984 年的 148.00 mg/kg 增加到耕地质量等级调查评价的 182 mg/kg，绝对含量增加34.0 mg/kg，变幅 22.97%。测土配方施肥耕地土壤速效钾含量主要分布在100~150 mg/kg 及 150~200 mg/kg 级别，分别占耕地总面积的 35.0%、38.8%，从平均含量176.60 mg/kg 增加到耕地质量等级评价的 182.00 mg/kg，绝对含量增加 5.40 mg/kg，变幅 3.06%。耕地速效钾含量仍主要分布在 100~150 mg/kg 及 150~200 mg/kg 级别，速效钾含量为 100~150 mg/kg 的耕地 180 303 亩，占全县耕地总面积的 30.09%，速效钾含量150~200 mg/kg 的耕地 226 206 亩，占全县耕地总面积的 37.75%，近年来变化不大。

依据宁夏粮食作物土壤养分分级标准，速效钾含量高，全县调查点土壤速效钾平均含量呈上升趋势。一是川水地留高茬面积增加，有利于土壤速效钾含量增加；二是近年来大力实施测土配方施肥，推广测土配方施肥技术，实行平衡施肥，各种配方肥（含有钾素）主要应用于生产条件较好的川水地和川旱地，对土壤速效钾含量增加起到了一定的作用。

土壤中缓效钾平均为 946 mg/kg，耕作土壤潜在供钾能力充足。

（五）土壤有效性中微量元素

土壤有效硫含量变幅在 1.8~173.56 mg/kg，平均含量 25.57 mg/kg，属中等水平。

耕地土壤中 80.83% 有效硅含量 100~200 mg/kg 级别，平均含量 145.4 mg/kg（通常土壤有效硅含量在 127~181 mg/kg 范围内属缺硅土壤）。

　　隆德县自 2010 年耕地地力评价以来，全县耕地有效硼由测土配方施肥含量平均值的 0.62 mg/kg 增加到耕地质量等级评价的 2.38 mg/kg；有效锰由测土配方施肥含量平均值的 6.89 mg/kg 增加到耕地质量等级评价的 7.69 mg/kg；有效铁由测土配方施肥含量平均值的 7.85 mg/kg 增加到耕地质量等级评价的 11.86 mg/kg。

　　有效铜由测土配方施肥含量平均值的 0.92 mg/kg 降低到耕地质量等级评价的 0.57 mg/kg；有效锌由测土配方施肥含量平均值的 0.62 mg/kg 下降到耕地质量等级评价的 0.53 mg/kg，绝对含量降低 0.09 mg/kg，相对下降 14.52%，属缺锌土壤。

　　（六）土壤 pH 值、水溶性全盐

　　耕地土壤 pH 值平均值前期由 1984 年的 8.27，增加到测土配方施肥的 8.39，绝对值增加 0.12，相对增加 1.45%，后期由 2007—2009 年测土配方施肥的 8.39，减少到耕地质量等级评价的 8.16，绝对值减少 0.23，相对下降 2.74%。

　　耕地土壤水溶性全盐耕地质量等级评价平均为 0.26 g/kg，与测土配方施肥的 0.26g/kg 相比无变化，为非盐渍化。

　　（七）耕地土壤理化性状

　　1. 土壤质地

　　主要是壤土类，分为中壤、轻壤及重壤 3 种类型，中壤土的面积 593 642 亩，占耕地总面积的 99.06%，轻壤上的面积 1 551 亩，占耕地总面积的 0.26%，重壤土的面积 4 071 亩，占耕地总面积的 0.68%。

　　2. 土壤容重

　　隆德县耕地土壤容重最小值为 1.16 g/cm³，最大值为 1.47 g/cm³，平均值为 1.28 g/cm³。

　　3. pH

　　隆德县耕地土壤 pH 最小值为 7.6，最大值为 8.4，平均值为 8.16。

　　（八）立地条件

　　1. 地形部位

　　地形部位是指具有特定形态特征和成因的中小地貌单元，隆德县耕地地形部位分为山间盆地、山地坡下、山地坡中、山地坡上 4 种类型。全县 12.32% 的耕地地形部位为山间盆地，三、四等地地形部位主要为山间盆地；0.35% 的耕地地形部位为山地坡下，四、五等地山地坡下较多；山地坡中的面积328 543亩，占耕地总面积的54.82%。

2. 农田林网化程度

农田林网化程度是指农田四周的林带保护面积与农田面积之比，比值<3%，则农田林网化程度为低，比值为3%~8%，则农田林网化程度为中，比值>8%，则农田林网化程度为高，隆德县耕地农田林网化程度均为高。

3. 海拔

隆德县耕地海拔最高为2 494 m，最低为1 718.9 m，平均值为2 057 m。

（九）土壤管理

土壤管理包括耕地灌溉能力及排水能力，隆德县耕地灌溉能力12.32%为基本满足，这部分耕地均为水浇地，87.68%为不满足，耕地排水能力均为充分满足。

（十）剖面性状

1. 有效土层厚度

有效土层厚度是指作物能够利用的母质层以上的土体总厚度；当有障碍层时，为障碍层以上的土层厚度。有效土层厚度是土壤肥力的重要载体，影响作物根系生长及养分吸收。

隆德县耕地有效土层厚度分为30~60 cm、60~100 cm及>100 cm 3个等级，有效土层厚度主要为>100 cm等级，占耕地总面积的90.03%。

2. 障碍因素

障碍因素是反应土体中妨碍农作物正常生长发育、对农产品产量和品质造成不良影响的因素，按对植物生长构成障碍的类型来确定。隆德县耕地障碍因素分为无、瘠薄、障碍层次3种，96.28%的耕地无障碍因素，1.54%的耕地障碍因素为瘠薄，2.18%的耕地障碍因素为障碍层次。

3. 质地构型

质地构型决定了土壤剖面垂直方向上的质地层次排列，影响土壤水肥气热的协调。隆德县耕地质地构型分为海绵型、紧实型、夹层型及松散型4种类型。其中海绵型总面积586 188亩，占耕地总面积的97.82%；紧实型总面积4 071亩，占耕地总面积的0.68%；夹层型总面积7 454亩，占耕地总面积的1.24%；松散型总面积 1 551 亩，占耕地总面积的 0.26%。

（十一）健康状况

健康状况包括土壤清洁程度及生物多样性，隆德县耕地清洁程度均为清洁， 生物多样性分为丰富、一般、不丰富 3 种类型，其中生物多样性为丰富的耕地总面积 354 855 亩，占耕地总面积的 59.22%，生物多样性为一般的耕地总面积 235 166 亩，占耕地总面积的 39.24%，生物多样性为不丰富的耕地总面积 9 243 亩，占耕地总面积的 1.54%。

隆德县行政区划图

西
吉
县

原　州　区

泾

源

县

甘　　肃　　省

图　例

- ◉ 县政府驻地
- ○ 乡政府驻地
- ∘ 行政村驻地
- —— 河流
- —— 道路
- —— 高速公路
- ▬▪▪ 省界
- ▬·▬ 县界
- —— 乡界
- ---- 行政村界
- ▨ 水库

比例尺 1:280,000

观庄乡
杨河乡
好水乡
六盘山林场1
张程乡
隆德县
城关镇
沙塘镇
神林乡
陈靳乡
联财镇
六盘山林场2
凤岭乡
山河乡
温堡乡
奥安乡

隆德县耕地土壤类型图

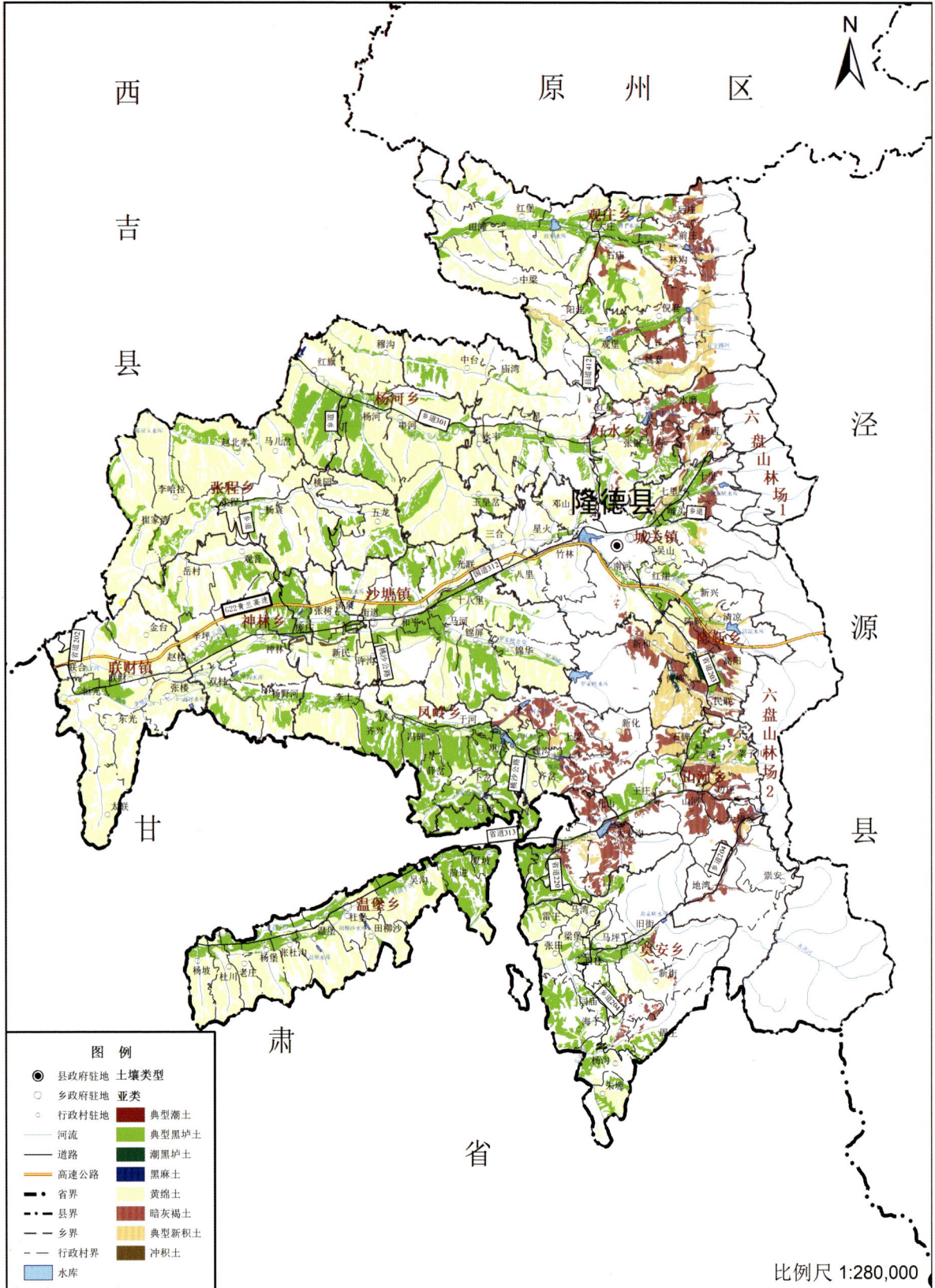

图 例

县政府驻地 土壤类型
乡政府驻地 亚类
行政村驻地 典型潮土
河流   典型黑垆土
道路   潮黑垆土
高速公路   黑麻土
省界   黄绵土
县界   暗灰褐土
乡界   典型新积土
行政村界   冲积土
水库

比例尺 1:280,000

西 吉 县

原 州 区

N

六盘山林场1

泾

源

六盘山林场2

县

甘

肃

省

杨河乡
好水乡
隆德县
城关镇
沙塘镇
神林乡
联财镇
凤岭乡
观庄乡
温堡乡
奠安乡
张程乡

隆德县耕地灌溉能力分区图

西 吉 县

原 州 区

泾 源 县

甘 肃 省

隆德县

观庄乡
杨河乡
好水乡
张程乡
城关镇
沙塘镇
神林乡
联财镇
凤岭乡
陈靳乡
山河乡
温堡乡
奠安乡

六盘山林场1

六盘山林场2

图 例

- ◉ 县政府驻地
- ○ 乡政府驻地
- ◦ 行政村驻地
- —— 河流
- —— 道路
- —— 高速公路
- —·— 省界
- —··— 县界
- —— 乡界
- ---- 行政村界
- 水库
- **灌溉能力**
  - 不满足
  - 基本满足

比例尺 1:280,000

345

隆德县耕地质量调查采样点位图

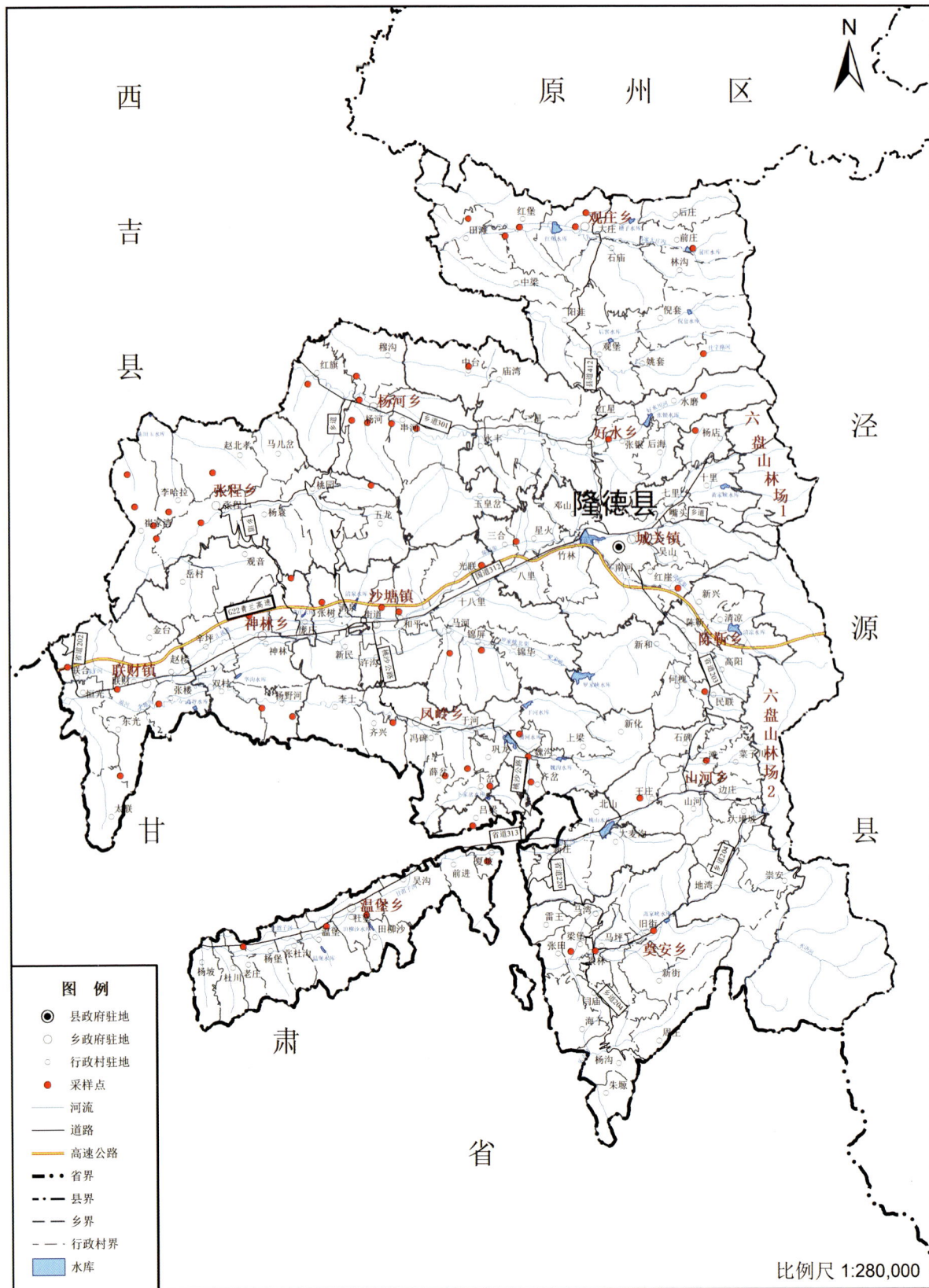

比例尺 1:280,000

隆德县耕地质量等级图

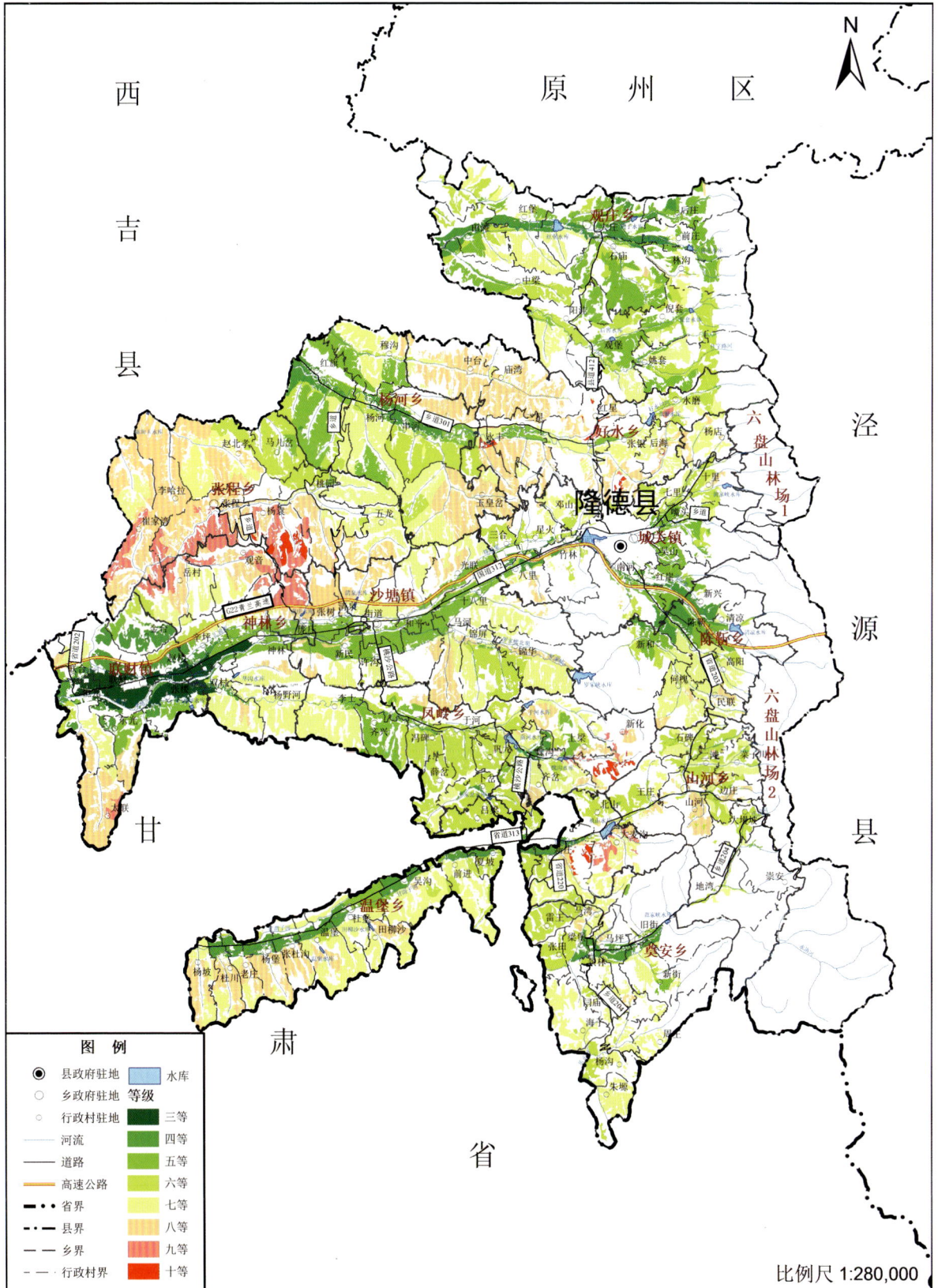

西 吉 县

原 州 区

泾 源 县

甘 肃 省

N

图　例

图例	
◉ 县政府驻地	水库
○ 乡政府驻地	**等级**
○ 行政村驻地	
—— 河流	三等
—— 道路	四等
—— 高速公路	五等
▪▪▪ 省界	六等
▪·▪· 县界	七等
—— 乡界	八等
—— 行政村界	九等
	十等

比例尺 1:280,000

隆德县耕地有机质含量分级图

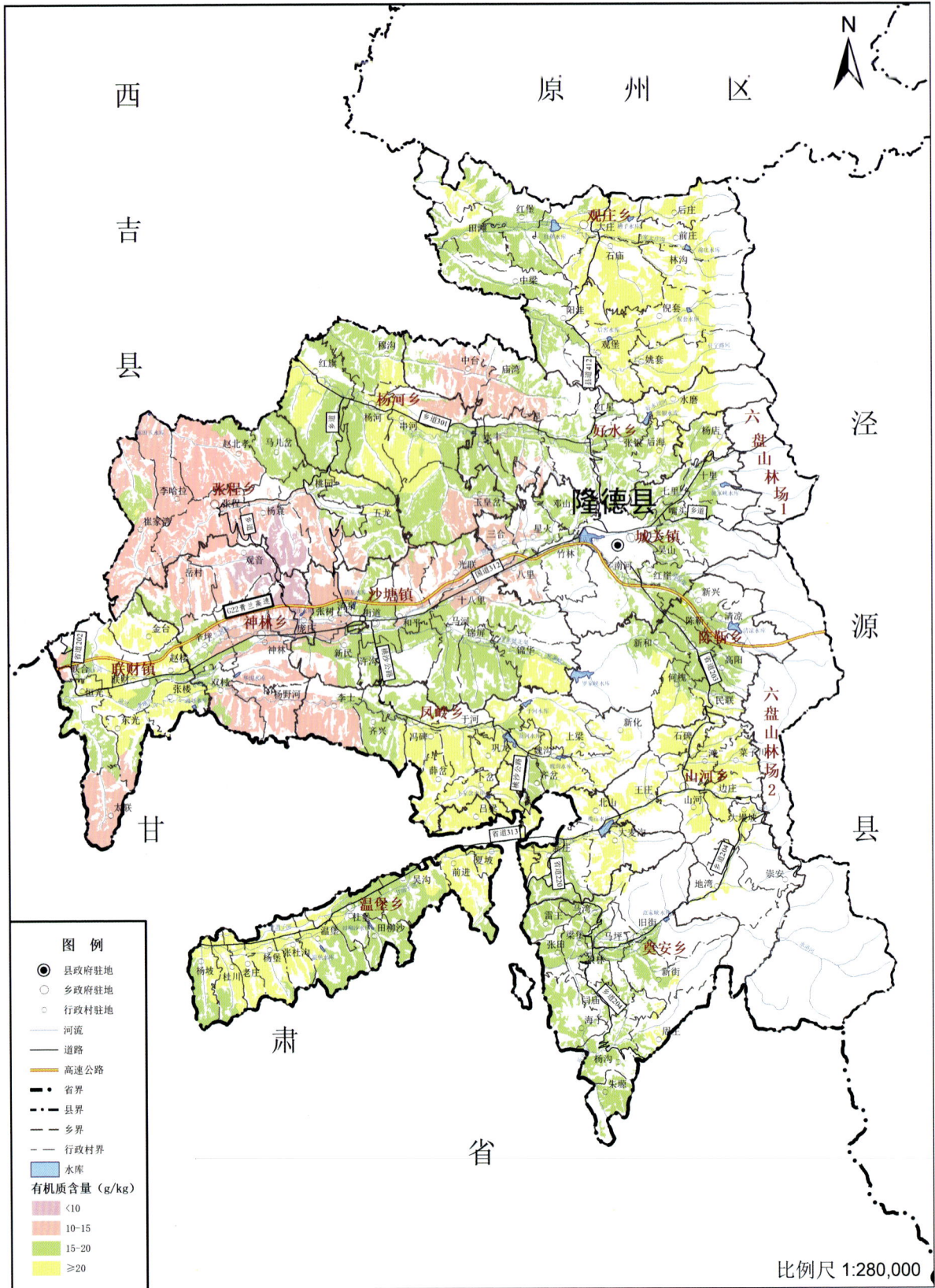

隆德县耕地全氮含量分级图

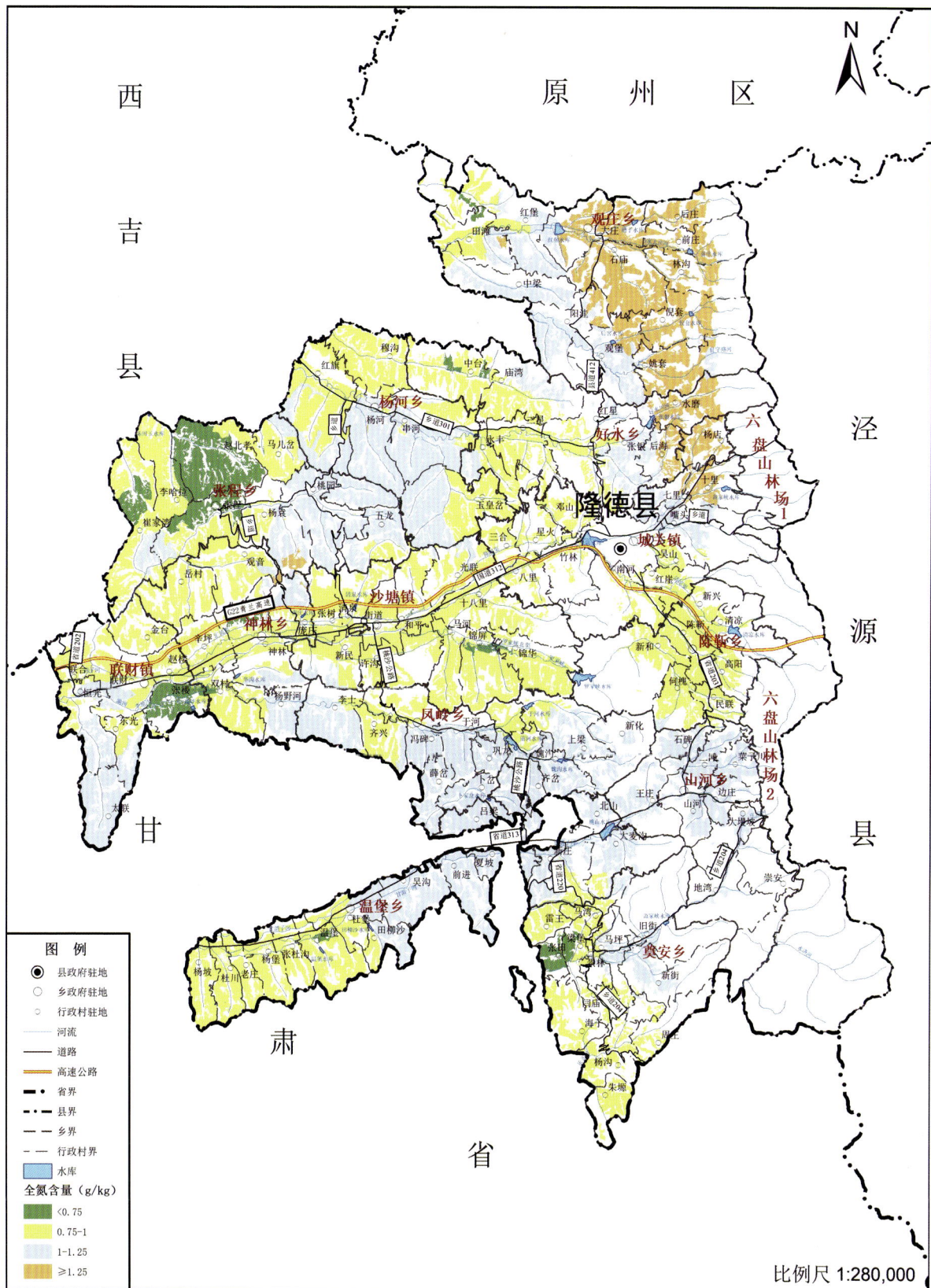

西
吉
县

原 州 区

泾 源 县

甘 肃 省

观庄乡

杨河乡

好水乡

张程乡

六盘山林场1

神林乡

沙塘镇

联财镇

凤岭乡

陈靳乡

山河乡

六盘山林场2

温堡乡

奠安乡

隆德县

城关镇

N

图 例

- ◉ 县政府驻地
- ○ 乡政府驻地
- ○ 行政村驻地
- —— 河流
- —— 道路
- —— 高速公路
- —·—· 省界
- —··— 县界
- — — 乡界
- – – 行政村界
- ▨ 水库

全氮含量（g/kg）

- ▨ <0.75
- ▨ 0.75-1
- ▨ 1-1.25
- ▨ ≥1.25

比例尺 1:280,000

隆德县耕地有效磷含量分级图

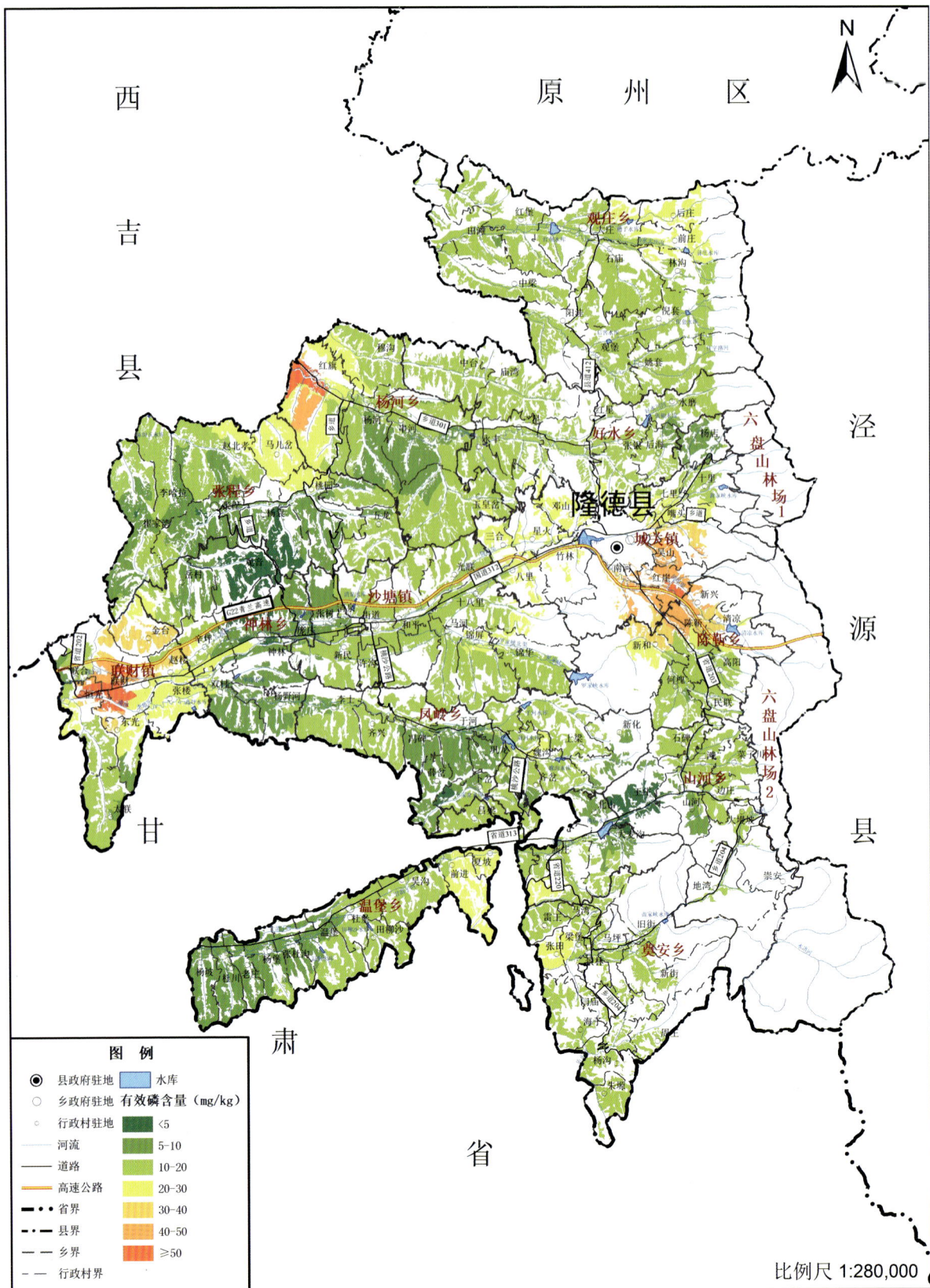

西 吉 县

原 州 区

甘 肃 省

泾 源 县

观庄乡

杨河乡

奸水乡

六盘山林场1

张程乡

隆德县

城关镇

沙塘镇

神林乡

联财镇

陈靳乡

凤岭乡

六盘山林场2

山河乡

温堡乡

奠安乡

图 例

图例	
◉ 县政府驻地	水库
○ 乡政府驻地	有效磷含量（mg/kg）
∘ 行政村驻地	<5
河流	5-10
道路	10-20
高速公路	20-30
省界	30-40
县界	40-50
乡界	≥50
行政村界	

比例尺 1:280,000

350

隆德县耕地速效钾含量分级图

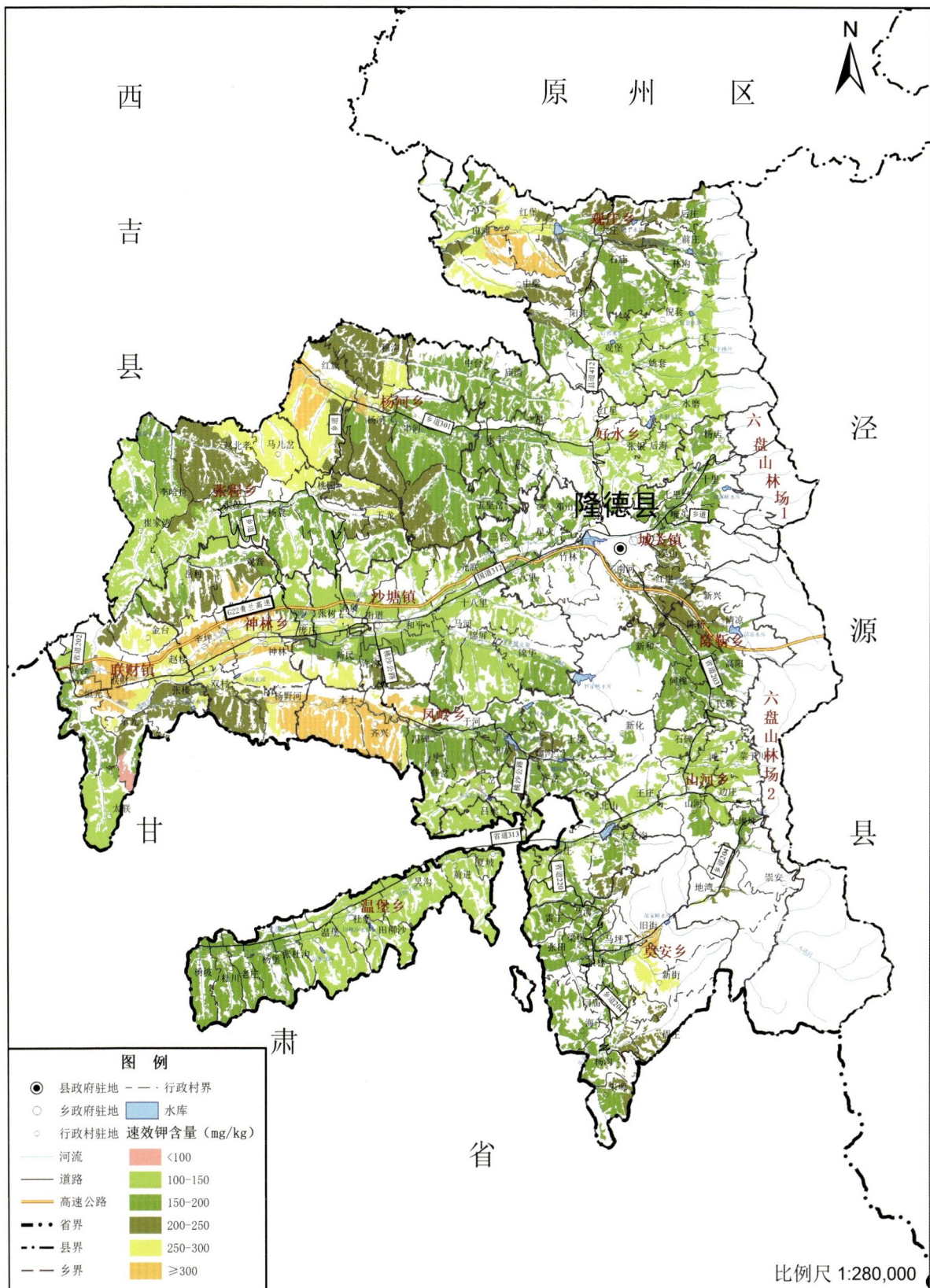

西
吉
县

原 州 区

N

泾

六
盘
山
林
场
1

源

县

隆德县

城关镇

杨河乡
好水乡
张程乡
沙塘镇
神林乡
联财镇
凤岭乡
陈靳乡

六
盘
山
林
场
2

山河乡

甘

温堡乡

奠安乡

肃 省

图 例

- ◉ 县政府驻地
- ○ 乡政府驻地
- ◦ 行政村驻地
- —— 河流
- —— 道路
- —— 高速公路
- ▬·▬ 省界
- ▬··▬ 县界
- ▬ ▬ 乡界
- - - · 行政村界
- ▢ 水库

速效钾含量（mg/kg）

- 〈100
- 100-150
- 150-200
- 200-250
- 250-300
- ≥300

比例尺 1:280,000

351

隆德县耕地有效铜含量分级图

图 例
- ◉ 县政府驻地
- ○ 乡政府驻地
- ○ 行政村驻地
- 河流
- 道路
- 高速公路
- 省界
- 县界
- 乡界
- 行政村界
- 水库

有效铜含量（mg/kg）
- 0.1-0.2
- 0.2-1
- 1-1.8
- 1.8-2.6
- 2.6-3.4

比例尺 1:280,000

352

隆德县耕地有效锰含量分级图

图例

- ◉ 县政府驻地
- ○ 乡政府驻地
- ○ 行政村驻地
- —— 河流
- —— 道路
- —— 高速公路
- —·— 省界
- —··— 县界
- ——— 乡界
- ----- 行政村界
- 水库

有效锰含量（mg/kg）
- ≤1
- 1-5
- 5-15
- 15-30

比例尺 1:280,000

隆德县耕地有效硼含量分级图

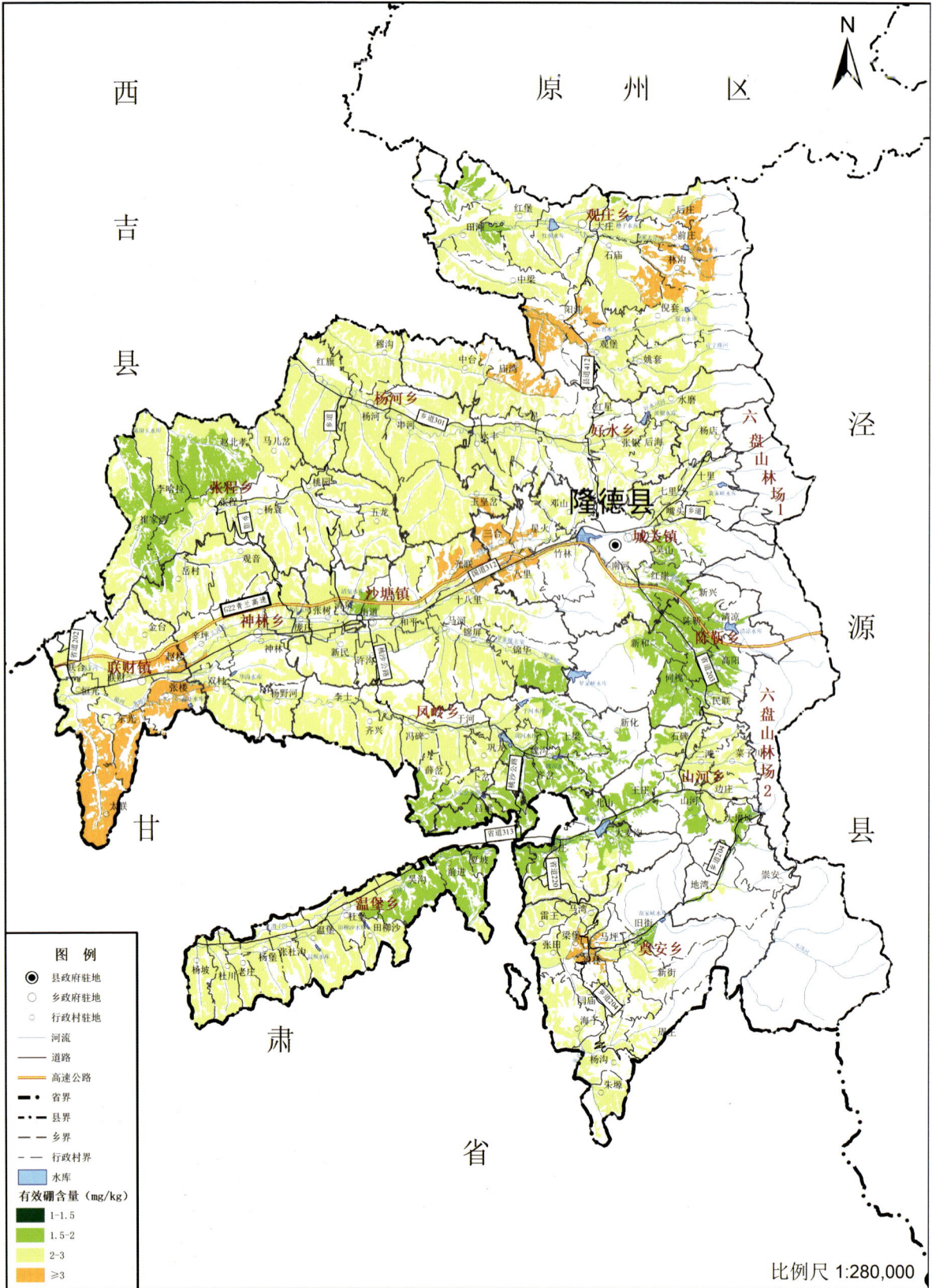

西 吉 县

原 州 区

泾

源

县

甘 肃 省

六盘山林场1

六盘山林场2

隆德县

城关镇

观庄乡

好水乡

杨河乡

张程乡

沙塘镇

神林乡

联财镇

凤岭乡

陈靳乡

山河乡

温堡乡

奠安乡

图 例

- ◉ 县政府驻地
- ○ 乡政府驻地
- ∘ 行政村驻地
- 河流
- 道路
- 高速公路
- 省界
- 县界
- 乡界
- 行政村界
- 水库

有效硼含量（mg/kg）

- 1-1.5
- 1.5-2
- 2-3
- ≥3

比例尺 1:280,000

354